GEORG BRUNOLD

NILFIEBER

GEORG BRUNOLD

NILFIEBER

Der legendäre Wettlauf zu den Quellen
in Originalberichten

Mit Beiträgen von Alan Moorehead, James Bruce,
Richard Francis Burton, David Livingstone,
Henry Morton Stanley und anderen

Ediert und eingeleitet von Georg Brunold
Deutsch von Kurt Jürgen Huch und anderen

Mit 5 Karten

MALIK NATIONAL GEOGRAPHIC

Mehr über unsere Autoren und Bücher:
www.malik.de

Dieses Buch erschien zuerst 1993 als einhundertsiebter Band der **Anderen Bibliothek** im Eichborn Verlag, Frankfurt am Main, herausgegeben von Hans Magnus Enzensberger.

Bibliografische Information der Deutschen Bibliothek
Die Deutsche Nationalbibliothek verzeichnet diese Publikation in der Deutschen Nationalbibliografie; detaillierte bibliografische Daten sind im Internet über http://dnb.d-nb.de abrufbar.

MALIK NATIONAL GEOGRAPHIC

Ungekürzte Taschenbuchausgabe
Dezember 2009

Umschlaggestaltung: Dorkenwald Grafik-Design, München
Umschlagabbildungen: Getty Images/Hulton Archive
Satz: Büro Sieveking, München
Papier: Naturoffset ECF
Druck und Bindung: CPI – Clausen & Bosse, Leck
Printed in Germany ISBN 978-3-492-40369-6

Das Papier wurde aus chlorfrei gebleichtem Zellstoff hergestellt.

INHALT

VORBEMERKUNG

Der Wettlauf zu den Nilquellen gehört in ein heikles Kapitel der Geschichte. Der Disput darüber, ob Europas Expansion nach Übersee nicht viel mehr Unheil als Segen über die Menschheit gebracht hat, ist nicht neu. Montaignes Essay »Von den Cannibalen« oder die Ketzereien Montesquieus in den *Persischen Briefen* und Voltaires in den »Briefen Amabeds« haben die kulturelle Überlegenheit des christlichen Abendlandes radikal in Frage gestellt. Wenn Kontroversen um die neuzeitliche Führungsrolle des Okzidents nicht auf sie zurückreichen, so doch auf Raynalds *Geschichte beider Indien* von 1770.

Im Norden hat sich an den ideellen Fronten einiges vertauscht. Die Orthodoxie findet sich im Lager der Kritik, und in der zeitgenössischen Diskussion um die »dritte Welt« trifft man viel seltener auf Freigeister als auf ein Engagement von Kreisen, die wieder über die ganze Wahrheit verfügen. Demnach fügt sich jeder beurkundete Export europäischer »Zivilisation« in ein und dasselbe welthistorische Kapitalverbrechen. Die Anliegen dieser neuen Verkündigung, die im Namen der Unterprivilegierten des Südens seit einigen Jahrzehnten zu vernehmen ist und die in der Unterscheidung von Tätern und Opfern keine Zurückhaltung duldet, werden gar nicht so oft in Afrika selbst für die ureigensten ausgegeben. Sie erinnern vielmehr an die Tradition ebenjener inkriminierten »zivilisatorischen Missionen« des Abendlandes. Es sind Anliegen, die der vorliegende Band zu enttäuschen riskiert. Wer sich am Wort »Neger« stößt, sei es, daß es ihn unangenehm an

Weiße, oder sei es auch, daß es ihn unangenehm an Schwarze erinnert, der mag das Buch weglegen. Es erteilt der Vergangenheit keine Nachhilfestunden, und es stellt sie nicht in unseren moralischen Horizont.

In der großräumigen Perspektive des fünfhundertjährigen Kolumbus-Jubiläums, in der die Auswahl zu diesem Lesebuch getroffen wurde, erscheint der Aufbruch zu den Nilquellen als eine späte — und entsprechend beschleunigte — Episode der politischen Expansion Europas. Die Abkehr vom transatlantischen Menschenhandel nahm in den Konsequenzen das Ende interkontinentaler Fremdherrschaft vielleicht schon vorweg. Die zwei Jahrhunderte dieses umfangreichsten Geschäfts mit der Ware Mensch mündeten direkt in den kaum weniger energisch geführten christlichen Kreuzzug gegen die orientalische Sklaverei. Jüngere Diskussionen um den amerikanischen Bürgerkrieg legen nahe, daß es eine neue ökonomische Rationalität war, die wie jenseits des Atlantiks auch in Afrika zum Zug kam und mit dem politischen Zugriff des Imperialismus schon nicht mehr vereinbar war. Auf dem Schwarzen Kontinent fielen der Beginn der eigentlichen Kolonisation und ihr Zusammenbruch fast in ein Menschenalter. In Ostafrika läßt sich die Ankunft Burtons und Spekes kurz nach der Mitte des letzten Jahrhunderts der Zeitgeschichte zurechnen. Für die kriegsgewohnten Afrikaner, die unter den Hieben expansionistischer Ägypter und geschäftstüchtiger Asiaten litten, handelte es sich nicht um den ersten Zusammenprall von Kulturen. Zu Henry Morton Stanleys Berufsgeheimnissen gehörte bereits der Telegraph; und noch bevor der fulminante Reporter und Haudegen starb, hätte er den Victoria-See mit der Eisenbahn erreichen können.

Wie das Dossier zum Abschluß des Bandes zeigt, ist das Interesse für den Nil beinahe so alt wie die Geschichte der Eroberungen. Auch die Serie von Bestsellern, welche die ersten weißen Forschungsreisenden aus dem Inneren Ostafrikas mitgebracht haben, behauptet noch heute in Millionen von väterlichen und großväterlichen Hausbibliotheken einen Platz. Von Stanleys dicken Wälzern über den »Dunkeln Welttheil« und die Suche nach dem verschollenen Missionar Livingstone verkauften sich Hunderttausende sogar in den deutschen Übersetzungen, die den Leser zum Teil im gleichen Jahr erreichten wie die Originale. »Die Andere Bibliothek« macht aus diesem Stück Weltliteratur einige Kostproben neu zugänglich. Auszüge aus dem historischen Werk des australischen Journalisten Alan Moorehead liefern den Kontext.

G.B. Nairobi, im März 1993

I
Georg Brunold
Ein langer Weg

Der Nil, der göttliche, entspringt im Himmel. Herodots Wort trifft. In Uganda und Äthiopien ertrinkt die Welt, wenn durch ihr Dach die Elemente hereinbrechen. Als »Finsternis selbst am Tage« besingt der altägyptische Hymnus den Strom. Die Hieroglyphen auf den Papyri strecken die gezackten Wellen der Nilfluten fast in die Lotrechte. Der »Herr des Anschwellens«, der »aus dem Himmel herauskommt«, um im heißesten Sommer ganz Unterägypten in einen immensen See zu verwandeln, entsprang überall zwischen Atlantik und Indus, noch fast zwei Jahrtausende, nachdem Herodot seinen unmißverständlichen Hinweis gegeben hatte. Er stieg vielleicht auf seinem ganzen Wege lotrecht aus der Tiefe. Oder es gebar ihn immerfort der Okeanos, der Urstrom, der unsere Erde lange Zeit umschloß. Es gab noch keinen Nullpunkt einer Meereshöhe, der allem fließenden Wasser die Richtung weist, um es schließlich zum Stehen zu bringen. Auf Homers Scheibe floß er, bergauf, bergab, von einem Meer zum anderen und dann zurück, woher er kam. Ovid sah ihn, den »Bestürzten«, das Gesichtsfeld dessen fliehen, der nach seiner Quelle Ausschau hält. Und in den Ursprung seines Namens gewährte er, der Nil, bis heute keinem einen Blick. Dunkler als der berstende Himmel über den ostafrikanischen Seen, bleibt sein Name undurchdringlich wie das Innere der Erde, wo andere einst die Quellen des Stroms vermutet haben.

Alexander der Große soll Ammon, den ägyptischen Staatsgott, nach der Quelle des Nils befragt haben. Cäsar äußerte die Bereitschaft, seinen Beruf, den Krieg, den Geheimnissen des Nils zu opfern, ließe dieser sie sich entreißen. Der Nil hatte selbst Halbgöttern und Göttern eine Abfuhr erteilt, umsonst waren Dionysos und Herkules durch das Innere Äthiopiens geirrt. In Wissenschaft, Geschichte und Literatur der Antike war der Strom unter allen Neuerscheinungen vielleicht die, welche die Geister nicht nur am längsten, sondern auch am intensivsten beschäftigte. Leichtgläubigkeit gegenüber ägyptischen Priesterweisheiten war unter Griechen dem wissenschaftlichen Ruf nicht förderlich, und so entsprang der Nil nicht aus der Tiefe unter den Wirbeln des Kataraktes von Assuan. Vorstellungen vom Indischen Ozean als einem geschlossenen See wiesen ihm Quellen in Indien zu. Man sah ihn am Südhang des Atlas aus dem Erdreich treten oder aber aus dem Atlantik — einem »Süßwassermeer« — südostwärts ins »Land der Zwerge« fließen. Von dort sollte er den finsteren Kontinent in Richtung Sudan queren. Wie anderen einst auf dem Euphrat, der sich in einem unerforschten Sumpf verlor, erging es noch im vierzehnten Jahrhundert Ibn Battuta, dem maghrebinischen Marco Polo aus Tanger: Nachdem er zwischen Timbuktu und Gao den Niger befahren hatte, beschrieb er den Oberlauf desselben Gewässers, das er aus Kairo kannte. Hat der Niger — der »Schwarze« — nicht seinen Namen, ein römisches Attribut des Nils, vom ägyptischen Vater der Ströme geerbt?

Das Geheimnis seiner Quellen nährte sich aus seinen gewaltigen Sommerfluten. Der Nil mit seiner mysteriösen Schwelle duldete Verfechter unterschiedlicher Annahmen. Erklärungsversuche nahmen eigentümliche Hypothesen in dem Maße in Kauf, als es Abnormitäten auch in der Erscheinung waren, die nach Erklärung verlangten. Was keinem anderen Strom widerfuhr: Winde, die sommers von Norden über das östliche Mittelmeer fegten, stauten den »Schleim Oberägyptens«, ehe seine Übermacht sich in ganzer Breite doch gegen sie durchsetzte. Womöglich war nicht seine verschwenderische Großzügigkeit das wissenschaftliche Problem, sondern im Gegenteil der Rückgang des Grundwassers, das Austrocknen der in der Hitze »schwitzenden Erde« während der kühleren Jahreszeiten. Konnte es sich um Schmelzwasser handeln? Aristoteles, dieser nüchterne Kopf, schloß, irgendwo müsse es ganz unerhört regnen.

Sehr kühne Konstruktionen verhalfen jenem fernen Süden jenseits der unendlichen afrikanischen Wüsten, weit außerhalb der damaligen Welt, zu einer etwas phantastischen Existenz. Der Nil — seiner übernatürlichen Natur und der übernatürlichen Natur seiner Schwelle gemäß — kam außer aus Ost und West gewiß auch von dort. Er kam aus dem südlibyschen »Silbergebirge«, auf das Aristoteles hinwies, der bereits auch »äthiopische Berge« erwähnte. Und schon im dritten Jahrhundert vor Christi Geburt sprach Eratosthenes, der Leiter der Bibliothek von Alexandria, von den zwei Flüssen Astapus und Astabaros, die aus südöstlich gelegenen Seen den nördlichen Sudan erreichten und dort die Hauptstadt des alten Reiches Meroë einfaßten. Es handelt sich um den Nil und den Atbara. Neros Expedition drang um die Mitte des ersten Jahrhunderts weit über Meroë hinaus vor bis zu großen Sümpfen, vermutlich bis über Korti hinaus in die nördlichen Ausläufer des Sudd.

Ein bis zwei Menschenalter später, 1700 Jahre bevor der erste Europäer sie erblickte, erfand ein mediterraner Geist die »Mondberge«. Claudius Ptolemäus, der Alexandriner Geograph, Astronom und Mathematiker, placierte die »lunae montes« mit ihrem ewigen Schnee und Eis in der anderen Hemisphäre, etwa 700 Kilometer südlich der Pyramide, die in Burundi heute den südlichsten Punkt der kontinentalen Wasserscheide markiert. Die geniale Eingebung sollte so bis ins letzte Jahrhundert für einen der dunkelsten Flecken des Globus stehen. Den Nordfluß der »Mondberge«, der sich nach den Koordinaten der ptolemäischen Karte vom oberen Ende des Njassa-Sees bis nach Kolwesi im südlichen Katanga hinzog, suchte noch David Livingstone in ebender Gegend. Doch zuvor lockten die gewundenen Wege des Stromes den europäischen Entdeckertrieb noch einmal für zwei Jahrhunderte ins Abseits: weit weg vom Weißen Nil nach Äthiopien.

Ein geschminktes Auge schaut durch die schmale Öffnung in der hellblauen Plastikplane, die die kindsgroße Gestalt von der Sohle bis über den Scheitel verpackt und schützt. In einem zweiten Umhang von ähnlichem, doch durchsichtigem Material verschwindet unter dem Busen zwischen ein paar welkenden Blumen das hölzerne Ende eines massiven korbgeflochtenen Sonnenschirms, dessen Gewicht auf ihrem Kopf ruht. Am Hauptportal einer der Stadtkirchen, der Hauptstraße von Bahir Dar zugewandt, sitzt sie über einer kleinen Schar von Betenden, Maria, die Mutter Gottes. Ihr Sohn blickt aus einem Fresko von der rückseitigen Fassade in die Weiten des Lake Tana hinaus und segnet die heiligen Klosterinseln, wo zwischen ihren Haschischpflanzungen die Mönche einige Monate nach dem Sturz des Roten Negus Mengistu nach mehreren Jahren wieder den ersten Besucher aus dem Ausland zu Gesicht bekommen haben. »Dies ist Gott«, sagt, auf das Bildnis weisend, der halbwüchsige Begleiter, und er setzt, als einen Augenblick die Bestätigung ausbleibt, hastig hinzu: »Eins ist Eins, glaub es oder nicht!« »Ab, Wold, Menfes Kedus« — Vater, Sohn und heiliger Geist — nennt in Gondar der Priester der Debre-Berhane-Selassie-Kirche die »drei Schöpfer« über dem Altar, und er erläutert, dem monophysitischen Dogma folgend, die christliche Religion kenne keine Dreifaltigkeit, »keine drei Charaktere«, nur die einheitliche Natur Christi »in drei Körpern«.

Die alte christliche Welt hatte seit der Zeit des frühesten Byzanz einen Ableger im Inneren Afrikas. »In keinem Land der Welt gibt es so viele Kirchen wie in Abessinien«, schrieb Bruce, der sich von Ende 1769 bis Anfang 1772 im nördlichen Hochland Äthiopiens aufhielt — als einziger Europäer in einer Zeitspanne von fast hundert Jahren. »Obwohl das Land sehr bergig und das Gesichtsfeld eingeschränkt ist, sieht man doch selten weniger als fünf oder sechs Kirchen. Und wenn man auf einer ringsumher freien Anhöhe steht, wohl fünfmal soviel.« In der alten Königsstadt Gondar sind es gewiß so viele wie in Lavaletta auf Malta, wo jeden Samstag wenigstens eine mit Feuerwerk ihren Heiligen feiert. Viele von ihnen haben die »radikalste Revolution Afrikas«, wie sie von einigen Sozialismustheoretikern gerne genannt wurde, überlebt. Nur Ausbesserungen ihrer konischen Strohdächer oder an deren Stelle das Wellblechdach da und dort wären neu für Bruce.

Die Kontakte zum Abendland sind störungsanfällig geblieben. Briefe vom 7. 9. 1991 erhalten im Postamt unterhalb von Gondars Palästen den Stempel vom 2. 13. 1983, ehe sie zwei Wochen später das Land verlassen. »13 Monate Sonnenschein«: Auch das Motto der unterbeschäftigten staatlichen Tourist Commission versucht es mit der äthiopischen Zeitrechnung, deren Zählung im Jahr 7 beginnt und welche die zwölf dreißigtägigen Monate um einen dreizehnten, den fünftägigen Pagumen, zum Gregorianischen Jahr ergänzt. Einen Tagesmarsch südlich von Bahir Dar, im Sommer auf einer Breite von vielleicht einem halben Kilometer, stürzen die Hochwassermassen des Abbai, des Blauen Nils, ins Erdinnere. Die Schlucht unter den Tisisat-Fällen, welche den Blauen Nil längs des Abbruchs abführt, läßt für eine Weile nichts von ihm übrig. Über dem Tisisat, dem »Rauchenden Wasser«, stehen morgens von zwei Uhr bis fünf Uhr drei konzentrische Regenbogen: im Hochland Abessiniens schlägt es bei Sonnenaufgang und Sonnenuntergang zwölf. Die jährliche Sintflut über Äthiopien, von der Aristoteles etwas ahnte, hat den Norden des Landes in das konkave Negativ einer Gebirgswelt verwandelt. Anstelle von Gebirgszügen zerteilen tiefe, fast unüberwindliche Furchen das Hochland. Auf einer Strecke von wenigen Kilometern fallen die gestuften Hänge von Goha Tsyon auf dem Plateau 1500 Meter hinunter zur Nilbrücke ab.

Anfang des siebzehnten Jahrhunderts erreichten die portugiesischen Missionare Pedro Paez und Jerome Lobo den Lake Tana. Paez erkundete 1618 den wichtigsten Zufluß und beschrieb die beiden Quellbrunnen des Kleinen Abbai etwas mehr als hundert Kilometer südlich des Sees. Der Forschungsreisende Bruce diffamierte die Schilderung des Portugiesen als Fälschung, gestützt aufs Hörensagen. Moorehead bemerkt, das aussichtslose Plädoyer in eigener Sache werfe einen Schatten auf die überragende Leistung des Briten, dessen Entdeckungen schlechterdings zu märchenhaft anmuteten und während Generationen der Imagination eines ebenso exaltierten wie talentierten Scharlatans zugeschrieben wurden. Glaubte man ihm, daß acht Mann mit seinem enormen Quadranten die äthiopischen Höhenunterschiede bewältigten? Was die Quelle des Großen Abbai betrifft, so handelt es sich bei ihr fraglos um das enorme Reservoir, das sich 1830 Meter über dem Meeresspiegel zwischen Bahir Dar und Gorgora auf einer Fläche von mehr als 3600 Quadratkilometern ausdehnt. Der Lake Tana mit seinem mindestens fünfmal so großen Einzugsbereich blieb für eine geraume Weile die Quelle des Nils — wie schon zuvor und weiterhin des größten Teiles der Wasser, die der Strom zum Mittelmeer bringt.

Zum Weißen Nil, der nirgends hingeführt hatte, kehrte die Neugierde erst im letzten Jahrhundert zurück. Die Londoner Royal Geographical Society schoß fünfzig Pfund zu, und 1839 gelangte eine türkische Expedition durch die Sümpfe nach Bor. Zwei weitere erreichten in den folgenden beiden Jahren Gondokoro in der Nähe der späteren südsudanesischen Hauptstadt Juba. Doch auf dieser beschwerlichen Route war Endstation, bis Ende 1862 aus der Gegenrichtung John Hanning Speke und James Augustus Grant in Gondokoro auf Samuel Baker stießen: »I took off my cap and gave a welcome hurrah!« erinnert sich

Baker in seinem *Albert N'yanza,* wo er an Speke sogleich die bange Frage richtet, ob ihm kein Blatt des Lorbeers bleibe. Hatte Speke die »Mondberge« gesehen? 1848 hatte Johann Rebmann, einer der ersten Missionare im Inneren Ostafrikas, die Weltöffentlichkeit ganz aus dem Häuschen gebracht. Er war — wie ein Jahr später weiter nördlich sein Kollege Johann Ludwig Krapf — eines überaus hohen, schneebedeckten Gipfels ansichtig geworden. Bei den beiden Erscheinungen, worin manche zunächst eine und dieselbe vermuteten, handelte es sich um den Kilimandscharo und den Mount Kenya.

Sesams Schlüssel lag seitdem in Sansibar. Dort trafen fortan die angelsächsischen Entdeckungsreisenden ihre Vorbereitungen. Captain Richard Francis Burton, der als erster von ihnen 1856 im Hafen der Stonetown an Land ging, wollte, wie er nach seiner Rückkehr schrieb, seine Erzählung kurz unterbrechen, um den Vorstellungen zeitgenössischer Enzyklopädien und nördlicher Postämter mit dem Hinweis entgegenzutreten, es handle sich bei Sansibar »nicht um einen Anrainer des Persischen Golfs«, es handle sich bei der Nelkeninsel weder um »einen Felsen im Roten Meer noch um eine Besitzung Nigers, noch um einen Vorposten am Kap der Stürme«. Das legendäre Entrepot unter der Souveränität der omanischstämmigen Dynastie des Sultans, wo die europäischen Kolonialmächte ihre ersten Konsulate in Schwarzafrika eröffneten, war auch Ausgangsstation eines Mannes, der mit seinen Aktivitäten die Öffnung des Inneren am energischsten betrieb. Weltberühmt wurde der Araber Hamed bin Muhammad al-Murjebi unter seinem Beinamen, den ihm ein nervöses Zwinkern eingebracht hatte: Tippu-Tib. Die Reviere des größten Sklavenjägers und Sklavenhändlers Ostafrikas erstreckten sich von Bagamoyo, dem Sklaventerminal gegenüber der Nelkeninsel mit ihren Plantagen, rund um die ostafrikanischen Seen hinauf bis zu den Jagdgründen seiner Rivalen im Sudan und bis über das Westufer des Kongos tief hinein ins heutige Zaire.

Der Reichtum des manierlichen Großgangsters war sagenhaft, ebenso die Brutalität, mit der er den Widerstand seiner Beute brach. Livingstone, dem Zeugen seiner Massaker, leistete er Beistand. Die Idee, daß ein kultivierter Weißer solche Geschäfte ernstlich mißbilligte, war in Tippu-Tibs Horizont nicht unterzubringen. Das erschütternde Zeugnis des britischen Missionars fügte dem Araber geringen Schaden zu. Der Kreuzzug gegen das Geschäft der Orientalen mit den schwarzen Sklaven, der fortan die imperialen Ambitionen der Briten in Ostafrika rechtfertigte, hatte sich diesen mancherorts unterzuordnen. Und noch gab es prominente Gestalten, die alte mit neuen Übeln zu verbinden wußten. Zwanzig Jahre später war Tippu-Tib Gouverneur — unter Henry Morton Stanley, der sich mittlerweile im privaten Auftrag Leopolds, des belgischen Königs, darangemacht hatte, am Kongo ein Riesenreich zu unterwerfen. Bereits als bahnbrechender Reporter des *New York Herald* hatte sich Stanley mit Trägern und Eskorten Tippu-Tibs die Bahn zuweilen freigeschossen.

Noch hundert Jahre später führten angelsächsische Historiker den stolzen »Nachweis«, daß der islamische Menschenhandel in den dreizehn Jahrhunderten seit der Erleuchtung des Propheten siebzehn Millionen Afrikaner in die Sklaverei verschleppte, wogegen die europäisch-christliche Nachfrage 12,5 Millionen nicht überstiegen habe. Der größte Teil davon entfiel auf einen Zeitraum von dreihundert Jahren und rund die Hälfte allein auf das achtzehnte Jahrhundert. Die Briten waren marktführend, keine hundert Jahre bevor in ihren Besitzungen die Sklaverei einer neuen ökonomischen Rationalität Platz machte.

Durch den Hinweis, daß es kaum christliche Nächstenliebe war, die zur Abschaffung der Sklaverei den maßgebenden Anstoß gab, werden dieser Form der Ausbeutung keine mildernden Umstände zugebilligt. Ebensowenig hätte das Lob des Fortschritts dessen Kosten zu unterschlagen. Schon Captain Burtons ketzerische Überlegungen galten der Frage nach dem Preis der Freiheit, die in letzter Zeit Historiker in den Vereinigten Staaten wiederentdeckten: Anders als ihre enteigneten Herren büßten in der Regel die befreiten Sklaven für mehrere Generationen massiv an Lebensqualität ein. Die Schreckensbilder der zusammengeketteten Menschenherden waren in Ostafrika, im Gegensatz zum westafrikanischen Alltag während Jahrhunderten, die Ausnahme. Die Skelette, welche, blankgepickt von den Vögeln, die Routen der Handelskarawanen säumten, waren in aller Regel die sterblichen Reste von Trägern, von Taglöhnern, deren Verlust keinen Besitzer grämte. Hingegen ist ›das Eigentum wohlgenährt und wenig angetrieben. Die Beziehung hat mehr von jener zwischen Patron und Klient als vom Verhältnis zwischen Herr und Leibeigenem; der Sklave wird angesprochen als ›mein Bruder‹.« Sklaverei als unbezahlte Zwangsarbeit war — so Burtons ethnographische Studien, auf welche die Wissenschaft noch heute zurückgreift — wohl dominant in der Wirtschaft Indiens, weit weniger in Afrika.

Ein neuer Typ von Hochseekopfgeldjägern suchte fortan die zivile Handelsschiffahrt zwischen Sansibar, der Arabischen Halbinsel und den Gestaden des Indischen Subkontinents heim: Unter einem Dutzend aufgebrachter, geplünderter, verbrannter Dhaus war vielleicht eine, die unter anderem auch Sklaven transportierte. 1869 schrieb einer der erfahrensten unter den »slave catchers«: »Der Ruf des britischen Seemanns hat arg gelitten unter Aktivitäten, die sich nicht anders nennen lassen als Piraterie.« Berühmter wurden andere Befreiungsszenen, wie sie Baker aus dem Südsudan beschrieb: »Bevor mir Zeit zur Selbstverteidigung blieb, fand ich mich in den Armen einer nackten Schönheit, die mich fast bis zum Ersticken küßte, und, in einer äußerst unerquicklichen Umklammerung, mir mit der Zunge über beide Augen leckte.« Noch zu den Zeiten General Gordons blieb das Foreign Office auf Allianzen mit den Großabnehmern in Ägypten angewiesen, und im britischen Ostafrika überdauerte die Sklaverei in Resten noch den Ersten Weltkrieg. In Äthiopien verbot der Negus, ein Freund des Westens, Eigentum an Menschen 1950. Nur die blühende Plantagenwirtschaft des kleinen Sansibar war ruiniert, bevor die Nelkeninsel 1890 an die Krone Englands ging.

Es sind auch heute die Herren über Küsten, welche unter sich in Afrika die Macht aufteilen. Schon dem Empire ging es nicht um Sansibar, um seine Sklaven und Gewürze, auch nur am Rand um das viele Elfenbein für Klaviaturen. Das Entrepot war wichtiger als seine hausgemachte Wirtschaft. Es war der Brückenkopf in der Eroberung eines neuen Kosmos, dessen Zukunft keine Phantasie auslotete. Die Speerspitze des Evangeliums, dessen Botschaft den Kontinent und seine schwarzen Seelen zu penetrieren hatte, fand sich in den kommenden Jahrzehnten flankiert vom Pioniergeist der Entdeckungsreisenden, deren Abenteuerschinken in Millionenauflagen das heimische Publikum noch bis zu den Urenkeln in Atem hielten. Der Sudan des Mahdi und des Generals Gordon sollte der Weltöffentlichkeit zusetzen wie dereinst Vietnam. Großvater spielte mit seinen Kameraden Burenkrieg. Er war nun unaufhaltsam, der Triumph am Nil, zu dem die Pioniere losmarschierten, um auch gleich die Linienführung abzuklären, der die Tanganyika Railway folgen sollte. 1858, drei Jahre nach seinem tollkühnen Marsch durch Nordsomalia bis ins verbotene Harar, hatte Burton bei Ujiji den Tanganyika-See erreicht. Auf einem Abstecher gelangte sein Begleiter Speke ans südliche Ufer eines zweiten großen Sees. Er ließ den schwererkrankten Burton sitzen, um mit der zweifelhaften Kunde unverzüglich heimzueilen.

Bereits 1878, in seinem *Through the Dark Continent,* plädierte Stanley für afrikanische »tramways«. »Alle übrigen Wohltaten, die der Kontakt mit der Zivilisation bringen kann, werden dem Bahngleis folgen, das ein eisernes, nie wieder zu brechendes Band zwischen Afrika und den begünstigten Nationen sein wird.« Vorderhand waren die logistischen Aufwände der Reisenden beträchtlich: »Das gesamte Gewicht der Güter: Tuch, Glasperlen, Draht, Nahrungsvorräte, Medikamente, Betten, Kleider, Zelte, Munition, Schiff, Steuerruder, Riemen und Bänke, Hausrat und Schreibwaren, Photoapparat mit Zubehör und verschiedene Gegenstände, zu zahlreich, um einzeln erwähnt zu werden, betrug etwas über 18000 Pfund oder mehr als acht Tonnen, so genau als möglich zu verteilen auf Lasten von je sechzig Pfund, so daß die Körperkraft von dreihundert Trägern erforderlich war.« Sechs Schiffe — eine größere Flottille, als einst zur ersten Weltumseglung unter dem Kommando Magellans in See stach — brachten 1874 Stanleys zweite Expedition von Sansibar zur Küste. Hundert Mann trugen sein Boot, die *Lady Alice*, von Bagamoyo landeinwärts durch den Dschungel. Er sollte damit den Victoria-See, den Lake Albert und den Tanganyika-See umrunden. Die Verluste durch Krankheit, Erschöpfung und Widerstand von Eingeborenen waren horrend. Als Stanley 999 Tage nach seinem Aufbruch in Sansibar an der Kongomündung den Atlantik erreichte, waren von seinen 356 Begleitern noch 114 am Leben, keiner von seinen drei weißen Begleitern, deren letzter zwischen den Krokodilen im Kongo ertrunken war.

Fracht kostet auch heute von Daressalam nach Burundi doppelt soviel wie von New York an die afrikanische Ostküste, wobei auf dem langen Weg durch Tansania oder von Mombasa über Uganda und Ruanda noch immer erhebliche Einbußen den Preis des zivilisatorischen Segens mitgestalten. Am Nordende des Tanganyika-Sees empfängt den Reisenden die Flughafenbelegschaft von Bujumbura vollzählig auf dem Rollfeld an der Luke: ein Grenzpolizist, ein Zöllner und der Diensttuende der Wechselstube. Genau ein Taxi wartet am Ausgang, um die zwei Passagiere von Air Burundi, Kurs PB 701, in die Hauptstadt zu bringen. Dort weckt das Hotel Source du Nil

Reminiszenzen an die Märsche der Entdecker, indem es für zwei Flaschen Evian 29 Dollar auf die Rechnung setzt.

»Toillette de voyageurs qui viennent ici pour voir la source du Nil« steht, mit weißer Kreide geschrieben, auf der Holztür der gemauerten Latrine über der »Quelle«. Eine betonierte Plattform bietet dem Besucher einen festen Stand angesichts des entspringenden Nils. Über ein Stück Baumrinde, genau wie man damit in den Berner Alpen oder im Engadin das Rinnsal einer Bergquelle faßt, plätschert er auf einige Steine. Das bißchen Naß verschwindet ein paar Meter weiter spurlos im Gebüsch. »Sunt nomina Nili: Kasumu — Mukasenyi — Kigira — Luvironza — Ruvubu — Kagera — Lac Victoria — Victoria Nile — Lac Kiyoga — Mwita Nzige (Lac Albert) — Bahr el Gebel — Kir — Bahr el abiad.« Was so die Platte in der Pyramide über der burundischen Quelle statuiert, ist stark übertriebenes Jägerlatein. Alan Moorehead schreibt in *The White Nile,* beim Kagera handle es sich nicht um den Quellfluß des Nils. Stünde nicht mit seinen 6700 Kilometern der Ruf des längsten Stromes der Erde auf dem Spiel, hätte er zweifellos recht. Der Kagera erscheint zu ziellos, kein Flugzeug vermöchte seinen Mäandern durch Ruandas und Burundis tausend Hügel zu folgen; nur ganz zufällig findet der Fluß nach weiteren tausend Richtungswechseln in der Küstenebene schließlich doch zwischen die Inselmyriaden des Victoria-Sees hinaus.

Trotz seiner Zuträger aus acht Ländern hat der Strom, einschließlich des Blauen Nils, einen recht bescheidenen Einzugsbereich mit Niederschlag. Der Einzugsbereich des Kongos umfaßt ein nahezu doppelt so großes Gebiet. Auch wenn der Victoria-See sich auf eineinhalbfacher Fläche der Schweiz ausdehnt, ist es ein schmales Tal, in das sich die Hügel am Kagera hinunterziehen. Es öffnet sich dem Blick, sowie man, Afrikas Ostküste weit im Rücken, aus dem Graben des kenianischen Rift Valley kommend, die westlichen Höhen bei Eldoret oder Londiani erklommen hat. Der Nil, der aus dem großen See fließt, nimmt mit der Macht seiner Schnellen und Fälle die Richtung zur fernsten aller Küsten: zum Mittelmeer.

Das »Caput Nili meridionalissimum«, der südlichste Punkt in der kontinentalen Wasserscheide, den die Pyramide in Burundi kennzeichnet, bildet das Einde einer Art Grat. Westwärts führt die Straße steil hinab zum Tanganyika-See. Sein Ausfluß wendet sich zum fernen Atlantik, und von dessen Sog ist in Bujumburas Tuchfühlung mit den zairischen Nachbarn etwas spürbar. Am Ostfuß, ebenso nahe, beginnt das Land der Waswahili, der Bantu von den »Sawahil« — den Küsten, so der arabische Name. Vierzig Prozent arabisches Vokabular im Suaheli sind das Ingrediens, das nach Sindbads Vorbild Pioniere vom Golf und den Gestaden der Beduinenhalbinsel, der Wiege des Islams, über den Indischen Ozean ausstreuten. Die Richtung, in der die Flüsse ziehen, ist wichtig in Afrika, die Wasserscheiden geben dem riesigen Dreieck zwischen dem Tanganyika-See, der Zentralafrikanischen Republik und dem kenianischen Hochland eine unverkennbare Gliederung. Véronique, die Schneiderin aus dem oberen Zaire, ist auf Arbeitssuche in die zentralafrikanische Hauptstadt Bangui gekommen. Für sie ist das, wie sie sagt, auch in den zweiten Kongowirren der Agonie Mobutus ganz einfach gewesen, obwohl es von ihrem Geburtsort ans Ufer des Ubangui viel weiter ist als zum Nil. Der Lake Albert dagegen — am zairischen Ufer der Lac Mobotu Sese Seko — ist »auf der anderen Seite unten«.

In Burundi haben die Leute nichts gegen weiße Nilquellenentdecker. Sie pflegen im Gegenteil deren Andenken und haben südlich der Hauptstadt am Seeufer eigene Ansprüche auf die Stätte des berühmten »rencontre« in einen aufgerichteten Findling graviert. Für den Rest der Welt geschah es im tansanischen Ujiji, daß Stanley bedächtig auf den verschollenen Missionar zuschritt, den Hut abnahm und sprach: »Dr. Livingstone, I presume.«

Die Platte am »Caput meridionalissimum« gehört dem »Gedächtnis der Nilquellenforscher Erathostenes, Ptolemäus, Speke, Stanley und anderer«, und der Chauffeur aus Bujumbura, ein ehemaliger burundischer Diplomat, ist der Überzeugung, alle die Aufgeführten hätten leibhattig auf exakt diesem Hügel über der Quelle des Kasumu gestanden. Bei den Ripon-Fällen in Uganda, wo Speke nach seinem zweiten Gewaltmarsch am 28. Juli 1862 als erster Weißer am Ausfluß des Victoria-Sees — an der Quelle des Nils — stand, wurde die Gedenkplatte ersäuft. »Was soll«, hieß es in der Perspektive von Befreiung und Unabhängigkeit, »der Quatsch von der ›Entdeckung‹ eines Ortes, wo die Einheimischen seit Jahrtausenden lebten!« Hätten unsere Enkel die extraterrestische Zivilisation, wenn sie sie dereinst anträfen, »entdeckt«? Oder könnten auch umgekehrt deren Boten uns gar nie »entdecken«, ebensowenig wie damals Kolumbus Amerika? Auf den illustren Ort selber mochten die Ugander nicht verzichten. Der Weg zur Terrasse an den gestauten Fluten, über deren blendenden Spiegel der Blick heute vom Owen-Damm oder vom Garten des Sunset Hotel schweift, ist überall in dem reizenden Städtchen Jinja ausgeschildert.

Der Nil, das Jahrtausendrätsel: Sowenig er die Eingeborenen an seinen Ufern in Atem hielt, sowenig vermochte er die Leidenschaften der Erkundungsreisenden unausgesetzt zu fesseln. Das überbordende Naturell, das sie in Gang hielt, nach ihren Zusammenbrüchen immer wieder auf die Beine brachte, den meisten aber das Leben verkürzte, ging mit ihnen in allen erdenklichen Richtungen durch, führte sie alle immer wieder weitab vom erklärten Ziel, mit dem sie das nötige Geld für ihre Unternehmungen lockergemacht hatten. Über Livingstones Routenwahl gebot Gott, nicht der Nil. Der Ethnograph Burton, Prototyp des kreativ undisziplinierten Wissenschaftlers, der 29 Sprachen beherrschte, alle Schlachtfelder zwischen Patagonien und Indien aufsuchte, sich als Heilpraktiker,

Zauberer, aufsehenerregender Liebhaber bewährte, als wallfahrender afghanischer Derwisch in Mekka sein Leben aufs Spiel setzte, nebenbei *Tausendundeine Nacht* übersetzte und, an elf Büchern gleichzeitig schreibend, ein Werk von 72 Bänden hinterließ, dieses faszinierende Ungeheuer, das als Beauftragter der Royal Society seine Zweitfrau vom orientalischen Sklavenmarkt ins viktorianische England brachte, interessierte sich am Nil nicht nur für dessen Quellen. Baker, den Abenteurer der sportlich verspielten Art, schlug Afrikas Großwild so sehr in Bann, daß er und seine Frau sich zeitweilig in Eingeborene verwandelten. Speke, der Soldat, ganz auf militärische Höchstleistungen aus, ging möglichst schnell immer geradeaus zum Ziel und hinterließ beiderseits des Wegs nichts als Rätsel.

Als Stanley im März 1874 zum Victoria-See kam, war wenig zu entdecken, aber viel zu klären übrig. Durch nichts aufzuhalten, wenn nötig die Büchse im Anschlag, räumte der »Hindernisstürmer« — wie ihn einer seiner Biographen betitelte — rund um die Seen mit offenen Fragen auf. Sein Boot, die *Lady Alice,* leistete ihm unschätzbare Dienste, denn nahezu ein Fünftel von Ugandas Staatsgebiet ist Wasser, nicht immer friedfertiges Wasser, sondern oft »eigentümliches Wasser, anders als das anderer Gewässer«. Eine Eingeborene erläutert, in Bakers Wiedergabe, das Wasser im See »komme herauf zum Wassertopf, der am Ufer stehe, trage ihn hinweg und zertrümmere ihn«. Unterwegs lockte »Stamlee«, wie man ihn am Victoria-See nannte, englische Missionare ins Land mit der ziemlich voreiligen Kunde, er habe den Herrscher Bugandas, Mutesa I., zum Christentum bekehrt. Der Psychopath kehrte nach der anglikanischen Schnellbleiche alsbald zu den Mordorgien unter seinen Untertanen zurück.

Der Schlußpunkt der Entdeckungsgeschichte sollte allerdings noch einmal eineinhalb Jahrzehnte auf sich warten lassen. Afrikas mythisches Innerstes, die »Mondberge«, von deren dreihundert jährlichen Regentagen Aristoteles etwas geahnt hatte, erhebt sich noch heute in einer abweisenden Schönheit. Rwenzori — »der Regenmacher« — lautet sein einheimischer Name; in einer benachbarten Sprache heißt das Massiv »das große Gewächs, in dem die Wolken gekocht werden«. Selbst an wärmeren trockenen Tagen, wenn zwischen den jähen Talstufen die Seen und die Hochmoore dampfen, gleicht das naßkalte Paradies extraterrestrisch anmutender Hybriden weniger einer Gebirgswelt als der Landschaft in einem Tiefseegraben während der ersten Phase seiner Entwässerung. Zentnerweise ziehen sich die Moosfuder die Stämme empor, um deren Geäst sich die Bärte, wie Tang, in ganzer Höhe von den Wipfeln herab zu einem kompakten schleimigen Überzug schließen. Im Massiv des Regenmachers ist noch nie etwas verdorrt, alles Zeitliche geht den Weg von Fäulnis und Moder. Feuermachen ist eine hohe Kunst unter den Bakonyo, die hier in den Schründen ihr Königreich Rwenzururu besaßen und noch bis in die frühen achtziger Jahre darum kämpften. Von dem fast immer verhangenen Himmel zwischen den felsdurchsetzten Fluten weit oben ist wenig zu sehen auf dem abschüssigen Grund des Waldes, der sich nur um die tiefsten Sumpflöcher etwas lichtet und den Lobelien Atem gönnt, den bis zu acht Meter hohen Kerzen dieser schlemmenden Glockenblumengewächse. Das ganze Jahr über füllt aus der Tiefe das Donnern der Flüsse die Täler.

Am Ostfuß sammeln sich einige der gepeitschten Gewässer im Lake George, ehe sie sich weiter südlich im größeren Reservoir des Lake Edward mit anderen vereinen. Der Semliki — bereits ein stattlicher Zuträger des Weißen Nils — führt ihren Segen westlich um das Rwenzori-Massiv herum zum 250 Kilometer nördlich gelegenen Lake Albert. Wiederum war es Stanley, der sich während seiner dritten großen Afrikareise 1888 noch einmal an dessen Ostufer aufhielt, dem sich als erstem Weißen die jungfräulich vergletscherte Kuppe der »Mondberge« enthüllte, der Gipfelzug des Rwenzori, der auch seine höchste Spitze von 5109 Metern fast das ganze Jahr über in schweren Wolken verbirgt.

Zu jener Zeit standen die Pioniere längst im klar definierten Auftrag Ihrer Majestät, wenn nicht eines ihrer kolonialen Rivalen, und da blieb viel zu tun. Erst nach Kitcheners Sieg gegen den Mahdi bei Omdurmam 1898 und nach der gütlichen Beilegung des Fashoda-Konfliktes mit Frankreich im folgenden Jahr, erst zwei Jahre vor ihrem Tod hatte Queen Victoria die Herrschaft der britischen Krone über den gesamten Nil vom Delta bis zu dem größten, nach ihr benannten See gefestigt. Buganda und die Stämme der anderen Reiche — Ankole, Toro, Bunyoro, Acholi und Busoga — ergaben sich nicht ohne Widerstand. Im nördlichen Bunyoro, zwischen den Murchison-Fällen und dem Lake Kyoga, war schon Baker auf heftige Gegenwehr von König Kamrasi und dessen Thronfolger Kabarega gestoßen, und trotz der Niederlage in der Schlacht von Masindi beeindruckte die erste Annexion seines Reiches 1872 die frühen Unabhängigkeitskämpfer wenig. Noch 27 Jahre leistete Kabarega Widerstand, ehe britische Truppen in einem Sumpf sein letztes Refugium aushoben und ihn auf die Seychellen deportierten. Doch fünf Jahre nach der Proklamation des Protektorates Uganda von 1896 standen die Arbeiten an der Uganda-Bahn von Mombasa nach Kampala bereits vor dem Abschluß. Churchill, mit 32 Jahren Unterstaatssekretär für die Kolonien, pries hymnisch die »Perle Afrikas«, auf die es alle Kräfte zu konzentrieren gelte. Im Ausstoß von Baumwolle und Kaffee hielt in der Folge kein anderes Land des Commonwealth mit Uganda mit.

Die hausgemachten Konflikte unter den Monarchen der Bantu und der nilohamitischen Stämme im Westen und im Norden des Victoria-Sees sollten noch bis ins letzte Jahrzehnt des zwanzigsten Jahrhunderts weiterschwelen. Zwischen den Hügeln am Kagera massakrierten sich in den drei Jahrzehnten der Unabhängigkeit Burundis und Ruandas die verfeindeten Stämme der Hutu und Tutsi zu Hunderttausenden. Während die belgische Kolonialverwaltung nur die sakrale Legitimation der minoritären Tutsi-Herrscher in Bujumbura und Kigali unterhöhlte, worauf nichts zurückblieb, was den ethnischen Sprengstoff hätte entschärfen können, hinterließen die Briten in Uganda eine politische Struktur, die dem Land Hoffnung gab. Obschon eine Republik, ließ sich die Föderation auch durch die Staatsform des Mutterlandes inspirieren. Der Feudaladel Bugandas fand sich mit den gewählten Vertretern der republikanischen Gliedstaaten unter dem Dach eines Bundesparlaments, und die gemischtreligiösen Koalitionen aus Nord und Süd schienen dem Land eine tragfähige Regierung geben zu können. An der Staatsspitze stand als Präsident ohne exekutive Befugnisse der Kabaka, der König Bugandas. Vier Jahre lang lebte die multiethnische Elite Ostafrikas, deren Universität in Kampala als erste der Seenländer 1950 zur Verleihung akademischer Grade autorisiert worden war, unter diesem aristokratisch-demokratischen Mischregime zusammen und sprach friedlich ihre rund dreißig Sprachen.

Milton Obotes Armee zertrümmerte 1966 das fragile Gebilde. Die Zahl der Ugander, die in den folgenden zwei Jahrzehnten der Kriegswirren umkamen, liegt irgendwo zwischen einer halben und einer ganzen Million. »Wie ordnen Sie Ihre Gedanken, wenn Sie Ideen und Realitäten in keinem wie auch immer gearteten Zusammenhang zu halten vermögen?« fragt ein Menschenrechtsaktivist in Kampala. Er fährt selber fort: »Niemand von uns glaubt auch nur entfernt eine Vorstellung zu haben von dem allem, was sich hier zugetragen hat.« Im Norden führen Straßen heute durch Dörfer mit schönen alten Häusern, aus deren Dächern hohe Bäume ragen. Die Tempel der 70000 bis 80000 Inder, die Idi Amin Dada 1972 über Nacht des Landes verwies, haben sich ins Geschlinge des Dschungels zurückgezogen, in diese ständig benieselte, triefende, dampfende Vegetation, die in ihrer Maßlosigkeit für den Europäer wohl immer etwas Unheimliches behält.

Im Bahnhof von Jinja hängen Fahrpläne von 1971, auf welchen Passagierdampfer die ostafrikanischen Magistralen im Norden und Süden des Victoria-Sees verbinden. Heute laufen die verbliebenen Frachter nicht aus, weil im tansanischen Hafen von Mwanza zuerst noch eine Woche gebaggert werden muß. In der Komposition der Uganda Railway, welche die achtzig Kilometer zur Hauptstadt in Angriff nimmt und zunächst das Stahlgerüst der Brücke neben dem Owen-Wehr in ungemütliche Schwingungen versetzt, tragen die Waggons Spuren von automatischen Gewehren. Von der Polsterbestuhlung stehen im Müll und Schafmist noch die Gerippe; die Reisenden verbringen die fünf Stunden auf den nackten Sprungfedern.

Die Kinder in den Fischerdörfern am Lake Albert hungern nicht; was ihnen die Bäuche bläht, sind die Würmer. Doch den Ugandern fehlt in ihrem wundervollen Land alles. Die Reichtümer der üppigen Natur türmen sich zu Kompostbergen; die Produzenten können sie weder verpacken noch lagern und kühlen, geschweige denn transportieren. Die Wege zur Küste, auf denen sich im letzten Jahrhundert die arabischen Sklavenhändler und in ihrem Gefolge die europäischen Expeditionen bis hierher vorgekämpft hatten, sind zu hindernisreich geblieben. Und seit Präsident Museveni mit leidlichem Erfolg dem Land Frieden zu bringen versucht, hat sich über eine Million Ugander mit dem AIDS-Virus infiziert. Unter jungen Erwachsenen in Kampala liegt der Anteil der Seropositiven bei etwa fünfzig Prozent, und Demographen sagen voraus, daß die Bevölkerung, deren Zunahme eine Verdoppelung ihrer siebzehn Millionen vor dem Jahr 2020 erwarten ließ, bis dahin nur auf gegen zwanzig Millionen wachsen wird. Hunderttausende von Waisen werden zu betreuen sein. »Er war krank« — wer sich nach einem Bekannten erkundigt, ist auf diese Auskunft gefaßt.

Das Nadelöhr, der Durchlaß von sieben Metern, zu dem sich das breite Bett des Stromes schließt, löst die trägen Massen aus der Schwerkraft. In einem Gemisch von Luft, Staub und Feuer trennen sie sich himmelwärts von der Erdoberfläche. In fünfzig Metern Tiefe, unter dem letzten der drei Murchison-Fälle, wälzt sich der Victoria Nile kompakt wie ein breiter, grünlichweißer Lavazug, von Flecken rotbrauner Asche bedeckt, im Dschungel voran dem Horizont entgegen. Erst einige Kilometer weiter hat der zähe Schaum sich wieder zu Wasser verflüssigt, das trüb und sauerstofftrunken beinahe zum Stillstand kommt.

Der Murchison-Park umfaßt ein Gebiet von etwa der halben Größe Graubündens, eineinhalbmal die Fläche des Saarlandes; an manchen Wochentagen wartet der Wildhüter vergeblich auf Besucher. Captain Francis hält, den Motor gedrosselt, das Boot behutsam auf die abgeschliffenen Buckel zu, die wie halb überflutete Steine unter der äquatorialen Sonne funkeln. Unversehens taucht ein weiterer Buckel auf, schlägt ein paar Ringe; zwei andere lassen nur ein Häufchen Schaum zurück. Faustgroße Luftblasen platzen aus dem gleißenden Belag auf dem Fluß. »Seien Sie froh, daß wir die einzigen hier sind«, sagt Captain Francis. Trotzdem regt sich die schläfrige Gesellschaft in ihrem komfortablen Element — nicht wegen des großen Krokodils am Ufer, dem jemand die linke Vorderpfote abgebissen hat. Diskret lösen sie sich auf, die intimen Gruppenbilder der Flußpferde. In der Nähe tauchen sie unter, und hinter den entfernteren Schädeldecken teilen sich mit einemmal straffe Kielwellen. Viele Hunderte, wohl Tausende zählen sie, allein zwischen den Murchison-Fällen und dem Lake Albert. Einige Stunden später, bei der Rückfahrt, säumen sie wieder, zu Dutzenden eng ineinandergeschmiegt, die ausschweifenden Uferzüge. Ihnen, diesen friedfertigsten aller Geschöpfe, gehört das ewig umkämpfte Reich Kabaregas. »Und sie alle sollen Ugander sein?« Captain Francis, der wie viele seiner Landsleute gerne lacht, hat keinen Zweifel: »Alle! Alle sind sie Ugander.«

II

Alan Moorehead

Der Blaue und der Weiße Nil

DER BLAUE NIL

Der Blaue Nil fließt sehr ruhig und unauffällig aus dem Lake Tana im nördlichen Hochland von Äthiopien. Es gibt keinen Wasserfall, keine Stromschnelle, keine eindeutige Strömungsrichtung und auch sonst nichts, was darauf hindeuten würde, daß zumindest ein Teil dieser sacht bewegten Fluten dabei ist, sich auf eine folgenschwere Reise zum 4425 Kilometer entfernten Mittelmeer zu begeben. Der eigentliche Ausfluß liegt in einer Bucht am Südufer des Sees und kann dem Auge des Reisenden leicht entgehen. Dort löst sich die Küste kaum merklich in flache Inseln auf, die von schwarzen Lavafelsen gesäumt und vom Dschungel überwachsen sind. Zwischen ihnen verliert sich das graugrüne Wasser. Nirgendwo gibt es Dörfer, und außer einigen Fischern, die sich mit ihren Papyrusflößen bewegen wie Ruderwanzen auf einem Teich, sieht man kein Anzeichen von Zivilisation. Die Stille ist vollkommen. Ein paar hurtige graue Affen tummeln sich auf den Felsen; der schwarzweiße Königsfischer flattert drei Meter über der Wasserfläche hin und her, bevor er im Sturzflug auf einen Fisch herabstößt. Auch Pythonschlangen gelten hier als heimisch, bis zu sechs Meter lang und lebhaft schwarz-bunt gefärbt. Mit viel Glück kann man eine von ihnen sehen, wenn sie auf der Suche nach neuen Jagdgründen am Ufer entlangschwimmt. Häufiger allerdings finden sie sich in niedrig hängenden Baumästen; aus diesem sicheren Versteck im Blattwerk schnellen sie dann plötzlich hervor und fallen über einen Affen her, oder sie packen und verschlingen eine arglose kleine Antilope, die zum Trinken ans Wasser gekommen ist.

Wir befinden uns hier 1830 Meter über dem Meer, und die Äquatorsonne ist extrem heiß und gleißend. Um die Mittagsstunde indes kommt über dem See eine Brise auf, die bis zum Abend anhält. Urplötzlich, in einer Explosion glühender Farben, versinkt die Sonne, und wenn man im Freien schläft, kann es ungemütlich kalt werden. Solche Überraschungen und Kontraste prägen das Quellgebiet des Stroms. Man hat hier ein Gefühl äußerster Abgeschiedenheit und Einsamkeit — und kann doch ziemlich sicher sein, daß einen irgendwo zwischen den Bäumen ein dunkelhäutiger Äthiopier bei jeder Bewegung beobachtet. Das Städtchen Bahardar liegt unweit in südlicher Richtung hinter einer Landzunge. Kaum eine halbe Stunde vom See entfernt gibt es koptische Klöster, welche die Jahrhunderte seit dem Mittelalter überlebt haben; die Mönche schreiten jeden Morgen und jeden Abend langsam um die strohgedeckten runden Kirchen, das Kreuz in der einen Hand und das Weihrauchfaß in der andern. Die von den feuchten, modrigen Wänden abblätternden Fresken hinter dem Altar, wo es von Ratten wimmelt, stellen Christus und seine äthiopischen Jünger als weiße Männer dar, denen halbnackte weibliche Heilige aufwarten. Nur der Teufel ist schwarz.

In dieser Gegend, wo es in der einen Minute glühend heiß und in der andern eisig kalt sein kann, wo inmitten der Wildnis bronzene Kirchenglocken ertönen, stellt man sich schnell auf Anachronismen und offenkundige Widersprüche ein. Es wird sogar bestritten, daß der Lake Tana der Ursprung des Stroms ist. Es ist mehr als nur eine Erwägung, es gilt die feste Überzeugung, wonach er in Wahrheit aus einem Sumpf namens Ghish Abbai entspringe, etwa 110 Kilometer weiter südlich. Aus diesem Sumpf strömt der Kleine Abbai durch die äthiopische Hochebene zur südwestlichen Ecke des Lake Tana, und es heißt, er fließe durch den See weiter bis zu der soeben beschriebenen Öffnung bei Bahardar. Alle alten Karten zeigen den Flußlauf als fest durch den See gezogene Linie. Auch die jüngsten Karten geben den Ghish Abbai als den Ursprung des Blauen Nils an.

Das ist ein wenig verwirrend. Der Lake Tana ist ein sehr großer See mit einer Oberfläche von annähernd 2600 Quadratkilometern, und sein Einzugsgebiet ist noch fünfmal größer. Der Kleine Abbai ist, obschon der wichtigste, nur einer in einer Reihe von Zuflüssen, und außer während der paar Monate der Regenzeit ist zwischen seiner Mündung und dem Ausfluß bei Bahardar keine Strömung erkennbar; seine Wassermassen verlieren sich im unermeßlichen Reservoir des Sees. (Vergleichbar ist die Situation an der Quelle des Weißen Nils in Uganda, wo der Kagera, der von Westen her in den Victoria-See mündet, einen recht klar definierten Lauf durch den See bis zum Ausfluß bei Jinja aufweist. Aber der Kagera gilt nicht als Quellfluß des Weißen Nils; dessen Ursprung liegt bei Jinja oder ist, anders gesagt, der Victoria-See selbst.)

Natürlich ist diese ganze Kontroverse nur akademischer Natur. Wer den Blauen Nil befährt (der hier Großer Abbai heißt), ist gut beraten, wenn er sie einfach ignoriert und vom ruhigen Ausfluß bei Bahardar dem Fluß folgt. Er wird nicht weit kommen. Einige Kilometer flußabwärts beginnt das Wasser wild über Felsen und Untiefen zu toben, über die man unmöglich gefahrlos hinwegfahren kann. So muß man auf Maultiere ausweichen und sich mit ihnen so nahe am Flußufer halten, wie es das dichte Buschwerk erlaubt.

Die Landschaft ist überaus reizvoll — eine Kombination von tropischem und gebirgigem Afrika: Akazien und Lotus, Banyanbäume und Eukalyptus, Palmen und Wasserfarne. Der Baobab, der Affenbrotbaum, ist in diesen Regenwäldern nicht der glatte, kahle, faßförmige Stamm, dem der Strom weit unten in der sudanesischen Wüste begegnen wird; hier treibt er breite, schattenspendende Blätter. Zwar gibt es hier, so weit flußaufwärts, noch keine Krokodile, dafür einen gewaltigen Reichtum an Vögeln: Fischadler, deren Schrei am Morgen aus den Wipfeln der Bäume ertönt; Weißstörche mit schwarz gesäumten Schwingen; Stare, die mit ihrem schillernden, blau glänzenden Gefieder überhaupt nicht nach Staren aussehen; schwarze Ibisse mit krummen Schnäbeln; Pelikane, Schlangenhalsvögel, Wiedehopfe, Blauraken und Gabelweihen; schließlich die gewaltigen Nashornvögel, die die Größe junger Strauße erreichen, aber noch schwerfälliger als diese erscheinen — bis sie sich in die Luft erheben und die enorme Spannweite ihrer weiß geränderten Flügel demonstrieren.

Entlang des östlichen Ufers erhebt sich eine Folge steiler Hügel; vom westlichen Ufer aus erstrecken sich schwarze Ebenen bis zu einer fernen, bizarr geformten Bergkette, deren Gipfel — granitene Kerne erloschener Vulkane — wie gewaltige graue Kakteen in den Himmel wachsen.

Dreißig Kilometer weiter merkt man, daß sich weiter vorn etwas zusammenbraut. Das Rauschen des Wassers wird zu einem Tosen, und eine feuchte Wolke hängt tief über dem Tal. Wir sind am ersten großen Ziel unserer Reise angelangt: an den Tisisat-Fällen. Es ist erstaunlich, daß diese Wasserfälle so wenig bekannt sind, stellen sie doch in gewisser Weise das grandioseste Schauspiel dar, das beide, der Blaue und der Weiße Nil, zu bieten haben und das in ganz Afrika allenfalls noch mit den Victoria-Fällen des Sambesi vergleichbar ist. Wie bei den Victoria-Fällen strömt der Fluß zunächst ruhig an kleinen bewaldeten Inseln und glatten Felsen vorbei — und verschwindet dann urplötzlich und mit donnerndem Getöse in einem ungeheuren weißen Sprühregen. Von hoch oben sieht man in der Tiefe eine Klamm, durch die das Wasser schießt und wirbelt, bis die Klippen es schließlich dem Blick entziehen. Die in dieser Klamm aufgewirbelte Gischt erzeugt einen stetigen leichten Regen, der auf dem gegenüber gelegenen Berghang niedergeht; dort erhebt sich ein Wald von grünem Schilfrohr, das unaufhörlich hin- und herwogt wie Seetang auf dem Meeresgrund. Bleibt man hier nur fünf Minuten lang stehen, wird man naß bis auf die Haut. Wenn man zum erstenmal hier ist, wirkt die Szenerie beunruhigend; überrascht sieht man etwa den Schwärmen von kleinen schwarzen Vögeln mit spitzen, leicht rosa gefärbten Flügeln zu, die geradewegs in die Gischt hineinfliegen und auf dem äußersten Rand der glitschigen Klippen landen, zwischen denen das Wasser so furchterregend hinabstürzt — um alsbald wieder sorglos aufzufliegen, durch einen fast kreisrunden Regenbogen hindurch, der wie ein wirbelndes Feuerrad inmitten der Gischt hängt.

Mit den Tisisat-Fällen endet der idyllische Abschnitt des Blauen Nils. Der Fluß beginnt jetzt seinen langen, beschwerlichen Weg durch die äthiopische Hochebene. Auf mehr als 600 Kilometern beschreibt er eine riesenhafte Krümmung, erst in südlicher, dann in westlicher, schließlich in nördlicher Richtung, bis er die Berge verläßt und durch die heißen Ebenen des südlichen Sudans fließt. Je weiter er fließt, desto tiefer schneidet er sich ein; in Zentraläthiopien ist sein Canyon dann 1600 Meter tief und stellenweise 25 Kilometer breit. Doch selbst mitten in der Trockenperiode schießt er tosend so schnell dahin, daß kein Boot sich auf seiner Oberfläche halten kann. Niemand hat je eine Schiffsreise auf dem Blauen Nil vom Lake Tana zum Sudan gemacht — ebenso wie es niemandem bislang gelungen ist, die volle Länge seiner gefährlich steilen Ufer abzugehen oder mit dem Maultier abzureiten.

Natürlich kann man dort zum Fluß gelangen, wo seine Zuflüsse aus dem höher gelegenen Plateau in ihn münden. Solche Zuflüsse gibt es auf allen Stadien seines Weges. Einige, so der Bascillo aus dem östlich gelegenen Hochland von Magdala oder der Guder und der Didessa, die von Süden her kommen, sind selbst durchaus bedeutende

Flüsse. Andere sind Gebirgsbäche, die nur im Winter Wasser führen und für den Rest des Jahres lediglich einen steinigen und beschwerlichen Weg in die Schlucht abgeben. Aber wenn man auf diese Weise endlich den Blauen Nil erreicht hat, muß man genau denselben Weg zurücksteigen, um wieder auf das Plateau zu kommen, und dann beim nächsten Zufluß erneut hinuntersteigen: es gibt keinen Weg entlang dem Ufer. Deshalb ist der Blaue Nil in Äthiopien eigentlich nur aus der Luft genauer zu erkennen, beziehungsweise sein Verlauf ist, wie Colonel Cheesman bemerkt hat, am frühen Morgen anhand einer gewundenen Linie flockiger Wolken zu verfolgen, die einige hundert Meter über dem Wasser hängt.

Wo das Flußtal sich gelegentlich weitet, behaupten sich, von aller Welt abgeschnitten, einige wenige Eingeborenensiedlungen; sonst gibt es im Nilcanyon kein menschliches Leben. Die Äthiopier, gewöhnt an den klaren Himmel und die Weite ihrer Hochebene, fürchten sich vor dem Abstieg in die feuchte, malariaträchtige Schwüle, und viele von ihnen betrachten den Fluß mit abergläubischer Scheu. Nicht einmal viele wilde Tiere gibt es in der Schlucht; im wesentlichen sind es Flußpferde und Krokodile, die von dem Fluß Besitz ergriffen haben. Erst wenn wir uns der Grenze zum Sudan nähern, 750 Kilometer vom Lake Tana entfernt und 1300 Meter tiefer gelegen, erscheinen wieder Dörfer. Aber die Menschen sehen hier plötzlich ganz anders aus. Auf der Hochebene hatten wir es mit Amharen und Galla zu tun — Rassen, die keiner anderen afrikanischen Rasse gleichen: Es sind hagere, lebhafte, gutaussehende Menschen, deren Hautfarbe von hellem Kaffeebraun bis zu tiefstem Schwarz reicht. Sie treten mit einer gewissen Arroganz auf, die man damit erklären könnte, daß sie Hochlandbewohner sind, daß sie eine 2000jährige religiöse Tradition besitzen und daß ihr geistiger Horizont gewöhnlich sehr viel weiter ist als der der ost- und zentralafrikanischen Stämme, die die Ebenen rund um ihr Gebirgsbollwerk bewohnen. Das Christentum wurde hier nicht von westlichen Missionaren importiert, sondern ist ein altes, einheimisches Produkt des Mittleren Ostens selbst. Ebendeshalb und wegen ihrer dunklen Haut und ihrer weißen Gewänder kann man schwerlich umhin, diese Menschen mit den Juden zu assoziieren — von denen ihre Herrscher ja auch abzustammen behaupten.

Wenn man nun aber das Hochland verläßt und sich der sudanesischen Grenze nähert, verlieren sich die Zeichen der christlichen Zivilisation, und heidnische Negerdörfer treten an ihre Stelle. Das Land wird geprägt von kegelförmigen Grashütten und einer drückenden Hitze, die den Geist abstumpft, und das Leben wird zu einer Abfolge langer, öder, ereignisloser Tage, die den menschlichen Ehrgeiz seit prähistorischen Zeiten verkümmern ließen. Der Fluß hat nun nichts Bedrohliches mehr, reißt nicht mehr in seiner unheimlichen Schlucht Erdreich und Steinbrocken mit sich, sondern verwandelt sich in den beruhigenden Urquell allen Lebens, und sein Wasser wird kostbarer als alles andere. In dieser urtümlichen Welt gehört das Wasserholen in der Kalebasse zu den täglichen Pflichten der Frauen. Da sie keine Kleidung brauchen, um sich vor Kälte zu schützen, schmücken sie statt dessen ihren Körper. Tätowierung — das Anbringen von Schmucknarben auf Schultern, Brüsten und Oberkörper — ist weit verbreitet, und bei einigen dieser Grenzstämme reiben die Mädchen ihren Körper mit einer schmierigen Paste aus Fett und rotem Ocker ein. Das Hauptnahrungsmittel der Dorfbewohner ist Mais; nur manchmal ziehen die Männer mit einem Bündel Speeren in den Busch und bringen eine Antilope mit oder fangen mit einem primitiven Netz und unerschütterlicher Geduld einen Fisch. Überdies waschen sie Gold aus dem Fluß, das von der äthiopischen Hochebene heruntergeschwemmt wird, und treiben einen bescheidenen Handel mit Zibetkatzen; deren Drüsen sondern eine ambraähnliche Substanz ab, die zur Verstärkung von Duftstoffen dient. Die Tötung eines Elefanten oder eines Flußpferdes ist hier ein ebenso wichtiges Ereignis wie eine Geburt, eine Hochzeit oder ein Todesfall. Alles stürzt sich auf das getötete Tier, um es auszuweiden; die Männer stehen bis zu den Hüften in den Eingeweiden und hacken mit ihren Schwertern und Messern drauflos, bis nur noch Knochen und Haut übrig sind.

Diese unentwickelten Völker hatten niemals die Chance, unbehelligt im Dunstkreis ihrer dumpfen und trägen Existenz zu leben. Seit Urzeiten kamen die Äthiopier aus ihrem Hochland herunter und verschleppten sie als Sklaven, und später verwüsteten die Araber, vom Roten Meer aus landeinwärts vorstoßend, immer wieder ihre Dörfer. Aber sie ließen sich hier auch nieder, so daß wir von der sudanesischen Grenze an überall Arabern begegnen.

Wir befinden uns hier noch nicht richtig in der Wüste. Noch immer strömt der Fluß rasch über schwarze Granitfelsen und gelegentlich ein paar Stromschnellen vorwärts, zu beiden Seiten des Ufers wächst Buschwald, und nur allmählich werden die Berge niedriger. Gleichwohl ist dies eine echte Grenze, und jeder, der diese Gegend aufsucht, wird zu einem tieferen Verständnis der Geschichte des Blauen Nils gelangen. In dieser Region treffen arabische Wüstenbewohner und Hochlandäthiopier, Muslime und Christen aufeinander, und die heidnischen Negervölker bilden einen Puffer zwischen beiden. Niemand überschreitet diese Grenze ungestraft. Dringen die Araber in Äthiopien ein, so kommen ihre Kamele in den Bergen um, und sie selbst verlieren in der grimmigen Kälte nach kurzer Zeit den Mut. Steigen die Äthiopier in die Wüste hinab, so brechen ihre Maultiere in der sengenden Hitze zusammen, und sie selbst ziehen sich des Wassermangels wegen bald wieder in ihre Berge zurück. Es ist der Konflikt zwischen zwei völlig verschiedenen Lebensweisen, den anscheinend nicht einmal die Religion zu überbrücken vermag: Der Vormarsch des Christentums stockt, wenn es die Wüste erreicht, und der Islam hat in den Bergen nie wirklichen Einfluß gehabt. Auch nennenswerte Handelsbeziehungen hat es zwischen Äthiopien und dem Sudan nie gegeben; Karawanenstraßen sind nur in der Ebene zu finden, und Äthiopien sucht seine Absatzmärkte in den Ländern um das Rote Meer. Einzig der Fluß verbindet diese beiden so entgegengesetzten Welten.

Das Dorf Bumbodi — im Grunde nur ein paar im Buschwald verstreute Hütten — bildet genaugenommen die eigentliche Grenze zwischen Äthiopien und dem Sudan. Aber erst wenn wir uns weiter flußabwärts begeben, nach Fazughli, wo es Goldminen gibt, oder nach Roseires, wo der Fluß seinen letzten Katarakt passiert, beginnen wir die unbarmherzigen Weiten des Sudans zu spüren. Alles, was hier vom Bergland übriggeblieben ist, sind die Dschebels — riesige Ausbisse von nacktem Fels, die wie Schildwachen in der leeren Ebene stehen.

Der Fluß durchquert nun das frühere Königreich Sennar, dessen Grenzen einst im Westen bis nach Kordofan und zum Weißen Nil reichten, im Norden fast bis nach Ägypten und im Osten bis zum Roten Meer. Es ist das Herzstück des islamischen Sudans. Der Blaue Nil wird jetzt stetig breiter und wärmer, während er, langsamer als zuvor, in Richtung Wüste strömt. Anfangs gibt es noch Regenzeiten, und beim ersten Schauer treiben jeder Baumstumpf und jeder Busch, die zuvor unwiderruflich verdorrt schienen, hektisch aus. Aber nördlich von Sennar gibt es nicht einmal mehr Büsche. Wenige Meter vom Flußufer entfernt beginnt die Herrschaft der Sandwüste; sie bringt praktisch nichts mehr hervor, es sei denn, sie wird künstlich bewässert: dann erstrecken sich auch hier Baumwollfelder bis zum fernsten Horizont. In diesem Abschnitt münden zwei von Osten kommende Nebenflüsse, der Dinder und der Rahad, beide reißende Ströme während der Regenzeit, die ihren Weg aus den Bergen um den Lake Tana auf verschiedenen Routen bis hierher gefunden haben. Der Blaue Nil ist nun ein gewaltiger

Strom, der mit verstärkten Kräften auf die Vereinigung mit dem Weißen Nil bei Khartum zueilt.

Der Weiße Nil ist weitaus länger als der Blaue. Schon bis Khartum hat er mehr als 3000 Kilometer zurückgelegt, seit er den Victoria-See in Zentralafrika verließ, und mit Ausnahme der Passage durch den großen Sumpf von Bahr el-Sudd im Südsudan sind seine Ufer fast überall bewohnt. Auf dieser langen Strecke weist er indes nur ein Gefälle von 600 Metern auf (während der Blaue Nil spektakuläre 1500 Meter Höhenunterschied überwindet) und wirkt dadurch friedlich und behäbig. Dampfer und Feluken kreuzen gefahrlos seine weite Fläche. Er ist eindeutig der elterliche Strom. Und doch ist von den beiden Flüssen, die bei Khartum zusammenfließen und ihre eigene Identität verlieren, der Blaue Nil die treibende Kraft. Er führt dem vereinten Strom sechs Siebentel seines Wassers zu, und während sechs Monaten im Jahr stürzt er von der äthiopischen Hochebene mit der Wucht einer Flutwelle herunter. Im Juni ist diese Flut so stark, daß der Weiße Nil bei Khartum praktisch zurückgestaut wird; er pausiert sozusagen und tritt auf der Stelle, während der jüngere, ungestümere Fluß vorbeirauscht und Hunderttausende von Tonnen andersfarbiger Kies- und Erdmassen nach Ägypten transportiert. Erst im Januar läßt dieser gewaltige Ansturm nach, und der Weiße Nil beginnt sich wieder zu behaupten. Dann kann man die beiden Flüsse bei Khartum Seite an Seite ruhig nebeneinander herströmen sehen, und über mehrere Kilometer hinweg ist eine klare Trennungslinie zwischen ihnen auf der Oberfläche auszumachen. Der Weiße Nil ist nicht wirklich weiß, sondern eher schmutzig-grau, während der Blaue selten (höchstens im Morgengrauen und am Abend) eindeutig blau ist, sondern meist von einem bräunlichen Grün.

Nun hat der vereinte Strom noch 2800 Kilometer zurückzulegen, bis er das Mittelmeer erreicht, und er wird nur noch einen einzigen Nebenfluß, den Atbara, aufnehmen — auch er ein Geschenk der Hochlandregion um den Lake Tana —, bevor er durch Gebiete fließt, wo es niemals regnet und wo allein dieses warme, braune, sacht dahinströmende Gewässer die endlose Monotonie der Wüste unterbricht. Aber gerade hier, wo sich alles verschworen zu haben scheint, um das Leben zur Qual werden zu lassen — die Hitze, die Sandstürme, die Einsamkeit und, von den Flußufern abgesehen, das Fehlen jeglichen Grüns —, gerade hier begegnen wir den ersten Zeugnissen antiker Zivilisationen. Sie stehen in krassem Widerspruch zur Primitivität Afrikas, wirken eigentlich kaum afrikanisch. Erste Anzeichen gibt es etwa 300 Kilometer stromabwärts von Khartum, bei Meroë (nahe Shendy), wo annähernd 200 verfallene Pyramiden in der Wüste stehen. Nähert der Strom sich dann der ägyptischen Grenze über eine Reihe längerer, doch harmloser Katarakte, so tauchen immer mehr Tempel und Festungen auf. Wir sind in Nubien angekommen, einer weiteren Grenzregion in gewisser Hinsicht. Eigentlich ist es ein Niemandsland, in das seit alter Zeit Invasionsarmeen vordrangen, die auf der Suche nach Sklaven, Gold und Elfenbein nilaufwärts zogen. Jeder Eroberer errichtete eine neue Dynastie und neue Monumente zu seinem Ruhm — so lange, bis andere Eroberer — Ägypter, Perser, Griechen, Römer und die Nubier selbst — ihn vertrieben. Eigenartig ist, daß viele dieser Invasoren die Sonne, also ihren Feind, anbeteten, nicht aber den Strom, der allein ihnen Leben verhieß. Auffallend ist auch, daß in unserer eigenen Zeit diese unwirtliche, einst so heftig umkämpfte und relativ stark besiedelte Region gemieden wird. Was dort an Leben übriggeblieben ist, konzentriert sich auf Nubiersiedlungen am Stromufer, deren mit bunten Mustern bemalte Häuser weit mehr an das primitive Afrika als an das alte Ägypten erinnern, auf die Karawanenwege, die sich von Oase zu Oase durch die Wüste schlängeln, und auf die Wallfahrten nach Mekka — Jahr für Jahr durchqueren Pilger mit ameisenhafter

Standfestigkeit diese Einöde, auf der entschlossenen Suche nach Gnade vermittels der entsetzlichen Mühen, die das Reisen in afrikanischer Hitze bedeutet.

Bei Assuan, einst ein bedeutender Karawanentreffpunkt und der südlichste Vorposten des Römischen Reiches, verändert sich das Stromtal erneut. Bestand es während der letzten 150 Kilometer nur aus nacktem Fels und unfruchtbarem gelben Sand, so erscheinen jetzt, nach dem letzten Katarakt hinter den Inseltempeln von Philae, Weizen- und Zuckerrohrfelder, Kamele und Esel ziehen unter Palmen und Tamarisken am Ufer entlang, und fast stets ist irgendein Dorf in Sichtweite. Auf dem Strom selbst gleiten Feluken vorbei, mit schmalen, bunten Fähnchen am Mast, um die Windrichtung anzuzeigen. Der Wind, der am Oberlauf des Nils so stürmisch tobt, beginnt nun ganz auszubleiben. Es ist vorbei mit der Wildheit des Stroms, und es beginnt die Gelassenheit und Üppigkeit Ägyptens. Sogar die Vögel wirken zahm und weniger aufgeregt — seien es nun die Silberreiher, die in den Sümpfen nach Nahrung suchen, die Tauben auf den Dachfirsten oder die Störche und Fischreiher, die im seichten Wasser stehen wie Dekorationen auf einem japanischen Wandschirm. Selbst der mörderische Schnabelhieb, mit dem der Fischreiher seine Beute tötet, und die ruckartige Kopfbewegung, mit der er sie verschlingt, erscheinen rhythmisch und anmutig und von jeglicher Vorstellung vom Tode so weit entfernt wie jener Tempelfries, auf dem der Pharao mit hocherhobenem Arm auf seine vor ihm im Staub liegenden Feinde einschlägt. Am Abend kommt der Büffel, endlich befreit von der Fron, das Wasserrad antreiben zu müssen, zum Ufer und läßt sich mit zufriedenem Grunzen in den Schlamm sinken. Krokodile und Nilpferde gibt es auf diesem Stromabschnitt nicht mehr.

Nun tauchen hintereinander die berühmten Tempel auf: Kom Ombo, an einer Biegung des Flusses gelegen, Edfu, das, noch völlig intakt, am Westufer liegt, Karnak und Luxor, Dendera und Abydos. In der warmen Luft liegt eine monumentale Stille, die Ahnung einer seit Urzeiten bewahrten vergangenen Existenz, und Tag für Tag gleitet man in nördlicher Richtung ständig an jenen Dingen vorbei, die jeder Reisende schon seit jeher kennt. Ein Prozeß der Wiedererkennung findet statt: Die Pyramiden und die Sphinx sind unserem Geist als Bilder schon lange vertraut, bevor sie dem Auge erscheinen.

In Kairo, 150 Kilometer vor der Mündung, beginnt der Nil endlich seinen aus Äthiopien mitgebrachten Schlamm abzulagern. Verwirrt von der flachen Landschaft und dem eigenen langsamen Dahinströmen, verzweigt er sich in zahlreiche Kanäle und Wasserstraßen und öffnet sich zum grünen Fächer seines Deltas. Durch die stetige Ablagerung von Schlamm hat er das Land immer weiter in das Mittelmeer hinausgeschoben und sich selbst in Sümpfen und Seen verloren. Von den sieben Mündungen, die in der Antike bekannt waren, sind heute nur noch zwei übrig, die eine bei Rosetta und die andere bei Damietta — aber noch immer verfärbt der Strom, wenn der Wasserstand hoch ist, das Meer viele Kilometer weit. Und bei einem von Norden kommenden Sturm branden rostbraune Wellen zurück an die ägyptische Küste.

Dies also ist das Ende des Stroms, das Ende einer beständigen Neuerschaffung, dank deren der Blaue Nil das Leben aus dem Hochland in die Wüste und in das Delta hinunterträgt. Ohne ihn könnten die Menschen in Ägypten und in großen Teilen des Sudans nicht einen einzigen Tag existieren. Schon ein »niedriger« Nil (eine jährliche Schwelle, die geringer ist als sonst) bedeutet eine Katastrophe. Das war schon immer so und wird wohl immer so bleiben. Es erscheint daher erstaunlich, daß bis in die späte Neuzeit hinein in der Außenwelt so wenig über den Strom bekannt war. Noch bis zum Ende des achtzehnten Jahrhunderts wurde nur wenig Handel auf dem Wasserweg betrieben, und abseits der Karawanenwege gab es keine Straßen. Südlich von Kairo existierte weder eine Brücke noch eine Stadt von einiger Bedeutung, noch eine Verwaltung, deren Interesse über die eigenen lokalen Belange hinausging — und das in einem Gebiet von nahezu der Größe Europas. Man zeichnete den Lake Tana einigermaßen genau in die Landkarten ein, ebenso den allgemeinen Verlauf des Blauen Nils bis in den Zentralsudan. Aber der Weiße Nil war ein völliges Rätsel, und es war noch nicht einmal eine allgemein anerkannte Tatsache, daß der Strom zwei Quellflüsse hatte und nicht nur einen. Die meisten großen Tempel am Unterlauf waren unter dem Sand begraben, und in den baufälligen Lehmhüttendörfern am Stromufer verlief das Leben in apathischer Unwissenheit und Monotonie. Ein gutes Jahrtausend lang wußte man nichts von der großartigen Zivilisation des alten Ägypten, und seine Schriften waren ein Buch mit sieben Siegeln. Irgendwelche Zukunftsaussichten zeichneten sich nicht ab. Während der Mameluckenherrschaft war Ägypten für Reisende fast so unzugänglich wie Tibet heute; der Sudan war praktisch unbekannt, und Äthiopien, in seinen entrückten Bergen eingeschlossen, galt immer noch als das Reich des Priesters Johannes, ein Schauplatz schrecklicher Legenden und mittelalterlicher Mythen.

In diese Wildnis drangen nur ein paar wenige unbeugsame Männer vor. Zu Beginn des siebzehnten Jahrhunderts durchquerten portugiesische Priester Äthiopien vom Indischen Ozean aus und bekehrten sogar den königlichen Hof zum römischen Katholizismus, wurden aber bald wieder vertrieben. Fast ein Jahrhundert später bereiste ein französischer Arzt namens Jacques Charles Poncet, ein Mann von einnehmendem Charakter und der Chronik zufolge »ein Abenteurer, großer Erzähler und großer Trinker«, zusammen mit einem Jesuitenpater den Blauen Nil bis Gondar, wo er den äthiopischen Kaiser wegen einer »Unpäßlichkeit« behandelte. In den nächsten Jahren folgten weitere Priester — Jesuiten und Franziskaner —, verloren aber bald den Mut, starben oder zogen weiter.

Im Winter 1737 fuhren ein dänischer Schiffskapitän namens Frederick Lewis Norden und ein englischer Geistlicher namens Richard Pococke unabhängig voneinander von Kairo aus den Nil hinauf bis nach Philae und noch ein Stück weiter südlich. Norden fertigte eine bemerkenswert schöne Reihe von Zeichnungen und Stichen an — faktisch der erste Versuch, die Bauwerke am Nil im Bild darzustellen. Doch keiner der beiden Forscher konnte viel mehr tun, als mit Hilfe der eigenen Abenteuer die Dunkelheit etwas aufzuhellen. Nordens englischer Herausgeber bringt das deutlich zum Ausdruck, wenn er in seinem Vorwort schreibt: »Ruinen, Denkmäler, prächtige Bauwerke, Stromschnellen, Wüsten, Schlupfwinkel wilder Tiere oder ebensolcher Menschen — alles, was das Auge anzuziehen geeignet ist oder die Einbildungskraft zu beschäftigen vermag, wird hier dem Blick enthüllt. Der Leser scheint den Autor auf seiner Reise zu begleiten und mit ihm alle Freuden zu teilen, ohne die Strapazen und Gefahren erleiden zu müssen.« In anderen Worten, der Nil wurde so gesehen, wie man heute den Dschungel am oberen Amazonas betrachtet: als exotischer Hintergrund einer Abenteuergeschichte, die der Fiktion näher ist als dem normalen Leben.

Noch einige weitere Reisende zogen in den folgenden Jahren durch die kartographisch nicht erfaßten Regionen des Niltals und schafften es, nach Europa zurückzukehren, aber ab 1770 senkte sich erneut eine große Stille über den Strom, und niemand, nicht einmal die Mamelucken in Kairo, die selbst fremdartig genug waren, konnte genau sagen, was dort geschah.

Natürlich konnte diese Gleichgültigkeit und Stagnation nicht von Dauer sein. Es sollte nicht mehr lange währen, bis die aggressive Neugier der Europäer unwiderstehlich von Afrika angezogen wurde, bis Truppen in Ägypten, im Sudan und in Äthiopien einfielen und der Strom und seine grandiose Vergangenheit sich der Außenwelt von neuem öffneten. Bevor es aber soweit war, kamen unvermutet Nachrichten aus der am wenigsten zugänglichen Region überhaupt: aus dem Herzen Äthiopiens. James Bruce behauptete, er sei direkt am Ursprung des Blauen Nils gewesen und habe dessen Verlauf vom Lake Tana bis zum Meer erforscht. Es war eine Art Geländeerkundung für den großen Umbruch, der nun bevorstand.

DON QUICHOTTE AN DER QUELLE

Bereits der oberflächlichste Blick auf das Leben von Bruce enthüllt den Abgrund, der zwischen uns und den privilegierten Klassen im England des achtzehnten Jahrhunderts klafft. Bruce ist Teil einer Welt, die uns längst versunken erscheint — dazu gehören Familienwappen und ererbter Grundbesitz, klassische Bildung und die Betonung von Umgangsformen, Patronatsrechte und heftige Vorurteile. Er haßte die Papisten, wie manche Leute Schlangen hassen, und war, auch wenn er nicht an das göttliche Recht der Könige geglaubt haben mag, sicher Monarchist aus tiefstem Herzen.

Anders als die viktorianischen Afrikaforscher, die ihm bald folgen sollten, hat er niemals einen moralisierenden Standpunkt gegenüber Phänomenen wie dem Sklavenhandel bezogen oder die Segnungen gepriesen, welche die Zivilisation den rückständigen Schwarzen zuteil werden ließ. Er gibt nicht einmal vor, Reformer oder Erzieher zu sein, sondern akzeptiert die Welt, wie sie ist. Sein eigenes Interesse ist es, das sein Handeln diktiert, und er forscht einzig aus Neugier und Abenteuerlust.

Bruce war auch nach den Maßstäben seiner Zeit und seiner Klasse ein eindrucksvoller Mann. Er war fast zwei Meter groß, kräftig gebaut, hatte dunkelrotes Haar und eine sehr laute Stimme. Er galt als vorzüglicher Reiter und Schütze, und wo immer er auftrat, schien selbstsichere Überlegenheit von ihm auszustrahlen. Tatsächlich fühlte er sich auch überlegen. Seine angeborene Sprachbegabung versagte nicht einmal vor arabischen und äthiopischen Dialekten. Er war ein begeisterter Amateurastronom und bewegte sich gewandt auf dem gesellschaftlichen Parkett. Und er war reich. Zeigte er sich einerseits schnell beleidigt (er beschreibt sich selbst als einen Mann »von sanguinischem, leidenschaftlichem Naturell, sehr empfindlich gegenüber Kränkungen«) und oft kindisch eitel und prahlerisch, so ist ihm doch andererseits Phantasie nicht abzusprechen. Überdies war er ohne jeden Zweifel außerordentlich mutig und entschlossen.

Es ist seltsam, daß Bruce trotz all seiner offenkundigen Vorzüge nicht sehr sympathisch wirkt, und noch seltsamer, daß seine Zeitgenossen so brutal mit ihm umgesprungen sind. Ein wichtiger Zug scheint seiner Persönlichkeit gefehlt zu haben, vielleicht die Humanität. Auch wenn man sich alle Strapazen und Mißgeschicke vergegenwärtigt, die er erlitten hat, bleibt der ernüchternde Eindruck eines unerhört selbstsicheren Mannes, der sich der Sympathie durch seinen eigenen Dünkel verweigert.

James Bruce wurde 1730 auf dem väterlichen Landsitz Kinnaird in Schottland geboren. Als er drei Jahre alt war, starb seine Mutter. Sein Vater heiratete bald wieder, und seine zweite Frau gebar ihm drei Töchter und sechs Söhne. So kam es, daß James, als der älteste Sohn von einer anderen Mutter, der Familie von Anfang an mit einer gewissen Distanz gegenüberstand. Zudem war er der Erbe des Familienbesitzes und einer Reihe von Privilegien, die angeblich auf die früheren schottischen Könige zurückgingen. Er war zunächst ein zartes Kind, das zu rasch wuchs und deshalb anfällig war, wurde aber bereits mit sechs Jahren in das sieben Tagereisen entfernte London geschickt, um von Privatlehrern erzogen zu werden. Mit zwölf kam er nach Harrow, wo man große Stücke auf ihn hielt. Vor 200 Jahren vollzog sich die Schulbildung viel schneller und gründlicher als heute, und so wurde er schon mit sechzehn nach Schottland zurückgeschickt und bezog die Universität von Edinburgh. Er selbst hätte gern die geistliche Laufbahn eingeschlagen, mußte auf Geheiß seines Vaters aber die Rechte studieren. Dieser väterliche Zwang war ein Fehler, denn der Sohn haßte die Jurisprudenz so sehr, daß er regelrecht krank wurde. Es folgten einige Jahre der Untätigkeit und der Rekonvaleszenz in Kinnaird, und am Ende wurde beschlossen, daß er wieder nach London gehen und eine Stelle bei der Ostindischen Gesellschaft übernehmen solle.

Doch kaum in London, verliebte sich James in die Tochter eines wohlhabenden Weinhändlers, und nach der Heirat trat er in die Firma ihres Vaters ein. Er verfügte über ausreichenden Wohlstand und die nötigen Beziehungen, um sich in der englischen Gesellschaft zu etablieren, und hätte eine Karriere ähnlich der seines Zeitgenossen James Boswell machen können, dem es ebenfalls bestimmt war, den väterlichen Besitz in Schottland zu erben und sich dort als Grundherr niederzulassen, trotz all seiner Liebe zum Londoner Leben. Aber neun Monate nach der Hochzeit starb Bruce' schwangere Frau an der Schwindsucht. Vielleicht ist die Annahme erlaubt, ein gut Teil seiner Härte und Arroganz sei die Folge des plötzlichen Verschwindens von Frauen aus seinem Leben gewesen - ein Schicksal, das sich mehr als einmal wiederholen sollte.

Sie hielten sich in Paris auf und waren im Begriff, nach Südfrankreich weiterzureisen, als die junge Frau starb. Es gab eine schauerliche Szene, als Bruce sich in protestantischem Zorn die Hinzuziehung katholischer Priester verbat und schließlich einen Begräbnisplatz am Stadtrand fand. Die Beerdigung war um Mitternacht; unmittelbar danach schwang sich Bruce auf sein Pferd und sprengte die ganze Nacht hindurch in einem wilden Gewitter bis zur Kanalküste. In Boulogne brach er zusammen und konnte seine Reise erst zwei Tage später fortsetzen.

Die Tragödie scheint ihn mit seinem wahren Selbst konfrontiert zu haben. Von jetzt an — er war gerade vierundzwanzig — gab es in seinem Leben kein Zögern mehr. Er hungerte danach, allein auf Reisen zu gehen, so wie Boswell nach dem geselligen Leben in London hungerte, und der Instinkt scheint ihn nach Afrika und in andere südliche Gefilde getrieben zu haben. Nicht einmal der Tod seines Vaters im Jahre 1758 konnte ihn von diesem Weg abbringen.

Die nächsten Jahre sehen ihn in der Rolle des begabten jungen Mannes, der sich auf die »Grand Tour« begibt. Er studiert arabische Manuskripte im Escorial in Spanien, fährt per Schiff den Rhein hinunter, duelliert sich in Brüssel, zeichnet Ruinen in Italien und wird schließlich von der Regierung Georgs III. als britischer Konsul in das berberische Piratennest Algier geschickt. Das war keine leichte Aufgabe. Ali Pascha, der Bei von Algier, war ein wollüstiger, grausamer alter Mann, dem es nichts ausmachte, fremde Konsuln ins Gefängnis zu werfen und die Besatzungen einlaufender Schiffe in die Sklaverei abzuführen. Den letzten britischen Konsul hatte er gar nicht gemocht und an »den englischen Wesir, Herrn Pitt« geschrieben: »Mein edler Freund ... Ihr Konsul in Algier ist ein unverschämter Bursche und benimmt sich wie ein Tier.« Bruce dürfte gewußt haben, worauf er sich einließ, hatte zu dieser Zeit aber schon vage Pläne, den Nilursprung zu suchen, das Rätsel zu lösen, das seit 2000 Jahren, wie er sich ausdrückte, »eine Herausforderung für alle Forschungsreisenden und eine Schmach für die Geographie« war. Algier sollte der erste Schritt auf dem Weg zu diesem Ziel sein.

Im Juni 1762 kam er, mittlerweile zweiunddreißig Jahre alt, in Algier an, ausgestattet mit zwei Camerae obscurae zum Zeichen von Ruinen und einer Reihe astronomischer Instrumente, um seine Reisewege in Afrika zu berechnen. Was er vorfand, übertraf seine schlimmsten Erwartungen: Der Bei war außer sich vor Wut über die Kaperung eines seiner Schiffe durch Briten und Franzosen und wollte Blut fließen sehen. Während seiner ersten

Amtsmonate mußte Bruce erleben, wie der französische Konsul in Ketten abgeführt wurde und Forbes, sein eigener Stellvertreter, untertauchte, nachdem ihm »tausend Bastonaden« angedroht worden waren; er selbst wagte kaum auszugehen. Während einer Audienz, die der Bei ihm gewährte, wurde ein Hofbeamter vor seinen Augen erwürgt. Bruce hielt zwei Jahre lang auf diesem Posten aus; dann erlaubte die britische Regierung ihm, Algier zu verlassen und seine Reise fortzusetzen. Er tat dies in östlicher Richtung: die nordafrikanische Küste entlang zu den Städten und großartigen Ruinen des Vorderen Orients. Es war eine Reise im Stile Byrons — ständig bedroht von Banditen, Mann-gegen-Mann-Gefechten und Schiffbrüchen.

1768 erscheint er in Kairo, begleitet von einem jungen italienischen Sekretär namens Luigi Balugani und gekleidet wie ein Derwisch. Er hat jetzt endlich seinen großen Plan vor Augen: die Reise zum oberen Nil und in die unbekannten Schlupfwinkel Äthiopiens.

Die abenteuerliche Fahrt, zu der er sich nun anschickte, war in mehrerlei Hinsicht ungewöhnlich. Zunächst war es in gewissem Sinn eine Reise in ein Vakuum, nicht nur, weil die Orte, die er besuchen wollte, der zivilisierten Welt buchstäblich unbekannt waren, sondern auch in bezug auf den Zeitfaktor. Seit Poncets Vorstoß nach Äthiopien waren siebzig Jahre verstrichen, und nach Bruce' Besuch im Jahr 1771 sollten weitere dreißig Jahre vergehen, bevor der nächste Europäer so weit ins Innere des Landes vordrang. Des weiteren starb Luigi Balugani, der Sekretär, in Gondar, so daß Bruce der einzige Augenzeuge für das bleibt, was beiden Männern bis dahin widerfuhr. Es gab weder Mitarbeiter noch Zeitgenossen, die seinen Bericht hätten überprüfen können. Wie Marco Polo erzählt er eine höchst subjektive Geschichte, und die Menschen, die er so überzeugt und aus intimer Vertrautheit beschreibt, erschienen damals Europa und der zivilisierten Welt so fremdartig wie uns Heutigen die

Bewohner ferner Sterne. Nach seiner Rückkehr berichtete er seinem Publikum, schreibt sein Biograph Francis Head,

> »von Menschen, die Ringe in den Lippen statt in den Ohren tragen, die sich statt mit Bärenfett oder Pomade mit Rinderblut einreiben, die sich mit Tierdärmen schmücken, statt sie zu Saiten zu verarbeiten und ihnen Töne zu entlocken, und die sich die Lippen nach rohem, blutigem Fleisch lecken, statt fauliges, gebratenes Fleisch zu essen. Er beschrieb Ausschweifungen, die deshalb so besonders widerlich schienen, weil sie sich von den eigenen so sehr unterschieden. Er erzählte von Männern, die Jagd aufeinander machen, von Müttern, die kaum zehn Jahre alt sind, und von der massenhaften Flucht von Menschen und großen Tieren vor Schwärmen kleiner Fliegen. Mit einem Wort: Er sagte die Wahrheit, die ganze Wahrheit und nichts als die Wahrheit — aber die Tatsachen, die er berichtete, waren zu schwer zu verkraften.«

Noch ein anderes Hindernis konnte den Erfolg von Bruce' Reise gefährden: seine feste, aber irrige Überzeugung, der Blaue Nil sei der Hauptstrom und der Weiße Nil ein Nebenfluß. Doch fiel dies kaum ins Gewicht. Zu dieser Zeit vermehrte jede Forschungsreise in Afrika das menschliche Wissen, und der Blaue Nil war in jeder Beziehung genauso wichtig wie der Weiße.

Bruce folgte zunächst der Route Nordens und Pocockes, die von Kairo aus stromaufwärts gezogen waren, fand diesen Weg aber bei Assuan durch lokale Kriege blockiert und entschloß sich daher, über das Rote Meer nach Äthiopien hinein vorzustoßen. Er ging auf der bisherigen Route zurück bis Kus, eine Stadt südlich von Luxor, und durchquerte von dort die Wüste bis Kosseir. Hier schiffte er sich ein und kam auf Umwegen nach Dschidda, wo der britische Konsul ihm weiterhalf. Im September 1769 landete er in Massawa, zu dieser Zeit gerade in der Hand einer Piratenbande, die noch raubgieriger war als jene in Algier. Es kostete ihn zwei Monate, aus der Stadt loszukommen, und dann, im November 1769, drang er ins Innere vor. Bis zu diesem Zeitpunkt hatte er sich auf zwar gefährlichem, doch recht gut erkundetem Gelände bewegt. Von nun an war er mit dem Unbekannten konfrontiert.

Seine Truppe bestand aus etwa zwanzig Mann: aus Luigi Balugani, einem Mauren namens Yasine, der als eine Art Majordomus fungierte, und den Trägern, deren Hauptaufgabe der Transport eines gewaltigen Quadranten und anderer wissenschaftlicher Instrumente war. In Massawa hatte man überdies sechs Esel gekauft, doch Bruce selbst ging zu Fuß. In drei Wochen durchquerte er die Küstenebene und kämpfte sich über Bergpfade nach Aduwa hoch, damals ein Ort mit nicht mehr als 300 Häusern, aber eine der wichtigsten Festungen des Landes. Hier bekam er einen Vorgeschmack von dem, was möglicherweise vor ihm lag: Mehrere hundert arme Teufel hatte man in Käfigen gefangengesetzt, wo sie bis zu dem Tag ausharren sollten, da ihre Familien genug Geld gesammelt hätten, um sie freizukaufen. Von Aduwa stieß er nach Axum, der alten Landeshauptstadt, vor, wo er vierzig Obelisken und die Ruinen eines großen Tempels sah, und von dort nach Gondar, dem (wie er erfuhr) jetzigen Sitz der Regierung. Auf diesem Abschnitt der Reise ereignete sich der berühmt gewordene Vorfall mit dem rohen Fleisch: Bruce behauptete, er habe gesehen, wie drei Äthiopier eine Kuh zu Boden warfen und ihr zwei Steaks aus der Hinterbacke schnitten. Danach hätten sie die Haut wieder über die Wunde gezogen und mit Lehm bestrichen, das Tier auf die Beine gebracht und weggejagt und sich schließlich über das warme, rohe Fleisch hergemacht.

Mitte Februar 1770, 95 Tage nach ihrem Aufbruch aus Massawa, erreichte die Truppe Gondar, und Bruce bezog ein Haus im muslimischen Viertel. Zu dieser Zeit war

Addis Abeba noch nicht gebaut und Gondar die Hauptstadt des Landes: eine Siedlung von ungefähr 10000 Familien, die in Lehmhütten mit kegelförmigen Dächern wohnten, gruppiert um den königlichen Palast, ein großes, rechteckiges Gebäude, das von Türmen flankiert und von einer Mauer umgeben war. Die Empfangshalle war vierzig Meter lang, und man hatte von hier aus einen Blick bis zum Lake Tana. Der Hof indes wohnte den größten Teil des Jahres in Zelten und folgte der Armee auf ihren endlosen Kriegszügen über die äthiopische Hochebene.

Die damaligen Zustände in Äthiopien erscheinen wie das Produkt einer schauerlichen Phantasie, und Bruce' Berichte darüber spiegeln niemals, vom Tag seiner Ankunft bis zum Tag seiner Abreise, irgendeine Art von Kohärenz oder vernunftgerichtetem Handeln. Es ist eher ein Grand Guignol oder ein mittelalterliches Melodram, was da beschrieben wird: Greuel reiht sich an Greuel, und alles löst sich auf in einem wahren Chaos von Brutalität und Blutvergießen. Bruce schildert auch das kleinste Detail: endlose Märsche und Rückmärsche unwichtiger kleiner Truppenteile, offene Feldschlachten, wüste Festivitäten, Hinterlist und schwülstige Rhetorik. Man wird unweigerlich an die Chinesen erinnert, die solche Motive in ihrer traditionellen Oper verarbeitet haben. Da kommt ein General auf die Bühne stolziert und fuchtelt mit seinem Säbel herum; seine Bedeutung ist an der Anzahl der Fähnchen an seiner Kostümierung zu erkennen. Sein Großwesir und sein Scharfrichter stehen ihm zur Seite und blicken höchst grimmig drein, während er dem Feinde Schmähungen entgegenschleudert. Dann marschiert er unter dem Gedröhn von Trommeln und Pauken ab, und an seine Stelle tritt der gegnerische Anführer: ein noch schrecklicherer Bursche mit schwarzem Schnurrbart und Dolch, der ebenso gewaltig bramarbasiert. Die Schlacht, die nun folgt, ist wie der Dialog: eine festgelegte Abfolge von stilisierten rhythmischen Körperbewegungen, die nichts bedeuten. Es gibt viel Lärm, viel Herumgerenne, und am Ende sind die einen die Sieger und die anderen die Besiegten. Dann beginnt das Ganze von vorn.

Werden solche Dinge auf der Bühne dargestellt, so mögen sie einen gewissen Unterhaltungswert haben. Werden sie aber als reale Begebenheiten geschildert, verflüchtigt sich die Dramatik; das Entsetzliche wirkt ebenso grauenhaft wie ermüdend, und man wird von der Frage umgetrieben, wie menschliche Wesen dermaßen zu Furien werden können. Aus Bruce' Bericht gewinnt man beinahe den Eindruck, alle diese Menschen seien von Todessehnsucht beseelt und würden eigens geboren, um einander zu hassen und zu vernichten. Daß sie sich nach außen hin zum Christentum bekennen und in ihrem Betragen ein krudes Zeremoniell befolgen, macht das Ganze nur noch schlimmer.

Als Bruce in Gondar ankam, war der junge Herrscher Tecla Haimanout mit seinem Wesir Ras Michael, der das Land in Wahrheit regierte, auf einer Strafexpedition unterwegs, und so machte er Itheghe, der Königinmutter, seine Aufwartung. Sie scheint eine intelligente Frau gewesen zu sein.

»Sieh nur«, rief sie eines Tages aus, als er ihr den Zweck seiner Reise enthüllt hatte, »wie jeder Tag uns Beweise für die Verdrehtheit und Widersprüchlichkeit der menschlichen Natur liefert: Du bist aus Jerusalem durch scheußliche Türkenprovinzen und heißes, ungesundes Klima hierhergekommen, um einen Fluß und einen Sumpf zu sehen, von denen du kein Stück wegtragen kannst, wie wertvoll es auch sein mag, und von denen du in deinem Land tausend größere, bessere und reinlichere hast ... Ich dagegen, die Mutter von Königen, die seit mehr als dreißig Jahren auf dem Thron dieses Landes sitzen, habe Tag und Nacht nur den einzigen Wunsch, man möge mich, nachdem ich alles auf der Welt hinter mir gelassen habe, zur Heiligen

Grabeskirche in Jerusalem bringen, damit ich dort für den Rest meines Lebens um Almosen betteln und endlich in Sichtweite des Tores dieser Kirche begraben werden kann, wo unser gebenedeiter Heiland einst gelegen hat.«

Auch Itheghes Tochter Ozoro Esther, mit Ras Michael verheiratet, erregte Bruce' Sympathie, war sie doch eine schöne junge Frau, die das Unmaß der Gewalt um sie her schier verrückt machte. Das konnte man von Tecla Haimanout und Ras Michael kaum behaupten. Als Bruce ihnen zum erstenmal begegnete, waren sie damit beschäftigt, einem Dutzend Gefangenen die Augen auszustechen. Bruce teilt über die Erscheinung des Königs wenig mit, über den Wesir dafür um so mehr: Er wird als schreckenerregender, ungefähr siebzigjähriger weißhaariger Tyrann gezeichnet, der Gebärden und Umgangsformen eines mittelalterlichen Barons zur Schau trägt. Beim Einzug in die Hauptstadt war er in einen schwarzen Samtmantel mit silbernem Besatz gehüllt, und ein Page mit einem Silberstab hatte neben seinem rechten Steigbügel zu gehen. Hinter ihm kam die Armee. Jeder Soldat, der einen Feind getötet hatte, trug auf seiner Lanze einen roten Tuchfetzen und die Hoden seines Opfers.

Bruce wurde einen oder zwei Tage später zur Audienz empfangen. Er traf Michael auf einem Diwan sitzend an, von Gefolgsleuten umgeben, das Haar in kurzen Locken herabhängend, eine hagere, herrische Gestalt, gut einen Meter achtzig groß, mit sehr intelligenten Augen. Bruce grüßte mit der üblichen Ehrerbietung, indem er den Boden zu Füßen des Wesirs küßte, wurde wohlwollend aufgenommen und vor den Gefahren gewarnt, die mit dem Alleinreisen verbunden seien. Am Ende erhielt er das Kommando über eine Abteilung der königlichen Reiterei.

Es grenzt ans Wunderbare, daß Bruce unter diesen gewalttätigen Männern, deren erster Impuls es war,

Fremde zu töten und auszurauben, nicht nur überlebt, sondern sogar Ehrungen empfangen hat. Gewiß war er eine Art komischer Kauz und hatte überdies eine beeindruckende Mappe mit Schutzbriefen der Sultane von Konstantinopel, Kairo und Mekka mitgebracht, doch sie dürften in dieser Welt barbarischer Christen wenig gegolten haben. Er berichtet uns von dem gewaltigen Eindruck, den die Durchschlagskraft seines modernen Gewehrs auf die äthiopischen Krieger machte — und der sich noch steigerte, wenn er, auf einem schwarzen Schlachtroß einhergaloppierend, Bergfalken abschoß. Zudem war seine Geschicklichkeit als Arzt hochwillkommen, da Seuchen wie die Pocken hier sehr verbreitet waren. Und schließlich dürfte es nützlich gewesen sein, daß er sowohl Arabisch wie Ge'ez (die Kirchensprache der christlichen Äthiopier) gelernt hatte.

Aber letzten Endes war es wahrscheinlich sein respektheischendes Auftreten und seine Dreistigkeit, was ihm in Wahrheit das Leben rettete. Afrikaforscher lassen sich in der Regel in zwei Gruppen aufteilen: in die kultivierten Romantiker, die sich das schützende Lokalkolorit zunutze machten und vorgaben, sie seien Kaufleute, Kuriere oder gar Pilger auf dem Weg nach Mekka, und in die Praktiker, die ihre Identität kühn preisgaben und jeden Widerstand beiseite räumten, indem sie schnurstracks und überaus selbstbewußt auf ihr Ziel zugingen. Bruce war gewiß auch in der Kunst der Verkleidung bewandert; er berichtet zum Beispiel, daß er in Äthiopien wie jeder andere Anführer in Kettenpanzer, Mantel und einem bunten Leibgurt einhergegangen sei, in dem Pistolen steckten. Aber insgesamt ist er doch mehr der Gruppe der Praktiker zuzurechnen. Überdies beherrschte er als Mensch des achtzehnten Jahrhunderts die Hohe Schule der Hofintrige und fand zum rechten Zeitpunkt das gewinnende Wort, um sich die nötige Protektion zu sichern. »Der Mensch ist überall die gleiche Kreatur«, schreibt er, »auch wenn seine Hautfarbe differieren mag. Der Hof in

London und der Hof in Abessinien sind im Prinzip das gleiche.«*

Auf diese Weise gelang es ihm, nachdem er den Palast der Königinmutter von Pocken befreit, mit Ozoro Esther geflirtet und Ras Michael geschmeichelt hatte, zur nächsten Strafexpedition im Süden des Lake Tana mitgenommen zu werden, wo ein Rebellenhäuptling namens Fasil eine Armee gegen das Herrscherhaus zusammenzog.

Genau in diese Richtung wollte Bruce von Anfang an, und so war es eine große Enttäuschung für ihn, daß Fasil sich unterwarf, noch ehe man den Kleinen Abbai erreicht hatte, den er für den eigentlichen Quellfluß des Nils hielt. Gleichwohl gelangte er zum Blauen Nil selbst, nahe der Stelle, wo der Fluß den Lake Tana verläßt, und von hier aus wandte er sich südostwärts bis zu den Tisisat-Fällen.

»Dieser Katarakt«, schreibt er, »war der großartigste Anblick, den ich je zu Gesicht bekam. Seine Höhe dürfte bisher übertrieben worden sein. Die Missionare geben sie mit 16 schottischen Ellen oder 50 Fuß an. Tatsächlich erweist sich eine Messung als überaus schwierig; aber nachdem ich es mit langen Stöcken und Stangen versuchte, die ich, an der Wasseroberfläche beginnend, in verschiedener Höhe auf den Felsen plazierte, wage ich zu sagen, daß die Höhe eher 40 Fuß als jeder anderen Angabe nahekommt. Der Fluß war durch Regenfälle beträchtlich angeschwollen und fiel hernieder wie eine einzige Wasserwand, ohne irgendeine Unterbrechung — in der Breite einer halben englischen Meile und mit einer Gewalt und Lautstärke, die wahrhaft erschreckend genannt werden muß. Ich war überwältigt und für eine Weile völlig betäubt. Ein dichter Dunst oder Nebel hüllte das gesamte Schauspiel ein und hing oberhalb und unterhalb der Fälle eine Strecke weit über dem Fluß. So konnte man dessen

* Obwohl »Äthiopien« korrekter ist, war der Name »Abessinien« damals allgemein gebräuchlich.

Verlauf verfolgen, auch wenn man das Wasser nicht sah. Es war ein so grandioser Anblick, daß auch das höchste Alter, welches meinem Leben vielleicht beschieden sein mag, ihn niemals aus meinem Gedächtnis tilgen wird. Ich war von einer Art Stupor befallen und vergaß völlig, wo ich war. Alle irdischen Dinge waren gleichgültig geworden. Es ist einer der erhabensten, gewaltigsten Anblicke, welche die Schöpfung zu bieten hat, und doch wurde er herabgesetzt und geschmäht durch die Lügen eines servilen, fanatischen Priesters.«

Diese Passage ist aufschlußreich. Sie läßt uns nicht nur Bruce' Naturell, sondern auch den Reisebericht besser verstehen, den er später in England vorlegen sollte. Zunächst fällt an ihr eine Ungenauigkeit auf, die zu denken gibt. Gewiß kann man Bruce nicht dafür tadeln, daß er die Szenerie ins Grandiose erhebt; schließlich neigten die meisten Forschungsreisenden zur Übertreibung, und die Tisisat-Fälle sind in der Tat großartig. Aber Ausdrücke wie »einer der erhabensten, gewaltigsten Anblicke, welche die Schöpfung zu bieten hat«, sind doch wohl etwas zuviel des Guten und schmecken nach Märchenerzählerei und Übernatürlichem. Und als er auf die Fakten zu sprechen kommt, macht er die Fälle viel breiter, als sie tatsächlich sind, reduziert ihre wirkliche Höhe aber auf weniger als ein Drittel: Statt 40 Fuß (12 Meter) sind sie 150 Fuß (45 Meter) hoch. Noch verwirrender sind die Hinweise auf die Missionare und den »servilen, fanatischen Priester«.

Es handelt sich um zwei portugiesische Priester, Pedro Paez und Jerome Lobo, die im frühen siebzehnten Jahrhundert, das heißt, etwa 150 Jahre vor Bruce, in Äthiopien waren. Paez war jener bemerkenswerte Mann, der nach vielen Jahren als Gefangener in Arabien nach Äthiopien kam und dort (im Jahre 1621) den König Susenyos zum römisch-katholischen Glauben bekehrte. Die Ruinen einer großen und prächtigen Kirche bei Gorgora am Nordufer des Lake Tana zeugen von Paez' Fähigkeiten als Architekt und Baumeister. Pater Lobo, der ihm nach Äthiopien folgte, hat einen Bericht über eine Reise zu den Tisisat-Fällen hinterlassen. Er erzählt dort, wie er mühsam auf einen Felsvorsprung unterhalb der Fälle, also zwischen diesen und dem Abgrund, geklettert sei und von diesem Punkt aus durch das fallende Wasser hindurch Regenbogen in der Schlucht gesehen habe. Von dieser Schilderung macht Bruce viel Aufhebens und erklärt sie für »völlig erlogen«. Niemand könne diese Stelle durch das tosende, brodelnde Wasser hindurch erreichen.

> »Und angenommen, der Mönch hätte wirklich auf diesem eingebildeten Platz gesessen, unter der Krümmung dieses ungeheuren Wasserbogens, so wäre ein Maß an Standhaftigkeit vonnöten gewesen, wie es schon normalen Sterblichen nicht zuteil wird und wie es bei einem klösterlichen Leben erst recht nicht erreicht werden dürfte, um in solch einer Situation über optische Phänomene zu philosophieren — in einer Situation, da dem geblendeten Auge alles in Bewegung erscheint und der Strom, mit einem Geräusch wie der lauteste Donner, den solidesten Felsen — so scheint es zumindest — in seinen Grundfesten erschüttert, jeden Nerv in Stücke zu reißen droht und einen sämtlicher Sinne, nicht nur des Gehörs, beraubt.«

In diesem Wortschwall übersieht Bruce völlig die Tatsache, daß er selbst die Fälle zur Zeit des höchsten Wasserstands besuchte, Lobo dagegen an Weihnachten, das heißt, auf dem Höhepunkt der Trockenzeit. Im übrigen steht fest, daß Colonel Cheesman, der führende Geograph des Blauen Nils in neuerer Zeit, exakt auf der von Lobo beschriebenen Stelle unter den Fällen saß, als er den Fluß im Mai 1926 untersuchte (wobei einer seiner Begleiter beim Abstieg in die Felswand in schwere Bedrängnis kam, als ein vermeintlicher Baumast, nach dem er griff, sich als Schwanz einer Python erwies).

Aber Bruce war, wenn es um seine eigenen Forschungen ging, eifersüchtig und reizbar wie ein Liebhaber, und die Jesuiten haßte er ganz besonders. Indes war die Attacke auf Lobo nur das Vorspiel zu einer anderen und viel heftigeren, die sich kurz darauf zutragen sollte.

Zunächst freilich konnte er sein eigentliches Ziel, die Quelle des Kleinen Abbai, nicht erreichen, sondern mußte mit der Armee zu den Hofintrigen in Gondar und der dort vorzunehmenden Verstümmelung und Massakrierung der Gefangenen zurückkehren. Überdies ergriff ihn ein Fieber (ohne Zweifel Malaria), so daß er erst im Oktober 1770 erneut aufbrechen konnte — diesmal mit seinen eigenen Leuten: Balugani, einem Griechen namens Strates und Trägern, die wie gewohnt den Quadranten beförderten.

Im Land herrschte derzeit Frieden; Bruce selbst war in der Wertschätzung von König und Wesir dermaßen gestiegen, daß man ihn zum Gouverneur von Ghish, dem Gebiet um die Quelle des Kleinen Abbai, ernannt hatte. Das war kaum mehr als eine nominelle Ernennung, denn Bruce hatte weder die Mittel noch die Absicht, sich in der Region niederzulassen, sie verschaffte ihm jedoch eine Art Passierschein für seine Reise und versetzte ihn in die Lage, bei den Stammeshäuptlingen, mit denen er zusammentraf, Eindruck zu machen. Er folgte dem Westufer des Lake Tana und danach dem Tal des Kleinen Abbai bis zum Berg Ghish, etwa 110 Kilometer südlich des Sees. Die letzte Etappe am 4. November 1770 führte durch eine liebliche Landschaft mit blühenden Büschen und tropischen Vögeln; in der Ferne zeichnete sich ein weitläufiger Gebirgszug ab. Spät am Nachmittag, auf einer Höhe von 2900 Metern, gelangte man zu einem schlichten Kirchlein, und der Führer wies, hinter es deutend, auf einen kleinen Sumpf mit einem Hügel in der Mitte hin. Dies, erklärte er, sei die Quelle des Nils. (...)

»Man kann sich leichter vorstellen als beschreiben, was in diesem Augenblick in meiner Seele vorging«, sagt er, »stand ich doch an der Stelle, welche dreitausend Jahre das Genie, den Eifer und den Forschungsdrang alter und neuer Köpfe genarrt hat. Ich triumphierte hier als ein einfacher englischer Privatmann im Geist über Könige und ihre Heere.«

Aber dann setzte, schreibt er weiter, fast sofort eine Gegenreaktion ein. Mehr als ein Jahr lang hatte er sich durch gewaltige Strapazen und Gefahren zu diesem Ziel vorgekämpft, und nun plötzlich, da er den Kampf gewonnen, da er erreicht hatte, was so oft unerreichbar schien, waren Schwung und Inspiration dahin. Er sah nur noch den langen Rückweg vor sich. (. . .)

Doch wild entschlossen zur Fröhlichkeit, hob Bruce eine halbe Kokosnußschale auf, füllte sie mit Quellwasser und nötigte Strates zu einem Toast auf »Seine Majestät König Georg III. und eine lange Reihe von Prinzen«, sodann auf »Katharina, die Zarin aller Reußen« — eine Anspielung auf Strates' griechische Abstammung, da Katharina eben dabei war, die Türken in der Ägäis anzugreifen. Und dann gab es noch einen Toast. »Jetzt, mein Freund«, sagte Bruce, »trinken wir auf einen bescheideneren, aber dennoch geheiligten Namen. Auf das Wohl von — Maria!« Als Strates fragte, ob damit die Jungfrau Maria gemeint sei, erhielt er zur Antwort: »Fürwahr, das will ich meinen, Strates.« Wir werden von dieser Dame später, nach Bruce' Rückkehr nach Europa, noch weiteres hören.

Es war dies eine bizarre, überaus wahnhafte Szene, die eher an Lear und den Narren auf der sturmdurchtosten Heide als an Don Quichotte und Sancho Pansa denken läßt. Wenn Bruce wirklich auf der Suche nach der Nilquelle war, so befand er sich am falschen Fluß. Die richtige Quelle liegt im Victoria-See, 1500 Kilometer entfernt. Er befand sich sogar am falschen Ende des falschen Flusses, denn vom Standpunkt des Ingenieurs aus gilt, wie Cheesman sagte, der Ausfluß aus dem Lake Tana bei Bahardar als Ursprung des Blauen Nils.

Und dann gibt es einen noch gravierenderen Irrtum: Bruce täuschte sich gründlich in der Überzeugung, er sei der erste Europäer an diesem Ort gewesen. Pedro Paez war 1618 hier; sein Bericht ist sehr klar und ähnelt demjenigen von Bruce auffallend.

»Am 21. April des Jahres 1618«, lesen wir dort, »war ich hier mit dem König und seiner Armee. Ich stieg zu dem Hügel hinauf und untersuchte alles mit großer Aufmerksamkeit. Zunächst entdeckte ich zwei runde Quellen, jede von etwa vier Handbreit Durchmesser, und sah mit größtem Vergnügen, was weder Kyros, der Perserkönig, noch Kambyses, noch Alexander der Große, noch der berühmte Julius Cäsar je hatten sehen können. Die beiden Quellen haben auf dem Gipfel des Hügels keinen Abfluß in die Ebene, wohl aber unterhalb des Gipfels. Der zweite Quell liegt einen Steinwurf weit westlich vom ersten.«

Nun folgt eine detaillierte und akkurate Beschreibung des Sumpfes und seiner Umgebung. Es nutzt Bruce nichts, zu behaupten, alle Entfernungsangaben und Ortsbezeichnungen Paez' seien falsch und sein ganzer Bericht basiere nur auf Hörensagen. Es kann keinen Zweifel daran geben, daß Pedro Paez 150 Jahre früher hier war. Bruce' Attacken sind nur kleinlich und gehässig. Und das ist schade, denn er hat einen außerordentlichen Beitrag zur Erforschung des Nils und des nordöstlichen Afrika geliefert. Er war ein echter Pionier und hatte es nicht nötig, sich die Errungenschaften anderer anzueignen oder den Ruf anderer in Mißkredit zu bringen. Er sollte es bald am eigenen Leib erleben, wie überaus bitter eine solche Ungerechtigkeit sein kann.

Der ganze Streit ist natürlich recht trivial — wen schert schon die Entdeckung irgendeiner Quelle irgendwo in Äthiopien? Und doch ist es wahr, daß die Herrscher der Antike von Kyros bis Julius Cäsar sich vergeblich mit diesem Problem beschäftigt haben. Es ist auch nicht zu leugnen, daß die Geschichte des Nils nicht aus kühlen Deduktionen und weisen Schlüssen besteht, sondern aus genau solchen marginalen Disputen und Eifersüchteleien. Es ist eine Geschichte von Rivalität, Stolz, Habgier und am Ende Blutvergießen. »Frieden«, hat Richard Burton einmal im Rückgriff auf ein altes Sprichwort gesagt, »ist der Traum des Weisen; der Krieg ist die Geschichte der Menschheit.«

DER RÜCKWEG

Bruce blieb vier Tage auf dem Berg Ghish, um seine Untersuchungen abzuschließen; dann kehrte er nach Gondar zurück und mußte feststellen, daß im ganzen Land ein Bürgerkrieg tobte. Es gab keine Möglichkeit weiterzureisen, solange die Feindseligkeiten andauerten, und so beteiligte er sich am Kampfgetümmel wie Gulliver bei den Liliputanern und half seinen Freunden, wo immer er konnte. Es war keine vertane Zeit: Je länger der Zwangsaufenthalt dauerte, um so besser und genauer konnte er die Äthiopier aus der Nähe beobachten — genauer als jeder andere Europäer seiner Zeit. Er verwendete große Mühe auf das Studium ihrer Geschichte, und seine Liste der Könige von Äthiopien ist eines der wenigen authentischen Dokumente, die wir über dieses Thema haben. Er katalogisierte Originalmanuskripte, Pflanzen und Mineralien und hielt jeden Tag meteorologische Daten fest (zum Beispiel: »Tag und Nacht heftige Schauer« — eine recht typische Eintragung, denn es regnete ständig). Er berichtet, daß die Fische im Lake Tana durch Betäubung mit einer Substanz ähnlich der »nux vomica« gefangen werden und daß es im See fünfundvierzig bewohnte Inseln gibt — »sofern man den Abessiniern glauben kann, die auf allen Gebieten große Lügner sind ... Verstellung und Heuchelei sind in allen Schichten dieses Volkes etwas so Natürliches wie das Atmen.« Er selbst ging von nur elf Inseln aus. (Cheesmans Karte enthält mehr als dreißig, von denen aber manche kaum mehr als Felsen sind.) Ferner beobachtet er, daß der See zu kalt für Krokodile ist, daß es aber viele Flußpferde, Hirsche, Büffel, Wildschweine und überaus grimmige Hyänen gibt, die nachts Esel reißen und selbst Menschen anfallen.

Daneben schaute er sich in den koptischen Kirchen um, hatte aber keine hohe Meinung von den traditionellen Fresken der Äthiopier (»ein Geschmiere, das noch weit schlechter ist als unsere elendeste Malerei auf den Aushängeschildern«). Er berichtet von dem gewaltigen Konsum an rohem Fleisch und einheimischem Bier und von der Furcht aller Männer, im Kampf gefangengenommen und der Hoden beraubt zu werden, denn Verstümmeln, Blenden, Abschneiden von Ohren, Nase, Händen und Füßen waren das übliche Nachspiel einer Schlacht. Am Ende schlugen Apathie und Ekel über ihm zusammen. »Ich ging kaum noch nach draußen und war ausschließlich mit dem Gedanken beschäftigt, wie ich diesem blutigen Land entrinnen könnte.« Balugani starb an der Ruhr; Ras Michael wurde entmachtet und des Landes verwiesen; die Leichen seiner Gefolgsleute wurden eine nach der anderen am höchsten Punkt von Gondar ausgelegt, damit die Hyänen sie bis auf die Knochen abnagen konnten. Selbst das Wetter schien an dieser Massenvernichtung beteiligt: Die Blitze zuckten unaufhörlich, und dazwischen war der Himmel schwarz wie bei einer Sonnenfinsternis.

An solchen dunklen Tagen, wenn das Kriegführen unmöglich war, veranstalteten die Äthiopier ihre wüsten, orgiastischen Feste. Man versammelte sich in einer großen Hütte; eine Kuh oder ein Ochse wurde hereingeführt und fest angebunden; dann wurden mit kaum glaublicher Brutalität Fleischstücke aus dem lebenden Körper gehackt. »Das entsetzliche Gebrüll des Tieres«, sagt Bruce, »ist das Zeichen für die Gesellschaft, sich niederzusetzen.« (. . .)

Im Dezember 1771, ein volles Jahr nach seiner Rückkehr vom Kleinen Abbai und mehr als zwei Jahre nach seiner Ankunft im Lande, erhielt Bruce endlich die Erlaubnis zur Abreise. Er entschloß sich, sein Schicksal nicht noch einmal den Banditen von Massawa in die Hände zu legen, und wählte statt der Route über das Rote Meer die lange inländische Route: durch das Hochland bis Metemma, dann durch die sudanesische Wüste und das Niltal bis Kairo. Er nahm also Poncets Weg in umgekehrter Richtung und sollte den Blauen Nil erst bei Sennar wiedersehen.

Der Abmarsch war bemerkenswert gut organisiert: Er reiste mit drei Griechen und einer Truppe von Trägern, mit Reitpferden und Packtieren, die seinen Quadranten, seine Sammlungen, eine goldene Kette (ein Geschenk des Hofes) sowie einen Vorrat an Tuchen und anderen Dingen trugen — die letzteren, um sich von räuberischen Stämmen entlang des Weges freikaufen zu können. Er war jetzt einundvierzig, und die Ernährung mit rohem Fleisch und Honig hatte seine Kraft nicht im geringsten beeinträchtigt. Auf dem Weg nach Metemma pausierte er eine Zeitlang, um sich der Elefantenjagd zu widmen, doch die heißen, malariaverseuchten Vorgebirge und die lebensfeindliche Wüste wären ihm um ein Haar zum Verderben geworden. Er erkrankte an Malaria und lag zwei Monate darnieder; einige seiner Gefährten verdursteten unterwegs. Am Ende der Regenzeit trieb dann die für Haustiere tödliche Tsetsefliege die kleine Reisegruppe, welche zudem ständig Gefahr lief, zur leichten Beute kriegerischer Scheichs zu werden, zu größter Eile an. Mehr als einmal wäre Bruce beinahe umgebracht worden. Ende April 1772, vier Monate nach seinem Aufbruch von Gondar, überquerte die Gruppe schließlich die Flüsse Dinder und Rahad und kämpfte sich nach Sennar durch.

Diese nicht eben florierende Stadt hatte sich seit Poncets Tagen kaum verändert. Bruce kam überdies in der ungünstigsten Zeit des Jahres an, und seine Beschreibung ist wahrhaft deprimierend:

»Kein Pferd, kein Maultier, kein Esel oder sonstiges Lasttier läßt sich in Sennar und seiner Umgebung züchten; es kann hier nicht einmal leben. Es gibt auch kein Geflügel. Weder Hund noch Katze, weder Schaf noch Ochse hält sich hier länger als einige Monate ... Zwei Windhunde, die ich vom Atbara mitgebracht hatte, und meine Maultiere aus Abessinien lebten nach meiner Ankunft nur noch wenige Wochen. Was die Temperatur angeht, so nenne ich sie *heiß*, wenn man schwitzt, ohne sich zu bewegen, und extrem schwitzt bei mäßiger Bewegung. Ich nenne sie *sehr heiß*, wenn man dünn oder wenig bekleidet heftig schwitzt, auch wenn man sich nicht bewegt. Ich nenne sie *übermäßig heiß*, wenn man bereits im Hemd übermäßig schwitzt, jede Bewegung Schmerzen bereitet und die Knie sich schwach anfühlen wie nach einem Fieber. Ich nenne sie *unerträglich heiß*, wenn einen die Kräfte verlassen, man ohnmächtig zu werden meint, die Schläfen sich so beengt anfühlen, als sei ein dünner Strick um den Kopf gezogen, die Stimme versagt, die Haut austrocknet und der Kopf sich auszudehnen und leichter zu werden scheint. Dann, so habe ich begriffen, ist der Tod nicht weit ...«

Offenbar hat Bruce alle diese Hitzegrade während seines viermonatigen Aufenthalts in Sennar erlebt und erlitten.

Er befand sich jetzt unter muslimischen Wüstenbewohnern und konnte eigentlich erwarten, hier zivilisiertere Lebensgewohnheiten vorzufinden als im christlichen Äthiopien. Aber das im Niedergang begriffene Königreich Sennar war schwerlich geeignet, für den Islam zu werben. König Ismail war, wie Tecla Haimanout in Äthiopien, kaum mehr als eine Marionette in der Hand seines Wesirs Scheich Adlan: ein heruntergekommener junger Mann von Mitte Dreißig mit eher arabischer als negroider Hautfarbe, schwächlicher Konstitution und einer gewissen Neigung zur Gereiztheit. Er empfing

Bruce, während er gerade ausgiebig mit Elefantenschmalz eingerieben wurde, das ihn kräftigen sollte; im Hintergrund lungerte sein Harem von fetten, abstoßenden Weibern herum. In seiner eigenen Trägheit völlig befangen, erstaunte es ihn, daß jemand Haus und Heimat verlassen, sein Leben riskieren und seinen Wohlstand aufs Spiel setzen konnte, nur um in Afrika gewagte Reisen zu unternehmen. Bruce erwiderte, er sei eine Art Derwisch, der den Genüssen dieser Welt entsagt habe, um für seine Sünden zu büßen.

»Und wie lang bist du schon auf Reisen?« wurde er gefragt. »Fast zwanzig Jahre.« »Dann mußt du sehr jung gewesen sein, als du deine Sünden begingst«, schloß der König. »Waren es alles Sünden mit Frauen?« Bruce gestand bescheiden, für einen Teil der Sünden treffe das zu.

Als nächstes machte er Scheich Adlan seine Aufwartung, der an einem etwas gesünderen Ort außerhalb der Hauptstadt wohnte. Er erwies sich als sehr verschieden von seinem Herrn: ein geborener Wüstenführer mit klarem Blick und direktem Auftreten. Gekleidet war er in karmesinroten Satin; in seiner Schärpe steckte ein Dolch mit goldenem Griff und an seinem Finger ein Ring mit einem riesigen Amethyst. Seine Beschreibung läßt in vielem an die Mamelucken in Ägypten denken — etwa, wenn von seinen kriegerischen Sklaven, seiner berühmten Herde von vierhundert Araberhengsten — den »schwarzen Sennarpferden« — und deren kunstvoll gearbeitetem Geschirr die Rede ist. Adlan regierte mit Hilfe seiner Kavallerie, und es überrascht eigentlich, daß er militärisch nicht mehr erreichte, denn diese Truppe war die schlagkräftigste am oberen Nil und wurde ständig in bemerkenswerter Einsatzbereitschaft gehalten. Bruce notiert:

»Im Quartier jedes Mannes, seinem Pferd gegenüber, hing ein stählernes Panzerhemd und daneben ein Antilopenfell, so weich wie Sämischleder, mit dem es gegen den Tau der Nacht geschützt wurde. Ein kupferner Helm ohne Helmbusch oder Federschmuck hing an einem Band über dem Panzerhemd und bildete den eindrucksvollsten Teil der Ausrüstung. Dazu kam ein gewaltiger Pallasch in rotlederner Scheide; an seinem Knauf hing ein Paar dicke Handschuhe, deren Finger nicht unterteilt waren wie bei den unseren, sondern zusammen in einem Beutel steckten, wie bei den Handschuhen der Heckengärtner.«

Mit solchen Männern hätte Adlan in der Lage sein müssen, seine kleine Welt am Blauen Nil zu beherrschen, aber die Muslime hier waren womöglich noch mehr in rivalisierende Stammesgruppen zerfallen als die Äthiopier, und der Niedergang des Reiches von Sennar schritt so rapid voran wie eine verheerende Seuche. Weniger als jede andere Region am Nil war dieser kleine mittelalterliche Staat vorbereitet auf den vernichtenden Schock des neunzehnten Jahrhunderts, der ihm bevorstand. Wie die Mamelucken waren Adlan und seine schwarzen Sennarpferde ideale Ziele für moderne Kanonen.

Bruce haßte Sennar und ließ es hinter sich, sobald er konnte. Aber bevor er abzog, im September 1772, wurden ihm fast alle Wertsachen abgeknöpft, die er aus Äthiopien mitgebracht hatte — einschließlich seiner Goldkette, von der man ihm nur sechs Glieder ließ, damit er seine Reise über mehr als 3000 Stromkilometer bis Kairo bezahlen konnte. Binnen zwei Wochen erreichte er mit Kamelen Halfaya, wo Blauer und Weißer Nil sich vereinigen. Diese »ausgedehnte und, obwohl aus Lehm erbaut, hübsche und angenehme Stadt« war weiter vom Strom entfernt als das heutige Khartum, und Bruce notiert, ihre Einwohner äßen Katzen, Krokodile und Flußpferde. Über den Weißen Nil schreibt er jedoch kaum ein Wort. Man sieht ihn förmlich vor sich, wie er den Kopf von dem Fluß abwendet, ahnt, wie unerträglich nach so vielen

Jahren der Gefahr und der Strapazen ihm der Gedanke sein mußte, *sein* Strom, der Blaue Nil aus Äthiopien, könne einen Rivalen haben. Er räumt wohl ein, daß der Weiße Nil breiter ist als der Blaue, aber er weigert sich, ihn überhaupt Nil zu nennen, sondern verwendet den einheimischen Namen Abiad. Dafür muß man Mitgefühl haben.

Um diese Zeit überfiel ihn eine große Müdigkeit, und zu allem Überfluß wurde er von dem am Nil endemischen Guineawurm befallen, einem Fadenwurm, der sich durch die Haut bohrt und im Bindegewebe lebt. Gleichwohl erreichte er am 4. Oktober Shendy und war damit endlich wieder in Kontakt mit der Außenwelt. Von Shendy zogen ziemlich regelmäßig Karawanen nach Kairo. Damals gab es dort nur noch fünfundzwanzig Häuser, aber der Markt florierte; die angebotenen Waren waren viel billiger und auch besser als in Sennar. Bruce erkannte, daß er eine sehr alte Nilsiedlung vor sich hatte. Erstmals seit seiner Ankunft im äthiopischen Axum vor drei Jahren sah er Reste von zerstörten Tempeln. Außerhalb von Shendy waren »Haufen von zerbrochenen Sokkeln und Obelisken«, bedeckt mit Hieroglyphen, in der Wüste verstreut. Sein Weg führte ihn nicht an den nahegelegenen Pyramiden vorbei, aber er notiert in seinem Tagebuch: »Es ist unmöglich, sich der Vermutung zu entziehen, daß dies die antike Stadt Meroë ist.« Seine Vermutung war absolut richtig.

Seltsamerweise enthält der Bericht über seinen zweiwöchigen Aufenthalt nichts über das Schloß Shendy, schildert dafür aber zwei Besuche bei der Provinzkönigin Sittina, die einen Kilometer außerhalb der Stadt residierte.

Beim ersten Besuch empfing sie ihn, hinter einem Wandschirm verborgen; beim zweiten bewog er sie, sich zu zeigen. Er sah sich einer hochgewachsenen schönen Frau von vierzig Jahren gegenüber, mit sehr roten Lippen und den herrlichsten Zähnen und Augen, die er je gesehen hatte. Sie trug eine purpurrote Stola und eine prächtige goldene Krone; ihr geflochtenes Haar reichte bis zur Hüfte. Bruce erschien sie wie eine Reinkarnation der legendären Königin Kandeke, die in pharaonischer Zeit von Meroë aus das ganze nördliche Äthiopien regiert hatte. Er küßte ihr die Hand, mußte aber erleben, daß sie entsetzt zurückschreckte und ausrief, so etwas sei ihr niemals zuvor wiederfahren. Er war eine Szene wie aus einem Roman von Rider Haggard, deren Wirkung noch durch die Tatsache verstärkt wurde, daß während des gesamten Monats Oktober 1772 ein seltsames Licht am Himmel glühte: »Der Planet Venus«, schreibt Bruce, »schien mit ungeminderter Stärke Tag und Nacht am Himmel zu leuchten, auch beim hellsten Sonnenschein« — eine Behauptung, die kaum glaublich erscheint, gäbe es nicht die gesicherte Tatsache, daß die Venus in diesem Jahr der Erde sehr nahe kam.*

Ende Oktober zog er dann weiter, überquerte den Atbara, den letzten Nilzufluß, der zu dieser Jahreszeit etwa 400 Meter breit und sehr tief war, und machte erneut halt in Berber, um sich auszuruhen und weitere Kamele zu kaufen. Er beabsichtigte, die berüchtigte Karawanenstraße quer durch die Nubische Wüste nach Assuan zu nehmen: eine Reise von etwa 650 Kilometern, doch erheblich kürzer als der alternative Weg entlang der riesigen Westschleife des Stroms.

Nach einem letzten Gang zum Stromufer — »Ich badete mit unendlichem Vergnügen eine geschlagene halbe Stunde lang im Nil und nahm dabei Abschied von meiner alten Bekanntschaft, sehr im Zweifel, ob wir uns je wiedersehen würden« — »vertrauten sich« Bruce und acht Begleiter am 11. November 1772 »der Wüste an«. Spätere Reisende haben eingewandt, Bruce habe die Schrecken dieser Durchquerung heftig übertrieben, besonders in seinen Schilderungen des Samums, jenes sen-

* Captain Cook wurde eigens in den Pazifik entsandt, um das Phänomen bei Tahiti zu beobachten.

genden Wüstenwinds, der den Sand wie eine Säule aufwirbelt, die an einen Wasserstrahl erinnert. »Schweigen und eine verzweifelte Art von Gleichgültigkeit«, schreibt er dazu, »waren unsere unmittelbaren Reaktionen.« Fairerweise muß man daran erinnern, daß er erst vor kurzem die Berge verlassen hatte und möglicherweise gerade zu dieser Zeit in eine besonders schlimme Hitzewelle geriet. Einer seiner Männer wurde verrückt, und man überließ ihn seinem Schicksal. Seine Kamele gingen ein; der Quadrant und das übrige Gepäck mußten zurückgelassen werden. Bruce humpelte mit eiternden, blasenbedeckten Füßen weiter. Außerdem hatte die Gruppe ständig räuberische Araber abzuwehren, die die Wasserstellen belagerten. Endlich, am 28. November, sahen sie Wasservögel am Himmel, und wie Seeleute, die an schwimmendem Treibholz erkennen, daß das Land nahe sein muß, schlossen sie auf die Nähe des Stroms. Am nächsten Morgen erreichten sie mit letzter Kraft Assuan. Die Durchquerung hatte achtzehn Tage gedauert.

Nun war Bruce praktisch in die Zivilisation zurückgekehrt, denn von hier ab unterstand das Gebiet der Kontrolle der mameluckischen Regierung, und er trug noch immer den Geleitbrief des Beis von Kairo bei sich. Der Gouverneur von Assuan war ihm behilflich und ließ sein in der Wüste zurückgelassenes Gepäck herbeischaffen. Am 11. Dezember begann die Fahrt stromabwärts nach Kairo, die einen Monat dauern sollte. Als Bruce ankam, war seine Kleidung zerlumpt, und er fühlte sich krank und erschöpft; besonders seine Füße schmerzten fürchterlich. Er blieb zwei Monate in Kairo, um sich zu erholen. Als er im März 1773 nach Europa aufbrach, plagte ihn nur noch der Guineawurm; er war abgebrochen, als man ihn aus seinem Knie entfernte, und ein Teil hatte sich sofort wieder in den Schenkel gebohrt. Drei Wochen später landete er in Marseille.

Er war genau zehn Jahre lang von Europa weggewesen.
Sein Verhalten, wiewohl schon immer ungewöhnlich

genug, wurde jetzt vollends bizarr. Üblicherweise hätte man erwartet, er werde so schnell wie möglich nach Hause eilen — erst nach London, um seine Freunde zu treffen und ihnen von seinen Erlebnissen zu berichten, dann nach Schottland. Nach dem normalen Gang der Dinge hätte er dort seine Sammlungen ordnen und ein Buch über seine Abenteuer schreiben müssen. Aber er tat nichts dergleichen. Er blieb einen Monat in Marseille, ließ sein Bein behandeln, und freundete sich an mit Buffon, dem berühmten Naturforscher. Mit ihm reiste er nach Paris und unterhielt sich dort zwei Monate lang auf das angenehmste. Er wurde von Ludwig XVI. empfangen und schickte ihm später einige Samen von seltenen äthiopischen Pflanzen für seine Gärten.

Dann wandte er sich südwärts: nach Italien. Der vorgeschobene Grund für diese neuerliche Reise war die Tatsache, daß sein Bein ihm noch immer Beschwerden machte und daß er deshalb den Badeort Porretta in den Apenninen aufsuchen wollte. Der wahre Grund war ein anderer: Er hatte — wie viele Soldaten, die aus dem Krieg heimkehren — herausgefunden, daß seine Verlobte ihm untreu geworden war und einen anderen Mann genommen hatte. Das war ebenjene Maria, auf die der Toast an der Quelle des Kleinen Abbai gemünzt gewesen war: eine Schottin, mit der er sich vor dem Aufbruch zu seinen Reisen verlobt hatte. Anscheinend hatte er ernsthaft geglaubt, sie werde auf ihn warten — zwölf Jahre lang und ohne irgendwelche Briefe oder Nachrichten zu erhalten. Aber sie hatte nicht gewartet; sie war jetzt die Frau eines italienischen Aristokraten, des Marchese Filippo d'Accoramboni, und lebte in Rom. Kaum war Bruce in Rom angekommen, machte er dem verblüfften Gatten eine hochdramatische Szene, die böse hätte enden können, hätte sie nicht so sehr an ein schlechtes französisches Stück erinnert. Man muß sich dazu einmal seine Zwei-Meter-Figur, zum andern die Tatsache vergegenwärtigen, daß er jetzt ausgemergelt, von Wind und Wetter gegerbt und überdies rasend vor Wut war. Er verlangte eine Entschuldigung, andernfalls wollte er ihn zum Duell fordern. Der entgeisterte Italiener brachte eine Erklärung zu Papier, in der er versicherte, er habe den Namen Bruce bis zu diesem Augenblick nie gehört und beeile sich, sein Bedauern zum Ausdruck zu bringen, sollte er ihn je gekränkt haben. Daraufhin zog Bruce ab. Er verbrachte den Winter in Rom, besuchte Papst Clemens XIV. und ließ sein Bein behandeln.

Im Frühjahr 1774 wandte er sich wieder nordwärts, wiewohl noch immer zögernd. Es wurde Juni, bis er endlich von Paris aus nach London aufbrach. Dort entwikkelten sich die Dinge zunächst günstig. Damit ist weniger die Tatsache gemeint, daß König Georg III. huldvoll die Zeichnungen entgegennahm, die Bruce (oder vielmehr Balugani) von Ruinen und Städten im Vorderen Orient und in Nordafrika angefertigt hatte, nahm Seine Majestät in der Aufbruchsstimmung des Zeitalters der Burke, Gibbon, Johnson und Walpole doch ständig irgendwelche Bücher und Mappen entgegen, ohne sie unbedingt voll würdigen zu können. Aber Bruce machte die Erfahrung, daß die gelehrten Gesellschaften und die Salons des feinen London sehr begierig waren zu hören, was er zu sagen hatte. Bald stellte sich jedoch heraus, daß man ihm nicht respektvoll, sondern belustigt zuhörte — mit jener Art von Belustigung, die man für prächtige Geschichtenerzähler nach Art des Barons von Münchhausen übrig hat. Was um alles in der Welt sollte das mit den Steaks, die aus lebenden Rindern geschnitten wurden? Und wie drollig der gute Mann von seinen barbarischen Königen und Scheichs, seinen kindlichen Bräuten, schwarzen Sklaven und Flußpferden erzählen konnte!

Es dürfte kaum eine andere Zeit gegeben haben, in der London so viele Witze über Themen wie diese hervorgebracht hat. Peter Pindar etwa, der tonangebende Satiriker jener Tage, lieferte das folgende Reimpaar:

»Nor have I been where men (what loss alas!)
Kill half a cow and turn the rest to grass.«*

Es klang alles zu gut erfunden, um wahr zu sein. Das Land des Priesters Johannes war zum Land des Aufschneiders Bruce geworden.

Endgültig besiegelt war dessen Schicksal, als sich Samuel Johnson gegen ihn wandte. Dr. Johnson, jetzt ein alter Mann, war an Äthiopien sehr interessiert. Ungefähr vierzig Jahre zuvor hatte er Pater Lobos *Reise nach Abessinien* ins Englische übersetzt. Er war sein erstes literarisches Werk, und im Vorwort zu diesem Buch findet sich folgendes Paradebeispiel für den Johnsonschen Stil:

»Es scheint, daß Pater Lobo in seiner bescheidenen, leidenschaftslosen Erzählweise die Dinge beschrieben hat, wie er sie sah, daß er die Natur getreulich abkonterfeit und seine Sinne, nicht seine Phantasie befragt hat. Er begegnet keinen Basilisken, deren Blick ihn erblinden läßt; seine Krokodile verzehren ihre Beute ohne Tränen, und seine Katarakte stürzen von den Felsen, ohne die Menschen in ihrer Nähe ertauben zu lassen. (...) Der Leser wird bei ihm das entdecken, was jeder gewissenhafte und unbefangene Forscher entdeckt: daß wir immer, wenn wir es mit der menschlichen Natur zu tun haben, eine Mischung aus Tugend und Laster, einen Widerstreit von Vernunft und Leidenschaft vorfinden ...«

Diese Einstellung zu Lobo bewirkte, daß Johnson Bruce' Charakterisierung des Mannes als Lügner gar nicht sympatisch war. Vielmehr hielt er Bruce selbst für sehr wenig vertrauenswürdig: er erschien ihm als ein Mensch, der seiner Phantasie mehr vertraute als seinen Sinnen und der in keiner Weise bescheiden war. Einer seiner Bio-

* »Ich war auch noch nie (welches Versäumnis aber auch!) Dort, wo man eine halbe Kuh tötet und den Rest auf die Weide zurückführt.«

graphen hat überliefert, daß »Johnson, als er das erstemal mit Mr. Bruce, dem Abessinienreisenden, sprach, sehr geneigt war, ihm zu glauben, daß er dort gewesen sei, daß er jedoch später seine Meinung änderte«.

Von Fanny Burney, die Bruce in jener Zeit ebenfalls traf, gibt es eine leicht spöttische Bemerkung: »Mr. Bruce' imposantes Auftreten, seine riesenhafte Körpergröße und seine strenge Miene flößten jedermann Furcht ein. Er ist sicher der größte Mensch, den man je gratis zu sehen bekam.«

Bruce war schockiert und angewidert. »Sobald er erkannte«, schreibt sein Biograph, »daß die öffentliche Meinung in England gegen ihn war, beschloß er in störrischem Groll, in sein Heimatland zurückzukehren ... Sein Geist war zu stolz, um ein Lächeln als hinreichende Sühne für ein barbarisches Vorurteil und eine unentschuldbare Kränkung anzunehmen.«

In Edinburgh wurde er besser empfangen, ebenso auf seinen Besitzungen in Kinnaird, die zwar heruntergekommen, aber inzwischen um eine Anzahl wertvoller Kohleminen erweitert waren. Nach kaum zwei Jahren heiratete er Mary Dundas, Enkelin des Grafen Lauderdale, ein bezauberndes Mädchen, das im gleichen Jahr geboren war, in dem Bruce' erste Frau starb (das heißt, sie war vierundzwanzig Jahre jünger als ihr Mann). Sie hatten mehrere Kinder, und Bruce, jetzt ein reicher Mann mit prächtigem Haus, das er weiter ausbaute, gefiel sich als Gönner und Gastgeber. Er ordnete seine Sammlungen, gab seiner Neigung zur Astronomie nach, indem er im Dachgeschoß seines Hauses ein Observatorium einrichtete, und war dort des öfteren mit Turban und in äthiopischer Gewandung anzutreffen, während er dieselben Sterne beobachtete, die vor langer Zeit im äthiopischen Hochland auf ihn herabgeleuchtet hatten. Noch immer war er aktiver Reiter, wurde allerdings mit der Zeit so fett, daß seine Kutsche Schlagseite bekam, wenn er sie bestieg. Er war ein Grundherr der altväterlichen Art, der zwar immer noch reichlich exzentrisch war, aber in Ehren alt wurde.

Doch der Groll fraß weiter an ihm. Er dachte nicht daran, etwas zu publizieren. Er sah seine Tagebücher durch, übersetzte äthiopische Dokumente, weigerte sich aber resolut, etwas zum Druck zu geben. Vielleicht wären die Dinge immer so weitergegangen — da geschah eine weitere Tragödie. 1788, als er achtundfünfzig Jahre alt war, starb seine junge Frau. Dieser Schlag traf ihn sehr tief. Um ihn aus seiner apathischen, melancholischen Verfassung herauszuholen, drängten ihn seine Freunde, einen Bericht über seine Reisen herauszubringen, und schließlich gab er nach. Immerhin konnte man erwarten, daß die Kritiker, die ihre Häme bereits vierzehn Jahre zuvor verspritzt hatten, nicht noch einmal zu einer Attacke ansetzen würden. Das Buch sollte seine endgültige Rechtfertigung sein.

Bruce war nicht der erste Reisende, der feststellen mußte, daß Schreiben in gewisser Hinsicht ein genauso mühsames Unternehmen sein kann wie die anstrengendste Reise. Die Niederschrift schritt nur quälend langsam voran. Schließlich fand man einen Gehilfen für ihn, einen Mr. B.H. Latrobe, Pastor der Mährischen Brüder in der Londoner Fetter Lane, und im Mai 1788 ging Bruce nach London, um mit Latrobe zu arbeiten. Er bezog eine Wohnung in der Buckingham Street nahe beim Strand.

Von der Zusammenarbeit mit dem großen Reisenden hat Latrobe einen Bericht hinterlassen. Er teilt darin mit, Bruce habe ihn bereits bei seinem ersten Besuch an die Arbeit gesetzt.

> »Er diktierte mir seine Ideen und überließ es weitgehend meinem Ermessen, sie in die richtigen Worte zu kleiden. Die Aufgabe verlangte sowohl höchste Aufmerksamkeit wie eine äußerst geschwinde Feder, denn er selbst saß in einem Sessel und hatte nichts anderes zu tun, als seine Ideen auf mich einströmen zu lassen;

dabei wurde er sehr ungehalten, wenn ich nicht Schritt mit ihm hielt. In dieser Weise war ich ihm jeden Morgen ab acht Uhr zu Diensten und wurde häufig nicht vor neun Uhr abends entlassen. Es gab nie eine Unterbrechung der Arbeit, außer wenn er sich einem Besucher widmen mußte, wenn er mitten im Diktieren plötzlich einschlief und während des Abendessens. Frühstück und Nachmittagstee wurden während der Arbeit eingenommen. Ich denke, daß ich in der gesamten Zeit, die ich für ihn tätig war, höchstens vier bis fünf Tage für mich selbst hatte.«

Latrobe teilt mit, er habe außerdem auf der Grundlage des Manuskriptes neun Foliobände ediert — »eine überaus mühevolle und unangenehme Aufgabe ... Ein- oder zweimal hatte ich das Mißgeschick, ihn zu kränken, als ich mich bemühte, einige grammatische Fehler zu tilgen«.

Im Juni 1789, ein Jahr nach ihrem Beginn, war die Arbeit beendet. Latrobe fährt fort:

»Er sagte, er sei sehr in Verlegenheit, wie er den Beistand, den Eifer und die Mühe vergelten solle, die ich ihm gewidmet hatte. Er wolle mich als *Freund entlohnen*, nicht als seinen Angestellten. Ich erwiderte, ich sei in der gleichen Verlegenheit, da ich wünschte, ihm als Freund und nicht als *Angestellter* zu Diensten zu sein. Darauf teilte er mir mit, er beabsichtige im November wieder in London zu sein und benötige dann meine Hilfe; er wolle die Frage der *Entlohnung* bis dahin zurückstellen. Damit war ich einverstanden.«

Danach versorgte Latrobe Bruce weiter mit Nachrichten und Büchern, die er anforderte, erhielt aber nie eine Antwort. Schließlich kam er zu der Überzeugung, Bruce behandle ihn nicht mehr als Freund, und wollte nun sein Geld. »Ich schrieb ihm in meiner Eigenschaft als *Angestellter* einen überaus höflichen Brief und erinnerte ihn an die *Entlohnung*.« Aus Schottland kam keine Antwort, und so schrieb Latrobe ein zweitesmal. Nach weiteren zwei Monaten erreichte ihn schließlich der folgende Brief:

»Sir,
ich habe Ihren Brief erhalten, aber niemals gedacht, daß Sie sich auf die Ebene der Bezahlung hinunterbegeben würden; ich weiß auch nicht recht, wofür, denn für mich waren Sie nutzlos ... Was Ihre Durchsicht des Buches angeht, so habe ich sie nie als wesentlich betrachtet; tatsächlich ist sie von so geringem Belang, daß ich in der Zwischenzeit das Ganze völlig geändert, umformuliert und ins reine geschrieben habe. Ihre Durchsicht des Manuskripts hat mir nicht eine Stunde Arbeit erspart. Elmsley [Bruce' Londoner Agent] führt ein Konto für mich ... Er kann Ihnen fünf Guineen vorschießen, die ich ihm zurückzahlen werde, und dann den ganzen Betrag abheben. Ich hatte niemals ernsthaft daran gedacht, daß ich noch weitere Verbindlichkeiten in London hätte.

Ich bin, Sir,
Ihr sehr ergebener Diener
James Bruce«

All das erinnert sehr an die Behandlung, die er Balugani, dem italienischen Künstler, angedeihen ließ. Nirgendwo in seinem Buch oder an anderer Stelle gibt er zu, daß Balugani mit ihm am Kleinen Abbai war — er erwähnt kaum seinen Namen —, und bei seiner Ankunft in London präsentierte er Georg III. Baluganis Zeichnungen als seine eigenen. Kurz gesagt: Bruce lebte in einer eigenen Welt der krankhaften Selbstsucht und ertrug um sich weder Partner noch Rivalen.

Das Buch, das schließlich 1790, siebzehn Jahre nach Bruce' Rückkehr aus Äthiopien, erschien, war eine hübsche Ausgabe in fünf großen Quartbänden mit dem Titel *Travels to Discover the Sources of the Nile, in the Years 1768, 1769, 1770, 1771, 1772, and 1773, by James Bruce of Kinnaird Esq., F.R.S. [Fellow of the Royal*

Society] und König Georg III. gewidmet. Im Vorwort erklärt der Autor, er werde sich nicht dazu herbeilassen, auf »Nörgeleien und spitzfindige oder unsinnige Einwände« etwaiger Kritiker zu antworten: »Was ich geschrieben habe, habe ich geschrieben.«

»Seine Feinde«, schreibt sein Biograph, »hatten, die Feder in der Hand, ungeduldig auf das Buch gewartet, wie Shylock, der sein Messer wetzt — und kaum war es erschienen, da war Bruce auch schon dessen beraubt, was ihm am meisten am Herzen lag: seiner Ehre und seiner Reputation. Es war sinnlos, sich gegen den Sturm zu stellen, der ihm ins Gesicht blies; unmöglich, gegen die Flutwelle zu schwimmen, die gegen ihn heranrollte. Seinen Bänden wurde nicht der geringste Glaube geschenkt.«

Wieder erscholl der alte Aufschrei gegen Geschichten wie die vom Essen roher Steaks, die aus dem lebenden Rind herausgeschnitten wurden. Das Buch wurde akribisch, geistreich und bösartig heruntergemacht und in der Luft zerrissen. Walpole fand die fünf Bände »langweilig und teuer«. Das literarische London schien zu allem bereit, um Bruce der Lächerlichkeit preiszugeben. Eine neue Ausgabe von Münchhausens *Wunderbaren Reisen* erschien unter dem Titel *Der wiedererstandene Gulliver ... oder Das Laster des Lügens, auf gehörige Weise bloßgestellt.* Gewidmet war sie James Bruce.

Voller Wut und Gram verkroch sich dieser in sein schottisches Schneckenhaus. Er kam wohl noch manchmal zu kurzen Besuchen nach London, blieb aber von nun an meist in Kinnaird und hielt nur Kontakt mit seinen Nachbarn. Die Nachrichten von der Französischen Revolution und der Hinrichtung seines früheren Gönners Ludwig XVI. steigerten nur seinen Ekel vor der Welt. Gelegentlich konnte er noch aufbrausen — etwa, als ein Gast bei einer Abendgesellschaft keck genug war zu bezweifeln, daß die Äthiopier wirklich rohes Fleisch essen könnten. Bruce ging in die Küche, kehrte mit einem Stück rohem, nach äthiopischer Art gesalzenem und gepfeffertem Rindfleisch zurück und herrschte den unglücklichen Gast an: »Dies, Sir, werden Sie entweder essen oder sich mit mir schlagen!« Und als das Steak gegessen war, sagte er: »Nun, Sir, werden Sie nie mehr sagen, es sei unmöglich.«

Der letzte Akt war tragisch. Bruce hatte eine größere Gesellschaft zu Gast gehabt; er hatte eben einen der Eingeladenen verabschiedet und eilte die große Treppe in seinem Haus hinauf, um den nächsten hinunterzubegleiten, als er stolperte und stürzte. Dabei schlug er mit dem Kopf auf. Er lebte noch einige Stunden, erlangte das Bewußtsein aber nicht mehr. Er war vierundsechzig Jahre alt geworden.

Es ist noch immer nicht leicht, Bruce' Bedeutung für die Afrikaforschung einzuschätzen. Noch mindestens vierzig Jahre nach seinem Tod wurde sein Buch von vielen Leuten als romantische Fiktion abgetan und ständig von Kritikern attackiert. Dessen ungeachtet war es von Beginn an ein Publikumserfolg; in den letzten hundertfünfzig Jahren ist es mehrfach neu aufgelegt und überall in der Welt gelesen worden. Exemplare der Erstausgabe, in Dublin einst als Abfallpapier verbrannt, sind heute wertvolle Stücke im Antiquariatsbuchhandel. Gewiß enthält der Text unzählige Schwachstellen und Ungenauigkeiten, denn der Autor ist ein eitler, intoleranter Mann, der ausschmückt und übertreibt. Es ist zum Beispiel wenig wahrscheinlich, daß die großartigen Reden, die er seinen verwegenen Gestalten so dreist in den Mund legt, wirklich so gehalten wurden. Aber damit läßt sich nicht erklären, warum seine Zeitgenossen ein Werk von derartiger Originalität und Bedeutung so sehr verkannten — ein Werk, das in bezug auf alle wesentlichen Fakten wahrheitsgetreu berichtet und den damaligen geographischen und wissenschaftlichen Erkenntnissen über Äthiopien weit voraus ist. Niemand zweifelte an Captain Cook, einem Zeitgenossen Bruce', der mit Berichten über ähnlich wundersame Dinge in der Südsee aufwartete. Daß seine Zeitgenossen ihm nicht glaubten, liegt vielleicht nur darin begründet, daß sie ihm nicht glauben *wollten*. Sie mochten seinen Stil nicht, und wenn sie seine Fakten attackierten, hatten sie in Wirklichkeit seine Kleinlichkeit gegenüber seinen Gefährten, seine Prahlerei, seinen Snobismus und seinen aggressiven Stolz — kurz: seine Aufgeblasenheit im Visier. Es könnte auch sein, daß die privilegierten Mitglieder der Londoner Clubs nicht unbedingt an die Existenz barbarischer, bedrohlicher Weltgegenden erinnert werden wollten — sowenig wie Ludwig XVI. an den Pöbel erinnert werden wollte; ihre eigene, amüsante und sicher abgeschottete Clique war ihnen gut genug, und Eindringlinge wie Bruce wurden zur natürlichen Zielscheibe ihrer blasierten Witze.

Damit aber ist Bruce' Rolle noch immer nicht hinreichend beschrieben. Er wurde ja, wenngleich man ihm nicht glaubte, keineswegs ignoriert. Er regte vielmehr zur Legendenbildung an, beschäftigte die Phantasie der Menschen und lenkte — zu einer Zeit, da Europas Politik und Ambitionen über den eigenen Kontinent hinauszureichen begannen — ihre Aufmerksamkeit auf den Nil. (. . .)

DER WEISSE NIL

(. . .) So gut wie sicher kannten die alten Ägypter das Stromtal vom Mittelmeer bis zu dem Punkt, wo das heutige Khartum liegt und der Blaue Nil aus dem äthiopischen Hochland zufließt. Wahrscheinlich wußten sie auch einiges vom Blauen Nil selbst. Aber der weitere Verlauf des Hauptstroms, des Weißen Nils, südlich von Khartum blieb ein Thema für endlose Spekulationen und beschäftigte alle bedeutenden Geographen.

Er war auch etwas mehr als ein gewöhnliches Forschungsproblem. In jenen Wüsten war der Strom das Leben selbst. Ganz Ägypten wäre dem Untergang geweiht gewesen, hätte er auch nur während einer Saison kein Hochwasser geführt. Nicht zu wissen, woher der Strom kam, keine Garantie für sein stetiges Weiterfließen zu haben — das bedeutete, in einem Zustand der Unsicherheit zu leben, der nur durch Fatalismus oder Aberglauben zu neutralisieren war.

Aber es ist nicht überliefert, daß das Hochwasser jemals ausblieb. Immer wieder kam die große braune Flut aus der Wüste geströmt, und nie konnte jemand erklären, warum sie gerade im September, in der trokkensten und heißesten Zeit in den Küstenregionen des Mittelmeers, im Nildelta ansteigt und die Ufer überflutet. Auch wie es möglich ist, daß der Strom in seinem Unterlauf über mehr als 1500 Kilometer seine Kraft behält, obwohl er eine der furchtbarsten Wüsten durchquert und weder einen einzigen Zufluß noch nennenswerte Mengen Regen erhält, blieb ein Rätsel.

Um 460 vor Christus reiste Herodot nilaufwärts bis zum ersten Katarakt bei Assuan; hier kehrte er um in der Überzeugung, daß es völlig unmöglich sei, gesicherte Informationen über den Ursprung des Stroms zu erhalten. Es gab damals nur die vage Vorstellung, er entspringe aus »Quellen« irgendwo im Inneren Afrikas. Kaiser Nero entsandte zwei Zenturien auf eine Expedition in die Wüste Nubiens, wie der Sudan damals genannt wurde. Sie kehrten unverrichteter Dinge zurück und berichteten, sie seien weit im Inneren von einem undurchdringlichen Sumpf aufgehalten worden. Während der folgenden Jahrhunderte wurde China von Europäern erschlossen; Amerika und Australien wurden entdeckt; die Landmassen und Ozeane der Erde wurden vermessen und mehr oder weniger in der Weise kartiert, wie wir sie heute kennen. Aber noch immer, und zwar bis zum Jahre 1856, waren das Innere Afrikas und sein zentrales Geheimnis, der Ursprung des Weißen Nils, so rätselhaft wie zur Zeit Herodots. (. . .)

Auch die entschlossensten Forscher waren nicht imstande gewesen, weiter als bis in die Nähe der heutigen Stadt Juba (auf dem 5. Grad nördlicher Breite) vorzudringen. Aber an diesem Punkt war noch immer keine Spur von einer Quelle, und Katarakte, ausgedehnte Papyruswälder, Malaria, die glühende tropische Hitze und der Widerstand heidnischer Stämme machten das weitere Vorankommen unmöglich. Mittlerweile hatte die Phantasie diesen undurchdringlichen weißen Fleck im Herzen des Kontinents mit tausend Monstrositäten gefüllt: mit Zwergmenschen und geschwänzten Kannibalen, mit merkwürdigen Tieren wie dem sagenhaften Vogel Greif und Salamandern, riesigen Binnenseen und Bergen von so gewaltiger Höhe, daß sie der Natur trotzen und in dieser äquatorialen Hitze auf dem Gipfel mit ewigem Schnee bedeckt sein konnten.

Es gab immerhin einen kleinen, bescheidenen Beleg zur Stützung mancher dieser Spekulationen. Eine der hartnäckigsten Legenden über den Nilursprung hatte mit einer Reise zu tun, die aber nicht auf dem Strom, sondern auf dem Landweg unternommen worden war, und zwar ausgehend von einem Punkt an der Ostküste Afrikas, etwas nördlich von Sansibar. Dieser Legende zufolge behauptete um die Mitte des ersten Jahrhunderts nach Christus ein griechischer Kaufmann namens Diogenes, er sei auf dem Rückweg von einer Reise nach Indien in Afrika gelandet — an einem Ort namens Rhapta (vielleicht das heutige Pangani in Tanganyika). Von Rhapta aus sei er »fünfundzwanzig Tage lang landeinwärts weitergereist, bis in die Nähe zweier großer Seen und einer Kette schneebedeckter Berge, von denen der Nil seine beiden Quellflüsse bezieht«.

Diese Geschichte wurde von dem syrischen Geographen Marinus von Tyrus überliefert, und auf seinen Bericht stützte sich Ptolemäus, der größte Geograph und Astronom seiner Zeit, als er um die Mitte des zweiten Jahrhunderts nach Christus seine berühmte Weltkarte anfertigte, auf der der Nil vom Mittelmeer aus direkt in südlicher Richtung verläuft und seinen Ursprung in zwei Seen hat, die ihrerseits von einer hohen Bergkette, den »lunae montes« (Mondbergen), ihr Wasser erhalten.

1700 Jahre lang blieb die Karte des Ptolemäus eine geographische Kuriosität; sie wurde endlos diskutiert, aber selten grundsätzlich in Zweifel gezogen. Doch dann trat 1848 Johann Rebmann, einer der ersten Missionare in Ostafrika, mit einem sensationellen Bericht hervor: Auch er sei, wie einst Diogenes, von der ostafrikanischen Küste aus landeinwärts vorgestoßen und habe einen ungeheuren Berg namens Kilimandscharo gesehen, dessen Gipfel mit Schnee bedeckt gewesen sei. Der Bericht wurde in London umgehend der Lächerlichkeit preisgegeben: Ein gewisser Desborough Cooley, Mitglied der Royal Geographical Society, wandte ein, es sei unmöglich, daß Schnee sich am Äquator halte, ohne zu schmelzen; was Rebmann gesehen habe, seien weiße Felsen im

Geographie Afrikas
nach der Weltkarte
des Ptolemäus
(150 n. Chr.)

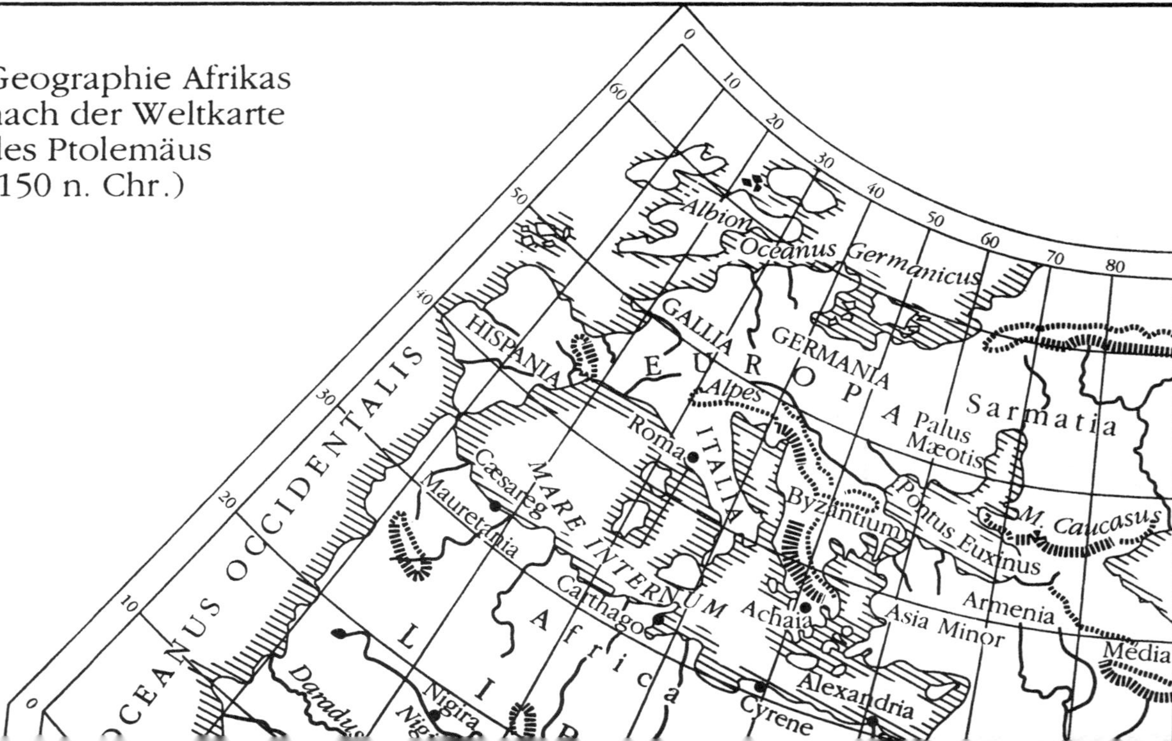

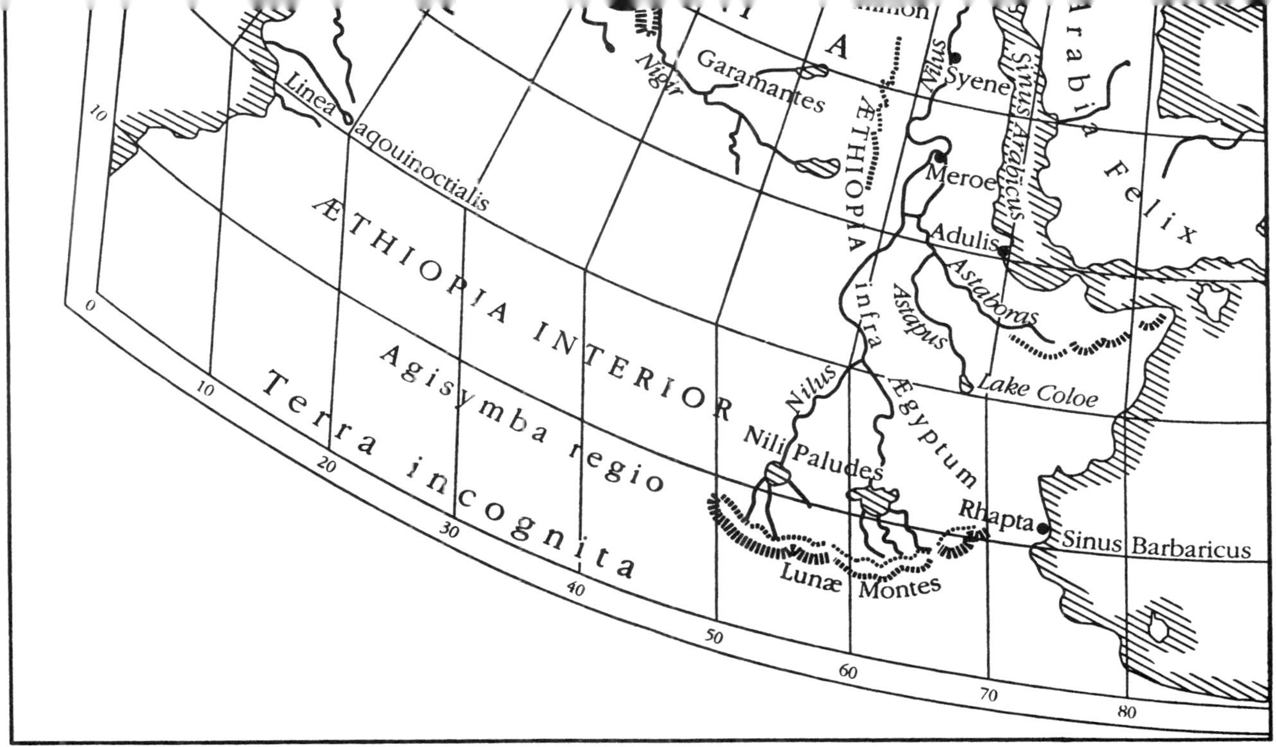

Arabia Felix
Sinus Arabicus
Syene
Nilus
Meroe
Adulis
Astaboras
Astapus
Lake Coloe
ÆTHIOPIA
Garamantes
Nigir
Linea aequinoctialis
ÆTHIOPIA infra Ægyptum
Nilus
Nili Paludes
Rhapta
Sinus Barbaricus
Lunæ Montes
ÆTHIOPIA INTERIOR
Agisymba regio
Terra incognita
0
10
10
20
30
40
50
60
70
80

Sonnenschein gewesen. Im nächsten Jahr erklärte indes ein anderer Missionar, Johann Ludwig Krapf, er habe aus der Entfernung einen weiteren schneebedeckten Gipfel namens Kenia gesehen — etwas nördlich vom Kilimandscharo. Wieder ein anderer Missionar, J.J. Erhardt, fertigte eine Landkarte an, die einen großen See zeigte, den er Uniamesi-See nannte. Bald nach 1850 wurden weitere Details bekannt, die das Interesse an Ptolemäus' Karte neu weckten: Arabische Sklaven- und Elfenbeinhändler, die aus dem Landesinnern nach Sansibar zurückkehrten, berichteten von zwei großen Seen, dem Ujiji und dem Nyanza; überdies sollte es weiter südlich einen dritten See, den Njassa, geben.

All das war außerordentlich vage und verwirrend. Waren vielleicht alle diese Seen in Wirklichkeit nur ein einziger? Waren Kilimandscharo und Kenia die legendären Mondberge, oder gab es weiter landeinwärts noch einen anderen Gebirgszug? Und wie paßten diese Seen und Berge mit dem angenommenen Verlauf des Nils zusammen?

Um auf ebendiese Fragen Antworten zu finden, machten sich 1856 zwei Forschungsreisende, Richard Francis Burton und John Hanning Speke, nach Afrika auf. Sie verwarfen die Route, die von Ägypten stromaufwärts führte, und beschlossen statt dessen, von Sansibar aus westwärts in das dunkle Innere vorzustoßen, wo kein weißer Mann jemals gewesen war.

Mit dieser neuen Expedition begann das große Zeitalter der Erforschung Zentralafrikas.

SANSIBAR 1856

Sansibar, so wie Burton und Speke es erstmals Ende 1856 kennenlernten, war ein weitaus wichtigerer Ort als heute; die Insel war nahezu das einzige Überseehandelszentrum an der Ostküste Afrikas, das diesen Namen verdiente. Die Versuche der Portugiesen, in den Küstenregionen gegenüber der Insel ein Kolonialreich zu begründen, waren schon seit langem gescheitert, und alle die weiter landeinwärts gelegenen Gebiete, die wir heute unter Namen wie Tanganyika, Kenia, Uganda, Südsudan oder Kongo kennen, bildeten damals größtenteils einen unkartierten weißen Fleck.

Die Sultane von Sansibar erhoben in nicht genau bestimmter, summarischer Form Anspruch auf zumindest einen Teil dieses riesigen Gebietes, doch faktisch war ihre Macht auf einen schmalen Küstenstrich beschränkt und nicht einmal dort wirklich gesichert. Während der Trockenzeit fanden Sklaven- und Elfenbeinkarawanen von hier aus ihren Weg in die dahinterliegende Wildnis und blieben für ein Jahr oder mehr, manchmal für immer, verschollen, aber das war auch alles, was man je von Zentralafrika gehört hatte. Es war fast so fern und fremd wie heute der Weltraum.

Die Insel Sansibar dagegen hatte in der Welt einen Namen; sie wurde regelmäßig von den Segelschiffen angelaufen, die den Indischen Ozean befuhren. Mit einem dieser Schiffe, einer britischen Schaluppe, kamen Burton und Speke am 19. Dezember 1856 aus Bombay an, vom Nordostmonsun hergetrieben.

Der erste Anblick, den die Insel ihnen bot, dürfte nicht allzu verschieden von der Szenerie gewesen sein, die man heute wahrnimmt. Damals wie heute begrüßt den Reisenden von der Küste her eine Wolke von Gerüchen tropischer Gewürze, besonders Gewürznelken, und an der Küste selbst überspült eine träge, glatte See von wundervollem Blau die weißen Korallenriffe. Der Dschungel, der bis zum Wasser reicht, ist von einem knalligen Grün, und obwohl gelegentlich Stürme, begleitet von heftigen Regengüssen, und sogar Tornados über die Insel fegen, lastet das ganze Jahr über eine starke, einschläfernde Hitze auf ihr.

Vom Meer her präsentierte sich der Hafen von Sansibar damals als unregelmäßige Silhouette von Lehmschuppen und breiten, quadratischen Gebäuden aus gräulicher Koralle, dem einzigen Baustoff der Insel. Mühelos erkannte man den Palast des Sultans, die Häuser der Konsuln und der Händler, schließlich die Minarette der Moscheen in der dahinterliegenden Stadt. Zu einem der Häuser in unmittelbarer Strandnähe, dem Haus des britischen Konsuls, Lieutenant-Colonel Atkins Hamerton, gedachten Burton und Speke zuerst ihre Schritte zu lenken.

Der Ankerplatz vor der Stadt war überfüllt. Burton zählte mehr als sechzig arabische Dhaus, die der Monsun gleich seiner eigenen Schaluppe über den Indischen Ozean geweht hatte; sie waren jenen ähnlich, die man noch heute in Sansibar sieht: solide hölzerne Schiffskörper mit einem Fassungsvermögen zwischen fünfzig und fünfhundert Tonnen, einem einzigen Mast, einem großen Lateinsegel und einem Bugspriet, der so weit vorspringt, daß er die Länge des Schiffes fast verdoppelt. Außerdem lag ein halbes Dutzend vollgetakelter Handelsschiffe im Hafen, Amerikaner aus Salem, Franzosen und Hamburger, die aus Europa um das Kap gesegelt waren. Sie alle warteten darauf, Ladung zu übernehmen: Kopalharz, Kokosnüsse, Elfenbein, Felle, Schildpatt, roten Pfeffer,

Ambra, Bienenwachs, Flußpferdzähne, Rhinozeroshörner, Kaurimuscheln (die man Mohrenzähne nannte) und vieles andere, was sich im Basar verkaufte. Unrat aller Art trieb am Ufer vorbei, und es war durchaus nicht selten, daß auch Leichen angetrieben wurden. »Hier und da«, notiert Burton, »schießt ein riesenhafter Hai aus der Tiefe hervor und glotzt den Fischer mit kalten, starren, farblosen Augen an, die ihm das Blut gefrieren lassen.«

Es sollte ihnen noch Ärgeres begegnen, nachdem sie an Land gegangen waren. Die Bevölkerung der Insel umfaßte zu dieser Zeit etwa 100 000 Menschen, und die meisten lebten in der Stadt selbst. In den krummen, schmutzigen, kaum sechs Meter breiten Straßen wimmelte es von halbnackten Negern, Arabern, Indern, Persern, Swahilis und Menschen vieler anderer Rassen. Rinder und Esel bahnten sich ihren Weg durch die Menge. Händler priesen, mit gekreuzten Beinen in winzigen Verschlägen sitzend, ihre Waren an; Bettler streckten den Vorübergehenden ihre Hände entgegen, und über allem lag eine erdrückende Hitze und der erstickende Gestank von Kopra und faulendem Fisch. In den Basaren waren Mengen von tropischen Früchten und Gemüsen auf Strohmatten zum Verkauf ausgebreitet.

Insgesamt war es ein Bild, wie es der Orientreisende noch heute vorfindet — mit einem grundlegenden Unterschied, der einen empfinden läßt, daß das Sansibar des Jahres 1856 eben doch ein anderes Zeitalter und eine andere Welt repräsentierte: Damals gab es noch Sklaven. Man traf sie in allen Straßen — Männer, Frauen und Kinder, solche, die durch lange Jahre der Gefangenschaft bereits domestiziert waren, und solche, die eben erst aus dem Inneren angekommen waren, halb verrückt und halbtot infolge von Hunger und Mißhandlung — nackte, verwirrte Geschöpfe mit abgefeilten Zähnen und Narben auf dem Körper, die in ihrer ganzen Erscheinung mehr an in die Falle gelockte Tiere als an normale Menschenwesen erinnerten.

Bereits früher war die Szenerie eindrucksvoll von Thomas Smee, dem Kommandanten des britischen Forschungsschiffes *Ternate*, beschrieben worden, das Sansibar 1811 besucht hatte:

»Die Schau beginnt gegen vier Uhr nachmittags. Die Sklaven, die zuvor möglichst vorteilhaft hergerichtet wurden, indem man ihre Haut reinigte und mit glänzendem Kokosnußöl einrieb, ihre Gesichter mit roten und weißen Streifen bemalte, die hier als Zeichen von Eleganz gelten, und ihre Hände, Nasen, Ohren und Füße verschwenderisch mit Ringen aus Gold, Silber und Edelsteinen schmückte, werden in einer Reihe aufgestellt, die mit dem Jüngsten beginnt und sich je nach Alter und Größe fortsetzt. An der Spitze der Reihe, in der sich Menschen jeden Geschlechts und Alters zwischen sechs und sechzig befinden, marschiert der Eigentümer; an den Seiten und ganz hinten gehen zwei oder drei seiner Haussklaven, die, mit Schwertern und Speeren bewaffnet, als Wache dienen.

In dieser Ordnung beginnt die Prozession, die über den Marktplatz und durch die wichtigsten Straßen führt; dabei stellt der Eigentümer in einer Art Singsang die gute Qualität der Sklaven und die hohen Preise heraus, die bereits für sie geboten worden seien.

Zeigt irgendein Zuschauer Interesse an einem von ihnen, stoppt augenblicklich der ganze Zug, und eine Überprüfung beginnt, die in ihrer Genauigkeit alles übertrifft, was sich auf einem europäischen Viehmarkt abspielt. Der potentielle Käufer vergewissert sich zunächst, daß keine Beeinträchtigung des Sprechens, Hörens und so weiter vorliegt, ebenso keine Krankheit, und daß der Sklave im Schlaf nicht schnarcht (was als großer Defekt gilt); dann examiniert er die Ware genauer: Er inspiziert zuerst Mund und Zähne und dann nacheinander alle Teile des Körpers, wobei er bei Mädchen selbst die Brüste und so weiter nicht ausläßt. Ich habe vielfach erlebt, daß junge Mädchen auf dem öffentlichen Markt von ihren Käufern in der unanständigsten Weise behandelt worden sind, und zweifle nicht daran, daß fast alle Sklavenhändler sie zuerst zum Objekt ihrer Begierde machen, bevor sie sie zum Verkauf anbieten.

Der Sklave muß sodann einige Schritte gehen oder laufen, damit deutlich wird, daß seine Füße keinen Defekt aufweisen; ist man sich dann über den Preis einig, wird er seines Putzes entledigt und seinem zukünftigen Besitzer übergeben. Ich habe oft zwanzig bis dreißig dieser Reihen auf dem Markt erlebt, von denen nicht wenige bis zu dreißig Sklaven umfaßten. Auch Frauen mit neugeborenen Kindern an den Brüsten und kaum noch gehfähige Alte werden auf diese Art mitgeschleppt. Ich beobachtete, daß sie meist einen sehr mutlosen Gesichtsausdruck hatten; einige Gruppen waren so schlecht ernährt, daß die Knochen sich scharf unter der Haut abzeichneten. Von solchen Szenen wendet man sich mit Zorn und Mitleid ab ...«

In den fünfundvierzig Jahren, die zwischen Kapitän Smees Bericht und der Ankunft von Burton und Speke in Sansibar lagen, hatte das Weltgewissen auf diesem Gebiet viel erreicht. In den dreißiger Jahren war die Sklaverei im britischen Empire abgeschafft worden, und der Handel an der Atlantikküste Afrikas, dem hauptsächlichen Reservoir für Negersklaven, begann auszutrocknen. 1845 verbot der Sultan von Sansibar den Export von Sklaven (obwohl die Sklaverei innerhalb seines Herrschaftsgebietes legal blieb). Britische und französische Kriegsschiffe suchten die Küste Ostafrikas nach arabischen Dhaus ab, die Neger vom Festland verschleppten.

Aber eine echte Veränderung hatten all diese Maßnahmen nicht bewirkt. Angesichts einer Tradition von mindestens 2000 Jahren Sklaverei dachte keiner der arabischen Ostküstenhändler auch nur im Traum daran, den

Handel aufzugeben. Der Sklavenhandel lag den Arabern im Blut; keiner von ihnen betrachtete ihn als etwas Schlimmeres oder Abnormeres als, sagen wir, ein heutiger Pferdehändler den Kauf und Verkauf von Pferden als etwas Schlimmes oder Abnormes ansieht.

Und so zogen die Karawanen weiterhin zu ihren Raubzügen ins Landesinnere; die Dhaus durchbrachen mit ihrer dichtgepackten Ladung unter Deck weiterhin erfolgreich die Blockade der Kriegsschiffe, und der Markt von Sansibar war so gut beschickt wie eh und je. Die Preise variierten stark, je nach Saison und Angebot; alles in allem konnte ein Händler im Jahre 1856 aber noch immer mit vier bis fünf Pfund für einen erwachsenen männlichen Sklaven rechnen; weibliche brachten etwas mehr. Zwischen 20000 und 40000 Sklaven wurden jährlich weiterhin auf die Insel gebracht, von denen etwa ein Drittel für die (noch immer legale) Sklavenarbeit auf den Plantagen und der Rest für den (illegalen) Export nach Arabien, Persien, Ägypten, in die Türkei und noch fernere Länder bestimmt war. Die Verluste selbst unter jenen Sklaven, die den Transport von ihrem Dorf zur Küste überlebt hatten, waren gewaltig: Ungefähr dreißig Prozent der Männer starben jedes Jahr auf Sansibar an Krankheiten und falscher Ernährung und mußten ersetzt werden. Überdies hatte der Versuch, den Export zu kontrollieren, die Strapazen für die Betroffenen erhöht. Die Preise zogen an, und konsequenterweise zahlte es sich für den Händler aus, die Dhaus mit immer mehr Opfern vollzustopfen; kam nur eine von vieren durch die Blockade, so mußte sie genug Profit bringen. Die Schiffe wurden jetzt, schreibt Burton, »mit zwei Decks im Abstand von achtzehn Zoll gebaut; pro Kopf und Tag wurde ein halber Liter Wasser verabfolgt, und den Platz, auf dem früher zwei der armen Teufel verstaut waren, nahmen jetzt fünf ein«.

Die schäbigsten Tricks wurden eingesetzt, um den Nachschub zu sichern. Im Hafen von Sansibar wurden Eingeborene mit einer Flasche Rum oder durch ein Mädchen, das als Köder diente, auf eine Dhau gelockt und dort sogleich in die Ladeluke verfrachtet. Ein Kind, das auf Sansibar ein bis zwei Pfund wert war, konnte in Persien bis zu zwanzig bringen. Unschwer konnte man neue Opfer so lange in Dschungelhöhlen festhalten, bis eine Dhau bereit war, sie nächtens an Bord zu nehmen. Die höchsten Preise wurden für junge Abessinierinnen und Tscherkessinnen bezahlt, die man aus dem Norden hierhergebracht hatte; letztere waren allerdings sehr rar und verließen die Insel selten, denn sie waren für die Harems der Herrscher reserviert.

Burtons Beschreibung des Marktplatzes im Jahre 1856 läßt erkennen, wie wenig sich die Dinge seit Kapitän Smees Tagen zum Besseren gewendet hatten:

»Da standen Reihen von Negern wie Vieh herum, und als der Makler ›basar chusch‹ rief, wurden den am wenigsten abstoßenden schwarzen Köpfen, von denen manche kaum noch menschlich aussahen, scharlachrote Nachtmützen übergezogen. Alle waren schrecklich dünn, ihre Rippen zeichneten sich ab wie Faßreifen, und nicht wenige kauerten krank am Boden. Am meisten interessierten die kleinen Jungen, welche grinsten, als ob die erniedrigende und nicht sehr schickliche Inspektion sie erheitere, der beide Geschlechter und alle Altersgruppen unterzogen wurden. Die zur Schau gestellten Frauen sahen jämmerlich und elend aus — ausgenommen ein schamhaft wirkendes Mädchen mit sorgfältig geschwärzten Augenbrauen, das wohl deshalb zum Verkauf ausgestellt wurde, weil es einen unentschuldbaren Verstoß gegen die guten Sitten begangen hatte. Es gilt als Faustregel, daß niemand erwachsene Haussklaven kauft (im Unterschied zu wilden Sklaven), ob Männer oder Frauen, und zwar deshalb, weil ihre Herren sich von ihnen nur trennen, wenn sie als unverbesserlich gelten ... Die Händler lächelten uns an und waren in guter Stimmung.« Im Prostituiertenviertel sah er später Frauen mit »Gesichtern wie gehäutete Affen und mageren Beinen in roten Seidenstrümpfen«.

Es waren gerade die wilden Sklaven aus dem Landesinnern, die, obwohl sie zum Verkauf standen, am meisten zu der Gesetzlosigkeit auf Sansibar beitrugen. Sie streunten durch die Straßen auf der Suche nach Eßbarem wie Rudel hungriger Hunde und waren zu jeder Gewalttat bereit. Niemand begab sich unbewaffnet in die Stadt, und am Abend wurden alle Türen und Fensterläden gegen mögliche Plünderer in den verlassenen Straßen fest verrammelt.

Aber auch Haussklaven — solche, die auf Sansibar geboren oder angelernt worden waren und mehr oder weniger zivilisiert waren — bereiteten Probleme. Sie galten als die faulsten, schmutzigsten und unehrlichsten unter allen Bediensteten, aber ihre arabischen Herren konnten sich ein Leben ohne sie nicht vorstellen. Oft wurden diese Sklaven in die Familie aufgenommen und nicht unfreundlich behandelt. Gebar eine Konkubine ihrem Herrn ein Kind, so wurde es augenblicklich für frei erklärt und als Sohn oder Tochter des Hauses adoptiert. Gleichwohl waren Trunksucht und Bagatelldiebstähle unter den Haussklaven sehr verbreitet, und zwischen Sklaven und Herren gab es viel gegenseitiges Mißtrauen, wo nicht Haß.

Zu jener Zeit lebten etwa 5000 Araber auf Sansibar, und einige von ihnen besaßen nicht weniger als 2000 Sklaven — zusätzlich zu ausgedehnten Gewürznelken- und Kokospalmenplantagen, dreistöckigen Holzhäusern mit fein verzierten Eingangstüren und Schränken voll bestickter Roben und Turbane. Zusammen mit den Indern kontrollierten sie den Elfenbeinhandel, besaßen Hochseeschiffe, verliehen Geld zu phantastischen Zinsen und finanzierten Expeditionen ins Landesinnere. Dennoch

führten sie ein lustloses, träges Leben, das nach einem monotonen, beschränkten Schema verlief, an dem sich von einem Monat zum nächsten kaum etwas änderte. Der arabische Sklavenbesitzer erhob sich bei Tagesanbruch, verrichtete sein Morgengebet und begab sich nach einem leichten Frühstück zum Basar. Um elf Uhr fand er sich wieder zu Hause ein, um das Mittagessen einzunehmen; dann schlossen sich eine Gebetsstunde in der Moschee und ein Mittagsschlaf an. Gegen drei Uhr nachmittags erhob er sich, wusch sich und betete erneut. Danach weitere Geschäfte außer Haus, ein Spaziergang durch die Straßen oder ein Besuch im Harem, endlich gegen Mitternacht die verdiente Bettruhe. Außer während des Ramadan, bei einem Familienfest oder einer Reise blieb dieser orientalische Lebensrhythmus so stetig wie das drückende tropische Wetter.

Bei nahezu allen Bewohnern der Insel gab es eine quasi natürliche Neigung zu Alkohol- und Drogengenuß — entweder Opium oder Haschisch — und ein ganz selbstverständliches Abgleiten in die Wollust. Burton notiert, daß die Araber die Einfuhr von Jasmin nach Sansibar mit der Begründung blockierten, »sein Duft unterdrücke den männlichen Geschlechtstrieb und rege den weiblichen ungebührlich an«. Er hält auch fest, daß die Araber ihren eigenen Frauen Negerinnen vorzogen — aus Gründen, die, wie er sich ausdrückt, »etwas zu physiologisch für den normalen Leser sind«.

Burton mochte die Araber. Wie wir später sehen werden, traf das volle Gewicht seiner Mißbilligung zumeist die Afrikaner — gleichgültig, ob frei oder Sklaven — und von Zeit zu Zeit seine eigenen Landsleute. Harsch handelt er die Swahilis ab, jene schokoladenfarbene Bastardrasse, die das Ergebnis einer Mischung von Semiten und Sansibarnegern war und damals annähernd eine halbe Million Menschen umfaßte. Er gesteht zu, daß sie »mit einem großen Maß an animalischer Lebensfreude ausgestattet« seien, über einen beachtlichen Schatz an Fröhlichkeit verfügten und starke Familienbande knüpften. Aber von Natur aus, fügt er hinzu, seien sie von »ewigem, ruhelosem

Mißtrauen« geplagt, vereint mit einem störrischen Widerstand gegen jeden Wandel, einem »barbarischen Konservatismus«. Und sie seien extrem unehrlich: »Wenn sie etwas behaupten, lügen sie in der Regel; wenn sie schwören, lügen sie mit Sicherheit.« Alle Swahilis waren Muslime.

Der legale Überseehandel war in den fünfziger Jahren überwiegend in den Händen der Amerikaner, die 1839 als erste ausländische Macht ein Konsulat in Sansibar errichtet hatten; nach ihnen kamen, in der Reihenfolge ihrer Bedeutung, die Briten, die Deutschen aus Hamburg und die Franzosen. Die fremden Händler führten im Austausch gegen Elfenbein und die übrigen Landesprodukte, die sie mitnahmen, »merikani« ein, das gute amerikanische Baumwolltuch, das in ganz Ostafrika als Tauschobjekt fungierte, ferner Feuerwaffen und Munition, bunte venezianische Glasperlen, Porzellan, Getreide und ein Sammelsurium von Geräten und Maschinen aus der westlichen Welt.

Was die winzige weiße Gemeinde auf Sansibar anging, so führte sie Burton zufolge ein erbärmliches Leben. Die Europäer lagen fortwährend in Hader untereinander.

> »Alles ist ermüdende Monotonie: Es gibt kein Gesellschaftsleben, keine Zerstreuungen, nichts Aufregendes; bei dem tückischen Klima verbietet sich jeder Sport, und Fremde ... verlieren bald die Gewohnheit, auszureiten oder spazierenzugehen. Jeder Händler hofft und wartet darauf, Sansibar für immer verlassen zu können, sobald er eine gewisse Summe erwirtschaftet hat; jeder Handlungsbevollmächtigte bekniet seinen Arbeitgeber, ihn zurückzurufen.«

Das Trinkwasser der Insel war verderblich oder zumindest gesundheitsgefährdend; venerische Krankheiten waren weit verbreitet; jeder schwebte ständig in Gefahr, an Cholera oder Malaria zu erkranken, und Ärzte gab es nicht. Daher lebten auf Sansibar nur sehr wenige weiße

Frauen, und die meisten Ausländer »begnügten sich mit einem abessinischen oder somalischen Mädchen«.

> »Ich bin überrascht«, schreibt Burton in seiner unnachahmlich ironischen Art, »über die Kombination von Verrücktheit und Brutalität im Verhalten zivilisierter Ehemänner, die, im Bestreben, Witwer zu werden, ihrer besseren Hälfte Gift verabfolgen, die Kehle durchschneiden oder den Schädel zertrümmern. Eine solche Aktion kann genauso sauber, sicher, diskret und seriös ins Werk gesetzt werden, wenn man nur wenige Monate in afrikanischer Luft auf Sansibar gelebt hat.«

Im ganzen genommen war das keine Übertreibung. Um freiwillig an diesem schönen und exotischen Ort zu leben, bedurfte es entweder eines hohen Maßes an Fatalismus oder einer starken Liebe zu Geld und Macht. Selbst Hamerton, der britische Konsul, der länger als alle anderen Europäer auf der Insel gelebt hatte, war schließlich dem Zusammenbruch nahe. Als Burton und Speke eintrafen, lebte er bereits seit fünfzehn Jahren auf Sansibar, und das soziale und politische Leben drehte sich in einem sehr hohen Maße um ihn. Auffallend war, daß in dieser Atmosphäre ständiger Streitereien und Eifersüchteleien nur wenige Zeitgenossen negativ über diesen warmherzigen, freundlichen Iren sprachen. Er war der intime Freund und Ratgeber des Sultans Seyyid Said, der dieses neue arabische Reich im Indischen Ozean begründet hatte; er glättete und entschärfte jede Krise, die die Insel heimsuchte, und schrieb sehr ausgewogene Berichte an seine Vorgesetzten in Indien und London. Das britische Konsulat wurde unter Hamerton der anerkannte Treffpunkt der Ausländergemeinde. »Er hielt die ganze Stadt am Leben«, schreibt Speke. Seine Gastfreundschaft, Jovialität und gute Laune beeindruckten jeden Besucher der Insel.

Mehr als einmal hatte Hamerton erwogen, um seine Abberufung nachzusuchen, denn seine Gesundheit war durch Malaria und andere Krankheiten untergraben. In seinem Fall war es jedoch weder Fatalismus noch das Geld, was ihn in Sansibar festhielt, sondern sein Pflichtgefühl — und vielleicht auch die Empfindung, daß die Insel und ihre Bewohner jetzt sein Leben seien und ein Wechsel nicht mehr in Frage komme. Zwar war Seyyid Said im Jahr zuvor gestorben, und sein dritter Sohn Majid hatte seine Nachfolge angetreten, aber Hamerton blieb trotzdem. Er war jetzt so krank, daß er tagsüber während der Hitze nur dahinvegetierte und allein für die Nacht lebte. Das hielt ihn indes weder davon ab, Burton und Speke in seinem Haus einzuquartieren, noch davon, ihre Expedition mit äußerstem Einsatz und Enthusiasmus zu fördern.

Es gab viel zu tun. Karawanen ins Landesinnere waren damals meist ein Jahr, oft sogar zwei Jahre unterwegs, und alles, was sie in dieser Zeit brauchten, mußte auf den Köpfen der Träger transportiert werden. Eine hundertköpfige Karawane (zu der noch bewaffneter Begleitschutz kam) galt als eher bescheidene Angelegenheit. Burton dachte an 170 Mann, die teilweise auf Sansibar, teilweise auf dem Festland zu rekrutieren waren. Die Oberaufsicht sollte Said bin Salim, ein Arabermischling, übernehmen, der im Dienst des Sultans stand, aber für die Expedition ausgeliehen wurde. Ihm zur Seite standen, praktisch in der Funktion von Unteroffizieren, zwei Gewehrträger: Sidi Bombay und Mwinji Mabruki, die noch eine bedeutsame Rolle bei der Erforschung Ostafrikas spielen sollten. Dann gab es zwei persönliche goanesische Diener, die für Burton und Speke kochten, und schließlich den Begleitschutz: zum Teil bewaffnete Sklaven, zum Teil Belutschen im Dienst des Sultans — insgesamt etwa zwanzig Mann.

Die Karawane würde sich hauptsächlich von dem ernähren, was sie im Lande selbst vorfand: Teils würde man wilde Tiere erlegen, teils Rinder, Ziegen, Milch und Getreide bei einheimischen Stämmen erwerben. Alle anderen

Vorräte (mit Ausnahme von wissenschaftlichen Instrumenten, Gewehren, Medikamenten und anderen Dingen, die aus England oder Indien bezogen wurden) mußten bei indischen oder arabischen Händlern auf Sansibar beschafft werden. Die Liste war gewaltig. Unter vielen anderen Posten erwähnte Burton »3 Büchsen mit gezogenem Lauf, 2 Flinten mit glattem Lauf, 1 Colt-Karabiner, 3 Revolver — sämtlich mit den nötigen Ersatzteilen und Munition für zwei Jahre —, 3 Säbel, eine Anzahl von Chronometern, Prismenkompassen, Thermometern, eine tragbare Sonnenuhr, Sextanten, Barometer, ein Teleskop, eine Kiste mit mathematischen Instrumenten und 1 Dixie-Taschenpedometer«, um mittels der Zahl der Schritte die Zahl der an jedem Tag zurückgelegten Meilen zu messen.

Bei der Lagerausrüstung ließen es die beiden Forscher an nichts fehlen. Sie verfügten über ein Zelt, Feldbetten, einen tragbaren Tisch mit Stühlen, drei als Teppiche verwendbare Matten, Bettdecken, Matratzen, Moskitonetze, aufblasbare Kissen, einen Menagekoffer mit Besteck und über Küchenutensilien. Ihre Bekleidung bestand aus den normalen Jacken, Hosen und Schuhen, in denen man zur Jagd geht; dazu kamen Turbane und dicke Filzmützen.

> »Man bedenke«, schreibt Burton, »daß wir uns die Reise nicht so lang vorgestellt hatten, als wir Sansibar verließen, und uns deshalb nicht neu einkleideten; so war es nicht verwunderlich, daß wir am Ende in Lumpen gingen und mein Begleiter in einem Klima, in dem Flanellkleidung die halbe Überlebensgarantie ist, gezwungen war, Latzhosen nach Art amerikanischer Dienstboten zu tragen, während ich Bettdecken zu Jacken und Schals umarbeiten mußte . . .«

Es gab eine kleine Handbibliothek mit wissenschaftlichen Büchern, Schreibmaterial aller Art, Siegellack, Tinte, eine Himmelskarte, Zeichen- und Malutensilien, aber keine Kamera; des weiteren eine Tischler- und eine Schmiedeausrüstung und sonstige Werkzeuge, mit denen sie, wenn sie an den Seen angelangt wären, ein kleines, tragbares Boot montieren und auftakeln zu können hofften. Der Proviant umfaßte »1 Dutzend Flaschen Brandy« (4 weitere Dutzend sollten folgen), »1 Kiste Zigarren, 5 Kisten Tee (jede zu 6 Pfund); etwas Kaffee; 2 Gläser Currypulver, außerdem Ingwer, Steinsalz und gewöhnliches Salz, je 1 Glas roter Pfeffer und schwarzer Pfeffer, Mixed Pickles, Seife und Gewürze; 20 Pfund Trockengemüse; 1 Flasche Essig, 2 Flaschen Öl; 20 Pfund Zucker (Honig ist im Land erhältlich)«.

Die Reiseapotheke enthielt Morphium und Chinin; allerdings war zur damaligen Zeit noch sehr wenig über die Malaria bekannt, obwohl sie ein entscheidender Faktor bei allen derartigen Forschungsreisen war. Tatsächlich hing der Erfolg jeder Expedition in hohem Maße von der Fieberresistenz der Forscher ab. Chinin war schon lange Zeit vorher entdeckt worden, aber es gab noch viel Unsicherheit hinsichtlich der richtigen Dosierung. Burton selbst vertraute lieber den Warburgtropfen, einer Mixtur aus Schlehenextrakt, Chinin und Opium. Das sollte sich als Irrtum erweisen.

Weitere Posten auf der Ausstattungsliste waren 4 Regenschirme, 2000 Angelhaken mit Leine, 2 Blendlaternen, 2 Kanister Schnupftabak, 10 Feuerstähle und -steine, 1 Union Jack und ein beträchtlicher Vorrat an Tuch, Messingdraht und Glasperlen zur Bezahlung der Träger und zum Handel mit den Eingeborenenstämmen. Alle diese Dinge waren entweder in Kisten verpackt oder fest in eine Art Kissen eingeschlagen, das der Träger bequem auf dem Kopf tragen konnte.

Ein spezieller Aspekt der Expedition, der sich im Zusammenhang mit den unbekannten Gefahren, die bevorstanden, als überaus bedeutsam erweisen sollte, wurde noch nicht erwähnt: die Persönlichkeit der beiden Forscher.

Trotz der Fülle von Büchern, die Burton selbst geschrieben hat und die über ihn erschienen sind, entzieht er sich bis heute einer gängigen Definition. Vor allem andern war er wohl Romantiker und Arabist, gehörte also zu jener nie aussterbenden kleinen Gruppe von Briten und Britinnen, die mit dem Gefühl geboren werden, es fehle ihnen etwas: einem Hunger, einer Sehnsucht, die nur in den Wüsten des Orients zu stillen sind. Was auch immer die Gründe dafür gewesen sein mögen — ein angeborener Abscheu vor der Enge des Horizonts und dem feucht-kühlen englischen Klima oder vor dem einschnürenden Verhaltenskodex der viktorianischen Zeit —, fest steht, daß der Klang der Kamelglocken eine lebenslange Verlockung für ihn war. Gleichwohl blieb er bei all seiner staunenswerten Konzentrationsfähigkeit und Einsicht doch nur ein Liebhaber der islamischen Welt, ein hingerissener Dilettant — arabischer als die Araber, aber nie völlig einer der Ihren. Wie ein Zugvogel kehrte er wieder und wieder in den Orient zurück — nie im Frieden mit sich, solange er woanders weilte, aber auch nie fähig, länger zu bleiben, ohne in eine überwältigende Ruhelosigkeit zu verfallen. Es gab in seiner Karriere Augenblicke, da anscheinend nichts seinen fast krankhaften Hunger nach Stimulation und Erfüllung stillen konnte. Wilfrid Scraven Blunt beschreibt eine Begegnung mit Burton in Buenos Aires, als dieser eben eine seiner ausschweifenden Touren hinter sich hatte und ohne Kragen und in verschmutzter Kleidung ankam. »Er hatte den unheimlichsten Gesichtsausdruck, den ich je gesehen habe«, schreibt Blunt, »finster, grausam, tückisch, und Augen wie ein wildes Tier.« Diese Augen — »schweifende Pantheraugen« — sind vielen in Erinnerung geblieben. Swinburne, der ihn gut kannte, spricht vom »Ausdruck unsagbaren Entsetzens in diesen Augen, der ihm zeitweise das Aussehen eines Wesens aus einer anderen Welt verlieh«. »Er hatte«, setzt der Dichter hinzu, »die Stirn eines Gottes und den Kiefer eines Teufels.« Burtons eigene Frau, die ihn sicher nicht übermäßig kritisch sah, beschreibt ihn als einen Meter achtzig groß, muskulös und dunkelhaarig, mit einem wettergegerbten Gesicht, einem enormen schwarzen Schnurrbart, großen, schwarzen, blitzenden Augen, langen Wimpern und einem wilden, stolzen, melancholischen Gesichtsausdruck.

Diese Beschreibung Burtons bliebe unvollständig, unterschlüge man, daß er zugleich ein überaus kritischer und gelehrter Mann war. Niemand hat je eine Reise durch Afrika mit solch gelehrter Akribie beschrieben wie er. Nichts entgeht seiner Beobachtung: nicht die Sprachen und Sitten der Eingeborenenstämme, nicht die Geographie, Botanik, Geologie und Meteorologie des Landes, nicht einmal die Statistik des Export- und Importhandels von Sansibar. Kein anderer Forschungsreisender wartet mit einem solchen Apparat an Literaturhinweisen auf; keiner hat so viel gelesen und kann so gut schreiben. Seine Schilderung *Lake Regions in Central Africa* dürfte nicht nur sein eigenes bestes Buch, sondern auch — innerhalb eines Literaturgebiets, das bemerkenswert gute Beiträge aufzuweisen hat — eines der besten Forschertagebücher sein, die je geschrieben wurden.

1856 war er sechsunddreißig Jahre alt, stand an der Schwelle zur zweiten Hälfte seines Lebens, die erfüllt war von abenteuerlichen Reisen, Streitigkeiten, Demütigungen und phantastischen Produktionsschüben. Am Ende einer langen Reihe von eigenen Büchern und Übersetzungen stehen seine Neuausgabe von *Tausendundeiner Nacht* und anderen orientalischen Erotika, die ihm den Ruf einbrachten, eine Art intellektueller Roué zu sein.

Aber auch bereits mit sechsunddreißig war er ein berühmter Mann, wenngleich nicht sehr populär. Nach seiner Ausbildung in Frankreich, Italien und Oxford hatte er sieben Jahre lang in der indischen Armee gedient, seine berühmte Reise nach Mekka und eine zweite, kaum weniger gefährliche Reise in die Verbotene Stadt Harrar in Äthiopien gemacht und über diese Abenteuer Bücher geschrieben. Nie war er in seiner militärischen Karriere auf normale, orthodoxe Weise vorangekommen; er folgte stets den verborgenen Linien, Subtilitäten und Abwegen des orientalischen Lebens. Unaufhörlich hüllte er sich in orientalische Gewänder, färbte sich gar Gesicht und Hände und besuchte primitive Basare, die für einen durchschnittlichen britischen Offizier nur ekelerregend gewesen wären. Infolgedessen wußte er erheblich mehr über die Inder und ihre Lebensweise, als seine Vorgesetzten zu wissen begehrten. Diese interessierte weder sein Bericht über Korruption in Karatschi noch seine Vorhersage, die indische Armee werde binnen kurzem meutern. Als Offizier war er reizbar, fügte sich nur widerwillig der Disziplin und war höchst kritisch gegenüber Kameraden. Dennoch konnte man ihn nicht einfach als einen von vielen britischen Exzentrikern abtun, denn er war ein bemerkenswerter Kämpfer und unbestreitbar tapfer; außerdem gab es, was die Beherrschung von Sprachen und Dialekten anging, nur wenige seinesgleichen. Man sagte ihm nach, daß er ein System erfunden habe, mittels dessen er in zwei Monaten eine neue Sprache lernen konnte; am Ende seines Lebens soll er nicht weniger als neunundzwanzig in Wort und Schrift beherrscht haben. Zeitweilig lebte er mit dreißig Affen zusammen, um ihre Laute zu studieren, und stellte am Ende gar ein kurzes Affenwörterbuch zusammen.

Hier war fast zuviel in einem einzigen Mann enthalten. Hätte er etwas mehr Neigung zur Seßhaftigkeit gehabt, sein Leben wäre sicher leichter verlaufen. Aber es gab — vielleicht bedingt durch seine irische Abkunft — etwas in seinem Naturell, das ihn ständig zu den entlegensten Orten und in die vertracktesten Abenteuer trieb. Man hat das Gefühl, er habe ständig im Konflikt mit sich selbst gelebt: der Intellektuelle bekriegte den Mann der Tat, der methodische Gelehrte haderte mit dem Poeten und Romantiker, der heikle Hypochonder führte einen aussichtslosen Kampf gegen den Libertin. Und doch schreckte er immer wieder vor der eigenen unorthodoxen Haltung zurück und strebte nach respektabler Selbstdarstellung. In einem solchen Moment der Abwehr geschah es, daß er sich — kurz vor Beginn seines neuen afrikanischen Abenteuers — in England auf die Verlobung mit der ihn abgöttisch liebenden und sorgfältig erzogenen Isabel Arundell einließ. Aber kaum hatte er sich mit ihr verlobt, verschwand er auch schon wieder — ein Vorgang, der sich in dem langen Eheleben, das ihnen bevorstand, mehr als einmal wiederholen sollte — und ging eine neue Beziehung ein, die eher noch singulärer war. Daß dieser brillante, beherzte, überempfindliche Abenteurer als seinen engen Weggefährten ausgerechnet einen so völlig gegensätzlichen Menschen wie John Hanning Speke auswählte, ist sicher ein ebenso ironisches Phänomen wie Cervantes' Erfindung von Don Quichotte und Sancho Pansa.

Nicht daß sich Speke in irgendeiner Weise servil gegenüber Burton verhalten hätte. Es war vielmehr genau umgekehrt — und gerade das sollte Burton zum Verhängnis werden. Er brauchte einen Jünger und erhielt einen Rivalen. Speke war dreißig, etwa sechs Jahre jünger als er, und stammte aus einer südwestenglischen Familie, die seit Menschengedenken dort ansässig war; daß er indisches Blut in den Adern hatte, wie zeitweise verbreitet wurde, entspricht nicht der Wahrheit. Er war groß und schlank und wirkte mit seinen blauen Augen und dem blonden Haar eher wie ein Skandinavier. Er war sehr auf seine Gesundheit bedacht, aß viel, trank sehr wenig und rauchte nie. Die gewöhnlichen Zerstreuungen junger Leute seines Alters interessierten ihn nicht; statt dessen bevorzugte er ein Leben unter freiem Himmel und unternahm sehr viel, um sich dafür vorzubereiten. In Afrika entledigte er sich einmal sogar seiner Schuhe und ging barfuß, um seine Füße abzuhärten. Er plante präzis, setzte sich klar definierte Ziele, und was er sich einmal vorgenommen hatte, suchte er mit ebensoviel Besonnenheit wie Entschiedenheit zu verwirklichen. Kurz gesagt, er kam der viktorianischen Vorstellung des idealen jungen

Mannes sehr nahe: stetig, mäßig, methodisch, solide. Dabei besaß er durchaus Sinn für Humor und konnte ein guter Freund sein. Hinter diesem kühlen und eher prosaischen Äußeren verbarg sich sogar ein gewisser Charme. Das gesteht ihm selbst Burton zu, freilich nicht ohne den in seinem Urteil über andere Leute üblichen Pferdefuß am Ende: »Mit einem eigentümlich ruhigen, bescheidenen Auftreten — das durch blaue Augen und blondes Haar verstärkt wurde — und liebenswürdigen, fast kindlich schlichten Umgangsformen, die sogleich die Aufmerksamkeit erregten, verband er ein enormes Maß an Eigendünkel, das aber so sorgfältig verhüllt wurde, daß nur seine engsten Freunde etwas davon bemerkten.«

Wie Burton war Speke in die indische Armee eingetreten, allerdings in jüngeren Jahren und als Kadett, und hatte im Pandschab gekämpft. Wie Burton hatte er eine Vorliebe für Ein-Mann-Expeditionen, freilich von ganz anderer Art: Er ging allein auf Jagd in die entlegensten Himalajagegenden. Er jagte leidenschaftlich gern; nur wenige Tiere, pflegte er zu sagen, seien in Indien und Tibet seiner Flinte entgangen. Seine verschiedenen Reisen während seiner Kurzurlaube führten ihn in weit abgelegene Regionen, in die sich möglichst noch nie der Fuß eines Europäers verirrt hatte. Dies gehörte zu seinem Abhärtungsprogramm, und daraus bezog er einen Teil seines Selbstbewußtseins. Er sei nicht wie seine Offizierskameraden in Indien, schrieb er später etwas selbstgefällig. Niemals habe er »seine Zeit verplempert oder Schulden gemacht«; er habe die Bergregionen durchstreift, um Sammlungen anzulegen und das unerforschte Land zu rekognoszieren. Seine Vorgesetzten akzeptierten das.

Bereits in Indien und lange vor seiner Begegnung mit Burton hatte Speke sich ein großes Ziel gesetzt: Er wollte, sobald sein nächster langer Urlaub fällig war, eine Reise durch das unerforschte Afrika antreten, von der Ostküste bis zum Quellgebiet des Nils und von dort stromabwärts nach Ägypten. Unterwegs wollte er seltene Vögel und Säugetiere sammeln und später ein naturkundliches Museum im Landhaus seines Vaters in England einrichten. Von den drei Jahren Urlaub von der Armee sollten zwei der Reise und eins der Erholung zu Hause gewidmet sein. Er sparte Geld an, plante, und als 1854 seine zehnjährige Dienstzeit in Indien um war, segelte er nach Aden. In seinem Besitz waren Glasperlen und andere Tauschobjekte im Wert von 390 Pfund, mit denen er die Mithilfe der Eingeborenen zu gewinnen hoffte, wenn er zum afrikanischen Festland übersetzte.

Dies war der Zeitpunkt — etwa zwei Jahre vor dem Start zur gemeinsamen Reise —, da die beiden Forscher erstmals zusammentrafen. Speke weilte erst einige Tage in Aden, als Burton zusammen mit einigen anderen jungen Offizieren aufkreuzte. Er war auf der Anreise zu seiner Äthiopien-Expedition, und man kam bald überein, daß Speke seine eigenen Pläne über Bord werfen und sich der Gruppe anschließen sollte.

Aus Burtons Perspektive wurde dieses erste afrikanische Abenteuer eindeutig ein persönlicher Erfolg. Mit vielen Listen und Winkelzügen — in der Art ebenjener Mantel-und-Degen-Affären, die er so liebte — schaffte er es als erster, Harrar, die Hochburg fanatischer Muslime, zu betreten und auch wieder zu verlassen. Danach traf er sich, wie vereinbart, mit der übrigen Gruppe in Somaliland. Für Speke dagegen wurde die Expedition zum ausgesprochenen Desaster. Die Rolle, die er dabei spielte, brachte ihm praktisch nichts ein. Bald nachdem Burton im April 1855 bei Berbera wieder zu der Gruppe gestoßen war, wurde deren Lager um Mitternacht von somalischen Eingeborenen überfallen. In dem verzweifelten Kampf, der sich anschloß, wurde einer der Briten getötet, Burton am Kiefer verwundet und Speke mit mehreren Speerstichen in Armen und Beinen gefangengenommen. Mitten im Kampf war es zu einer hitzigen Auseinandersetzung zwischen Burton und Speke gekommen. Speke berichtete später, er sei zurückgerannt, um im Schutz des Zeltes die Angreifer besser in den Blick zu bekommen, worauf Burton, der diese Aktion mißverstand, ihm zugerufen habe: »Laufen Sie nicht weg, sonst denken die, wir ziehen uns zurück!« Verärgert habe er sich wieder auf die Angreifer gestürzt und sei bei dieser Gelegenheit von Speerstichen getroffen, überwältigt, gefesselt und weggetragen worden. Er war schwer verwundet und wäre sicher getötet worden, schaffte es aber, zu entkommen und sich zu Burton und einem anderen Offizier durchzuschlagen, die auf einem arabischen Schiff, dessen Besatzung ihnen freundlich begegnete, Zuflucht gefunden hatten. Schließlich gelangten sie nach Aden und segelten von dort nach England. Während Speke seine Verwundung auskurierte, erfuhr er eine weitere Kränkung: Burton hatte als Leiter der Expedition entschieden, ihm gehörten alle Rechte an den Aufzeichnungen seiner Untergebenen, und als sein Buch *First Footsteps in East Africa* erschien, zeigte sich, daß es, schamhaft ganz am Ende versteckt, eine Kurzfassung von Spekes Tagebuch enthielt.

Von Burton gibt es eine seltsame Bemerkung über Spekes Gemütsverfassung während dieser ersten Zeit ihrer Bekanntschaft, und obwohl sie schwerlich zu dem paßt, was wir über diesen geradlinigen, einfallsreichen Mann wissen, möchte man sie doch für glaubhaft halten. »Bevor wir aufbrachen«, schreibt Burton, »erklärte er offen, er sei des Lebens müde und nach Afrika gekommen, um zu sterben.« Vielleicht drückte sich darin nur der Byronsche Weltschmerz eines jungen Mannes aus. Aber man erkennt darin zugleich schlaglichtartig den einsamen Bergsteiger, der in Tibet Traumvisionen nachhängt. Vielleicht hatte er insgeheim ein starkes und unwiderstehliches Bedürfnis, zum Helden zu werden.

Dennoch kann man nicht sagen, es habe 1855 zwischen den beiden Männern einen tiefsitzenden Groll gegeben. Auch einen Mangel an Mut konnte man keinem von ihnen nachsagen. Nach ihrem Abenteuer in Somaliland hatten sie sich beide als Freiwillige für den Krimkrieg gemeldet und sich nach dessen Ende in London wiedergetroffen. Burton schmiedete jetzt eifrig Pläne für ebenjene Art Reise, an die auch Speke sein Herz gehängt hatte: für eine Expedition ins Quellgebiet des Nils. Als er Speke aufforderte, ihn zu begleiten, sagte dieser sofort zu.

Und so war es dahin gekommen, daß sie sich jetzt, Ende 1856, in Hamertons Haus in Sansibar auf ihr zweites Abenteuer in der afrikanischen Wildnis vorbereiteten. Da Burton vom Foreign Office einen Zuschuß von tausend Pfund erhalten und erreicht hatte, daß die Expedition unter der Schirmherrschaft der Royal Geographical Society stattfand, war er ihr offizieller Leiter. Nach allem, was man weiß, akzeptierte Speke diese Rollenverteilung sehr bereitwillig und freute sich auf die bevorstehenden Abenteuer. Auch Burton war sehr zuversichtlich. Aus Sansibar schrieb er dem Sekretär der Society in London: »Die Leute hier erzählen schreckliche Geschichten über die Gefahren und Schwierigkeiten der Reise, aber ich glaube davon kein Wort.«

Die Forscher hatten keine besondere Eile, aus Sansibar wegzukommen; gerade daran — an dem gelassenen, lockeren Umgang mit der Zeit — können wir unseren eigenen Abstand vom neunzehnten Jahrhundert ermessen. Sie debattierten des längeren und breiteren mit Hamerton über ihre Pläne, suchten den jungen Sultan Majid auf, feilschten im Basar um weitere Diener und Ausrüstungsgegenstände und unternahmen eine ziemlich planlose zweimonatige Vorbereitungstour durch die Küstenregion, um sich zu akklimatisieren. Sie besuchten die Nachbarinsel Pemba (auf der Kapitän Kidd angeblich seinen Schatz vergraben hatte) und sahen sich ein Stückweit in der Gegend um, die südlich der heutigen Grenze zwischen Kenia und Tanganyika liegt. Burton bewunderte in Mombasa die Ruinen der untergegangenen Kolonialreiche von Portugal und Persien und die Austern an den Mangrovewurzeln im Auf und Ab der Gezeiten und beobachtete die Krokodile, die »wie Matronen einherwatscheln, mit ihren abstoßenden Klauen Mulden in das schleimige Ufer drücken und wie gelblichbraune Baumstümpfe im Wasser liegen, wobei sie uns mit kleinen, tückischen grünen Augen messen, die tief unter warzigen Brauen liegen«.

Auch dem Missionar Johann Rebmann, damals der einzige Weiße auf dem Festland, statteten sie in seiner Station außerhalb von Mombasa einen Besuch ab — mit dem Hintergedanken, ihn für die Teilnahme an der Expedition zu gewinnen. Doch Rebmann lehnte ab, möglicherweise weil Burton dem Sultan zugesichert hatte, er werde keinen Versuch unternehmen, Afrikaner zum Christentum zu bekehren. Nach diversen Abenteuern kehrten die beiden Forscher schließlich malariakrank zu ihrem Boot in der Nähe von Pangani zurück. Burton hatte es so schlimm erwischt, daß er getragen werden mußte und auf Sansibar mehrere Wochen brauchte, um sich zu erholen. Trotzdem erklärte er, diese erste Erfahrung mit dem Fieber sei sehr willkommen; er glaubte nämlich, nunmehr sei man gegen weitere Attacken gewappnet. Auch hierin sollte er sich irren.

Am 16. Juni 1857 war es dann endlich soweit: Die dem Sultan gehörende Korvette *Artemise* legte von Sansibar ab, um die Expedition auf das Festland zu bringen.

DIE EINGEBUNG

Gerade dreißig Kilometer trennen Sansibar vom afrikanischen Festland, und an klaren Tagen kann man die Insel von der Küste aus deutlich sehen. Eine Motorbarkasse bewältigt die Strecke in maximal zwei Stunden; mit dem Flugzeug ist es eine Sache von knapp fünfzehn Minuten. Und doch gibt es einen erstaunlichen Unterschied zwischen Insel und Festlandküste. Auf Sansibar wirkt alles sanft und betörend und so entspannend wie ein türkisches Bad. Man findet weder Berge noch schroffe Felsen, noch Sturzbäche, und neben den Waldwegen erstrecken sich die Plantagen, so üppig wie die Pflanzen in einem Treibhaus. Überall herrscht eine selbstverständliche Friedlichkeit, eine heiter-schläfrige Trägheit.

Auf dem Kontinent ist es nicht weniger heiß, aber hier wird der Reisende, sobald er seinen Fuß an Land setzt, direkt mit der Wildnis Zentralafrikas konfrontiert, mit dem Gefühl, sich in urtümlichen Weiten zu befinden. Er erblickt trockenes, zähes Buschwerk, das sich bis zum Horizont erstreckt, und Eingeborenenhütten, die so phantasielos wirken wie Hühnerställe: längliche Kästen aus Lehm mit flachen Dächern, die auf plumpen Holzpfählen ruhen. Das einzige Element der Landschaft, das den Blick auf sich zieht, sind die Baobabs, die hier in der Ebene meist in Gruppen stehen.

Ein Baobab hat etwas Gnomenhaftes, von einer Art, wie sie den späten Arthur Rackham inspiriert haben könnte. Er steht da wie ein rundes hölzernes Faß mit Geweihsprossen statt Ästen. Seine Farbe ist die der Elefantenhaut. Es ist jene Art Baum, wie sie Kinder gern aus Plastilin formen.

Dieses Bild bleibt über 150 Kilometer erhalten, bis man die Küstenebene durchquert hat und die Berge in den Blick kommen. Dann steigt man sehr rasch zu dem großen Zentralplateau empor, das sich viele hundert Kilometer weit bis ins Herz Afrikas erstreckt. Hier merkt man plötzlich, wie sehr die drückendheiße Luft der Küste auf den Lungen lastete. Auf tausend Meter Höhe (der Durchschnittshöhe des Plateaus) öffnen sich weite Ebenen, hier und da unterbrochen von schroffen Felsen, aber es gibt keinen Augenblick, da nicht am Horizont entfernte Berge in Sicht sind. Dies sind die eigentlichen Horizonte Zentralafrikas. Selbst heute noch zeigt sich gelegentlich in dem hohen Gras eine Gruppe Strauße oder eine Antilopenherde. In den entlegeneren Gegenden liegt eine tiefe Stille über dem Busch. Erscheint zufällig ein Afrikaner, so bleibt er für einen Moment stehen und beobachtet den Fremden mit der Wachsamkeit und Vorsicht eines Tieres; erst dann reagiert er mit einer Armbewegung, manchmal mit einem Grußwort.

Die Wege der Sklavenkarawanen führten meist, von der Küste ausgehend, von Wasserstelle zu Wasserstelle; Ziel fast aller Karawanen war Kazeh (das heutige Tabora) in Zentraltanganyika, ungefähr 800 Kilometer von der Küste entfernt. Von Kazeh aus verzweigten sich die Wege in alle Richtungen — einer führte direkt nordwärts zum Südufer des Victoria-Sees, ein anderer am Westufer des Sees entlang bis zu einer Karagwe genannten Region, wieder ein anderer westwärts nach Ujiji am Tanganyika-See und ein weiterer südwärts zum Njassa-See. Man kam extrem langsam und nur bei trockenem Wetter vorwärts.

Für diejenigen, welche, aus Sansibar kommend, zu derart langwierigen Reisen aufbrachen, gab es auf dem Festland einen Moment des Innehaltens, wenn sie in Bagamoyo an Land gingen. Bagamoyo bedeutet »Leg ab die

Last deines Herzens«; es ist ein wunderschöner Ort mit einer Reihe raschelnder Kokospalmen am Strand und dahinter (in der richtigen Jahreszeit) einem der großartigsten Anblicke, die es in Afrika gibt: den Flammenbäumen, deren Kronen mächtig sind wie die von Kastanien und die in den prächtigsten Farbtönen zwischen Scharlach, Feuerrot und Orange erglühen.

Der Indische Ozean hat hier die Konsistenz und zweifellos auch das spezifische Gewicht einer warmen, sehr salzigen Brühe und wimmelt von glitschigen Dingen: abgebrochenen Seetangstücken, bläulich-bleichen Quallen oder auch leeren Kokosnüssen. Es gibt keinen Hafen, aber ein Korallenriff bricht die Kraft der Wellen, und der Strand steigt landeinwärts sehr sanft an. Bei Ebbe weicht die See einige hundert Meter zurück und legt auf dem grauen Wattstreifen allen angeschwemmten Unrat bloß. In früheren Zeiten war es üblich, daß die Dhaus aus Sansibar mit der Flut so weit wie möglich an die Küste heranfuhren und die Passagiere dann auf einer Art Bahre von eingeborenen Trägern an Land gebracht wurden. Bei Ebbe wurden die Schiffe mit Pfählen abgestützt, und Sklaven kamen reihenweise durch das seichte Wasser gewatet, um sie zu entladen.

In Kaole, etwas südlich von Bagamoyo, sieht man die Ruinen einer aus Korallen gebauten Moschee, ferner Überreste von Gräbern und Häusern aus dem dreizehnten Jahrhundert — unglaubliche Antiquitäten in diesem Klima, wo jedes Gebilde von Menschenhand dazu bestimmt scheint, von der Natur überwältigt und vergessen zu werden. Eine Gedenktafel in Bagamoyo weist darauf hin, daß Burton und Speke 1857 ihre Reise ins Innere von hier aus begannen.

Natürlich gab es die üblichen Startschwierigkeiten. Als sie die Korvette bei Kaole verlassen hatten, mußten sie feststellen, daß nur ein Teil der benötigten Träger verfügbar war und folglich Esel gekauft werden mußten. So mußte im Basar heftig gefeilscht werden, bis schließ-

Nil
Gondokoro
Faloro
Kamrasis Palast
Asua
Karuma-Fälle
Kleiner Luta Nzige
Nil
Mutesas
Palast
Bunyoro
Ripon-
Fälle
Buganda
Rumanikas Palast
Victoria
Nyanza
Karagwe
Mfumbiro
Lake Rusizi
Rusizi
Mwanza
Uwira
Ujiji
Kazeh (Tabora)
UNIAMESI
Kanyeny
Tanganyika-
See
Lake Rukwa
Rufiji
Zungomero
Cazembe
Lake Maravi
Luambesi
Nyanja
Lake Shula
Loangwa

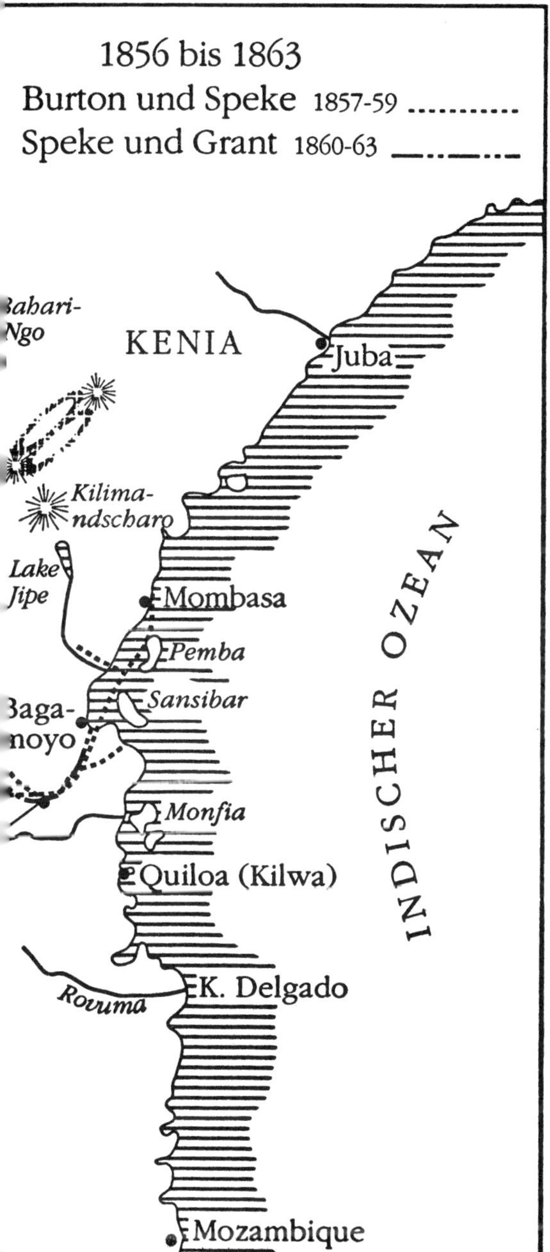

Angenommene Geographie Ostafrikas nach den Reisen Burtons, Spekes und Grants (nach einer zeitgenössischen Karte)

lich sechsunddreißig Männer zusammen waren. Man beschloß, das tragbare Boot und andere schwere Gegenstände zurückzulassen. Hamerton hatte die beiden Forscher auf der Überfahrt begleitet, um ihnen hier Lebewohl zu sagen und sie auf den Weg zu bringen. Dies war ein Akt seltener Loyalität, denn der Konsul sah dem Tod ins Auge. Er war sich vollkommen bewußt, daß seine Kräfte aufgebraucht waren; Burton vertraute er an, er erwarte und begrüße den Tod und wünsche, auf hoher See bestattet zu werden. Am 26. Juni legte er ab und überlebte die Rückkehr nach Sansibar nur um wenige Tage. Es sollten elf Monate verstreichen, bis Burton und Speke tief im Landesinneren von seinem Ableben hörten.

Speke bildete während der ersten Etappe des Marsches die Spitze und zog am 25. Juni mit einigen Männern los. Am 27. folgte ihm Burton, auf einem Kamel reitend. Man bewegte sich zunächst in südwestlicher Richtung, um das Gebiet der feindseligen Massai im Norden zu meiden, und machte halt in Sungomero (einem Ort, der heute von der Landkarte verschwunden ist). Dort vereinigten sich beide Teilgruppen wieder, und es wurden weitere Träger angeworben, bis die Karawane auf 132 Köpfe angewachsen war. Anfang August wand sie sich langsam den Steilabbruch zum Zentralplateau hinauf. Jetzt endlich war die Expedition im Gang.

Auf dem Weg gab es keine unüberwindlichen Schwierigkeiten. Man folgte ausgetretenen Pfaden von einem Dorf zum andern und begegnete von Zeit zu Zeit anderen Karawanen, die Sklaven und Elfenbein zur Küste brachten. Doch war der Vormarsch so langsam, umständlich und ungeordnet, daß man sich wundern muß, daß es überhaupt vorwärtsging. Der Tag begann um vier Uhr morgens mit dem ersten Hahnenschrei, wenn es noch dunkel und sehr kalt war. Während die arabischen Gardisten sich zum Morgengebet versammelten, nahmen Burton und Speke Kaffee oder Tee und bisweilen einen Teller Porridge zu sich. Gegen fünf Uhr regten sich dann die übrigen Männer rund um die Lagerfeuer, und es dauerte längere Zeit, bis die Rinder und Ziegen zusammengetrieben waren. Währenddessen stritten sich die Träger heftig wegen der Lasten — was gewöhnlich zur Folge hatte, daß die schwächeren unter ihnen die schwersten Gepäckstücke aufgebürdet bekamen. Bevor man endgültig aufbrach, mußten noch die am Abend zuvor errichteten Grashütten in Brand gesetzt werden. Natürlich hätten diese Hütten auch für andere Reisende von Nutzen sein können, aber in dieser feindlichen Umwelt ließ man keine Geschenke für Fremde zurück.

Setzte sich die lange Prozession dann endlich in Bewegung, so marschierte sie stets in etwa folgender Ordnung: An der Spitze ging der Führer, zu erkennen an seiner zeremoniellen Kopfbedeckung und der roten Fahne des Sultans von Sansibar in seiner Hand. Ihm folgte der Trommler. Nach diesem kamen die Tuch- und Glasperlenträger mit ihren kissenartigen Bündeln auf dem Kopf und nach ihnen die Männer, die die Lagerausrüstung trugen, gefolgt von ihren Frauen, Kindern und Herden. Der bewaffnete Begleitschutz war entlang der gesamten Karawane verteilt; jedes seiner Mitglieder trug eine Vorderlader-Muskete, einen deutschen Kavalleriesäbel, ein kleines ledernes Patronenetui am Gürtel und ein riesiges Pulverhorn. Viele Gardisten hatten ihre Frauen und ihre persönlichen Sklaven mitgenommen. Burton und Speke bildeten in aller Regel die Nachhut, entweder auf einem Kamel oder einem Esel reitend; waren sie krank, so wurden sie in Hängematten getragen. Nahezu jedes männliche Mitglied der Karawane führte irgendeine Waffe bei sich, dazu ein Sortiment von Töpfen und Pfannen und einen dreibeinigen Holzschemel, der aufs Kreuz geschnallt wurde. Den Marsch begleitete beständig heftiger Lärm, bestehend aus Gesängen, Sprechchören, Pfiffen und Rufen, denn man hielt es für angebracht, möglichst laute Geräusche zu erzeugen, um die Eingeborenenstämme zu beeindrucken. Kreuzte zufällig ein Hase den Weg der

Karawane, warfen alle gleichzeitig ihre Lasten ab, um das Tier zu verfolgen und es, wenn es gefangen wurde, roh zu verzehren.

Jede Tagesetappe endete zwischen acht und elf Uhr vormittags — meist gegen elf, wenn die volle Gewalt der Mittagshitze spürbar wurde. Die Karawane hatte dann etwa fünfzehn Kilometer zurückgelegt. Wollte es der Zufall, daß man in einem Dorf haltmachte, so stürmte alles los, um die besten Hütten zu ergattern, und während für Burton und Speke ein Zelt errichtet wurde, igelte sich die übrige Karawane in einem Kral aus Zweigen und Dorngestrüpp ein. Während der Mittagszeit saßen die beiden Forscher im Schatten, machten wissenschaftliche Beobachtungen, schrieben in ihre Tagebücher, zeichneten Skizzen und besorgten die Alltagsgeschäfte der Expedition. An jedem Etappenort wurde an die Träger Tuch ausgegeben, damit sie bei der einheimischen Bevölkerung Getreide eintauschen konnten. Gegen vier Uhr nachmittags servierten die goanesischen Köche das Dinner, das normalerweise aus Reis und Ziegenfleisch bestand — es sei denn, Speke hatte zuvor ein Rebhuhn oder eine Gazelle zur Strecke gebracht. Für diese Art Zeitvertreib hatte Burton wenig übrig. »Captain Burton«, sollte Speke später notieren, »der keine Jägernatur war, wollte nie haltmachen, um zur Jagd zu gehen.«

Nachts wurde getanzt, besonders bei Mondschein — die Frauen in einer Gruppe, die Männer in einer anderen. »Sie haben ein unglaubliches Zeitgefühl!« schreibt Burton. »Hundert Paar Füße klingen wie ein einziges.« Doch irgendwann nahm dann die Erregung des Tanzens überhand; ein wildes Getümmel setzte ein, und Schreie erfüllten die Luft, bis gegen Morgen alle Tänzer um ihre Feuer herum niedersanken und endlich Ruhe herrschte.

So könnte ein normaler Tag während des Vormarsches der Karawane verlaufen sein, aber kaum ein Tag war normal. Auf jeder Etappe verlangten die Stammeshäuptlinge ihr »hongo« — eine Art Steuer in Gestalt von soundso vielen Metern Tuch und soundso vielen Säckchen Perlen —, bevor sie bereit waren, die Fremdlinge durch ihr Territorium ziehen zu lassen. Es vergingen Stunden und manchmal Tage, bis das Feilschen zu Ende war; schließlich wurde im Dorf des Häuptlings eine Trommel geschlagen, um zu verkünden, daß die Karawane freies Geleit habe. Je weiter sie sich von der Küste entfernte, desto mehr Träger verschwanden und mußten durch neue ersetzt werden; die Esel gingen ein, und immer wieder brachen Krankheiten aus. Oft war man kurz vor dem Verhungern, und die beiden Weißen waren dauernd krank; insbesondere Spekes Gesundheit war anscheinend bis zur Ankunft in Kazeh beständig angegriffen. Außerdem wurden sie häufig von Regengüssen heimgesucht, obwohl eigentlich Trockenzeit war. Doch sie gaben nicht auf.

Ende der fünfziger Jahre des letzten Jahrhunderts dürften die Stämme in Tanganyika noch nicht dermaßen brutalisiert und in Aufruhr gewesen sein wie später, als der Sklavenhandel immer schlimmer wurde. Damals wurden Reisende noch relativ freundlich aufgenommen, und obwohl Burton und Speke riesige, zuweilen tausendköpfige Sklavenkarawanen passierten und die tragischen Auswirkungen des langen Marsches — kranke Männer, Frauen und Kinder, die am Wegesrand im Sterben lagen — beobachten konnten, kamen beide zu dem Schluß, daß die Strapazen des Marsches nicht ganz so schlimm seien, wie allgemein behauptet wurde. »Die Gerechtigkeit gebietet es, zuzugeben«, schreibt Burton, »daß die Schrecken des Sklavenhandels in Ostafrika wenig ins Auge fallen.« Solange die Sklaven unterwegs seien, würden sie selten angekettet; sie seien gut genährt und wirkten nicht sehr erschöpft. Die Träger, freie Männer, welche die lange Reise bis zur Küste für ein paar Shilling mitmachten, hätten es viel schlechter. Und seien die Sklaven erst auf Sansibar oder in den Küstenstädten angekommen, so erwarte sie dort oft ein viel besseres Leben als dasjenige, das sie in ihrem schmutzigen, von Krankheiten verseuchten Dorf hinter sich gelassen hätten.

Für einen Mann, der sich so tief in das Studium farbiger Rassen versenkt und so leidenschaftlich gern Reisen in ihre Gebiete unternommen hat, offenbart Burton immer wieder eine seltsame und mit diesen Interessen kaum zu vereinbarende Verachtung für den Afrikaner. »Er scheint zu jenen kindlichen Rassen zu gehören«, schreibt er, »die nie zum Mannesalter heranreifen und wie abgenutzte Glieder aus der großen Kette der beseelten Wesen herausfallen.« Die Religion des Afrikaners sei nichts als »eine vage, namenlose heilige Scheu«, seine Hauptbeschäftigung das Saufen. Überall beginne das Trinken von »pombe«, dem Bier der Eingeborenen, bereits in der Morgendämmerung und setze sich bis zum Abend fort. Diese benebelten, unwissenden Menschen, für die es keine Hoffnung gab, hätten keinen Moralkodex: »Die Heirat, bei den Christen ein Markstein, bei den Muslimen ein Ereignis, ist bei diesen Menschen eine vielfach wiederholte Episode. Die Polygamie ist nicht auf eine bestimmte Anzahl von Frauen beschränkt, und die Häuptlinge brüsten sich mit der Zahl ihrer Frauen, die zwischen zwölf und dreihundert variiert.«

Leider umging die Expedition Orte wie die Olduvai-Schlucht in der Serengeti-Ebene, wo es Belege für das extreme Alter menschlichen Lebens in Afrika gibt, und Burton wußte nichts von den überhängenden Felsen bei Kondoa, wo man Skizzen von Jagdszenen mit streichholzdünnen Figuren sehen kann, die sich auf Giraffen stürzen, abstrakte Zeichnungen, die wie Fischskelette, Wirbel und Sternschnuppen aussehen, ferner merkwürdige Kreise voller Punkte. Die Tanganyika-Brunnen mit den gemeißelten Steinstufen, die zum Wasser hinunterführen — Werk einer untergegangenen Zivilisation —, waren damals noch nicht entdeckt. Burton war einer der wenigen Afrikaforscher, die sich für solche Relikte außerordentlich interessiert hätten, aber wie die Dinge lagen, war er nur bedrückt von der offenkundigen Dürftigkeit der geschichtlichen Zeugnisse:

»Das tropische Ost- und Zentralafrika ... ist für den Historiker ohne Interesse; es gibt dort wenige Traditionen, keine schriftlichen Aufzeichnungen und keine Ruinen, diese ehrwürdigen Zeugnisse vergangner Pracht, die dem Forschungsreisenden und dem Leser von Reiseberichten so teuer sind. Es gibt auch nicht ein einziges zweckmäßiges oder dekoratives Kunstwerk; ein Kanal oder ein Deich liegt (und lag immer) außerhalb der Möglichkeiten dieser Zivilisation. Sie ermangelt sogar der Szenen barbarischen Pomps und primitiver Erhabenheit, die dem Kenner Westafrikas vertraut sind. Nur seine Ethnographie weist Ungewöhnliches auf: fremdartige Verhaltensweisen und Bräuche, einen seltsamen Fetischismus, einen Handel, der Aufmerksamkeit verdient, und ein soziales Leben, das ein unheimliches Interesse erregt.«

Selbst wenn Burton sich über Afrikaner amüsiert, kann er nicht freundlich sein. Da er und Speke die ersten weißhäutigen Menschen waren, die man in dieser Region je gesehen hatte, wurden sie zu Opfern einer »Ekstase der Neugier«. Eingeborene umringten sie ständig, drängten in ihr Zelt und streckten ihre Hände aus, um sie zu berühren. Burton kommentiert dies mit Schärfe:

»Schließlich befähigten mich meine Erfahrungen im Angestarrtwerden dazu, die Plage wie folgt zu kategorisieren. An erster Stelle steht das heimliche Anstarren, bei dem der Starrer verstohlen ins Zelt lugt; an zweiter dessen Gegenteil, das unverhohlene Anstarren. Dann kommt das neugierige oder erkennende Anstarren, gewöhnlich von respektlosem Gelächter ob unserer Erscheinung begleitet. Von ihm ist viertens das blöde Anstarren zu unterscheiden, das den stumpfen, gleichgültigen Wilden kennzeichnet. Das diskrete Anstarren ist Sultanen und großen Männern vorbehalten; das indiskrete wird zu unpassender Zeit von Frauen und Kindern praktiziert. Sechstens ist da das schmeichelnde Anstarren — so extrem selten wie sein Gegenteil, das geringschätzige Anstarren. An achter Stelle steht das gierige Anstarren, gekennzeichnet durch einen Blick, der von einem Gegenstand zum anderen springt, unermüdlich und nie zu befriedigen. Ihm folgt neuntens das gezielte oder hartnäckige Anstarren, vorzugsweise von seiten griesgrämiger Alter. Das Dutzend voll machen das betrunkene, das streitsüchtige und schließlich das kannibalische Anstarren, das uns unverkennbar als Nahrungsmittel einstufte.«

Auf solche Weise gehen Burtons Tiraden gegen die Afrikaner weiter — bisweilen witzig, bisweilen boshaft; doch selten hält er inne, um darüber nachzudenken, daß die fremden Sklavenhändler diese Menschen genausosehr korrumpierten und erniedrigten wie »pombe« und Polygamie. In Burtons Vorstellung waren die Afrikaner selber für ihre Wildheit und Grausamkeit zu tadeln, und von Anfang bis Ende behandelt er sie wie verwahrloste Kinder mit ausgeprägten kriminellen Neigungen. Speke, der genauso belästigt wurde wie Burton, teilte solche Auffassungen nicht — ebensowenig wie andere Forscher, etwa Livingstone. Gerade Livingstones Freundlichkeit, seine Güte und sein Mitgefühl gegenüber den Afrikanern läßt Burtons Haltung im Vergleich besonders rabiat erscheinen; sie erinnert an den schlimmsten Rassenhaß in unseren Tagen. Es ist wohl glaubhaft, daß einer der Häuptlinge gesagt haben soll, Burton sei »ein guter Mann, aber zu zornig«.

Trotz alledem gebietet die Fairneß, anzuerkennen, daß Burton kein Negerjäger oder -killer war — wie nicht wenige Forscher, die bald auf der Szene erscheinen sollten. Wahrscheinlich empfand er eher Ekel als Abneigung gegenüber Afrikanern. So wandte er sich, da in dieser barbarischen Wildnis nichts existierte, was die Bedürfnisse eines so anspruchsvollen, kultivierten Geistes hätte befriedigen können, mit Erleichterung den Arabern zu.

Als die Karawane nach fünfmonatigem Marsch am 7. November 1857 in Kazeh eintrudelte, ging er voraus, um die dortigen arabischen Händler freudig zu begrüßen. »Welch ein auffallender Kontrast«, notiert er, »zwischen der freigebigen Gastfreundschaft und herzlichen Gefälligkeit dieser wahrhaft edlen Rasse und der Knickrigkeit des wilden, selbstsüchtigen Afrikaners! Es ist das Herz aus Fleisch und Blut nach dem Herzen aus Stein.« Er war wieder bei seinesgleichen: ernsten, höflichen bärtigen Männern in Turban und langem weißen Gewand, kultivierten Menschen mit angenehmen Manieren, und es störte ihn keinen Augenblick, daß ihre Hauptbeschäftigung im Leben das Zusammentreiben von Männern, Frauen und Kindern war, um sie an die Küste zu bringen und die Überlebenden auf den Sklavenmärkten von Mombasa und Sansibar zum Kauf anzubieten.

Zu dieser Zeit lebten in Kazeh etwa fünfundzwanzig arabische Händler, die es verstanden, einen gewissen Anschein von Zivilisation aufrechtzuerhalten. Ihre Häuser, »tembes« genannt, waren aus Lehm gebaut, jedoch recht weitläufig; sie umschlossen einen Innenhof, von dem separate Räume für die Haussklaven und den Harem ausgingen. Obst, Gemüse und Reis wurden angebaut, und auf dem Basar waren die meisten Artikel zu kaufen, die man für den Handel in Ostafrika brauchte, freilich fünfmal teurer als auf Sansibar. Die Araber pflegten erstmals bei Sonnenaufgang und dann wieder gegen Mittag zu essen, allerdings nur sehr leichte Speisen. Kaum einer von ihnen war zwei Monate hintereinander gesund. Ihr Leben dürfte, obwohl es erträglich war, kaum mehr als eine öde Abfolge von kleinen Geschäften und endlosem Warten gewesen sein. Sie waren erfreut über die Ankunft der beiden weißen Männer von der Küste und bereit, ihnen in jeder Weise zu helfen. So verweilte man einen Monat lang in Kazeh, was zumindest Burton sehr genoß; er ergriff immer wieder die Gelegenheit, in langen, nützlichen Gesprächen mit seinen Gastgebern über das unbekannte Land im Westen zu reden, das vor ihnen lag. Speke war krank, und da er auch des Arabischen unkundig war, dürfte er sich ein bißchen verloren gefühlt haben.

Anfang Dezember brachen sie dann von Kazeh auf und erreichten am 13. Februar 1858 den Tanganyika-See nahe dem arabischen Sklaven- und Elfenbeinhandelsposten Ujiji. Es war ein triumphaler Augenblick, eine große Entdeckung. Zwar waren beide Männer wieder einmal ernsthaft krank — Speke, der seit seiner Kindheit an Ophthalmie litt, sah so schlecht, daß er kaum den See wahrnahm. Burton hatte einen vereiterten Kiefer und konnte nur flüssige Nahrung zu sich nehmen —, aber die Expedition hatte zumindest das erste ihrer großen Ziele erreicht. Nachdem er sein Sehvermögen wiedergewonnen hatte, ging Speke auf die Suche nach einem Boot, mit dessen Hilfe eine gründliche Exploration der Gegend durchgeführt werden sollte. Er kam zwar mit leeren Händen zurück, aber schließlich wurden doch zwei Eingeborenenkanus gefunden, mit denen beide Männer nach Norden aufbrachen. Burton hatte die Idee, man könne einen in nördlicher Richtung verlaufenden Fluß finden, der vielleicht der Quellfluß des Nils sei. Aber in dieser Hoffnung wurde er enttäuscht: Der Rusizi fließt südwärts in den Tanganyika-See, der seinerseits nur 773 Meter über dem Meer und damit zu tief liegt, um als Ursprung des Nils in Frage zu kommen. »Ich fühlte mich todunglücklich«, schrieb Burton. Sie kehrten nach Ujiji zurück und erlebten hier wenigstens eine kleine Genugtuung: Ihre Nachhut erschien mit Versorgungsgütern von der Küste und Briefen; nach fast einem Jahr erhielten sie erstmals Nachrichten aus der Außenwelt. Burton nahm mit sarkastischer Befriedigung zur Kenntnis, daß er in bezug auf Indien recht behalten hatte: Die Meuterei war wirklich ausgebrochen. Im Juni 1859 kehrten sie nach Kazeh zurück.

Und nun begann fast zufällig die Kette jener Ereignisse, die diese Expedition von allen anderen in Zentralafrika unterschieden und nach zahllosen bitteren und tragischen Ereignissen zur Lösung des Nilproblems führen sollten. Burton wollte unbedingt eine Zeitlang bei seinen arabischen Freunden in Kazeh Station machen, um die Karawane neu zu organisieren und seine Aufzeichnungen über die bereits gemachten Entdeckungen zu ordnen. Speke wollte weiterziehen und den Berichten der Araber über den Nyanza nachgehen, einen See, größer als der Tanganyika, der zwanzig Tagesmärsche nördlich von Kazeh liegen sollte. Burton ließ ihn bereitwillig ziehen. Mit Bombay, einer kleinen Gruppe von Trägern und einigen Belutschi-Gardisten marschierte Speke am 9. Juli 1858 ab.

Der heutige Reisende wird feststellen, daß die Region zwischen Kazeh und dem Victoria-See zunächst alles andere als spektakulär ist. Die ewige Buschlandschaft drückt ihm aufs Gemüt, bleibt sich Meile für Meile immer gleich. Die wenigen Dörfer und Lichtungen, auf die er trifft, wirken armselig, und in der Trockenzeit, wenn das verdorrte Gras von den Eingeborenen verbrannt wird, sieht man wenig außer schwarzer Erde und angesengten Bäumen, die Soldaten des zwanzigsten Jahrhunderts an Passchendaele im Ersten Weltkrieg erinnern könnten — nur daß es hier keinen Schlamm gibt, sondern nichts als trockenen, trostlosen Staub. Aber dann gelangt man allmählich in eine Landschaft, die ganz und gar anders ist. Der Busch lichtet sich, und weite Ebenen, die das Auge erfrischen, erstrecken sich bis zum Horizont. Hier und da ragen unvermittelt gewaltige runde Granitbrocken auf, die wahrscheinlich von abschmelzenden Gletschern einer früheren Eiszeit stammen und aus der Ferne oft wie die mauerumschlossenen Bergstädtchen in Süditalien aussehen. Bereits ein leichter Regen läßt in diesem Landstrich einen grünen Rasen sprießen. Myriaden von Störchen und anderen Vögeln lassen sich in den Sümpfen und um die Wasserlöcher nieder, und in der Luft spürt man deutlich ein Element von Veränderung. Es ist ein Gefühl, als nähere man sich einer Art Grenze, das Gefühl einer neuen Erfahrung, und es wird immer ausgeprägter, je näher man dem See kommt. Aus der Erde sprießt es immer grüner; die Luft wird immer feuchter, und bald ist man von schattenspendenden Bäumen umgeben: Palmen, smaragdgrünen Mangobäumen und Flammenbäumen. Bei Mwanza kommt schließlich der See selbst in den Blick. Er wirkt mehr wie ein Meer denn wie ein See, ein tropisches Meer mit gelben Sandstränden und bewaldeten Hängen, die bis zum Ufer reichen. Ganz in der Nähe sieht man Inseln und Vorgebirge und Segelboote, die zwischen ihnen hin- und herkreuzen, aber nach Norden hin ist kein Ende der unermeßlichen Wasserfläche auszumachen. Bisweilen wird der See von gewaltigen Stürmen aufgewühlt, und der Himmel ist dann mit schwarzen Wolken bedeckt, aber an normalen Tagen weht nur eine leichte Brise, und die schaumgekrönten Wellen schlagen lässig gegen das Ufer. Der See nimmt oft die Farbe des Himmels an, ist blau bei Sonnenschein, grau an wolkigen Tagen und fast schwarz, wenn Sturm aufkommt. Während der Sonnenuntergänge, die bisweilen staunenerregend sein können, verschmelzen Himmel und See in einer flammenden Explosion theatralischen Lichts.

Am Ufer hört man oft Geräusche aller Art: das Rascheln des Papyrus, das Klatschen der Wellen gegen das Schilfrohr, das Schwirren unzähliger Leuchtkäfer und anderer Insekten und das Zirpen von Grillen, die dünnen, aber deutlich wahrnehmbaren Rufe von Lilienpfeifer und Ibis; und der Schlangenhalsvogel mit seinem halb untergetauchten, gekrümmten Hals kommt tatsächlich wie eine Schlange durch das Wasser geplätschert.

Diese Szenen sind von außergewöhnlicher Schönheit,

aber gleichzeitig liegt über dem See eine geheimnisvolle, beunruhigende Stimmung. Man spürt sehr nachdrücklich die Ursprünglichkeit Afrikas, die überwältigende Präsenz des leeren Raumes. Breitet sich die Dunkelheit aus, so verstummen die Geräusche; der See liegt still und düster da, und die heiße Luft erzeugt das Gefühl einer lastenden Leere. Doch zugleich werden Phantasien von Zauberei und Aberglauben beschworen, von hinterhältigen Anschlägen aus der Dunkelheit, die um so unheimlicher sind, als es keinen konkreten Grund für irgendeine Furcht gibt. Die am See ansässigen Afrikaner sind mächtige »pombe«-Trinker, und wenn sie sich den Druck von Langeweile und Leerlauf in ihrem Leben von der Seele getrunken haben, neigen sie zu kindlichen Ausbrüchen von Leidenschaft und Hysterie. Dann haben ihre Tamtams und ihre stampfenden Tänze etwas Ungeschlachtes, Wildes und bisweilen Bedrohliches.

Alle diese Dinge — die Ebenen in der Umgebung, die Völker des Seeufers und die immense, geheimnisvolle Weite des Sees selbst — waren natürlich den Europäern unbekannt, als Speke seinen Marsch begann. Es ist daher kaum überraschend, daß er von großer Erregung ergriffen wurde, als er am frühen Morgen des 3. August 1858 in der Nähe von Mwanza am Seeufer ankam und die unendliche Wasserfläche erstmals sah. Da kam ihm eine Eingebung. »Ich hatte keinen Zweifel mehr«, schrieb er später, »daß dem See zu meinen Füßen jener interessante Strom entspringt, dessen Quelle der Gegenstand so vieler Spekulationen und das Ziel so vieler Forscher gewesen ist. Die Geschichte, die die Araber erzählen, wird hier buchstäblich bewiesen. Dies ist ein weit ausgedehnterer See als der Tanganyika, so breit, daß man nicht hinübersehen kann, und so lang, daß niemand die genaue Länge kennt.«

Dies war ein verwegener und erstaunlicher Schluß, und natürlich war Speke ganz außerstande, dafür irgendeinen wissenchaftlichen Beweis zu liefern. Aber er scheint durch diesen einen kurzen Blick auf ein winziges Stück des Südufers (er blieb nur drei Tage am See) die ernsthafte

Überzeugung gewonnen zu haben, daß er den Ursprung des Nils entdeckt habe. Man hätte ihm wirklich einen anderen Begleiter gewünscht, der seinen Enthusiasmus geteilt hätte. Jedenfalls machte er sich eilig auf den Rückweg und kam in Kazeh bereits sechs Wochen nach seinem Abmarsch wieder an. Seine Gruppe wurde herzlich empfangen: »Die Belutschis und Bombay«, schreibt er, »verschwanden fast unter den glutvollen Umarmungen und den heißen Küssen bewundernder Maiden«. Er selbst machte Burton sogleich mit seiner Entdeckung bekannt. Anhand von Burtons Beschreibung kann man sich dessen Reaktion unschwer vorstellen:

»(. . .) Nach einigen Tagen wurde mir klar, daß ich kein Wort über den See, den Nil und seine Trouvaille ganz allgemein mehr äußern konnte, ohne Anstoß zu erregen. So wurde das Thema durch stillschweigende Übereinkunft vermieden, und ich wäre nie wieder darauf zurückgekommen, hätte mein Gefährte nicht die Ergebnisse der Expedition völlig unglaubwürdig gemacht durch eine Behauptung, die kein Geograph akzeptieren kann und die gleichzeitig so schwach und fadenscheinig ist, daß kein Geograph sich bis jetzt die Mühe gemacht hat, sie zu widerlegen.«

Spekes Version der Szene liest sich so:

»Captain Burton begrüßte mich bei der Ankunft vor dem alten Haus. (. . .) Ich brachte mein Bedauern darüber zum Ausdruck, daß er mich nicht begleitet habe, da ich der festen Überzeugung sei, den Ursprung des Nils entdeckt zu haben. Dem widersprach er natürlich, auch dann noch, als ich alle meine Gründe für diese Überzeugung dargetan hatte, und so wurde das Thema fallengelassen. Gleichwohl akzeptierte der Captain alle meine geographischen Angaben von Kazeh bis zum See und hielt sie in seinem Buch fest; er widersprach lediglich den von mir genannten Entfernungen, die er für übertrieben erklärte, und trug natürlich Sorge dafür, daß mein See vom Nil durch *seine* Mondberge getrennt blieb.«

Über die Mondberge waren sie schon früher in Streit geraten. Burton wollte sie an diesem Punkt in die Landkarte eintragen, Speke an jenem; das Ganze war insofern bedeutsam, als diese Berge, wo auch immer sie sich befanden, höchstwahrscheinlich den ersten Abfluß für den Weißen Nil lieferten. Also setzte Burton seinen Widersacher wie ein ausgepichter Schachspieler listig matt, indem er die Berge an eine Stelle auf der Landkarte plazierte, wo sie deutlich und sperrig zwischen Nil und See lagen.

Burton hatte zu dieser Zeit die Vorstellung, die wahre Nilquelle liege weiter östlich, in der Nähe der Berge Kenia und Kilimandscharo. Zugleich war er recht unzufrieden mit der Folgerung, daß dann das Tanganyika-Becken nicht in Frage käme. Das Äußerste, was er Spekes neuem See (der später zu Ehren der Königin Victoria-See genannt wurde) konzedieren mochte, war die Möglichkeit, von diesem könne ein Nebenfluß zum Nil abgehen; er hielt es aber auch für möglich, daß der Victoria See nicht nur aus einem einzigen See, sondern aus mehreren bestand.

Doch gegenüber allen diesen Annahmen hatte er keinen eindeutigen Standpunkt. Sein Interesse war lediglich, Speke klarzumachen, daß er keinerlei Belege für seine kühnen Behauptungen habe, daß es sämtlich nur Vermutungen seien. Er hielt daher dafür, sich in dem Bericht für die Royal Geographical Society auf das Gebiet zu beschränken, das sie beide sorgfältig untersucht hatten, die Tanganyikaregion, und sich im übrigen auf das zu stützen, was sie von vertrauenswürdigen Arabern gehört hatten. Tatsächlich hatte Burton in Spekes Abwesenheit von den Händlern in Kazeh solide Informationen über das Königreich Karagwe im Westen des Victoria-Sees und sogar über Buganda und Bunyoro eingeholt, die im Norden liegen sollten und damals noch auf keiner Landkarte verzeichnet waren.

Die Folge des Konflikts war, daß Burton sich jetzt immer mehr dem Tanganyika-See zuwandte, während Speke sich auf den Victoria-See konzentrierte; jeder »adoptierte« seinen eigenen See und war entschlossen, ihn gegen alle Einwände zu verteidigen. Dieser Streit mag sinnlos erscheinen, aber man sollte sich vergegenwärtigen, daß die beiden Männer bereits seit über einem Jahr unter äußerst riskanten Umständen auf Gedeih und Verderb miteinander verbunden waren und seit langem schon begonnen hatten, einander auf die Nerven zu gehen. Außerdem war dieses Thema in jenem Moment fast ihre ganze Welt und erschien ihnen von allergrößter Bedeutsamkeit.

> »Er pflegte mich«, schreibt Speke später an den Sekretär der Royal Geographical Society, »in so unfreundlicher Weise zu brüskieren, wenn wir über irgendein Thema sprachen, daß ich oft meine Meinung für mich behielt. B. ist einer jener Menschen, die einfach nie unrecht haben können und die nie einen Fehler zugeben, so daß ein Gespräch, wenn man nur zu zweit ist, eher langweilig als vergnüglich verläuft.«

Es dürfte daher recht gespannt zugegangen sein, als die beiden Forscher sich Ende September 1858 auf den langen Rückweg zur Küste begaben. Ihre Karawane umfaßte jetzt, einschließlich der Sklaven, Frauen und Kinder, 152 Teilnehmer, von denen viele schon die 2500 Kilometer von Bagamoyo bis Kazeh marschiert und entsprechend erschöpft waren. Burton und Speke brachen gleich zu Anfang zusammen und mußten getragen werden. Speke scheint Lungen- und Rippenfellentzündung bekommen zu haben und war bald kaum noch transportfähig. Im Delirium phantasierte er und schrie Burton an, erinnerte sich dabei auch noch des geringsten aufgestauten Grolls, eingeschlossen den Vorfall in Somaliland, als

Burton ihn, wie er glaubte, während des Gefechts der Feigheit geziehen hatte. Diese Anfälle zogen sich hin, und die Expedition schleppte sich mühsam ostwärts, immer wieder von Krankheit heimgesucht und von Desertion bedroht. Vier Monate verstrichen, bis sie endlich nördlich der heutigen Stadt Daressalam den Indischen Ozean erblickten. Man schrieb jetzt Februar 1859, und sie waren einundzwanzig Monate lang unterwegs gewesen. Dennoch hatte sich Burton vorgenommen, auch noch Kilwa, eine Küstenstadt weiter südlich, aufzusuchen, und mit nicht recht verständlichem Starrsinn setzte er alles daran, diesen Vorsatz zu verwirklichen. Er sandte dem britischen Konsul in Sansibar per Dhau eine Botschaft und bat um Überlassung eines Bootes; als dieses eintraf, segelten die beiden erschöpften, so gegensätzlichen Männer nach Kilwa. Doch die Reise war praktisch nutzlos: Eine Cholera-Epidemie suchte zur gleichen Zeit die ostafrikanische Küste heim und hatte ganz besonders in den Sklavenquartieren von Kilwa gewütet. Burton und Speke kehrten beinahe sofort wieder um und erreichten am 4. März 1859 endlich Sansibar.

Hier war alles in Aufruhr. Die Cholera hatte bereits an die 10000 Opfer in der Stadt gefordert, und der Sultan bereitete sich auf eine bevorstehende Invasion der Insel durch seinen Bruder in Oman vor. Der neue britische Konsul, Captain Christopher Rigby, war ein alter Rivale Burtons — beide waren außerordentlich sprachkundig und hatten in Indien bei Dolmetscherprüfungen miteinander konkurriert —, und Burton zögerte nicht, sich mit ihm zu überwerfen. Der wesentliche Streitpunkt dürfte seine Weigerung gewesen sein, den Trägern den ganzen Lohn auszuzahlen, den sie erwarteten; als sie sich darüber beim Konsulat beschwerten, wurden sie zu Burtons Zorn von Rigby und Speke unterstützt. Ein weiterer Grund, Rigby zu grollen, war Burtons Verdacht, er oder eine andere dem Konsulat nahestehende Person habe absichtlich das Manuskript seines Buches über Sansibar abhanden kommen lassen, weil es kritische Bemerkungen über die weißen Bewohner der Insel enthielt.

Andererseits war Burton momentan am Ende seiner Kräfte. Die ihn damals sahen, beschreiben ihn als hager, ausgemergelt, hohlwangig und wirr um sich blickend; er selbst notiert, daß »den Aufregungen der Reise jetzt die äußerste Entkräftung von Geist und Körper folgte«. Er las französische Romane, mied Kontakte mit anderen Menschen und kultivierte seinen Haß auf Rigby. Nach nur drei Wochen schiffte er sich mit Speke auf der Bark *Dragon of Salem* ein, und sie erreichten Aden fünfundzwanzig Tage später.

Bis jetzt war es zwischen beiden noch nicht zum offenen Bruch gekommen. »Noch immer waren wir allem Anschein nach Freunde«, bemerkt Burton. Aber Speke, der jüngere, erholte sich schneller und brannte darauf, nach Hause zu kommen. Man vereinbarte, er solle vorausfahren, während Burton in Aden noch für eine Weile seine Rekonvaleszenz fortsetzte, und so reiste er Mitte April mit der H.M.S. *Furious* ab. Burton zufolge waren seine letzten Worte das Versprechen, mit der Enthüllung der Expeditionsergebnisse bis zur Ankunft seines Begleiters in London zu warten. Daraufhin schieden sie für immer.

Als Burton am 21. Mai in England ankam, hatte Speke seine zwölf Tage Vorsprung gut genutzt. Man kann sein Verhalten nur verstehen, wenn man ihm, wie Professor Ingham vom Makerere College in Uganda vorschlägt, »die Selbstgerechtigkeit seiner Generation« zugute hält, die ihn bewog, »Billigkeit vor Großmut« zu setzen. Er war erfüllt von seiner Überzeugung, das große Geheimnis um den Nil gelüftet zu haben. Burton hatte seine Theorie verspottet und sich von ihr distanziert; so war es Spekes gutes Recht, seine Eingebung und seine Entdeckung als seine ganz persönliche Angelegenheit zu betrachten — als etwas von der offiziellen Expedition ganz Verschiedenes.

Wir wissen nicht, ob Speke sich dieser Art von Rechtfertigung selber bediente; Tatsache ist lediglich, daß er unmittelbar nach seiner Ausschiffung zu Sir Roderick Murchison, dem Präsidenten der Royal Geographical Society, ging und ihm die Geschichte der Expedition und seine tiefe Überzeugung vom Nilursprung vortrug. Murchison war natürlich neugierig und forderte Speke auf, vor den Mitgliedern der Society in Burlington House einen Vortrag zu halten, und dort wiederholte er seine Auffassungen. Binnen einer Woche nach seiner Ankunft verbreitete sich in London die Nachricht, dieser unerschrockene und bescheidene junge Mann habe eine Entdeckung von außerordentlicher Bedeutung gemacht. Die Society bot ihm an, als Leiter einer neuen Expedition erneut nach Afrika zu gehen. Schnell war eine Summe von 2500 Pfund zur Finanzierung dieser Expedition aufgetrieben, und Speke beschäftigte sich sogleich mit deren Planung. Er gedachte, wiederum von Sansibar aus auf der alten Route landeinwärts vorzustoßen, aber dann am Westufer des von ihm entdeckten Sees weiterzuziehen. Am Nordufer hoffte er einen Abfluß zu finden, den Quellfluß des Nils, und ihm wollte er nordwärts folgen, wohin immer er ihn führen mochte, bis er am Ende in Ägypten ankäme.

Das neue Expeditionsprojekt entfachte in London viel Enthusiasmus, da Speke de facto ankündigte, er werde mitten durch den weißen Fleck auf der Landkarte von Zentralafrika marschieren und mit einem Schlag die uralten Rätsel der Binnenseen, der Mondberge und der Nilquellen lösen.

Als Burton schließlich in England ankam, hager und abgehärmt, mußte er feststellen, daß er fast vergessen war. Das Publikum war an seinem sorgfältigen wissenschaftlichen Bericht über den Tanganyika-See nur mäßig interessiert, und er wurde nicht eingeladen, an der neuen Expedition teilzunehmen. An seine Stelle trat ein anderer Offizier der indischen Armee, Captain James Augustus Grant. Es sollten fünf Jahre vergehen, bis Burton gründlich und auf schreckliche Weise Rache nehmen konnte.

DIE TÄLER DES PARADIESES

Über Uganda — das Gebiet, in das Speke jetzt vorzudringen gedachte — liegen aus der Zeit vor 1850 keine Berichte vor. Sir John Gray nennt seine Geschichte »ein Verbrechen, für das es keine Augenzeugen gibt«. Es scheint indes gewiß, daß an einem bestimmten Punkt dieser ungeschriebenen Geschichte eine überlegene Rasse viehzüchtender Menschen vom äthiopischen Hochland herunterkam und sich als herrschende Aristokratie unter den Negervölkern am Nord- und Westufer des Victoria-Sees etablierte. Um 1860 gab es drei verschiedene Königreiche: Bunyoro im nördlichen, Buganda im mittleren und Karagwe im südlichen Abschnitt des Westufers. Daneben existierten noch viele andere Stammesformationen, aber diese drei kleinen Staaten hatten inmitten einer Wildnis von äußerster Barbarei einen gewissen Zusammenhalt, waren sozusagen winzige halbzivilisierte Inseln im Herzen des Kontinents. Doch die Außenwelt wußte von ihnen fast nichts.

Ein einziger arabischer Händler namens Ahmed bin Ibrahim war in den vierziger Jahren des neunzehnten Jahrhunderts bis Buganda vorgedrungen; einige andere hatten Karagwe erreicht — das war alles. Kein weißer Mann war jemals in dieser Region gewesen; keinerlei Ahnung von anderen Welten und anderen Lebensweisen beunruhigte die Einwohner. Sie hätten auf dem Mond kaum isolierter leben können.

Normalerweise war es in Zentralafrika das Schicksal solcher Völker, in ihrer Entwicklung zu stagnieren. Das

Feuer des menschlichen Ehrgeizes war bei ihnen auf geheimnisvolle Weise erloschen; die Dörfer verharrten im Zustand der Steinzeit, und über Jahrhunderte vollzog sich das Leben in einem ameisenartigen Zyklus von primitiven Bräuchen und Traditionen. Es gab keinerlei Neugier, etwas zu entdecken, keinerlei Wunsch nach Wandel oder Verbesserung. Jede neue Generation akzeptierte das Bestehende mit dem gleichen stumpfen Fatalismus, und die Vernunft erstickte in Gewohnheit und Aberglauben.

In diesen drei Puppenkönigreichen indes war die Situation völlig anders. Sie entwickelten sich prächtig. Ohne jedes Vorbild und ohne Hilfe von außen hatten sie um die Mitte des neunzehnten Jahrhunderts eine einheimische Kultur geschaffen, die der aller anderen Völker südlich der Sahara weit überlegen war. Das eigentlich Erstaunliche war jedoch weniger dieser Fortschritt selbst als die Tatsache, daß er so ungleichmäßig verlief. Großen Errungenschaften auf einem Gebiet standen völlige Ausfälle in anderen Bereichen gegenüber, und inmitten der ungewöhnlichsten Kultiviertheit überlebten die barbarischsten Bräuche.

Die Häuser zum Beispiel hatten nichts gemein mit den phantasielosen, sargähnlichen Hütten in Tanganyika; es waren breite, wundervoll gearbeitete kegelförmige Gebilde aus fest miteinander verflochtenem Schilfrohr, die oft bis zu fünfzehn Meter in die Höhe ragten. Diese Behausungen waren in der Regenzeit trocken und gemütlich und bei Hitze angenehm kühl — und sie waren unendlich attraktiver als jedes Gebäude, das im zwanzigsten Jahrhundert in Uganda errichtet wurde. Die Musikinstrumente dieser Völker — Trommeln, Harfen und Trompeten — waren ebenfalls bemerkenswert, desgleichen ihre zum Teil über zwanzig Meter langen Kanus, mit denen sie den Victoria-See befuhren.

Ihre Korbwaren verstanden sie so fein zu flechten, daß man damit Wasser transportieren konnte. Zudem beherrschten sie die Kunst, aus Baumrinde ein weiches, haltbares Tuch zu weben. Niemand betrat den Hof des Königs unbekleidet; in Buganda galt dies gar als kriminelles Delikt. Die Kleidung bestand aus Sandalen, einer langen, eleganten Toga, die den ganzen Körper bedeckte, und manchmal einem Cape aus Antilopenfell, das mit der Kunstfertigkeit einer Pariser Näherin zusammengestükkelt war.

Weder Männer noch Frauen verunstalteten ihren Körper mit Narben oder Tätowierungen wie andere zentralafrikanische Stämme, und wenn sie sich zum Essen niederließen, wuschen sie sich die Hände entweder mit einem feuchten Tuch oder indem sie Wasser aus einem Krug darübergossen. Haussklaven, die, wie russische Leibeigene, als Teil des Haushalts betrachtet wurden, servierten das ausgesprochen kultivierte Mahl: eine Art Brei aus zerstampften Bananen, geschmorter Fisch und geschmortes Fleisch, Hühnchen, Süßkartoffeln, Mais und wildes Zuckerrohr. Dazu gab es Bier aus Bananen und als Digestif kaute man Kaffeebohnen. Männer wie Frauen rauchten.

Besonders in Buganda, dem reichsten und fortschrittlichsten der drei Staaten, war die Macht des Königs absolut, doch wurde er unterstützt durch einen Rat, der eine Art Kabinett darstellte und in dem jedes Mitglied einen speziellen Aufgabenbereich hatte. Es gab den Wesir oder Premierminister, den Schatzmeister, den Oberkommandierenden der Armee, den Admiral der Kriegskanu-Flotte auf dem See, den Oberscharfrichter und weitere Würdenträger mit eher pittoresken Titeln — wie den Oberbraumeister und den Obertrommelverwalter. Diese Männer bildeten zusammen mit den Privinzhäuptlingen eine Adelshierarchie und waren verpflichtet, sich am Hofe ständig für den König bereitzuhalten. Die Hofetikette war äußerst kompliziert. Niemand durfte in Gegenwart des Königs sitzen, unkorrekt gekleidet sein oder ohne Erlaubnis sprechen. Erschien der König, so mußten sich alle Höflinge zu Boden werfen, da er als fast göttlich oder zumindest als Personifikation des Volksgeistes angesehen wurde.

Doch trotz aller Kultiviertheit und Raffinesse kannten diese Menschen weder Schrift- noch Rechensystem, kein Verfahren zur Messung der Zeit nach Wochen, Monaten oder Jahren, nicht einmal die einfachsten mechanischen Geräte wie Pflug oder Rad, auch keine Religion, die sich über die primitivste Art von Aberglauben und Hexerei erhoben hätte. Sie gaben sich ihren Leidenschaften und Begierden hin wie verwöhnte delinquente Kinder und waren unglaublich grausam. Von Zeit zu Zeit scheinen sie von wilder, rasender Hysterie ergriffen worden zu sein, und es war üblich, daß sich Männer wie Frauen bis zur Sinnlosigkeit betranken.

Zwischen den drei Königreichen gab es beträchtliche Unterschiede, die vielleicht in der geographischen Struktur begründet lagen. Bunyoro im Norden ist trockener und rauher als das Land unmittelbar am Seeufer. Monatelang fällt kein Regen, und man reist viele Kilometer durch eine trockene, harte Buschlandschaft, die jener in Zentraltanganyika nicht unähnlich ist. Die Bewohner sind für ihre Zähigkeit und Anpassungsfähigkeit bekannt; sie sind weniger kultiviert als die Seebewohner, aber kriegerischer und aggressiver. Diese Eigenschaften wies besonders ihr König Kamrasi auf. Er war in gleicher Weise grob und mißtrauisch, ein Häuptling mit dem Instinkt eines Piraten, dessen verzehrender Haß teilweise gegen Buganda im Süden, aber auch gegen einen rebellischen Bruder namens Rionga gerichtet war, der auf einer Nilinsel lebte.

Karagwe im Westen des Sees ist ein eher offenes, großenteils auf einer Höhe von 1500 Metern gelegenes Land, bemerkenswert frisch und grün. Im vorigen Jahrhundert grasten hier ausgedehnte Viehherden, und am Seeufer trifft man auf eine Szenerie, die an die Downs in Südengland erinnert: Hohe, steile Klippen fallen senkrecht zum Wasser ab; denkt man sich die Hitze, die Leere des Landes und die tropischen Inseln im See weg, so könnte die Gegend zwischen Folkestone und Dover liegen. Früher war dies ein Paradies für wilde Tiere: Tausende von Elefanten, Giraffen, Büffeln, Antilopen und Rhinozerossen tummelten sich hier, und auch heute noch kann man bei Nacht die Flußpferde aus dem Wasser kommen und wie dunkle, schwerfällige Gespenster am Ufer grasen sehen.

Hauptort von Karagwe war Bweranyange, wo König Rumanika bescheiden hofhielt — ein dicker, freundlicher Mann, der in dem Ruf stand, gastfreundlich gegenüber Fremden zu sein. Da er wohl der schwächste der drei Könige war, bemühte er sich um gute Beziehungen zu den Herrschern von Bunyoro und Buganda. Er schickte ihnen von Zeit zu Zeit Geschenke und bekannte sich sogar als Vasall oder zumindest abhängig von Buganda. Freilich hatte auch Rumanika seine exzentrischen Seiten. Er hielt sich einen riesigen Harem von Frauen, die so fett waren, daß sie nicht aufrecht gehen konnten, sondern wie Robben über den Boden ihrer Hütten watschelten. Ihre Ernährung bestand aus einem ununterbrochenen Milchstrom, den sie per Strohhalm aus Kalebassen einsogen. Verweigerten sich junge Mädchen dieser Prozedur, so wurden sie zwangsweise ernährt wie die Straßburger Gänse, die die »foie gras« liefern; das besorgte ein Mann mit Peitsche.

Buganda, am Nordufer des Sees gelegen, weist weder die Trockenheit von Bunyoro noch die Weiträumigkeit von Karagwe auf. Es ist eine Dschungelregion mit zerklüfteten Bergen, üppig und fruchtbar wie Sansibar. Die heiße, feuchte und wechselhafte Witterung läßt alles in exotischen Farben aus dem Boden schießen. Die Erde ist rot; die Wege in den Bananenplantagen sind erfüllt von warmem, grünlichgelben Licht, und der sie umgebende Dschungel ist eine riesige Voliere mit tropischen Vögeln und blühenden Sträuchern. Diese natürlichen Gegebenheiten erwecken den Eindruck von Intimität, Wachheit und Lebendigkeit und eine Art schwelgerischer Erregtheit, und ebendies ist das Wesen der Menschen in Buganda.

Im Jahre 1860 hatte Mutesa, der junge König von Buganda, gerade erst seine Herrschaft gesichert und seine Hauptstadt auf einen Hügel einige Kilometer landeinwärts verlegt, nicht weit von der heutigen Stadt Kampala. Der Reisende betrat den Ort auf einer breiten, gestampften Straße, die mitten durch den Dschungel verlief, und sah sich einer über den Hang des Hügels verstreuten Siedlung von schön proportionierten runden Hütten gegenüber, zwischen denen viele Menschen sich geschäftig bewegten. Die Frauen gingen meist nackt einher oder trugen ein schmales Tuch um die Hüften; die Männer in ihren Togen dagegen ließen, wie Harry Johnston bemerkt hat, an Heilige denken — »sie erinnerten unweigerlich an die vertrauten Bilder von biblischer Frömmigkeit, auf denen die Seligen in den Tälern des Paradieses einherwandeln«.

Mutesas Hof bestand aus einer Anzahl besonders geräumiger Hütten im Zentrum der Stadt. Hier hielt er seine täglichen Audienzen ab, auf einer Plattform aus Gras sitzend, die mit einer roten Decke verhüllt war, und umgeben von seinen Edelleuten, seinen Pagen und seinen Frauen — ein paar hundert an der Zahl. Damals war er ein schlanker, wohlgestalteter junger Mann von Anfang Zwanzig mit schönen Zähnen und feuchten, doch sehr auffallenden Augen. Sein tonsuriertes Haar war hahnenkammartig aufgetürmt, seine Toga sorgfältig über der einen Schulter geknotet; an Armen und Beinen trug er breite Reifen aus bunten Glasperlen. Zu seinen Füßen lagen die Symbole der Königswürde: ein Speer, ein Schild und ein weißer Hund. Ging er zu Fuß irgendwohin, so folgte ihm der ganze Hof; dabei befleißigte er sich eines auffallend steifbeinigen Stolzierganges, der die Gangart des Löwen imitieren sollte. Wie Königin Victoria sah er sich nie um, wenn er sich niedersetzen wollte; wie für sie wurde ihm stets ein Stuhl bereitgehalten, nur daß dies in seinem Fall ein Page war, der sich auf Hände und Knie niederließ. Geruhte er zu sprechen, so lauschten die Höflinge angestrengt und mit respektvollem Schweigen, um sich danach wie *ein* Mann platt auf den Boden zu werfen und immer wieder einen seltsamen Ruf auszustoßen, der wie »nyazig« klang und zugleich Dankbarkeit und tiefste Demut signalisieren sollte. Kurz gesagt, Mutesa war eine höchst eindrucksvolle Gestalt, auch schon zu Beginn seiner langen Karriere, und man wäre geneigt, ihm eine gewisse Größe zuzuschreiben, wäre er nicht das genaue Gegenteil eines Seligen in den Tälern des Paradieses gewesen — nämlich ein primitives, blutdürstiges Monster.

Es verging kaum ein Tag, an dem auf seinen Befehl nicht irgendein Opfer exekutiert wurde, und zwar willkürlich, beiläufig, fast wie im Spiel. Eine junge Frau mochte etwa durch zu lautes Sprechen die Etikette verletzt, ein Page versäumt haben, eine Tür zu öffnen oder zu schließen — schon wurden sie auf ein Zeichen des Königs kreischend abgeführt, um geköpft zu werden. Ein Trommelwirbel übertönte die Todesschreie. Nichts, was sich William S. Gilbert mit dem Lord Oberscharfrichter im *Mikado* ausgedacht oder was Lewis Carroll der rasenden Herzkönigin in *Alice im Wunderland* an Monstrositäten zugeschrieben hat, kann phantastischer sein als die Szenen, die sich abspielten, wenn und wo immer Mutesa hofhielt — mit dem einen Unterschied, daß diese Szenen auf grauenhafte, ungeheuerliche Art real waren. Verbrennen bei lebendigem Leib, Verstümmeln durch Abschneiden von Händen, Ohren und Füßen, Beerdigen lebender Witwen mit ihren toten Gatten: Selbstverständlichkeiten, die jeden Tag vorkamen. Es war mehr als bloße Blutgier; Mutesa löschte Leben aus wie ein Kind, das Insekten zertritt, ohne je an die Folgen zu denken oder auch nur einen Augenblick Mitleid zu empfinden ob der Schmerzen, die er zufügte. Er fühlte keinen Schmerz außer seinem eigenen. Er und die ihn umgebenden Menschen am Hof erwecken den Eindruck, als spielten sie ständig mit Leben, als seien sie Schaupsieler in einer makabren Groteske.

Der Fairneß halber sollte erwähnt werden, daß Mutesa diese Praktiken nicht selbst erfunden hatte. Alle seine Vorfahren (und man weiß, daß ihm mindestens zwanzig auf dem Thron vorangingen) verfuhren genauso, und auch in allen weniger bedeutenden Stammesgruppen herrschte das Gesetz des Dschungels. Umgab sich ein Herrscher nicht mit einer Aura des Grauens und flößte er nicht eine abergläubische Furcht ein, so hielt er sich nicht lange auf seinem Thron. Als Mutesa König wurde, hatte er umgehend etwa sechzig seiner Brüder bei lebendigem Leib verbrennen lassen, und dies wurde offenbar als völlig normale Vorsichtsmaßnahme gegen eine mögliche Rebellion betrachtet.

Außer dem ererbten Blutdurst hatte er indes noch andere Eigenschaften. Er war zum Beispiel alles andere als dumm. Als seine Macht erst einmal gesichert war, hatte er sehr schnell gelernt, wie man den einen Mann gegen den andern ausspielen konnte, indem man wohlüberlegt Geschenke machte. Er wußte genau, wie wichtig es war, Bittsteller warten zu lassen, und dürfte auch einiges Geschick in der Vergabe politischer Ämter gehabt haben. Man könnte ihn leicht als eine Art Pantomimenfigur ansehen — der Stammeskönig, umgeben von Tamtams, seinen nackten Frauen und schwarzen Kriegern —, aber er war, wie sich bald zeigen sollte, sehr viel mehr als das. Er trat in dieser primitiven Welt mit den Insignien und der Attitüde königlicher Majestät auf und hatte eine instinktive Begabung für Politik. Seine Außenpolitik zum Beispiel betrieb er mit einer Art krudem Geschick: Er ließ Rumanika in Ruhe und führte Krieg mit Kamrasi in Bunyoro. Das war natürlich kein sehr ernsthafter Krieg — in dieser Welt gab es noch keine Feuerwaffen und auch keine arabischen Sklavenhändler, die den einen

Stamm gegen den andern aufhetzten —, aber es war ein nützliches Mittel, um an Vieh und Frauen zu kommen, und zumindest wurde Kamrasi auf diese Weise in Schach gehalten.

So also sah jene seltsame kleine Insel eingeborener Zivilisation aus, die sich im Herzen Zentralafrikas vor hundert Jahren ungestört entfalten konnte. Natürlich wäre es absurd, die Vorstellung nahezulegen, daß hier irgendeine Art von Aufklärung stattfand; die drei Puppenkönigreiche pflegten noch immer eine urtümliche Lebensweise, und die Furcht bestimmte das Leben eines jeden ihrer Einwohner. Andererseits waren diese Menschen aber auch von den Schattenseiten der Zivilisation abgeschirmt. Es gab weder Syphilis noch Pocken, noch Rinderpest. Mutesas Grausamkeiten tangierten das Alltagsleben der Menschen nicht; sie hatten genug zu essen und zu trinken, und es scheint nicht unmöglich, daß sie sich für glücklich hielten — oder zumindest eingebunden in eine unabänderliche, zeitlose Existenz, die sie nicht zu verändern wünschten. Aus der Außenwelt drangen nur ganz ferne Echos zu ihnen — durch Sklavenhändler, die von Ägypten her den Nil aufwärts zogen, und durch arabische Karawanen aus Sansibar. Vielleicht war dieses Land wirklich eine Art Garten Eden, wenn auch ein primitiver und fatalistischer, der zumindest gegen Ende 1861 noch intakt war, als Speke mit seinem neuen Begleiter Grant in Karagwe einmarschierte. Aber mit ebendiesem Einmarsch wurde diese abgeschlossene Enklave der Außenwelt zugänglich gemacht.

Die beiden Forscher hatten mehr als ein Jahr gebraucht, um von Sansibar aus hierherzugelangen, und die meisten Erfahrungen der früheren Expedition hatten sich genau wiederholt: Alle Männer mit Ausnahme weniger, zum Beispiel Bombay und Mabruki, waren desertiert; die Stammeshäuptlinge hatten brutal ihr »hongo« gefordert; alle Ziegen und Rinder waren gestohlen worden, und Grant war an Malaria erkrankt. Sie hatten bis jetzt nicht einmal einen Blick auf den Victoria-See werfen können. Burton, jetzt Leiter einer anderen Expedition in Kamerun, hätte wohl geschmunzelt, hätte er von alledem Nachricht erhalten. Gleichwohl gelang es Speke und Grant im November 1861, sich den verschiedenen Stammeskriegen zu entziehen und sich in die Gegend nördlich von Kazeh abzusetzen, von wo aus sie in die Terra incognita Karagwe weitermarschierten.

In Grant hatte Speke den idealen Begleiter gefunden. Sie waren gleichaltrig und schon in Indien befreundet gewesen, wo sie oft zusammen Jagdausflüge unternommen hatten. Aber Grant hatte noch eine andere Eigenschaft: Er war der perfekte Stellvertreter. Er dürfte der bescheidenste und selbstloseste Mann gewesen sein, der jemals das chaotische Feld der Afrikaforschung betrat; er drängte sich nie in den Vordergrund, beklagte sich nie und zog nie eine Anordnung seines Expeditionsleiters in Zweifel. Burton hätte ihn vorbildlich gefunden. Grants Ergebenheit war indes ganz auf Speke fixiert und in ihrer Ausschließlichkeit mit der eines Hundes zu vergleichen. »Zwischen uns«, sagte er, »gab es nie den leisesten Schatten von Eifersucht, Mißtrauen oder auch nur übler Laune.« Speke beschrieb ihn »als einen Mann, der über alles Kleinliche erhaben war«. General Gordon, der oft vorschnelle Urteile über andere Leute abgab, hielt Grant für einen ziemlichen Langweiler*, und wahrscheinlich war er wirklich etwas schwerfällig im Gespräch. Schwerfälligkeit ist anscheinend das letzte, was wir von bekannten Leuten der Vergangenheit überliefert bekommen. Es wäre freilich unsinnig, Grant für eine farblose Null zu halten. Er war ein kühler und sehr solider Mensch, ein außergewöhnlicher Soldat und Jäger, auf seine eigene bescheidene Art ein fähiger Künstler, und er interessierte sich ernsthaft für Botanik. Er hatte in Indien an einer Reihe von Ge-

* In einem Brief an Burton vom 19. Oktober 1877 schreibt er: »... der gute alte Grant, der jetzt seit 17, 18 Jahren mit seiner wundersamen Reise hausieren geht.«

fechten teilgenommen, auch die Meuterei erlebt und geholfen, Lucknow zu entsetzen; letzteres hatte ihm einen Orden und eine Tapferkeitsauszeichnung eingebracht.

Rumanika war hocherfreut über die Begegnung mit den beiden weißen Männern, den ersten, die er je gesehen hatte. Er schüttelte ihnen herzlich die Hände, hieß sie in gutem Swahili willkommen und quartierte sie in seinen besten, reichlich mit Lebensmitteln versehenen Hütten ein. Speke verbrachte einen angenehmen Monat in Bweranyange. Er tauschte mit dem König Geschenke aus, trank »pombe« mit ihm und ermittelte mit einem Maßband den Leibesumfang seiner fetten Frauen. Er richtete mit dem Gewehr ein Massaker unter den Nashörnern an und machte sich Notizen über noch furchterregendere Tiere, die weiter westlich im Dschungel leben sollten: »Monster, die nicht mit Menschen Umgang pflegen können und sich niemals zeigen, außer wenn sie eine vorübergehende Frau sehen; dann stürzen sie sich in wollüstiger Erregung auf sie und drücken sie zu Tode.« Wenn das eine Beschreibung der Gorillas sein sollte, die ja überaus zurückhaltende und gutmütige Tiere sind, so ist sie falsch. Aber schließlich war kaum etwas von den Dingen, die sie in dem neuen Land sahen und hörten, sehr glaubhaft. So warnte Rumanika Speke davor, nach Buganda weiterzuziehen, bevor Mutesa ihn dazu aufgefordert habe. Überdies sei es unmöglich, vor dessen Hof in »Unaussprechlichen« zu erscheinen (Speke verwendet dieses viktorianische Wort in seinem Bericht); er müsse ein Kleid tragen. Daher wurden Boten ausgesandt, um Mutesa das Erscheinen der Expedition anzuzeigen, und während sie auf eine Reaktion warteten, verstrich der Monat Dezember.

Grant ging es währenddessen gar nicht gut. Er wurde von einer heftigen Entzündung im Bein geplagt; die Infektion wurde schließlich so quälend schmerzhaft, daß er außerstande war, seine Hütte zu verlassen. Er war nicht in der Lage zu gehen, ja sein Zustand erlaubte ihm nicht einmal, getragen zu werden, als am 8. Januar 1862 die Boten zurückkehrten und die Einladung Mutesas an die Expedition mitbrachten, vor ihm zu erscheinen. So wurde beschlossen, daß er in Rumanikas Obhut zurückbleiben und Speke allein weitergehen sollte. Während der nächsten drei Monate blieb Grant wie ein Gefangener in seiner Hütte — unfähig hinauszugehen, oft von unerträglichen Schmerzen gepeinigt und ohne irgendwelche Nachrichten.

Speke brauchte sechs Wochen, um zu Mutesas Hof zu marschieren, und unterwegs hatte er endlich auch Gelegenheit, den Victoria-See zu sehen, auf der Höhe der Sesse-Inseln. Mehr denn je war er nun überzeugt, daß seine frühere Annahme richtig war: Der See war ein riesiger Binnensee, und irgendwo an seinem Nordufer würde er einen Abfluß nach Norden finden — den Quellfluß des Nils. Im Moment freilich war er gezwungen, seine geographische Arbeit hintanzustellen und sich auf die Audienz bei Mutesa vorzubereiten.

Gleich nach seiner Ankunft holte er seinen besten Anzug hervor, hing seinen Männern rote Decken um, bereitete eine hübsche Kollektion von Geschenken vor und wartete alsdann auf die Vorstellung im Palast. Doch es begann zu regnen, und in der besten Manier königlicher »garden parties« wurde der Empfang auf den nächsten Tag verschoben. Am 20. Februar 1862 brach er von neuem auf, flankiert von seiner Leibgarde in roten Decken und mit voranflatterndem Union Jack — nur um zu erfahren, daß einer anderen Delegation der Vorzug gegeben worden war; Speke wurde angewiesen, in der Sonnenhitze vor dem Palast zu warten. Er stand dort fünf Minuten lang, dann machte er wutentbrannt kehrt und ging die zwei Kilometer zu seiner Hütte zurück. Die Höflinge, die ihn zum König hatten geleiten sollen, beobachteten dieses Verhalten mit Bestürzung; offenbar hatte sich dergleichen nie zuvor ereignet. Sogleich kamen sie herbeigeeilt und versicherten, es handle sich um einen Irrtum; der

König wolle ihn sofort sehen, und er dürfe sogar seinen eigenen Stuhl mitbringen — ein unerhörtes Privileg.

So ging Speke zum Palast zurück und fand alles zu seinem Empfang vorbereitet. Eine Musikantengruppe mit fünfsaitigen Harfen und Trompeten geleitete ihn durch die äußeren Höfe des Palastes, wo kleine Pagen hin- und hereilten und dabei ihren Umhang zusammenrafften, damit man die Beine nicht sah; schließlich stand er dann dem Monarchen selbst gegenüber. Speke stellte seinen Stuhl vor dem Thron auf, nahm Platz, spannte seinen Sonnenschirm auf und harrte der Dinge, die da kommen sollten. Nichts passierte. Eine geschlagene Stunde lang saßen die beiden Männer einander gegenüber und starrten sich an. Gelegentlich wandte sich Mutesa zu seinen Höflingen und machte eine Bemerkung über den Schirm, die Leibwache oder Speke selbst. Von Zeit zu Zeit wurde ihm ein Schluck Bier gereicht. Speke saß da und wartete.

Endlich näherte sich ein Höfling und stellte eine Frage: Ob er den König gesehen habe. »Ja«, antwortete Speke, »eine ganze Stunde lang.«

Nachdem dies für Mutesa übersetzt worden war, erhob sich der König und zog sich auf Zehenspitzen mit seinem löwenartigen Gang ins Innere seiner Gemächer zurück. Es entstand eine lange Pause, während der Mutesa sein Abendessen einnahm. Speke erklärte man, er habe aus Gründen der Höflichkeit mit dem Essen gewartet bis zum Ende der Audienz. Als man sich später am Abend bei Fackelschein wieder traf, präsentierte Speke seine Geschenke: mehrere Gewehre und Pistolen mit Munition, eine goldene Taschenuhr, ein Teleskop, einen Stuhl aus Eisen, Glasperlen, Seidenstoffe, Messer, Löffel und Gabeln. Mutesa schenkte ihm im Gegenzug Rinder, Ziegen, Fische, Geflügel, Stachelschweine und Ratten — alles offenkundig gedacht als Beitrag zur Ernährung.

Bei einem ihrer nächsten Treffen ereignete sich der bekanntgewordene Vorfall mit der Erschießung. Speke wurde aufgefordert, die magische Wirkung seiner Pistolen dadurch unter Beweis zu stellen, daß er vier Kühe abknallte. Diese Heldentat gelang ihm nicht sofort: Eine der Kühe stürmte auf ihn zu, und es bedurfte einer zweiten Kugel, um sie zur Strecke zu bringen.

»Daraufhin lud der König«, berichtet er, »eigenhändig einen der Karabiner durch, die ich ihm geschenkt hatte, reichte ihn entsichert an einen Pagen weiter und befahl diesem, in den Vorhof zu gehen und einen Mann zu erschießen. Das war kaum geschehen, da kam der kleine Bengel auch schon zurück, um seinen Erfolg zu melden; dabei hatte er einen so frohlockenden Gesichtsausdruck wie ein Junge, der gerade ein Vogelnest ausgenommen, eine Forelle gefangen oder irgendeinen anderen Bubenstreich gespielt hat. ›Hast du es gut gemacht?‹ fragte ihn der König. ›O ja, ganz fabelhaft.‹ Er sprach ohne Zweifel die Wahrheit, denn er wagte nicht, mit dem König zu spaßen, aber die Sache erregte wenig Aufmerksamkeit. Ich habe nie gehört, und es schien auch niemanden zu interessieren, welcher spezielle Mensch es war, den der Bengel seines Lebens beraubt hatte.«

Nach diesem Vorfall war Mutasa von seinem neuen Spielzeug nicht mehr zu trennen. An schönen Tagen konnte man ihn vor der Hauptstadt sehen, das Gewehr in der Hand, seine Frauen, Pagen und Höflinge hinter ihm, und die Kapelle spielte dazu auf; traf er per Zufall einen Geier, der auf einem Baum hockte, so stand er wie vom Donner gerührt da ob der eigenen magischen Fähigkeiten, rannte dann zu seinem Opfer hin und schrie in kindlicher Erregung immer wieder »woh, woh, woh« — woraufhin sich der ganze Hof »nyazig« murmelnd in den Staub warf.

Die Frauen, die Mutesa in Horden folgten, wo er ging und stand, schienen eine privilegierte Stellung einzunehmen, aber Sklavinnen waren sie dennoch. »Jungfrauen im Kindesalter«, berichtet Speke, »werden von ihren Vätern vorgeführt, um irgendein Vergehen zu sühnen und um den Harem aufzufüllen. Sie sind splitternackt, mit Fett eingeschmiert und halten aus Anstandsgründen ein kleines Viereck aus ›mbugu‹ (Rindentuch) an den oberen Enden mit beiden Händen vor sich.« Von Zeit zu Zeit wurden Speke solche Mädchen als Geschenke übersandt, und er teilte sie seinem Gefolge als Ehefrauen zu.

Die Königinmutter indes, die er als »schön, dick und fünfundvierzigjährig« beschreibt, war eine Person von einigem Einfluß im Staat und hielt hof in einem eigenen Palast, etwas abseits von dem Mutesas. Sie war selten nüchtern. Trinken, Rauchen und Tanzen nach der Musik ihrer privaten Kapelle waren ihre üblichen Beschäftigungen — und es überrascht nicht, daß sie Speke klagte, sie leide an bösen Träumen und Magenbeschwerden. Er gab ihr daraufhin etwas aus seiner Reiseapotheke und riet ihr, mit dem Trinken aufzuhören. Aber sie war keine gute Patientin. Als er eines Tages zu ihrer Hütte kam, fand er sich inmitten einer Orgie wieder, die damit endete, daß die Königinmutter und ihr Hofstaat wie Schweine auf allen vieren aus einem Trog Bier soffen.

Als Speke bereits drei Monate in dieser bizarren Umgebung verbracht hatte, kam endlich Grant nach. Er hinkte zwar noch infolge seiner Beininfektion, hatte sich aber sonst gut erholt. Jetzt waren beide begierig, weiter zu ihrem Ziel vorzustoßen. Bei ihren getrennt ausgeführten Reisen von Karagwe aus hatten sie einen beachtlichen Fluß, den Kagera, überquert, aber weil er in den Victoria-See hinein- und nicht aus ihm herausfloß, kam er als Quellfluß des Nils nicht in Betracht. Doch an Mutesas Hof hörten sie jetzt sehr präzise Berichte über einen anderen Fluß, der den See etwas weiter östlich verlassen sollte. Man erzählte, der See ergieße sich im Norden in einen großen Wasserfall. Speke, dem das Verlassen der Hauptstadt in den drei Monaten seines Aufenthalts nicht gestattet worden war, wollte jetzt entschlossen zu diesem Punkt marschieren und dann dem Fluß folgen, wohin immer er ihn führen mochte.

Von diesem Vorhaben war Mutesa gar nicht begeistert. Die beiden Weißen an seinem Hof unterhielten ihn gut, und er war auch noch nicht völlig sicher, ob er ihnen alle nur denkbaren Geschenke abgepreßt hatte. Außerdem mußten sie, wenn sie Buganda verließen, das Territorium Bunyoros betreten, mit dessen König Kamrasi er Krieg führte. So machte er weitere sechs Wochen lang Ausflüchte und hielt sie hin, bis sie endlich am 7. Juli 1862 gehen durften. Sie zogen mit Bombay, ihrer Karawane und einer aus Buganda bestehenden Leibwache in östlicher Richtung ab. Jetzt waren sie kurz vor dem Höhepunkt ihrer gewaltigen Reise.

Und nun ereignete sich einer der seltsamsten Vorfälle des ganzen Abenteuers. Der einheimische Führer hatte sie etwas zu weit nach Norden geführt, und um den Nil zu erreichen und ihn bis zu seinem Ursprung zu verfolgen, wäre es nötig gewesen, daß die ganze Karawane einen scharfen Schwenk nach Süden machte. Eine Besprechung wurde abgehalten, bei der man entschied, daß die Expedition sich ein zweites Mal aufspalten sollte: Speke sollte allein zur Quelle gehen, während Grant dem Nordkurs weiter folgen und den Weg zu Kamrasis Hof in Bunyoro erschließen sollte. Man kann sich in bezug auf diese Regelung nur an das Wort beider Männer halten, die versichern, völlig damit einverstanden gewesen zu sein. Von Grant gibt es keinerlei Andeutung eines Vorwurfs oder einer Enttäuschung. Er hatte sein Leben aufs Spiel gesetzt, um dieses eine Ziel zu erreichen, und im letzten Augenblick, jetzt, da es greifbar nahe war, kehrte er ruhig um, um seinem Begleiter zu Gefallen zu sein. Er berichtet nur, Speke habe einen gemeinsamen Eilmarsch zur Quelle vorgeschlagen, auf den er habe verzichten müssen, weil sein schlimmes Bein es unmöglich machte, am Tag dreißig Kilometer zu marschieren. Dieser Verzicht, fährt er fort, sei keine große Sache gewesen; schließlich habe man den See schon vorher gesehen und gewußt, daß der Nil ihm entströme. Warum freilich Speke es für nötig hielt, am Tag dreißig Kilometer zu hetzen, wird nicht erklärt. Aber es gibt so vieles zwischen diesen beiden Männern, das man nur verstehen kann, wenn man sich ständig vor Augen hält, wie sehr Grant dem Leiter der Expedition ergeben war. Wie bei einer Ehe hatte sich zwischen diese Partnerschaft und die Außenwelt ein Schleier gesenkt, und niemand kann sich anmaßen zu behaupten, er kenne alle Details dieser Beziehung. Verhaltensweisen, die uns unfair und herzlos erscheinen, waren zwischen ihnen offenbar völlig normal. Speke war gewiß ein Mann mit einer »idée fixe«; er hatte sein ganzes Sinnen und Trachten auf den Nachweis konzentriert, daß seine Niltheorie die richtige sei, und brannte jetzt zweifellos ungeduldig darauf, sein Ziel zu erreichen. Untätig zu warten, bis Grant zu ihm aufgeschlossen hätte — und dies zu einem Zeitpunkt, da irgendein unglücklicher Zufall oder ein Mißgeschick noch immer die Expedition scheitern lassen konnte —, war ihm unerträglich. Grant dürfte das deutlich gespürt und daraufhin mit fast femininer Resignation nachgegeben haben — lieber im Schatten von Spekes Ruhm stehen als die Freundschaft mit ihm zu sehr strapazieren.

So kam es, daß Speke mit seiner Truppe davoneilte und den Nil am 21. Juli 1862 bei einem Ort namens Urondogani erreichte, etwa sechzig Kilometer flußabwärts vom See entfernt. (...) In seinem Überschwang wies Speke seine Männer an, »ihr Haar zu scheren und in dem heiligen Fluß zu baden, der Moses in seiner Wiege trug ...« Bombay gab ihm allerdings nüchtern zurück, als Muslime sähen die Männer diese Dinge nicht so »wunderlich« wie er: »Wir geben uns mit den Alltäglichkeiten des Lebens zufrieden.«

Als sie jedoch am 28. Juli in Sichtweite ihres Zieles gekommen waren, steckte Spekes Begeisterung alle anderen an; sie vergaßen ihre Erschöpfung und rannten vorwärts zum Flußufer. Zwar verwehrte ein Hügel den Blick auf den See, aber zu ihren Füßen ergoß sich der große Fluß wie eine Flutwelle über einen Wasserfall. (...) Speke nannte den Ort Ripon-Fälle, »nach dem Edelmann, welcher Präsident der Royal Geographical Society war, als meine Expedition ausgerüstet wurde«.

Jetzt standen die beiden Forscher vor der Aufgabe, sich am Leben zu erhalten, bis sie in die Zivilisation zurückkehren konnten, um Bericht zu erstatten. Daß ihnen dies gelingen würde, war keineswegs garantiert. Es verging ein ganzer Monat, bis beide ihre Truppe wieder zusammengeführt hatten, die jetzt auf etwa siebzig Männer und vier Frauen zusammengeschmolzen war. Vereint marschierte die Karawane dann nach Bunyoro, wo König Kamrasi sie etwas säuerlich empfing. Bevor er sie weiterziehen ließ, nahm er Speke seinen fünfzig Guineen teuren Goldchronometer ab.

Während des Aufenthalts in Bunyoro kamen den Forschern Berichte über einen weiteren großen See, den Luta Nzige, zu Ohren, der in geringer Entfernung im Westen liegen sollte. Möglicherweise speiste sich aus ihm ein zweiter Quellfluß des Nils. Doch war es jetzt bereits November 1862; sie waren erschöpft, fast aller ihrer Besitztümer verlustig gegangen und bei einem weiteren Umweg der Gefahr ausgesetzt, die letzte Überlebenschance zu verspielen. So zogen sie es vor, langsam in nördlicher Richtung weiterzuziehen. Immerhin gab es eine vielversprechende Hoffnung, die sie vorwärtstrieb: Vor seiner Abreise aus London hatte Speke mit der Royal Geographical Society vereinbart, daß von Gondokoro im Sudan aus eine Expedition südwärts geschickt werden sollte, um sie mit frischen Vorräten und Trägern zu versorgen. Es war naturgemäß eine unpräzise Vereinbarung — wer konnte schon in diesem nicht einmal auf Karten verzeichneten Land einen exakten Treffpunkt festsetzen? Überdies waren sie bereits ein Jahr hinter ihrem Zeitplan zurück. Doch John Petherick, britischer

Vizekonsul in Khartum, der die Hilfsexpedition organisierte, war ein erfahrener und zuverlässiger Mann, und die Society hatte ihn mit tausend Pfund versehen, damit er Boote und Vorräte kaufen konnte. Dieses Material sollte von Khartum aus stromaufwärts nach Gondokoro oder einen anderen passenden Ort gebracht werden und dort bis zur Ankunft von Speke und Grant gelagert werden. Die Aussicht auf ein Treffen mit Petherick also war es, die die beiden Forscher nach Norden vorwärtstrieb.

Doch die Reise wurde jetzt immer beschwerlicher. Nahe dem heutigen Dorf Masindi Port stießen sie von neuem auf den Nil, den sie zuletzt achtzig Kilometer nördlich von seinem Ursprung gesehen hatten, und legten mit Kanus eine kurze Strecke auf ihm zurück. Aber bald schon, am 19. November, machte ein neues Hindernis dieser Fahrt ein Ende: die Karuma-Fälle in Zentraluganda. Ende November quälten sie sich noch immer langsam durch deprimierendes Buschwerk vorwärts. Je weiter nördlich sie kamen, desto primitiver schienen die Stämme zu werden, denen sie begegneten. Sie waren in eine Region nackter, bemalter Männer mit Pfeil und Bogen zurückgekehrt, die nichts vom Geschick und von der Kunstfertigkeit Bugandas wußten.

Am Abend des 3. Dezember begannen sie wieder Hoffnung zu schöpfen. Gewehrschüsse erklangen in der Ferne zu ihrer Begrüßung, und bald stießen sie auf eine Kolonne ägyptischer und nubischer Soldaten in türkischen Uniformen. Ein Zug von Trommlern und Pfeifern spielte auf, und in der Luft wehten rote Fahnen. Es war nahezu das erste Zeichen von Zivilisation, das Speke und Grant seit ihrem Abmarsch von Bagamoyo an der Ostküste, mehr als zwei Jahre zuvor, zu sehen bekamen.

Die zugehörige Garnison in Faloro war zugleich die südlichste Handelsniederlassung der Ägypter am oberen Nil. Ihr schwarzer Kommandeur Mohammed Wad el-Mek erschien und umarmte die Reisenden; er stellte sich als Beauftragter Pethericks und eines maltesischen Händlers namens de Bono vor und erklärte, er habe Order, sie zu der ägyptischen Festung Gondokoro zu geleiten. Bald saßen sie vor einer Mahlzeit, bestehend aus Brot, Honig und Hammelfleisch, serviert auf Steinguttellern. Die Nacht verbrachten sie in richtigen Betten. Doch der größte Luxus überhaupt, so fanden sie, war Seife.

Trotz alledem waren sie noch nicht ganz über den Berg. Mohammed Wad el-Mek war zwar freundlich, aber ein eingefleischter Sklavenhändler, der nicht bereit war, nach Norden abzurücken, bevor er den letzten verfügbaren Sklaven und den letzten Elefantenstoßzahn aufgetrieben hatte. So dauerte es bis zum 10. Januar 1863, bis der Zug sich endlich in Bewegung setzte. An der Spitze ritten die Anführer auf Kühen und Eseln; ihnen folgten Träger mit Stoßzähnen, und dann kam ein ungeordneter Haufe von Sklaven, Frauen, Kindern, Ziegen und Rindern. Als sie in die Region von Bari gelangten, war die Karawane auf annähernd tausend Köpfe angewachsen. Den Eingeborenen, denen man begegnete, waren die Hände gebunden, und sie beschränkten sich darauf, ihre feindselige Haltung zur Schau zu stellen.

Am 13. Februar 1863, nahezu zwei Jahre und fünf Monate nach Beginn ihrer Forschungsreise, erreichten Speke und Grant Gondokoro. Sie fanden keine Spur von Petherick, dafür aber das rote Backsteinhaus der österreichischen Mission und eine Reihe von Booten auf dem Strom. Aus dem Missionshaus kam sogleich eine völlig unerwartete Gestalt, um sie zu begrüßen: »Wir sahen einen Engländer auf uns zueilen«, schreibt Speke, ». . . mein alter Freund Baker, berühmt durch seine Jagdabenteuer, ergriff meine Hand.«*

Der Großwildjäger Samuel Baker und seine Frau waren den Nil heraufgekommen, um nach der Expedition Ausschau zu halten. Außer ihnen hatten sich in gleicher Absicht noch drei niederländische Damen — Baronin von

* Sie hatten sich 1854 auf einem Schiff kennengelernt, als Speke von Indien nach Aden unterwegs war.

Capellen sowie Frau und Fräulein Tinne — in Gondokoro aufgehalten, wegen Krankheit aber nach Khartum zurückkehren müssen. Bald erschienen noch drei österreichische Priester. Jetzt konnten sich die beiden Forscher endlich ausruhen und erholen.

»Speke«, berichtet Baker, »war dem Anschein nach mehr mitgenommen als Grant. Er war schrecklich mager, war aber in Wirklichkeit in guter Verfassung. Er war den ganzen Weg von Sansibar bis hierher zu Fuß gegangen, kein einziges Mal während des ermüdenden Marsches geritten. Grant ging in ehrbaren Lumpen; seine bloßen Knie schauten aus den Resten von Hosen heraus, die einmal ein Schmuckstück der Schneiderkunst gewesen waren. Er sah müde und fiebrig aus. Doch in den Augen beider Männer leuchtete ein Feuer, das den Geist offenbarte, der sie hatte durchhalten lassen.«

Es gab viele Nachrichten mitzuteilen: den Tod des Prinzgemahls in England, den Ausbruch des Bürgerkriegs in Amerika — aber was Speke und Grant am unmittelbarsten interessierte, war Petherick. Wo war er? Warum war er nicht zu ihrer Begrüßung erschienen? Baker versicherte, er sei nicht weit, bereise nur die Region am Westufer des Nils, und tatsächlich trafen Petherick und seine Frau einige Tage später ein. Nach außen hin schien die kleine weiße Gemeinschaft, sah man sie zusammen dinieren, eine eng befreundete Gruppe zu sein. Doch Speke war wütend auf Petherick. Er legte die Art von Kleinlichkeit an den Tag, wie sie manchmal bei Menschen zu beobachten ist, die großen Anstrengungen ausgesetzt waren, und nichts konnte ihn von der Überzeugung abbringen, Petherick habe nach Erhalt der tausend Pfund von der Royal Geographical Society die Expedition vergessen und sei in die Gegenrichtung gezogen, um Elfenbein aufzukaufen. Tatsache ist aber, daß Petherick und seine Frau sich ein ganzes schreckliches Jahr lang auf dem Landweg bis Gondokoro vorgekämpft hatten und um ein

Haar ums Leben gekommen wären. Doch Speke ließ sich nicht besänftigen. Als Mrs. Petherick zu ihm kam und ihn inständig bat, er möge das Boot und die Tauschwaren annehmen, die sie zu seiner Verwendung nach Gondokoro geschafft hatten, antwortete er bissig, er denke nicht daran, »den Hilfeleistungsschwindel lobend anzuerkennen«; sein guter Freund Baker habe ihn mit allem Nötigen versorgt und er ziehe es vor, in Bakers Boot nach Khartum zu fahren. Als er dann Ende Februar mit Grant Gondokoro verließ, war offenkundig, daß beide ihre Meinung über Petherick deutlich zu äußern gedachten, wenn sie erst in England wären. In ihrem Bericht an die Society und in den Büchern, die sie schrieben, kommt er tatsächlich sehr schlecht weg. Er wurde von seinem Posten als Vizekonsul in Khartum abgelöst und wäre um ein Haar auch noch finanziell ruiniert worden, als man ihm vorwarf, in den Sklavenhandel verwickelt zu sein. Einige Jahre mußten verstreichen, ehe man auch seine Sicht der Dinge zur Kenntnis nahm, und es scheint, daß sein Ruf selbst heute noch nicht völlig wiederhergestellt ist.

Mit seinen eigenen Leuten verfuhr Speke wesentlich großzügiger. Von den ursprünglichen Expeditionsteilnehmern waren 143 Träger desertiert und einer gestorben; das ist unter diesen Umständen keine schlimme Verlustliste. Für die zweiundzwanzig Übriggebliebenen — achtzehn Männer und vier Frauen — wurde in Kairo, wo Speke und Grant im Shepheard's Hotel abgestiegen waren, in einem Park ein Lager errichtet, und man feierte sie in einer Reihe von öffentlichen Konzerten und lebenden Bildern. Jeder Mann erhielt einen Dreijahressold, und alle zusammen wurden nach Sansibar befördert, wo eine weitere Prämie auf sie wartete.

Während seiner Nilfahrt hatte Speke triumphierend nach London gekabelt: »Informiere Sir Roderick Murchison, daß alles zum besten steht. Sind auf 14° 30′ Breite auf dem Nil. Der Nil ist geklärt.« Man verlieh ihm die Founder's Medal der Royal Geographical Society, und beide Männer konnten bei ihrer Ankunft in London einen begeisterten Empfang erwarten.

Aber der Nil war nicht »geklärt«. Speke hatte auf diesem Gebiet zu viele Rivalen und Feinde zurückgelassen, als daß man zum jetzigen Zeitpunkt irgend etwas als geklärt ansehen konnte.

DIE UNNAHBAREN QUELLEN

Im viktorianischen Zeitalter waren Bücher über Forschungsreisen von außerordentlichem Einfluß auf den Geist und die Einbildungskraft der Menschen: Sie lieferten genau die Dramatik und Unterhaltung, für die heute großenteils Dokumentarfilm und Fernsehen zuständig sind, und obwohl Zeitschriften wie *Blackwood's* weit verbreitet waren, gab es noch keine illustrierte Presse von Bedeutung, die mit diesen Büchern hätte konkurrieren können. Sie waren die Science-fiction des neunzehnten Jahrhunderts. Wenige Publikationen haben die Phantasie der Menschen so gefesselt und zugleich die allgemeine Politik so beeinflußt wie Livingstones drei Bücher über Süd- und Zentralafrika, Stanleys Berichte über seine Kongoreisen oder Gordons Tagebücher, die eine Zeitlang die Aufmerksamkeit ganz Englands auf Khartum und den Sudan lenkten.

Diese Werke waren in der Regel gleichermaßen außerordentlich persönlich wie auch in gewisser Hinsicht Propaganda. Die Autoren trugen ihr jeweiliges Thema mit religiöser und leidenschaftlicher Überzeugung vor, sprachen den Leser direkt an und diskutierten mit ihm über Dinge wie den Sklavenhandel, wobei sie ebensosehr an sein Mitgefühl wie an seine Empörung appellierten. Da diese Appelle immer wieder mit Beweisen von Tapferkeit und Schilderungen gefährlicher Abenteuer verflochten wurden, war die Wirkung enorm. Man mußte stets damit rechnen, daß der Forscher zu Tode kam, bevor sein Buch erschien; und selbst danach war es möglich, daß er in der

Wildnis verlorenging oder sich wie ein Matador darauf vorbereitete, von neuem hinauszugehen und das Schicksal einmal mehr herauszufordern. Das gab seinem Werk eine Aura der Aktualität; man lebte und litt mit dem Autor. Wurde er von eifersüchtigen Rivalen attackiert — und in der hochspekulativen und belasteten Arena der Afrikaforschung gab es vielerlei Eifersucht —, so sprang man ihm zur Seite und verteidigte ihn. Jedem, der in heutiger Zeit praktische Erfahrungen mit archäologischen Expeditionen gemacht hat, wird die Szenerie sofort vertraut sein. Da geht es ebenso patriotisch und parteiisch zu wie im Krieg.

In den sechziger Jahren begann der große Ausstoß der Publikationen über Afrika. 1860 erschienen Burtons *Lake Regions of Central Africa*, 1836 Spekes *Journal of the Discovery of the Source of the Nile* und kurz darauf sein *What Led to the Discovery of the Source of the Nile.* 1864 veröffentlichte Grant *A Walk Across Africa* (ein Titel, der ihm durch Palmerstons Bemerkung: »Sie haben eine lange Wanderung [a long walk] gemacht, Captain Grant« nahegelegt worden war); im selben Jahr erschien *The Nile Basin* von Burton und dem Geographen James M'Queen. Es folgten die *Travels in Central Africa* von den Pethericks, Bakers *Albert N'yanza* und Burtons *Zanzibar*.

Damit, sollte man meinen, hätte genug vorliegen müssen, um auch den begeistertsten Leser afrikanischer Reisebeschreibungen zu informieren, zu verwirren und am Ende zu übersättigen. Aber das Publikum hatte noch immer nicht genug. Vielleicht war dies auch ganz natürlich, ähnelten doch alle diese Bücher, zusammengenommen, den Fortsetzungen einer langen Seriengeschichte, deren Ende noch immer nicht abzusehen war.

Burton, der die Serie mit seinen *Lake Regions* (dem Bericht über seine Reise mit Speke zum Tanganyika-See) eröffnete, hat später gesagt, er bedaure manche Dinge, die er dort geschrieben habe, aber ihn hätten zwei Artikel irritiert, die Speke nach seiner Rückkehr 1859 in *Blackwood's Magazine* veröffentlicht hatte. Dort war erstmals öffentlich die Theorie vertreten worden, der Nil habe seinen Ursprung im Victoria-See. Burton sah dadurch die gesamte Expedition ad absurdum geführt und machte sich in der Einleitung zu den *Lake Regions* daran, die Dinge auf seine eigene drastische Weise zurechtzurücken:

»Ich habe meine Ansichten über Captain Speke zum Ausdruck gebracht, meinen Begleiter bei der Expedition, die Gegenstand dieses Buches ist. Die Geschichte unserer Beziehung ist schlicht folgende: Weil er 1855 in Berberah, ähnlich wie ich, finanziell und persönlich Not litt, hielt ich es für recht und billig, ihm die Beteiligung an einem neuen Versuch anzubieten, ins Innere Afrikas vorzudringen. Andere Gründe hatte ich nicht. Von seiner Mitwirkung war nicht viel zu erhoffen; er war weder sprachenkundig — Französisch wie Arabisch sind ihm in gleicher Weise fremd — noch Wissenschaftler, noch ein sorgfältiger astronomischer Beobachter. Das Direktorium der Ostindischen Gesellschaft lehnte es offiziell ab, ihm Urlaub zu bewilligen; ich verschaffte ihm diesen durch ein Ersuchen bei den örtlichen Behörden in Bombay. Während der Expedition arbeitete er in untergeordneter Funktion, und er war, wie man sich leicht vorstellen kann, in einer Gesellschaft von Arabern, Belutschen und Afrikanern, deren Sprachen er nicht kannte, auch zu nichts anderem fähig als zur Wahrnehmung untergeordneter Funktionen. Was kann ich nach alledem anderes empfinden als Empörung, wenn ich erleben muß, daß er nach seiner vorzeitigen Rückkehr nach England und nach dem spontanen Versprechen, mit dem Erscheinen bei der Society, welche die Expedition in die Wege geleitet hatte, bis zu meiner Rückkehr zu warten, vom Moment seiner Ankunft an alles tat, um sich selbst als Experten auf dem Gebiet darzustellen, das ich erschlossen hatte, und sich öffentlich als ›primum mobile‹ einer Expedition in Szene zu setzen, der er nach eigenem Bekunden als ›Landmesser‹ angehört hatte?«

Speke habe den wahren Zweck der Expedition völlig mißdeutet. Man sei überhaupt nicht ausgezogen, um die »unnahbaren Quellen« des Nils zu suchen. Die Instruktionen der Royal Geographical Society hätten vielmehr verlangt, Berichten über den Ujiji-See nachzugehen und allgemeine geo-ethnographische Untersuchungen in der Region anzustellen. Außerdem hätten sie den alten Sklavenhandelsposten Kilwa auf dem Festland südlich von Sansibar aufsuchen sollen. Alle diese Aufgaben seien gelöst und damit sei der Zweck des Unternehmens vollständig erfüllt worden. Spekes Halluzinationen von einem Victoria Nyanza seien seine persönliche Angelegenheit und dürften mit den praktischen Ergebnissen der Expedition nicht vermischt werden.*

Dies war die erste Breitseite. Als sie 1860 abgefeuert wurde, litt Burton natürlich noch unter dem Beifall, den die Society Speke gespendet hatte, und dem relativ kühlen Empfang, der ihm selbst zuteil geworden war. Und nun, 1863, war Speke gerade von seiner neuen Expedition mit Grant zurückgekehrt und stand mehr im Rampenlicht als je zuvor. Als die beiden im Juni in Southampton landeten, waren alle Würdenträger der Stadt zugegen, um sie zu begrüßen, zusammen mit einer Gruppe von enthusiastischen Anhängern und Freunden und überdies Burtons altem Rivalen, Konsul Rigby von Sansibar. Am 22. Juni bereitete die Society Speke auf einer Sondersitzung Ovationen, und der Andrang der Menschen, die den Forscher hören wollten, war so stark, daß einige Fenster-

* Hier ist Burton nicht sehr aufrichtig. Die Nilquellen lagen ihm durchaus am Herzen, und er gestand dies (vielleicht unbewußt) auch zu, als er einige Jahre später in *Zanzibar* schrieb, er habe sich »liebevoll dem tropischen Zentralafrika zugewandt und am 19. April 1856 beschlossen, meinen früheren Plan wiederaufzunehmen, in die unbekannten Regionen vorzustoßen und die Nilquellen von der Ostküste aus zu erreichen«.

scheiben zu Bruch gingen. Was hatte Speke noch gekabelt? »Der Nil ist geklärt.«

Für Burton, um die gleiche Zeit aus Westafrika nach England zurückgekehrt, war das die gleiche alte Narretei, das gleiche unbekümmerte Über-den-Daumen-Peilen. Was hatte Speke denn *wirklich* getan? Er hatte einen kurzen Blick auf eine weite Wasserfläche geworfen, als er während der Tanganyika-Expedition 1858 Mwanza besuchte. Er hatte einen weiteren kurzen Blick auf eine andere Wasserfläche, dreihundert Kilometer weiter nördlich, geworfen als er mit Grant 1862 König Mutesa besuchte. Und daraufhin war er blitzartig zu dem Schluß gekommen, das riesige Gebiet zwischen den beiden Punkten — eine Fläche von annähernd 70000 Quadratkilometern, gut halb so groß wie England — sei ein einziger See. Hatte er diesen sogenannten See umfahren? Ganz und gar nicht. Er hatte sich nicht einmal die Mühe gemacht, sein Westufer aufzusuchen, als er bei Rumanika weilte. Er war gänzlich außerstande anzugeben, welche Flüsse in ihn hinein- oder aus ihm herausflossen.

Es war sicher zutreffend, daß er einen Abfluß gefunden hatte, als er die sogenannten Ripon-Fälle aufsuchte, und einen nordwärts fließenden Strom östlich von Mutesas Hauptstadt. Aber was gab ihm das Recht, mit solcher Autorität zu behaupten, dies sei der Nil? War er diesem Strom vom See an bis Gondokoro gefolgt? Keineswegs. Er hatte den größten Teil des Weges bis Gondokoro über Land zurückgelegt, und wenn er zufällig einmal den Strom sah — irgendeinen Strom —, hatte er leichtfertig geschlossen, daß dies derselbe Strom sein müsse, den er aus dem See hatte abfließen sehen. Viel wahrscheinlicher war, daß er nicht *einen* Strom, sondern mehrere, und nicht *einen* See, sondern die Ränder einer Reihe von Seen gesehen hatte. Flüsse entsprangen in aller Regel auch nicht in Seen, sondern in Gebirgen. Speke hatte das Nilbassin »mit einem Ausmaß an Mythen und Legenden ausgestattet, wie man es seit Ptolemäus nicht mehr gekannt hatte«.

Seine *Discovery of the Source of the Nile* und die Fortsetzung *What led to the Discovery of the Source of the Nile* (weitgehend eine Wiederholung seiner *Blackwood's*-Artikel) enthielten »extreme geographische Ungenauigkeiten«.

In dieser Kritik lag genug Logik, um auch andere Geographen davon zu überzeugen, daß Speke viel zu viele Fragen unbeantwortet gelassen hatte und daß noch viel mehr wissenschaftliche Untersuchungen erforderlich waren, bis man sagen konnte, das Rätsel des Nils sei geklärt. Bald wurden Spekes Folgerungen auf den Sitzungen der Royal Geographical Society von verschiedenen Mitgliedern in Zweifel gezogen, und diese Zweifel wurden auch von der Presse aufgegriffen. *Blackwood's Magazine* ergriff entschieden Partei für Speke, aber die Tageszeitungen waren sich nicht mehr so sicher.

Allmählich bildeten sich rivalisierende Lager: Grant stand natürlich fest auf der Seite seines Expeditionsleiters, ebenso Rigby und andere, die von dem Eifer und der Entschiedenheit des jungen Mannes mitgerissen wurden. Doch es gab andere, die sich mit ihm zerstritten hatten oder sich als Rivalen sahen, und so wurden sie aus wissenschaftlichen wie auch aus persönlichen Gründen Parteigänger Burtons. Der Streit mit Petherick zog sich immer noch hin. Er hatte in Gondokoro noch den Eindruck gehabt, Grant — »ein Gentleman durch und durch« — stehe ihm freundschaftlich gegenüber, aber nach seiner Ankunft in England hatte Grant ebenfalls über den »Hilfeleistungsschwindel« zu schimpfen begonnen. Er hatte die Society davon in Kenntnis gesetzt, daß die Expedition von Petherick böse im Stich gelassen worden sei. Speke und er hätten in Gondokoro erstmals von Baker gehört, daß man Petherick mit tausend Pfund ausgestattet hatte, um sie mit Nachschub zu versehen, aber als sie bei dessen Vorratslager angekommen seien, habe man ihnen mitgeteilt, sie hätten zu zahlen wie jeder andere Kunde. Natürlich sei er empört gewesen, und das wolle er jetzt auch zum Ausdruck bringen. Speke ging in einem Vortrag in Taunton noch einen Schritt weiter: Er deutete an, Petherick habe nicht nur sein Wort gebrochen, sondern sich sogar am Sklavenhandel beteiligt. Damit hatten sich beide einen Feind eingehandelt, der genauso unversöhnlich und verbittert war wie Burton.

Aber dann erschien ein noch viel gefährlicherer Opponent auf der Bildfläche: der große Dr. Livingstone persönlich. Livingstone war wie Burton der Überzeugung, daß die eigentliche Lösung des Nilproblems südlich des Victoria-Sees und des Äquators zu suchen sei. »Der arme Speke«, schrieb er, »hat den wahren Nilquellen den Rükken zugekehrt. ... Sein Fluß bei den Ripon-Fällen ist nicht breit genug für den Nil.«

Livingstone äußerte sich wie stets bestimmt, aber höflich. Anderen Mitgliedern der Society indes ging der Kult um Speke entschieden zu weit. Sie wollten Blut sehen. James M'Queen ritt in einer Reihe von Rezensionen zu Spekes erstem Buch im *Morning Advertiser* einen vernichtenden Angriff. Burton war entzückt und druckte diese Rezensionen umgehend in *The Nile Basin* ab. Niemals in den fünfzig Jahren, in denen sich M'Queen mit der Geographie Afrikas beschäftigt habe, bemerkte er dazu, habe er »größeren Scharfsinn und mehr Geist bewiesen — ganz zu schweigen von seinem unvergleichlich trockenen Witz — als in diesen Aufsätzen, die zu einem Zeitpunkt erschienen, da die britische Welt vor ihrem neuesten Idol in die Knie ging«.

Was Burton »trockenen Witz« nennt, erscheint uns Heutigen eher als unflätige und verleumderische Beschimpfung. Wie Desborough Cooley, sein Kollege in der Society (der Mann, der über die Idee spottete, es könne Schnee am Äquator geben), war M'Queen ein talentierter und gelehrter Geograph. Es war aber wohl ein unglücklicher Umstand, daß er seine Geographie nur in England praktiziert und keine richtige Vorstellung davon hatte, was Reisen in Afrika bedeutete. Und in London ließen sich genausoleicht vorschnelle Schlüsse ziehen wie am Ufer des Victoria-Sees.

M'Queen eröffnet seine Attacke mit dem Hinweis auf Spekes Kleinlichkeit und Unfairneß gegenüber Petherick und schreitet von dort weiter zur Demontage seines Charakters. Er zeigt sich besonders aufgebracht über Spekes Bericht, wie er Rumanikas fette Frau vermessen hatte. (. . .) »Wir nehmen an«, schreibt er, »daß keiner unserer Leser jemals eine solche ›Ingenieurarbeit‹ erlebt, ja auch nur davon gehört hat, und sind sicher, daß auch niemand wünscht, ihr jemals beizuwohnen.«

Dann geht M'Queen zu Mutesa über: Speke schreibe mit Bewunderung über ihn. Doch was gehe an seinem Hofe vor?

> »Jeden Tag wurden eine, zwei oder drei arme Frauen aus dem Harem zu einer grausamen Hinrichtung geschleift. Einmal wurden an einem Tag gleichzeitig nicht weniger als vier weggeschleppt. Um die Sittsamkeit dieser Frauen zu beweisen, teilt uns Speke auf S. 357 [seines Buches *Discovery of the Source of the Nile*] minutiös folgendes mit: ›Diese zwanzig Jungfrauen, die Töchter Wakungus, alle über und über beschmiert mit Fett, hielten jede ein kleines viereckiges ›mbugu‹ als Feigenblatt vor sich und marschierten in einer Reihe vor uns auf als frischer Nachschub für den Harem.‹ Nach dieser Vorstellung ›erhob sich eine gesetzte Matrone aus der am Boden kauernden Menge, ließ die Mädchen eine Kehrtwendung machen und führte sie ab, wobei sie ihr noch viel nackteres Hinterteil zeigten‹.«

Wenn Speke sich über Einsamkeit während seines Aufenthalts an Mutesas Hof beklage, so sei das offene Heuchelei; schließlich habe er ständig Mädchen geschenkt bekommen und sie alle zurückgewiesen — außer den hübschesten. Die hätten ihn so mit Beschlag belegt, daß er nicht einmal Zeit gefunden habe, nach seinem berühmten See zu sehen.

»Captain Speke war während der fraglichen Zeit aufs angenehmste damit beschäftigt, ›pombe‹ zu trinken, der Königinmutter den Hof zu machen, Kühe abzuschießen und sich bei seinen widerspenstigen Gespielinnen Respekt zu verschaffen. (. . .) Es ist fast unglaublich, daß ein Mann tausend Meilen weit reist, um die Position des Nilursprungs zu bestimmen (von dem wir einmal unterstellen wollen, er liege hier), und sich dann fünf Monate lang acht Meilen davon entfernt aufzuhalten, ohne etwas Gewisses über das große Ziel seiner Forschungsreise in Erfahrung zu bringen oder Mittel und Wege zu finden, um es zu sehen. Er hätte ja den Arm der schönen Kariana, der Frau des Höflings Dumba, nehmen können, mit der er Arm in Arm zu gehen pflegte, um ihr zu demonstrieren, wie er im Hyde Park mit Damen promenierte, hätte sich den Bart rasieren und seinen oder ihren ›mbugu‹ anlegen können und mit ihr, statt herumzusitzen und Trübsal zu blasen, einen Morgenspaziergang zum See oder zum Fluß unternehmen können; so hätte er an einem Vormittag gesehen, was er zu sehen wünschte, und uns und alle Welt von unserer Qual und Enttäuschung befreit.«

Die Königinmutter hatte, als sie Speke »Ehefrauen« geschickt hatte, nicht zuletzt herausfinden wollen, ob der Nachwuchs schwarz oder weiß ausfallen würde. Dazu bemerkt M'Queen: »Die Geschlechter vermischen sich und werden sich weiterhin vermischen. Es wird unterschiedliche Hautfarben geben. Captain Speke ist ein überaus sachkundiger Zeuge für diese Vorgänge.« Er werde in der Lage sein, sich vom Stand der Dinge zu überzeugen, wenn er demnächst in diesen Garten Eden am Nil zurückkehre.

Des weiteren wünschte der Rezensent Protest gegen Spekes Gewohnheit anzumelden, die von ihm entdeckten Plätze nach berühmten Persönlichkeiten in der Heimat zu benennen:

»Nur mit Mühe finden wir die rechten Worte, um unseren Abscheu darüber auszudrücken, daß hier die ersten Namen Europas, speziell der Name unserer erhabenen und gnädigen Monarchin, beleidigt und herabgewürdigt werden, indem man Orte in diesem überaus barbarischen und sittenlosen Land nach ihnen benennt. Wir hoffen ernsthaft, daß die Royal Geographical Society in Zukunft allen solchen Bestrebungen seitens von Personen, die von ihr gefördert oder beschäftigt werden, mit größter Entschiedenheit entgegentritt.

Hinsichtlich der geographischen Angaben Spekes übernimmt M'Queen die meisten Argumente Burtons, und mit einigem Geschick und unter Verwendung von Spekes eigenen Daten gelingt es ihm nachzuweisen, daß der Forscher den Nil bergauf fließen läßt.

»Kein korrekter oder vernünftiger Geograph findet sich auf diesen Seiten zurecht. Selbst der gerissenste Jurist aus Philadelphia wäre außerstande, dieses Durcheinander zu entwirren oder noch unklarer zu formulieren als Captain Speke.« Was habe er denn wirklich erreicht und nach Hause gebracht? »Das Opfer und den Ruin eifriger Gefährten sowie eine Überfülle an Erkenntnissen (sofern davon die Rede sein kann), die durchweg so verworren sind, daß wir annehmen müssen, er finde sich in ihnen selbst nicht zurecht.«

Nach seiner Rückkehr nach England habe Speke einen Vortrag gehalten und erklärt, er wolle Zentralafrika erschließen, indem er dorthin zurückkehre und den ganzen Kontinent entlang dem Äquator von Osten nach Westen durchquere. Sein Ziel sei, habe er gesagt, »nichts Geringeres als die Erneuerung Afrikas«. Aber er sei der letzte, den man nach Afrika zurückschicken solle. Die Nachricht von diesem Vorhaben könne selbst den Premierminister des Königs von Buganda zu dem Ausruf veranlassen: »Woh, woh, woh, was wird als nächstes kommen?«

Man solle lieber Grant gehen lassen; der sei wenigstens ein Gentleman und bescheiden: »Niemals erleben wir ihn beim ›pombe‹-Trinken, Flirten, Kokettieren oder Frauensammeln.«

M'Queen krönt seine Diatribe mit dem Hinweis auf einen Brief Bakers, in dem dieser scherzhaft vorschlägt, man solle am Äquator ein Hotel zur Unterbringung und Bewirtung von Reisenden errichten:

»Unbedingt müßte dieses Hotel folgendes annoncieren:

RIPON FALLS HOTEL
SPEKE & MUTESA
POMBE UND MBUGUS STETS VORRÄTIG

Würde ein solches Etablissement unter königlichem Privileg (dem sich die Regierung nicht widersetzen könnte) geplant, so wetten wir einen neuen englischen Penny gegen ein bugandisches ›mbugu‹, daß das erforderliche Kapital unter den vielen in diesem Lande aufgebracht würde, deren Kopf weicher ist als ihr Herz. Ein Hotel, ein prächtiger Hof, wo Flirten, Intrigieren und ›pombe‹-Trinken an der Tagesordnung sind, würde mit Sicherheit eine stattliche Reihe eleganter Besucher anziehen, da in der Folge eine Eisenbahnlinie gebaut werden wird.«*

M'Queens Rezensionen erregten natürlich große Aufmerksamkeit. Sie atmeten ganz den Geist der viktorianischen Ära, waren außerordentlich hämisch und heuchlerisch, und sie hätten keinerlei Rolle gespielt, wäre nicht das zugrunde liegende Thema so bedeutsam gewesen. Denn wie trivial und absurd die ganze Polemik auch erscheinen mag — sie nimmt einen wichtigen Platz in der Geschichte der Entdeckung des Nils ein und sollte in den nächsten Jahren eine erstaunlich lang anhaltende Nachwirkung haben.

Natürlich darf man sich nicht darüber wundern, daß für Speke nicht alles wie am Schnürchen lief. Er trat mit

* Die Eisenbahnlinie wurde tatsächlich gebaut, und heute gibt es an dieser Stelle ein Ripon Falls Hotel.

einer phantastischen Story an, die er auch noch recht impulsiv und ziemlich arrogant zum besten gab. Immerhin hatte das Rätsel des Nils die erlauchtesten Geister seit Tausenden von Jahren außerordentlich beschäftigt, und man konnte schwerlich glauben, daß ein junger Offizier der indischen Armee ohne besondere Qualifikation eine Frage gelöst haben sollte, an der so viele gescheitert waren. Hinzu kam, daß auf diesem Feld in England traditionell eine starke Skepsis herrschte. Fast ein Jahrhundert zuvor war James Bruce aus Afrika mit der Behauptung zurückgekehrt, er habe die Quelle des Blauen Nils gefunden und diesen bis zum Zusammenfluß mit dem Weißen Nil bei Khartum verfolgt. Diese Geschichte war mit größter Ungläubigkeit aufgenommen worden. (...) Sechzehn Jahre lang hatte Bruce gewartet, bevor er seine *Travels to Discover the Source of the Nile in the Years 1768–73* veröffentlichte. Speke dagegen hatte seinen Bericht sofort auf den Markt geworfen und eine öffentliche Kontroverse ausgelöst. Es war jetzt nur eine Frage der Zeit, wann die beiden Hauptantagonisten zusammenstoßen und ihre Sache austragen würden.

Dazu kam es im September 1864, gut ein Jahr nach Spekes und Grants Rückkehr nach England. Die British Association for the Advancement of Science lud zu einer Tagung nach Bath ein, und sowohl Speke wie Burton versprachen zu kommen. Sie sollten am 16. September vor einem Publikum von mehreren hundert Geographen und anderen Wissenschaftlern in einem Podiumsgespräch aufeinandertreffen und ihre unterschiedlichen Standpunkte vortragen. Auch Livingstone (der Speke immerhin Respekt entgegenbrachte, für Burton aber wenig übrig hatte) kündigte sein Erscheinen an.

Über Spekes innere Verfassung unmittelbar vor dem Treffen ist wenig bekannt. Er pflegte seine Meinung für sich zu behalten und hatte kein sehr ausgeprägtes Talent zum öffentlichen Debattieren. Ohne Zweifel war er sich der Tatsache bewußt, daß Burton ein höchst gefährlicher

Gegner und ihm an Eloquenz und logischer Schärfe überlegen war. Burton war ein Intellektueller, er selbst nicht. Überdies gab es in seinem *Journal* einige äußerst peinliche Irrtümer, die auszuräumen er bis jetzt versäumt hatte. Nicht einmal eine Verleumdungsklage gegen M'Queen und den *Morning Advertiser* hatte er erhoben, obwohl manche der M'Queenschen Formulierungen zweifellos verleumderisch waren, zum Beispiel der Vorwurf, Speke habe den Sklavenhandel gerechtfertigt. Das hätte man zur Not noch Burton vorwerfen können, doch Speke hatte in dieser Beziehung eine völlig weiße Weste; seine große Sympathie für die Afrikaner ist eindeutig. Er schreibt mehrfach, er sei überzeugt, daß sie sich unter einer guten Regierung bald aus dem Zustand der Barbarei erheben und ihren Platz unter den zivilisierten Völkern einnehmen könnten — ein Standpunkt, der sich aufs äußerste von demjenigen Burtons und vieler anderer Afrikaforscher (bis in unsere Tage) unterscheidet. All dies hatte Speke jedoch mit Stillschweigen quittiert und nicht einmal auf Burtons höhnischste Bemerkungen reagiert. Und doch war er ein hartnäckiger, selbstbewußter Mensch und nach allem, was wir wissen, nicht bereit, kampflos nachzugeben. So erschien er zu dem Kongreß von Bath in der offenkundigen Absicht, sich zu rechtfertigen, und nahm Quartier bei seinem Onkel John Fuller in Neston Park nahe bei Box in Wiltshire.

Über Burtons Einstellung zu dem bevorstehenden Treffen wissen wir etwas mehr — teils aus den sicherlich subjektiven Mitteilungen seiner Frau Isabel, teils aus seinen eigenen nachfolgenden Schriften. Wie gewöhnlich hatte er seine Aufzeichnungen sorgfältig vorbereitet und fühlte sich nicht nur imstande, Spekes Theorie zu zerpflücken, sondern gedachte, seinerseits eine völlig neue eigene Theorie an deren Stelle zu setzen. Sie lief letztlich auf seine alte Idee hinaus, der Tanganyika-See und seine Zuflüsse stellten das eigentliche Quellgebiet des Nils dar. Er hatte eine Kartenskizze angefertigt, auf denen der

Rusizi den See in nördlicher Richtung *verläßt* und später in den Luta Nzige fließt — jenen anderen großen See westlich des Victoria-Sees, von dem Speke und Grant gehört hatten, als sie durch Kamrasis Reich in Richtung Gondokoro zogen. Der Luta Nzige weist auf Burtons Karte seinerseits einen Abfluß nach Gondokoro hin auf. Dieser, behauptete Burton jetzt, sei der wahre Nil. Spekes Victoria-See ist von seiner Karte nahezu verbannt; an seiner Stelle erscheint nur die Bemerkung: »angenommene Lage« eines Sees.

Nun hatten ja Burton und Speke 1858 das Nordufer des Tanganyika-Sees zusammen aufgesucht und sich, obwohl sie des Rusizi gar nicht ansichtig geworden waren, mit der Auskunft der Einheimischen zufriedengegeben, er fließe *in* den See *hinein*. Dann konnte er aber nicht der Quellfluß des Nils sein. Angesichts dieser Einsicht hatte Burton sich »todunglücklich« gefühlt. Jetzt, auf der Grundlage weiterer Überlegungen, fühlte er sich viel besser. Er verkehrte seine frühere Auffassung schlicht ins Gegenteil und ließ den Rusizi in die Gegenrichtung fließen. Die Einheimischen hatten sie damals falsch informiert, schloß er jetzt, und im übrigen seien sie beide nicht in der Verfassung gewesen, den Dingen auf den Grund zu gehen, als sie 1858 am See weilten: »Speke war taub und fast blind; ich selbst war gelähmt, und beide waren wir hilflos.«

Burton gedachte überdies eine andere, noch verblüffendere These zu präsentieren: Er war bereit zu behaupten, daß der Nil außer dem Tanganyika-See noch einen zweiten, weit ostwärts liegenden Ursprung habe: den Fluß Asua, der sein Wasser seinerseits vom Lake Baringo erhalte. Südöstlich vom Baringo liegen die schneebedeckten Gipfel des Kenia und des Kilimandscharo, und Burton stand nicht an, diese Berge mit den Mondbergen zu identifizieren — womit alle Angaben in Ptolemäus' Karte aus dem zweiten Jahrhundert in bewundernswerter Weise bestätigt worden wären.

Vor dem Kongreß hatte Isabel Burton einen vergeblichen Versuch unternommen, die beiden Männer miteinander auszusöhnen. »Im Rückblick ist es interessant«, schreibt sie 1892, »in ihren Briefen zu verfolgen, wie sie von der Anrede ›Lieber Jack‹ und ›Lieber Dick‹ zu ›Lieber Burton‹ und ›Lieber Speke‹ übergehen und schließlich beim ›Sir‹ enden.« Sie berichtet auch, wie vor dem Kongreß ein Freund »Richard anvertraute, Speke habe geäußert, wenn Burton das Podium in Bath (gewissermaßen Spekes Heimatstadt) betrete, so werde er ihm einen Tritt verpassen. Ich erinnere mich noch an Richards Antwort: ›Das klärt die Lage! Wir werden wahrhaftig sehen, ob er mir einen Tritt verpaßt!‹ So fuhren wir denn nach Bath.«

Der bevorstehenden Konfrontation sah Burton freilich ebenso nervös wie kampflustig entgegen; er wollte sie so schnell wie möglich hinter sich bringen. Nach seiner Ankunft in Bath besuchte er mit Isabel — sie war mit besonderer Sorgfalt gekleidet und fast die einzige Frau auf der Tagung — am 15. September — an dem Tag, der der großen Debatte vorausging — eine vorbereitende Sitzung der Sektion E (Geographie und Ethnographie). Hier begegnete er Speke. Beide schnitten einander total. Burton fand, sein Rivale sehe krank aus und sein Seh- und Hörvermögen sei einmal mehr beeinträchtigt. Gegen 13.30 Uhr bemerkte er, wie jemand aus dem hinteren Teil des Saales Speke ein Zeichen gab, worauf dieser sofort aufstand und mit den Worten »Ich halte das nicht länger aus!« den Raum verließ.

Am folgenden Morgen, dem 16. September, versammelten sich Burton, Isabel, Sir Rederick Murchison und mehrere hundert weitere Kongreßteilnehmer aufs neue in diesem Saal, um die Debatte zu eröffnen. »Alle bedeutenden Leute standen hier zusammen«, berichtet Isabel. »*Nur Richard wurde gemieden* und stand *mit mir allein* auf dem Podium, seine Aufzeichnungen in der Hand.«

Was jetzt kam, läßt sich vielleicht am besten anhand von Burtons eigener Schilderung verfolgen:

»Schon früh an jenem Morgen, der für das ausersehen war, was törichte Geister das Nil-Duell nannten, fand ich eine beachtliche Versammlung im Raum der Sektion E vor. Ein Papier wurde schweigend von Hand zu Hand gereicht. Mein Freund Findlay informierte mich sogleich über das, was vorgefallen war. Captain Speke war gestern gegen 16 Uhr ums Leben gekommen, als er auf dem Grundbesitz eines Vetters der Jagd nachging. Man hatte ihn im Gelände vermißt, und sein Verwandter hatte ihn mit einer Schußwunde nahe am Herzen aufgefunden. Er hatte noch einige Minuten gelebt, und seine letzten Worte waren die Bitte gewesen, ihn nicht zu bewegen.«

Seton Deardon schreibt in seiner Studie über Burton, dieser sei deutlich sichtbar über das Podium gewankt, dann auf einen Stuhl gesunken und, während es in seinem Gesicht arbeitete, in den Ruf ausgebrochen: ›Mein Gott, er hat sich umgebracht.‹ Als er nach Hause kam, weinte er bittere Tränen und wiederholte immer nur den Namen ›Jack‹, ›Jack‹.« Auch Isabel berichtete, daß er, »als wir heimkamen, lang und bitterlich weinte. Ich war tagelang mit dem Versuch beschäftigt, ihn zu trösten.«

Während des Kongresses allerdings gelang es Burton, seine Fassung zu bewahren. Nachdem Sir Roderick Murchison eine bewegende Kondolenzadresse an Spekes Familie verlesen hatte, füllte Burton die entstandene Lücke in der Vormittagssitzung mit einem Vortrag über »Die Ethnologie Dahomeys« aus.

Was war am Vortag geschehen? Direkt nach Verlassen des Tagungsgebäudes fuhr Speke nach Neston Park, etwa zehn Kilometer von Bath entfernt, und begab sich gegen 14.30 Uhr mit seinem Vetter George Fuller und einem Wildhüter namens Daniel Davis auf Rebhuhnjagd. Im Verlauf der nächsten Stunde hörten die beiden anderen ihn beide Läufe seines Gewehrs, eines Lancaster-Hinterladers ohne Sicherungsbügel, abfeuern. Gegen 16.00 Uhr vernahm Fuller aus ungefähr fünfzig Meter Entfernung einen dritten, sehr lauten Knall von Spekes Gewehr. Er blickte auf und sah Speke auf einer etwa einen halben Meter hohen Mauer stehen. Unmittelbar darauf stürzte Speke zu Boden. Fuller rannte hin und fand seinen Vetter mit einer schrecklichen Wunde in der Brust am Boden liegend vor. Ein Gewehrlauf war abgefeuert; der andere stand auf Vorderrast. Anscheinend hatte Speke, während er über die Mauer stieg, das Gewehr hinter sich hergezogen, und es war losgegangen, als die Mündung gerade unmittelbar auf seine Brust gerichtet war.

Er war noch bei Bewußtsein, blutete aber sehr heftig und konnte unmöglich bewegt werden — er selbst flüsterte schwach: »Bewegt mich nicht.« Fuller ließ den Wildhüter bei dem Verwundeten zurück und rannte los, um Hilfe zu holen, doch bis er mit einem Mr. Snow, einem Chirurgen aus Box, zurückkam, war Speke schon tot. Er hatte nur noch fünfzehn Minuten gelebt und nichts mehr gesagt.

Man brachte die Leiche in das Haus von Spekes Bruder in Corsham, und dort fand am 16. September auch die gerichtliche Untersuchung statt. Die Geschworenen waren »angesehene Bürger des Ortes« — solide, tüchtige Südwestengländer. Nachdem Fuller, Davis und der Chirurg ihre Aussagen gemacht hatten — wobei der letztere feststellte, daß die Gewehrmündung sehr nahe an den Körper des Toten gehalten worden sein müsse —, wandte der Coroner sich in einer kurzen Rede an die Geschworenen und gab ihnen zu verstehen, welchen Spruch sie seiner Meinung nach zu fällen hatten. Die Geschworenen kamen sodann einstimmig zu dem Verdikt, daß der Verschiedene infolge versehentlicher Entladung seines eigenes Gewehrs gestorben sei.

Am Montag, dem 19. September 1864, widmete die *Times* Speke einen Leitartikel. Darin wurde der Standpunkt vertreten, daß er der erfolgreiche Entdecker des Nilursprungs sei und »das Blaue Band der Geographen«

verdiene; zugleich wurde diese Leistung jedoch durch den Vergleich mit Entdeckungen relativiert, die die Forscher Stuart, Burke und Willis soeben in Australien gemacht hatten:

»Ein tapferer Soldat, der sich bravourös in einigen der blutigsten Schlachten unserer indischen Kriege schlug, ein kluger, kühner Forschungsreisender, der nur mit Mut und Ausdauer ein Problem löste, das die Neugier der Menschheit seit den frühesten Tagen ihrer Geschichte erregte, ist in der vollen Blüte seiner Mannesjahre durch einen banalen Alltagsunfall aus dem Leben gerissen worden. (. . .) Wir fordern hier keinen Vorrang für Speke vor dem Genius der Stuart, Burke und Willis; aber seine Leistung war brillant, und wir sind noch immer stolz auf den kühnen Abenteurer. Er hatte die Trophäe errungen und war eben dabei, sie gegen andere Kandidaten zu verteidigen, die sich gern selbst mit ihr schmücken würden. Eine buntgemischte Menge von Neugierigen und Wissenschaftlern — Parteigänger von Speke oder zumindest für seine Sache Eingenommene — war in Bath versammelt, um einen großen Schaukampf zwischen ihm und seinem Hauptgegner zu erleben. Aber da lag er schon tot in einem Stoppelfeld, erschossen von seinem eigenen Gewehr«.

Die *Times* hatte präzise Vorstellungen davon, wie sich der Unfall ereignet hatte:

»Ein Lauf seines Gewehrs war abgefeuert; der Hahn des anderen stand auf Vorderrast. Er muß daher das Gewehr in dieser Position niedergelegt haben, um über die Mauer zu steigen, und es dann am Lauf ergriffen und zu sich hingezogen haben, während die Läufe auf seinen Körper zeigten. Der Hahn muß dann gegen einen Stein geschlagen oder sich in einem Ast verfangen haben, durch diese Erschütterung gelöst worden sein und den Schlagbolzen betätigt haben, der die Patrone zündete. (...) Dieser verhängnisvolle Unfall«, schloß der Artikel, »wird eine Kontroverse beenden, die die in Bath versammelten Geographen zu amüsieren versprach.«

Die Begräbnisfeier fand in der Kirche von Dowlish Wake statt, unweit von Spekes Elternhaus; zugegen waren Murchison, Livingstone und Grant. In der Kirche wurde zu Spekes Ehren ein Fenster gestiftet und ein Monument errichtet, und später stellte man in Kensington Gardens in London einen Granitobelisken auf. Der Obelisk trägt die schlichte Inschrift: »In memory of Speke, Victoria Nyanza and the Nile, 1864« — so als müßten wir alle diesen Mann kennen und seiner mit Bewunderung gedenken.

Als Speke starb, war er erst siebenunddreißig und unverheiratet. Eine sonderbare und nachhaltige Anonymität umgibt sein Andenken. Während andere, unbedeutendere Forscher geehrt werden, wird er vernachlässigt; während ihr Charakter und ihre Leistung uns oft sehr gegenwärtig sind, ist Speke kaum mehr als ein Name — und nicht einmal ein Name, der augenblicklich und zwangsläufig mit dem Nil assoziiert wird, so wie der Burtons mit Arabien und der Livingstones mit Afrika verknüpft ist. Burton- und Livingstone-Biographen gibt es in fast jeder Generation; über Speke wurde nie ein Buch von Bedeutung geschrieben. Kein Zitat von ihm, nicht einmal »Der Nil ist geklärt«, keine Verhaltenseigentümlichkeit oder Marotte haftet im Bewußtsein der Öffentlichkeit. Er bleibt eine Art rechtschaffener Schatten, ein egozentrischer, standhafter Einzelgänger, der die besten Traditionen englischen Unternehmungsgeistes verkörpert — aber man hält sich lieber an Burton.

Selbst die Umstände von Spekes Tod bleiben weiterhin im dunkeln: Noch immer vertreten viele die Ansicht, er habe den Selbstmord der Konfrontation mit Burton vorgezogen, aber dafür gibt es keine Beweise. Wenn er überhaupt daran gedacht haben sollte, sich umzubringen, dann hätte er es *nach* dem Duell mit seinem Gegner getan, nicht vorher; jedenfalls legt das wenige, was wir über ihn wissen, diesen Schluß nahe. Und doch bleibt der Zweifel bestehen.

Diese Angelegenheit wurde im Jahre 1921 noch einmal durch einen seltsamen Leserbrief aufgerührt, den Spekes Vetter George Fuller an die *Times* schrieb:

»Sir,
der interessante Artikel über Richard Burton in Ihrer Ausgabe vom 19. d.M. enthält ein Zitat Burtons aus einem Brief an den verstorbenen W. Frank Wilson:

›Über Spekes Tod wird nichts bekanntwerden. Ich sah ihn um 13.30 Uhr, und um 16 Uhr war er tot. Die freundlich Gesinnten sagen, er habe sich selbst erschossen, die unfreundlich Gesinnten, *ich* hätte ihn erschossen.‹

Dies ist ein Beispiel für die vielen bombastischen Sprüche Richard Burtons und typisch für seine lebhafte Phantasie. Die Fairneß gegenüber der *Times* und ihren Lesern gebietet es, diese irreführenden Angaben zu korrigieren.

Die Ursache für Spekes Tod ist wohlbekannt; sie wurde bei der gerichtlichen Untersuchung in meinem Hause bestätigt. Der Spruch der Geschworenen lautete auf ›versehentlichen Tod durch Entladung eines Gewehrs‹.

Als einziger noch lebender Augenzeuge dieses traurigen Unglücksfalles und Begleiter Spekes an seinem Todestag kann ich bezeugen, daß Burton Speke an diesem Tag gar nicht gesehen haben kann und daß der Tod vor 13.30 Uhr eintrat.

Mit freundlichen Grüßen
G.P. Fuller

Neston Park, Corsham, Wilts.,
den 20. März 1921«

188 Das ist schon sehr merkwürdig. Fuller hatte bei der gerichtlichen Untersuchung selbst bezeugt, daß der Tod

um 16 Uhr eingetreten sei, und an der Tatsache, daß Burton Speke gegen 13.30 Uhr begegnete, läßt sich kaum zweifeln. Als einzige Erklärung bietet sich an, daß diese Angelegenheit Fuller aufs tiefste bewegte und daß ihn 1921, als sehr alten Mann, sein Gedächtnis im Stich ließ.

Spekes Tod löste in England keine tiefer gehenden Gewissensbisse aus, eher ein Gefühl der Betretenheit. Und die Kontroverse war keineswegs, wie die *Times* meinte, beendet; Spekes Gegnern wuchs aus seinem Tod vielmehr neue Kraft zu, und sie verloren wenig Zeit bei ihrem Bemühen, die Bedeutung seiner letzten gewaltigen Reise noch mehr zu schmälern. Grant lebte bis 1892 und wurde am Ende noch Ritter des Bathordens — allerdings nicht in Anerkennung seiner Großtat am Nil, sondern aufgrund irgendeiner bescheidenen Aktion in Äthiopien. Speke war natürlich die Medaille der Royal Geographical Society verliehen worden, aber es sollte noch einige Zeit ins Land gehen, bis sich Königin Victoria zu der Bemerkung bemüßigt fühlte, daß er gestorben sei, »bevor er irgendein Zeichen Unserer königlichen Gunst erhalten hatte«. Das Versäumnis wurde wie folgt behoben: Spekes Vater erhielt die Nachricht, er dürfe seinem Familienwappen ein Krokodil und ein Nilpferd hinzufügen.

Später wurde an den Ripon-Fällen eine Gedenktafel angebracht. Der Text lautete:

SPEKE
DISCOVERED THIS
SOURCE OF THE
NILE
ON THE 28 JULY 1862

Man beachte: »this source«, *diese* Quelle, nicht: *die* Quelle. Aber das spielt kaum eine Rolle. Heute sind die Ripon-Fälle in einem Stausee untergegangen, an den ein Wasserkraftwerk angeschlossen ist, und der Ort, an dem Spekes Gedenktafel stand, ist für immer in den grünen Tiefen des großen Flusses versunken.

BAKER VOM NIL

Es war klar, daß das Rätsel des Nils niemals durch gelehrte Spekulationen in London gelöst werden würde. Die Lösung konnte nur in Afrika selbst gefunden werden, und so ruhten die Hoffnungen der Geographen jetzt hauptsächlich auf Samuel Baker und seiner Frau, die im März 1863, nach dem Treffen mit Speke und Grant, von Gondokoro aus südwärts aufgebrochen waren. Bekannt war, daß Speke ihnen die ungefähre Lage des Luta Nzige mitgeteilt hatte und daß sie entschlossen waren, ihn zu finden.

Baker ist sozusagen der Dreh- und Angelpunkt der Afrikaforschung. Er nimmt gegenüber allen Theorien, allen emotionalen und moralischen Einstellungen stets eine mittlere Position ein, weicht nie zu sehr zum einen oder anderen Extrem hin ab. Ohne im geringsten schwerfällig oder langweilig zu sein, ist er ein praktisch denkender, realistischer Mensch, der genau weiß, was er will und wohin die Reise geht. Man hat das Gefühl, daß die Schicksalsmächte ihm kaum gewachsen sind; wie schlecht seine Chancen auch stehen mögen — am Ende wird sich die Lage beruhigen, und alle Beteiligten werden sich seinen vernünftigen, nüchternen Standpunkt zu eigen machen. In gewisser Weise verkörpert er fast die Karikatur des klassischen Viktorianers, des soliden, backenbärtigen »clubman«, der in seinen Gewohnheiten und Neigungen absolut festgelegt, aber zugleich entschlossen ist, sich zu amüsieren. Und doch ist es schwierig, ihn zu beschreiben; hat man ihm ein bestimmtes Etikett aufgeklebt, so merkt man sogleich, daß man ein weiteres anfügen muß. Man könnte zum Beispiel sagen, er sei ein prächtiges Exemplar jener jagdbesessenen englisch-indischen Nabobs, wie Thackeray sie beschrieben hat — aber gleichzeitig schreibt er ungewöhnlich gute Bücher und ist ein sehr fähiger Linguist. Er ist ein wohlhabendes Mitglied der handeltreibenden Mittelschicht, doch statt sich um die Geschäfte zu kümmern, unternimmt er höchst gefährliche, tollkühne Reisen in ferne Länder. Er zieht einerseits eine vielköpfige viktorianische Familie groß, heiratet andererseits aber nach dem Tod seiner Frau eine schöne blonde Ungarin, Florence Ninian von Sass, die etwa fünfzehn Jahre jünger ist als er. Er tut sich wichtig, ist konservativ, stur und sentimental — und bisweilen nichts von alledem. Und doch ist er kein Chamäleon. Er ist so zuverlässig wie ein Schiffskapitän. »Ein großartiger und vernünftiger Mensch« sei er, sagt Stanley, und Grant (der allerdings auf diesem Gebiet nicht der beste Richter ist) lobt seine »lebendige Konversation«.

Baker wurde (wie Burton) 1821 geboren. In seiner Familie gab es eine ganze Anzahl von Seeoffizieren und Plantagenbesitzern in den Kolonien. Sein Vater war ein reicher Reeder, Bankdirektor und Vorstand einer Lokalbahn. Der Sohn war blond und blauäugig, liebte leidenschaftlich die Jagd und die freie Natur und wuchs zu einem breitschultrigen, sehr zähen, stabil gebauten Mann von mittlerer Größe heran, dessen Kinn ein mächtiger Bart zierte. Er schloß seine Erziehung in Deutschland ab und heiratete anschließend die Tochter eines englischen Geistlichen. Danach entschwand er in die entlegensten Regionen der Welt und kehrte bis zu seinem Lebensende stets nur für kurze Zeit nach England zurück. Einmal gründete er eine landwirtschaftliche Niederlassung in Ceylon; zu anderer Zeit leitete er den Bau einer Eisenbahnlinie entlang der Donau — aber immer wieder verlockte ihn seine Leidenschaft für die Großwildjagd. Er schoß Elefanten in Ceylon, Tiger in Indien, Bären auf dem Balkan und ging Anfang der sechziger Jahre mit seiner schönen jungen Frau (nachdem er die vier überlebenden Kinder aus erster Ehe sicher bei Verwandten in England untergebracht hatte) nach Afrika, um zu sehen, was ihm in der sudanesischen Wildnis vor die Flinte geraten würde. Daneben hatte er noch ein zweites Ziel im Auge: Er gedachte, die sportliche Unternehmung mit etwas Afrikaforschung zu kombinieren — beispielsweise mit einer Reise zum Oberlauf des Nils. Oder warum nicht gleich mit einer richtigen Expedition, die ihn bis zum Ursprung des Stroms führen würde?

Wie alles in seinem Leben plante Baker diese Reise sehr sorgfältig. Er beschloß, sich zunächst ein Jahr lang im Sudan aufzuhalten, die Nilzuflüsse bis zur äthiopischen Grenze zu rekognoszieren und dabei Arabisch zu lernen; dann wollte er seine Expedition in Khartum zusammenstellen und den Weißen Nil in Angriff nehmen. Er selbst wollte dabei nicht zu kurz kommen. Daher orderte er Delikatessen bei Fortnum & Mason's, eine Serie von Gewehren nach eigenen Entwürfen, die er von den besten Büchsenmachern Londons herstellen ließ, die bestmögliche Ausrüstung zum Kampieren und höchst präzise wissenschaftliche Instrumente. In gewisser Weise war er ein neuer Typus von Forscher: Er war wohlhabend, reiste privat und ohne Kontakt zu Regierung, Kirche und wissenschaftlichen Gesellschaften, unterlag daher auch keinerlei Weisungen — kurz: er reiste nur zum eigenen Vergnügen. Und trotzdem hat niemals ein professionellerer Forscher seinen Fuß auf afrikanischen Boden gesetzt.

Der erste Teil von Bakers Programm verlief exakt nach Plan. Genau ein Jahr nach seinem Aufbruch von Kairo kam er in Khartum an. Er hatte sehr beachtliche Kenntnisse des Arabischen erworben und am oberen Atbara eine große Zahl wilder Tiere erlegt. Überdies hatte er mit Petherick korrespondiert, und auf dessen Einladung nahmen er und seine Frau Quartier im damals unbewohnten britischen Konsulat von Khartum.

Khartum bestand zu dieser Zeit gerade seit vierzig Jahren und war auf seine Weise genauso fremdartig und wild wie Sansibar. An beiden Orten wurde der Löwenanteil des Sklaven- und Elfenbeinhandels in Ostafrika abgewickelt, wobei alle Karawanen südlich des Äquators den südöstlichen Weg zum Indischen Ozean nahmen und die nordwärts ziehenden dem Niltal bis Khartum folgten. Von hier aus regierten die Ägypter den Sudan in rücksichtsloser, willkürlicher Weise — oder man sollte besser sagen: sie plünderten ihn aus. Praktisch jeder Beamte vom Generalgouverneur Musa Pascha an abwärts war irgendwie in den Sklavenhandel verstrickt, und die aus 15000 Ägyptern und Nubiern bestehende Garnison benahm sich im Land wie eine Besatzungsarmee, nur weitaus grausamer und zügelloser. Ihre Hauptbeschäftigung war das Eintreiben von Steuern, die sie der Landbevölkerung mit der Peitsche oder durch bewaffnete Überfälle auf Viehherden und Getreidelager abpreßten.

Baker und seine Frau verabscheuten Khartum, sobald sie seiner ansichtig wurden. »Ein elenderer, schmutzigerer und ungesunderer Ort ist kaum vorstellbar«, schrieb er. Jenseits des Flusses war nichts als erbarmungslose Wüste; in der Stadt selbst drängten sich annähernd 30000 Menschen in Hütten aus gebranntem Ziegelstein, die von Zeit zu Zeit vom Nilhochwasser überflutet wurden. In den unkanalisierten Straßen lagen verwesende Tierkadaver herum, und das Wasser stammte ausschließlich von Schöpfrädern am Fluß, die, von im Kreis laufenden Ochsen angetrieben, eine trübe Brühe in irdene Krüge beförderten. Natürlich mußte jeder Krug Wasser einzeln bezahlt werden. Nichts in der Stadt funktionierte ohne Schmiergeld. In den Gefängnissen waren Folter und Auspeitschung an der Tagesordnung. Bei Musa Pascha selbst »verbanden sich die schlimmsten orientalischen Laster mit der Brutalität eines wilden Tieres«. Das ganze Jahr über herrschte meist eine unerträgliche Hitze, und wenn der

»habub« aufkam, war der sanderfüllte Himmel schwarz wie die Nacht.

Baker hat einen dieser Sandstürme beschrieben:
»Es schien, als käme aus südwestlicher Richtung eine massive Kette von gewaltigen braunen Bergen hoch in der Luft auf mich zu. Die ungewöhnliche Erscheinung näherte sich so rasch, daß innerhalb weniger Minuten pechschwarze Dunkelheit hereinbrach. Anfangs wehte kein Wind, und die eigentümliche Stille vermittelte ein Gefühl der Bedrückung. (. . .)Wir versuchten unsere dicht vor die Augen gehaltenen Hände wahrzunehmen, konnten aber nicht einmal ihre Umrisse sehen. Das Ganze dauerte kaum länger als zwanzig Minuten — dann war es vorüber, und die Sonne schien wie zuvor.«

Dennoch war Khartum zu dieser Zeit auch ein faszinierender Ort, wo »die Luft voller Wunder« war: praktisch der letzte Stützpunkt der Zivilisation am Rande einer riesigen Wildnis, die noch kaum begonnen hatte, ihre unendlichen Schätze und Monstrositäten zu offenbaren. Jede Karawane, die von hier aufbrach, war auch ein Forschungsunternehmen; jedes Schiff, das, vom oberen Nil kommend, hier eintraf, brachte Phänomenales und Fremdartiges mit: bis dato unklassifizierte Säugetiere und Vögel; wilde Eingeborene mit exotischen Schmuckstücken in Lippen, Ohren und Nase; Pflanzen und Blüten, die neue Drogen und Duftstoffe enthielten; Steine, die womöglich gold- oder silberhaltig waren. Der Elfenbeinhandel allein setzte pro Jahr 40000 Pfund um.

Neben Afrikanern umfaßte die Bevölkerung von Khartum hauptsächlich Syrer, Griechen, Kopten, Armenier, Türken, Araber und Ägypter, von denen viele Galla-Mädchen aus Äthiopien — »die Aphroditen dieses Landes« — zur Frau oder als Konkubine genommen hatten. Außerdem lebten etwa dreißig Europäer in der Stadt. Ihr Leben war nicht unerträglich. Sie wohnten in etwas besseren und kühleren Häusern als die große Masse, hatten über die monatliche Kamelpost Kontakt mit der Außenwelt und verfügten über viele Luxusartikel wie Wein, britisches Bier, französische Kekse, Seifen und Parfums, die quer durch die Wüste zu ihnen gebracht wurden. Die türkischen und ägyptischen Honoratioren der Stadt trafen sich gern zu ausgedehnten, raffinierten Tafeleien, die gewöhnlich mit einem Auftritt afrikanischer Tänzerinnen endeten.

Was Khartum freilich in Gang hielt, war der Sklavenhandel. Jeder mittellose Abenteurer konnte sich daran beteiligen — vorausgesetzt, er war bereit, sich Geld gegen bis zu achtzig Prozent Zinsen zu leihen. Für dieses Geld konnte er zwei- bis dreihundert Bewaffnete anwerben, mit ihnen im Dezember nilaufwärts segeln und an einem günstigen Platz an Land gehen. Hier konnte er sich mit irgendeinem Häuptling verbünden; dessen Männer überfielen dann zusammen mit den Bewaffneten nächtens irgendein Nachbardorf, zündeten die Hütten an und schossen in die Flammen. Die Sklavenhändler hatten es primär auf die Frauen abgesehen, die man dingfest machte, indem man ihnen einen schweren gegabelten Pfahl, die »scheba«, auf die Schultern band, den Kopf durch ein Querholz sicherte und die Hände an den vorderen Enden des Pfahls anband. Die Kinder der jeweiligen Frau wurden durch eine Kette, die den Hals umschloß, mit der Mutter verbunden. Alles, was das Dorf enthielt, wurde als Beute mitgenommen: Vieh, Elfenbein, Getreide — selbst der barbarische Schmuck, den man von den Gliedmaßen toter Feinde abhackte. Dann zog die ganze Kavalkade zum Fluß zurück und schiffte sich nach Khartum ein. Das geraubte Vieh konnte der Händler gegen Elfenbein eintauschen, und manchmal gab er für dieses auch einen Sklaven frei. Gelegentlich kam es vor, daß der Händler auf die gleiche Weise auch noch seine eingeborenen Verbündeten ausplünderte; doch normalerweise hielten diese Bündnisse über Jahre, und während der Händler noch sein letztes Kontingent in Khartum vermarktete, sammelte der eingeborene Häuptling schon einen neuen Vorrat an Sklaven und Elfenbein. Jeder Händler hatte sein eigenes Territorium, und durch gegenseitige Absprachen war das ganze Gebiet zwischen Khartum und Gondokoro und darüber hinaus parzelliert worden.

In einer guten Saison konnte ein Händler leicht mit 10000 Kilo Elfenbein, das in Khartum 4000 Pfund einbrachte, und mit 400 bis 500 Sklaven im Wert von je fünf bis sechs Pfund rechnen — insgesamt ein Profit von zirka 6500 Pfund. Mit diesem Kapital zahlte er seine Schulden ab, rüstete eine neue Expedition aus und erweiterte so sein Geschäft von Jahr zu Jahr.

Offiziell war der Handel illegal — was sich aber lediglich in der Tatsache niederschlug, daß die Sklaven in Khartum nicht öffentlich angeboten, sondern an vereinbarten Treffpunkten in der Wüste außerhalb der Stadt veräußert wurden. Von dort mußten sie entlang den Karawanenwegen zum Roten Meer marschieren, um dann nach Arabien oder Persien verschifft zu werden, oder sie wurden direkt nilabwärts nach Kairo gesandt.

Wahrscheinlich hat es in der Geschichte nichts Scheußlicheres und Grausameres gegeben als diesen Handel, war er doch besser organisiert als die Sklavenjagd in Tanganyika. Baker berichtet die monströsen Fakten mit einer unparteiischen Gelassenheit, die sehr beeindruckend ist. Dennoch hat er sich — wie Burton, aber anders als Speke — nicht wirklich zu den Afrikanern hingezogen gefühlt und auch nicht blind an ihre baldige Befreiung geglaubt. (. . .) In seiner Vorstellung waren die Afrikaner den Weißen nicht ebenbürtig und würden es auch nie werden. Er mochte allenfalls einräumen, daß Neger in der Kindheit »weißen Kindern gleichen Alters an geistiger Wendigkeit voraus sind; doch ihr Geist entwickelt sich nicht — er verspricht Früchte, kommt aber nicht zur Reife«.

Anderswo attackiert er die Afrikaner wegen der Wildheit und Brutalität ihrer Stammesbräuche. »Reizende Menschen, diese armen Schwarzen, wie englische Sympathisanten sagen«, empört er sich, als ein Nuer-Häuptling »Rücken und Arme seiner Frau entblößte, um die ausgezackten Narben zu zeigen, die jene bedeckten ... Er war richtig stolz darauf, daß er seine Frau zerkratzt hatte wie ein wildes Tier.« Und an anderer Stelle: »Die Polygamie ist hier natürlich gang und gäbe, wobei die Zahl der Frauen, die ein Mann besitzt, ganz und gar von seiner Wohlhabenheit abhängt — genauso wie die Zahl der Pferde in England. In diesen Regionen ist ›Liebe‹ ein Fremdwort. Was zählt, ist Zweckdienlichkeit, ohne jede Spur von Romantik. Frauen werden eingeschätzt und bewertet wie nützliche Haustiere ... Ich fürchte, dieses Nützlichkeitsdenken wird ein starkes Hemmnis für missionarische Bemühungen sein.«

Später sollten diese Ansichten in England scharf kritisiert werden, genauso wie Bakers schroffe Behandlung der Eingeborenenstämme. Aber hier zeigt sich nur einmal mehr sein unerschütterlicher Gleichgewichtssinn: Zur gleichen Zeit, da er diese Kritik einstecken mußte, unternahm er wahrscheinlich mehr praktische Schritte zur Abschaffung des Sklavenhandels als jeder andere Mensch in Afrika. Doch das lag im Jahre 1862 noch in weiter Ferne. Im Augenblick hatte der Handel für Baker eine unmittelbar persönliche Bedeutung: Die Stämme im Süden von Khartum waren dadurch dermaßen verroht und gegeneinander aufgebracht, daß die ganze Region in Aufruhr war. Dadurch wurde es für einen privaten Reisenden gefährlich, sich dort ohne nennenswertes bewaffnetes Geleit aufzuhalten. Und noch eine andere, ernstere Schwierigkeit kam hinzu: Die ägyptischen Beamten in Khartum waren keineswegs begeistert über einen einzelnen Weißen, der ausgerechnet in jene Regionen vordringen wollte, die wegen der Sklaverei für sie so profitabel waren. Sie wollten keine Eindringlinge, die später der

Außenwelt über ihre Aktivitäten berichten konnten. Deshalb unternahm Musa Pascha alles, was in seiner Macht stand, um die Bakers am Weiterziehen zu hindern. Er verweigerte ihnen Boote. Er hintertrieb ihre Bemühungen, eine bewaffnete Eskorte anzuwerben. Dabei lächelte er stets freundlich und legte ihnen immer wieder nahe, doch zu einer späteren Zeit wiederzukommen.

Aber es hätte einer erheblich größeren Entschiedenheit bedurft, um Leute wie die Bakers abzuschrecken. Als sie im Juni 1862 in Khartum ankamen, stellten sie fest, daß es noch einen weiteren, dringenderen Grund gab, ins Landesinnere vorzustoßen: Es lag ein Bericht vor, dem zufolge Petherick und seine Frau, die einige Monate zuvor nach Süden aufgebrochen waren, umgekommen seien, und die Royal Geographical Society fragte bei Baker an, ob er an ihrer Stelle nach Speke und Grant suchen wollte, die seit mehr als einem Jahr überfällig waren. Baker akzeptierte diesen Auftrag sofort und beschloß für sich selbst, falls auch Speke und Grant nicht mehr am Leben wären oder ihr Ziel verfehlt hätten, weiter vorzudringen und den Nilursprung zu finden.

Nach sechs Monaten hartnäckiger Bemühungen hatte er drei Segelbarken, 96 Mann — von denen er einige bewaffnete und uniformierte —, Proviant für vier Monate, 21 Esel, vier Kamele und vier Pferde beisammen. Außerdem schloß sich ihm ein deutscher Reisender an, Johann Schmidt, dem er im Sudan begegnet war. Am 18. Dezember 1862 schiffte man sich nach Gondokoro ein.

Der Nil südlich von Khartum ist ein komplizierter Strom. An die 800 Kilometer durchfließt er die Wüste in breitem und recht gleichmäßigem Lauf, mit Bäumen und gelegentlich flachen, kahlen Hügeln, den Dschebels, an beiden Ufern. Aber da, wo der Sobat, aus dem äthiopischen Hochland herunterkommend, sich mit ihm vereinigt, unweit oberhalb der heutigen Stadt Malakal, wendet er sich nach Westen; die Luftfeuchtigkeit nimmt zu, die Ufer werden grüner: erste Anzeichen des großen Hindernisses weiter im Süden: des Sudd.

Einen gewaltigeren Sumpf als den Sudd gibt es nirgendwo auf der Welt. Der Nil verliert sich in einem riesigen See aus Papyrusfarn und verrottender Vegetation, und in der wabernden Hitze entfaltet sich strotzendes tropisches Leben, das seit Anbeginn der Welt kaum Veränderungen erfahren haben dürfte. Die Region ist so ursprünglich und menschenfeindlich wie das Sargassomeer. Krokodile und Nilpferde rekeln sich im trüben Wasser; der »Balaeniceps rex« und andere merkwürdige Wasservögel halten Wacht an den Ufern — wobei man hier aber kaum von Ufern sprechen kann, allenfalls von den Rändern zufällig entstandener Tümpel in einem Wald von apfelgrünem Schilf, der sich federig bis zum Horizont erstreckt. Dies ist weder Land noch Wasser. Jahr für Jahr trägt die Strömung noch mehr schwimmende Vegetation heran und stapelt sie in kompakten Barren aufeinander, die bisweilen sechs Meter dick und so massiv sind, daß ein Elefant darauf gehen könnte. Doch irgendwann zerbricht ein solches Gebilde zu kleinen Inselchen, die weitertreiben und sich anderswo wieder aneinanderlagern, und dies wiederholt sich tausendfach nach stets ähnlichem Muster und in alle Ewigkeit.

Baker notiert, daß es am oberen Nil keine Ruinen oder Zeugnisse untergegangener Kulturen gibt, »keine alten Geschichten, welche die Gegenwart mit Reminiszenzen an die Vergangenheit bezaubern; alles ist wild und primitiv, hart und gefühllos . . .« Genau dies ist der Grund, weshalb alle Weißen, die in den südlichen Sudan vordrangen, zuinnerst Unbehagen verspürten — das Gefühl, in einer Wildnis zu sein, wo das Leben sich nie entwickelte, sondern in einem zeit- und ziellosen Zyklus einfach um sich selbst kreiste. Solche Erfahrungen waren durchaus verschieden von jenen, die Cortez unter den Azteken machte; hier war ein Land, in dem sich fast ebenso wenige Spuren menschlicher Errungenschaften zeigten wie in Australien zu Beginn des neunzehnten Jahrhunderts, nur war es noch feindseliger gegenüber dem Eindringling.

Dies gilt in besonderer Weise für den Sudd. Hier gibt es nicht einmal eine Gegenwart, geschweige eine Vergangenheit. Außer auf wenigen Inseln mit festem Untergrund lebte hier niemals ein Mensch. Es könnte auch niemand in dieser Einöde aus dahintreibendem Schilf und Morast leben, nicht einmal die primitivsten Menschen. Die niederen Formen des Lebens gedeihen hier in wahnwitziger Üppigkeit, doch für schwarze wie weiße Menschen gibt es im Sudd nichts als Hunger, Siechtum und Tod. In der Regenzeit erstreckt er sich über ein Gebiet von der Größe Englands.

Durch den Sudd führen drei Hauptwasserwege, und sie alle können zu jeder Jahreszeit blockiert sein. Da ist zunächst der Bahr el-Zeraf, der Giraffenfluß, etwa hundert Kilometer oberhalb Malakal, der sich nach Süden hin verzweigt. Weitere achtzig Kilometer aufwärts verbreitert sich der Strom zu einer weitgehend offenen Wasserfläche, die als Lake No bekannt ist, und teilt sich dann: in den Bahr el-Ghazal, den Gazellenfluß, der eine etwa südwestliche Richtung nimmt, und den Bahr el-Dschebel, den Fluß der Berge, der direkt nach Süden fließt. Den Bahr el-Dschebel bevorzugten die Sklavenhändler. Etwa 800 Kilometer südlich des Lake No hatten sie den Sudd hinter sich und waren bald in Gondokoro. Mit Glück, das heißt mit günstigen Winden und der Fähigkeit, sich ihren Weg durch die verfilzte Vegetation zu bahnen, konnten sie hoffen, die Reise von Khartum in anderthalb Monaten zu bewältigen.

Oberhalb von Gondokoro gibt es auf dem Wasser kein Weiterkommen, weil der Nil jetzt über eine Strecke von 130 Kilometern Katarakte bildet, die intermittierend aufeinanderfolgen. Deshalb hatte sich Gondokoro zur wichtigsten Niederlassung im Landesinneren entwickelt, obwohl es damals nichts weiter war als eine Ansammlung von elenden Hütten, etwa achtzig Meter oberhalb des

Ostufers des Stromes gelegen. Zu Beginn der sechziger Jahre des neunzehnten Jahrhunderts bestand es schon seit etwa zwanzig Jahren, und bereits 1851 hatte sich hier eine römisch-katholische Missionsgesellschaft aus Österreich niedergelassen. Sie war allerdings auf traurige Weise gescheitert: Fünfzehn der zwanzig Missionare, die man hierhergesandt hatte, waren gestorben, und kein einziger Heide war bekehrt worden.

Von Gondokoro aus weiter nach Süden vorzudringen war nur sehr wenigen Sklaven- und Elfenbeinhändlern geglückt, weil ihre Marschlinie sich leicht auflöste und man es bald mit feindseligen Stämmen zu tun bekam. Zu jenen wenigen gehörten der Malteser Andrea de Bono und sein Agent Mohammed Wad el-Mek (den Speke und Grant trafen); sie hatten einen Punkt etwas jenseits der derzeitigen Grenze zu Uganda bei Nimule erreicht. Einer der frühesten Forschungsreisenden, der Italiener Giovanni Miani, hatte dort seine Initialen in einen Tamarindenbaum geschnitzt, bevor er umkehrte. Die Region oberhalb von Nimule und der weitere Verlauf des Stroms waren unbekannt. In ebenjenes Gebiet wollte Baker jetzt vordringen, um Speke und Grant zu suchen.

In diesem Jahr war der Sudd leidlich gut zu durchfahren, und die Flottille bewältigte die 1600 Kilometer von Khartum nach Gondokoro in vierzig Tagen. Unterwegs starb Johann Schmidt; andere wurden krank, und der ganze Trupp, Tiere wie Menschen, litt grausam unter den Moskitos. Gondokoro, schreibt Baker, »war die absolute Hölle«: eine Art Goldgräberlager mitten in den Tropen, bevölkert von 600 Händlern mit Gefolge, die ständig tranken, miteinander in Streit gerieten und wie wahnsinnig in die Luft ballerten. Dennoch gab es eine kurze Ruhepause — als, nur zwei Wochen nach der Ankunft der Bakers, Speke und Grant aus Bunyoro eintrafen. In seinem Bericht über diese Begegnung hat es Baker sehr geschickt verstanden, seine Enttäuschung über die Nachricht zu verbergen, daß die beiden den Nilursprung bereits gefunden hatten: »In den ersten Augenblicken unseres Wiedersehens hatte ich zunächst meine Mission als beendet betrachtet (...) doch (...) Speke und Grant überreichten mir mit der für beide typischen Offenheit und Großherzigkeit eine Karte, auf der ihr Weg markiert war. Sie wies aus, daß die beiden außerstande gewesen waren, die Erforschung des Nilverlaufs zu Ende zu führen, und daß noch ein überaus wichtiges Teilstück der Erschließung harrte ... ein großer See namens Luta Nzige.«

Bald nach Spekes und Grants Abfahrt nach Khartum zogen die Bakers los, diesen See zu finden.

The Albert N'yanza, Great Basin of the Nile, Bakers Buch über seine Reisen in den folgenden zwei Jahren, ist ein außerordentlich lesbarer Forschungsbericht. Es enthält wirklich Elemente fast aller afrikanischen Abenteuergeschichten, die bis heute geschrieben worden sind. Der Leser hat das Gefühl, er begegne Allan Quatermain, dem Helden eines Romans von Rider Haggard, mit seinem breitkrempigen Hut, wie er, mit einem jungen, entzückenden Mädchen an seiner Seite, in den wilden Dschungel aufbricht und jeder Gefahr mit bewundernswerter Entschlossenheit trotzt. Werden sie von wilden Tieren angegriffen, so erlegt seine todbringende Waffe sie auf der Stelle. Kommt es, wie zu Beginn der Expedition, zu einer Meuterei unter den eigenen Männern, so schlägt er den Rädelsführer mit der Faust nieder. Im weiteren Verlauf gehen sämtliche Packtiere ein, so daß sie auf Ochsen reiten müssen; ihre Eßvorräte schwinden, und sie müssen sich am Ende von Gras ernähren; Fieberanfälle strecken sie tage- und wochenlang nieder; betrügerische Führer leiten sie in die Irre; Nilpferde bringen ihre Schiffe zum Kentern; die Sklavenhändler hintergehen sie; Eingeborene beschießen sie mit Giftpfeilen, und fast ständig sind sie in Hör- und Sichtweite von Kriegstrommeln und Kriegstänzen. Bei alledem zuckt Mrs. Barker nicht mit der Wimper. »Sie ist keine Schreierin«, sagt ihr Mann über sie. Hört sie in der Nacht verstohlene Fußtritte, die sich ihrer Hütte

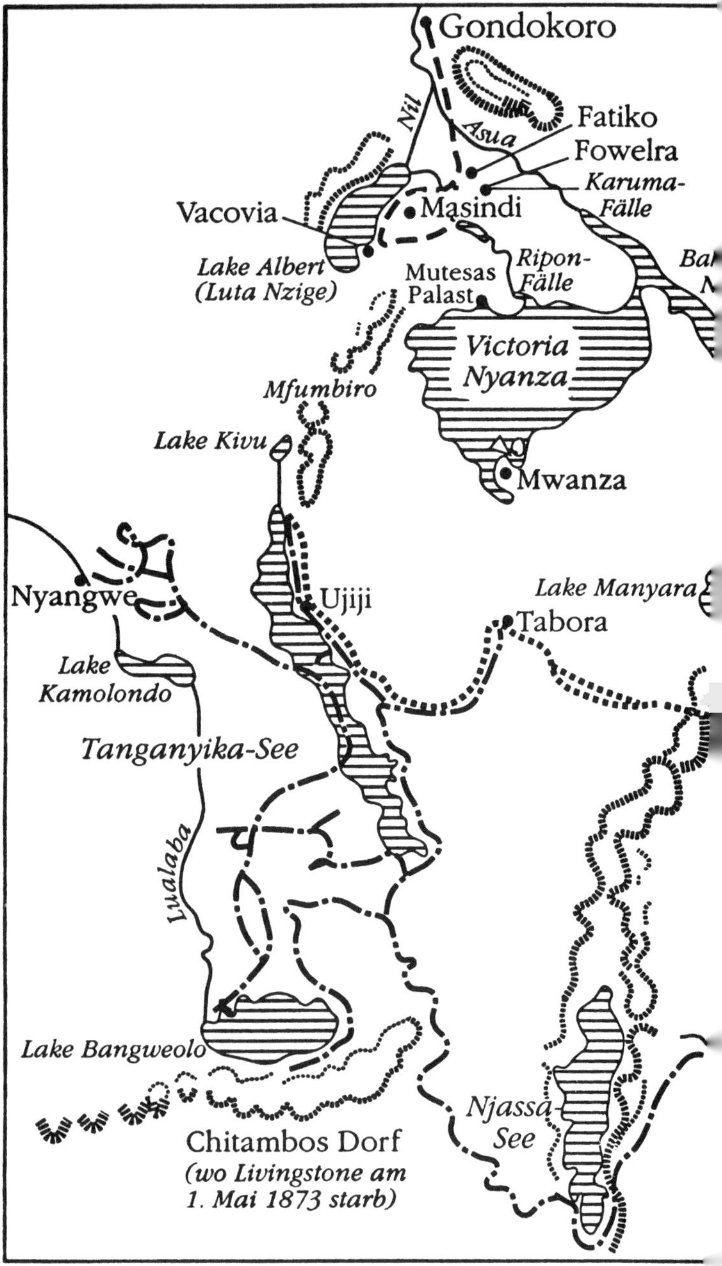

Gondokoro
Nil
Asua
Fatiko
Fowelra
Karuma-Fälle
Vacovia
Masindi
Lake Albert (Luta Nzige)
Mutesas Palast
Ripon-Fälle
Victoria Nyanza
Mfumbiro
Lake Kivu
Mwanza
Nyangwe
Ujiji
Lake Manyara
Tabora
Lake Kamolondo
Tanganyika-See
Lualaba
Lake Bangweolo
Njassa-See
Chitambos Dorf
(wo Livingstone am 1. Mai 1873 starb)

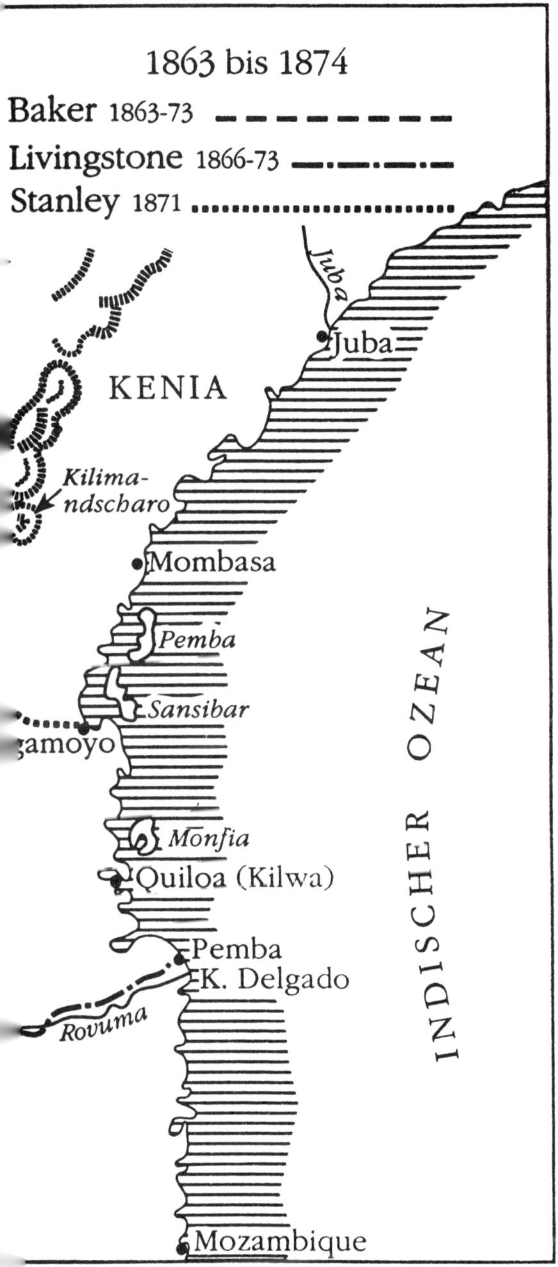

Angenommene Geographie Ostafrikas nach den Reisen Bakers, Livingstones und Stanleys bis 1874 (nach einer zeitgenössischen Karte)

nähern, so zieht sie ihn leise am Ärmel, und er greift nach seinem Revolver, um es dem Eindringling zu geben. Als starker Tau ihre viktorianischen Röcke durchnäßt und diese sie zu Boden ziehen, hat sie keine Bedenken, in Männerkleidung zu schlüpfen.

Neun Monate lang zogen sie ziellos umher oder wurden in Eingeborenendörfern südöstlich von Gondokoro belagert, unfähig zum Weiterziehen, weil es keine Träger gab. Ihr erstes Ziel war es gewesen, das Hauptquartier Kamrasis, des Königs von Bunyoro, zu erreichen, wo auch Speke und Grant sich auf ihrem Weg nach Norden aufgehalten hatten. Aber Kamrasi führte ständig Krieg mit seinem Bruder Rionga und hielt sie hin. So mußten sie die ganze Zeit in der Wildnis verweilen — kaum fünfzehn Tagesreisen vom Luta Nzige entfernt, aber außerstande, zu ihm vorzustoßen. Die Afrikaner rätselten, warum sie überhaupt zu diesem See wollten. Comoro, einer der Unterhäuptlinge, in dessen Dorf die Bakers sich aufhielten, fragte sie eines Tages: »Angenommen, ihr kommt zu dem großen See: Was wollt ihr mit ihm tun? Wozu ist das gut? Und wenn ihr findet, daß der große Fluß aus ihm herausfließt — was dann?«

Dieser Comoro scheint überhaupt ein unterhaltsamer Mann gewesen zu sein. Seine Auffassung vom Leben war zynisch und fatalistisch: »Die meisten Menschen sind schlecht«, erklärte er Baker. »Wenn sie stark sind, nehmen sie von den Schwachen. Gute Menschen sind sämtlich schwach. Sie sind gut, weil sie nicht stark genug sind, um böse zu sein.«

Mittlerweile schien auch den Bakers das Leben so schrecklich, wie von Comoro beschrieben. Beide litten furchtbar unter der Malaria, und an manchen Tagen mußte Mrs. Baker auf einer Trage transportiert werden. Dennoch erreichten sie am 22. Januar 1864 zusammen mit einem arabischen Sklavenhändler namens Ibrahim den Nil — in der Nähe der Karuma-Fälle, wo der Stromlauf stark nach Westen abknickt. Hier verlief die Grenze

Bunyoros, und ein paar von Kamrasis Leuten winkten ihnen vom gegenüberliegenden Ufer her zu. Der Übersetzer erklärte ihnen, Baker sei »Spekes Bruder« und habe wertvolle Geschenke für Kamrasi mitgebracht. Aber die Einheimischen fürchteten, es handle sich wieder einmal um einen Überfall von Sklavenhändlern, und kamen mit ihrem Kanu bis dicht ans Ufer, wagten aber nicht zu landen. Die folgende Szene hat Baker so beschrieben:

»›Wir wollen ihn sehen!‹ rief der Anführer vom Boot her. Ich hatte mich auf diese Begegnung vorbereitet, indem ich ein Bananenwäldchen zum Ankleidezimmer machte und meine bisherige Kleidung mit einem Tweedanzug vertauschte, der demjenigen Spekes ähnlich war. Nun kletterte ich auf einen hohen, fast senkrecht abfallenden Felsen, der eine natürliche Zinne auf der diesseitigen Steilküste bildete, und winkte mit meiner Mütze der Menge am anderen Ufer zu — ich wirkte fast ebenso eindrucksvoll wie Nelson auf dem Trafalgar Square. (. . .) Nachdem sie durch das hohe Schilf gekommen waren, bemerkten sie sogleich die Ähnlichkeit meines Bartes und meiner Gesichtsfarbe mit derjenigen Spekes. Augenblicklich hießen sie mich willkommen, indem sie in der exaltiertesten Weise umhertanzten, mit Lanzen und Schilden gestikulierten, als wollten sie mich angreifen, und dabei wirklich mit ihren Lanzenspitzen bis knapp vor mein Gesicht stießen; dabei schrien und sangen sie in großer Erregung.«

Nun konnte Bakers Truppe, insgesamt aus 110 Personen bestehend, endlich den Strom überqueren. Dabei sorgte Mrs. Baker für eine große Sensation. Sie benutzte die Gelegenheit, um ihr Haar zu waschen — was zur Folge hatte, daß sich die Männer und ihre Familien um sie drängten und voller Verwunderung auf die langen goldblonden Flechten starrten, die ihr bis zur Hüfte reichten. Darauf folgte ein ermüdendes Palaver, bis die einheimischen

Häuptlinge bereit waren, die Gruppe zu Kamrasis Hauptquartier zu geleiten, das sich in Mrooli, zehn Tagesmärsche südlich, an der Spitze des Lake Kyoga, befand. Als man dort ankam, war Baker so krank und schwach, daß er auf einer Trage vor den König gebracht und wie eine Trophäe zu seinen Füßen abgestellt werden mußte. Kamrasi saß, umgeben von seinen Unterhäuptlingen, auf einem kupfernen Schemel, der auf einem Teppich aus Leopardenfell stand, und betrachtete seinen hilflosen Gast mit Gleichmut. Er erklärte, er habe zunächst befürchtet, Baker sei mit seinem Feind Rionga verbündet und gekommen, um sein Land auszuplündern. Nun aber, da er sich als Spekes Bruder erwiesen habe, sei ersichtlich, daß er lediglich ein erschöpfter Reisender sei — zu schwach, um böse zu sein. Auf diese Weise beruhigt, begann der König, wie üblich Geschenke einzufordern: Gewehre, Glasperlen, Teppiche, Tuchbahnen — alles, was er in die Hände bekommen konnte. Überdies bestand er darauf, daß Baker den fünfzig Guineen teuren Goldchronometer reparieren müsse, den Speke ihm 1862 geschenkt hatte; er war »gestorben«, als er mit einer Nadel darin herumgestochert hatte, um zu ergründen, woher das Ticken kam.

Für die Bakers war es eine schlimme Zeit. Es schüttete unaufhörlich. Jeden Tag wurde Baker von einem heftigen Malariaanfall geschüttelt, und sein gesamtes Chinin war bereits aufgebraucht. Immer wieder bat er Kamrasi, ihm Träger und einen Führer zu stellen, um zu dem geheimnisvollen See im Westen weiterziehen zu können, doch unweigerlich wurde er jedesmal mit der Forderung nach weiteren Geschenken konfrontiert. »Wir werden wohl noch ein Jahr lang in diesem widerwärtigen Land festsitzen«, schrieb er in sein Tagebuch, »fieberkrank und ohne Medizin, Kleidung und Vorräte.«

Die Krise kam im Februar 1864. Kamrasi verkündete, Baker selbst könne zum See gehen; Mrs. Baker aber müsse bleiben. Statt ihrer werde Baker mit einer gutaussehenden Jungfrau aus Bunyoro ausgestattet. Daraufhin zog dieser seine Pistole, richtete sie auf Kamrasis Brust und erklärte, er werde ihn erschießen. Mittlerweile hatte sich seine Frau vom Krankenlager erhoben, stürzte auf den König los und verlieh ihrer wütenden Entrüstung lautstark Ausdruck. Daraufhin gab Kamrasi nach.

Am folgenden Tag wurden Träger und Geleitschutz organisiert, und die Reisenden machten sich auf den Weg, dem Ziel ihres großen Abenteuers entgegen. Aber sie wurden fast sofort durch den Sumpf und die verfilzte Vegetation am Fluß Kafu südwestlich von Mrooli aufgehalten.

»Es war gleichermaßen unmöglich«, schrieb Baker später, »über diese trügerische Oberfläche zu reiten oder sich tragen zu lassen. So ging ich voran und bat Mrs. Baker, mir so rasch wie möglich zu Fuß zu folgen und genau in meiner Spur zu bleiben. Der Fluß war etwa achtzig Yard breit. Ich hatte kaum ein Viertel dieser Strecke zurückgelegt und wendete eben den Kopf, um mich zu vergewissern, daß meine Frau mir folgte, da sah ich sie zu meinem Entsetzen auf einem Fleck stehen und langsam im Schilf versinken, während ihr Gesicht verzerrt und purpurrot war. Im selben Moment fiel sie um, als sei sie erschossen worden. Augenblicklich war ich an ihrer Seite, und mit Hilfe von acht oder zehn meiner Männer, die glücklicherweise zur Stelle waren, zog ich sie wie einen Leichnam durch die biegsame Vegetation. Genauer gesagt: Wir krochen auf allen vieren zum anderen Ufer und suchten ihren Kopf über Wasser zu halten; sie zu tragen wäre unmöglich gewesen, weil wir dann alle im Morast versunken wären. Ich legte sie unter einen Baum und besprengte ihren Kopf und ihr Gesicht mit Wasser, da ich meinte, sie sei ohnmächtig geworden. Doch sie blieb völlig reglos, wie tot, lag da mit geballten Fäusten, zusammengebissenen Zähnen und offenen, aber starren Augen. Es war ein ›coup de soleil‹.«

Da am Fluß keine Nahrungsmittel zu finden waren, kämpfte sich Baker zwei Tage lang weiter vorwärts; seine ohnmächtige Frau wurde auf einer Trage mitgeführt. Sie erwachte am dritten Morgen und redete irre. Eine ganze Woche lang saß er Tag und Nacht neben ihr, während sie in wachem Zustand delirierte. Außer etwas wildem Honig und zwei Perlhühnern gab es nichts zu essen. Sie waren beide inzwischen halb verhungert, und der Regen wollte nicht aufhören. Am Ende der Woche brach auch Baker zusammen, fand aber, als er viele Stunden später wieder zu sich kam, seine Frau bei klarem Bewußtsein und in der Lage, ihn zu erkennen. Sie rasteten noch zwei Tage, um wieder zu Kräften zu kommen; dann versuchten sie es erneut, diesmal entlang dem Kafu in südwestlicher Richtung. Am 13. März erreichten sie den 31. Längengrad ungefähr vierzig Kilometer nördlich des Äquators, und ihr Führer verkündete, am folgenden Tag könnten sie in Sichtweite des Sees kommen. Baker berichtet:

»In dieser Nacht schlief ich kaum. Jahrelang hatte ich mich bemüht, die ›Nilquellen‹ zu finden. In meinen nächtlichen Träumen während dieser beschwerlichen Reise war ich stets gescheitert, aber jetzt war — nach so vielen Strapazen und so großer Ausdauer — der Kelch wirklich an meinen Lippen, und ich sollte, bevor die Sonne wieder sank, aus dem geheimnisvollen Brunnen *trinken,* diesem großen Naturreservoir, das aller Forschung seit den Anfängen der Menschheit solche Rätsel aufgegeben hatte.

14. März: Die Sonne war noch nicht über dem Horizont, als ich bereits meinen Ochsen antrieb — dicht hinter dem Führer, der von der Begeisterung des Augenblicks angesteckt war, nachdem ich ihm eine doppelte Handvoll Perlen bei der Ankunft am See versprochen hatte. Ein herrlich klarer Morgen brach an. Wir durchquerten ein tiefes Tal zwischen Hügeln und arbeiteten uns dann den jenseitigen Hang hinauf. Ich stürmte zum Gipfel — und hatte unsere Belohnung in all ihrer Herrlichkeit plötzlich vor mir! Wie ein Meer aus Quecksilber lag da, tief unter mir, die riesige Wasserfläche, mit einem nach Süden und Südwesten ins Grenzenlose verschwimmenden Seehorizont, und glitzerte in der Mittagssonne. Nach Westen erhoben sich in einer Entfernung von fünfzig, sechzig Meilen blaue Berge aus der Tiefe des Sees bis zu einer Höhe von mehr als 7000 Fuß.«

Seit langem hatte Baker geplant, beim Erreichen seines Zieles drei Hochrufe auszustoßen, doch jetzt übermannte ihn die Bewegung. Er stieg von seinem Ochsen, seine Frau ebenso, und beide begannen in fieberhafter Erregung, sich den steilen Abhang zum Seeufer hinabzuschleppen. Sie gingen auf ein kleines Fischerdorf namens Vacovia zu (vielleicht der heutige Ort Buhuka).

»Ich ging voran, gestützt auf einen dicken Bambusstock. Meine Frau wankte in äußerster Schwäche hinter mir her, stützte sich auf meine Schulter und mußte alle zwanzig Schritt stehenbleiben, um auszuruhen. Nach einem äußerst mühevollen Abstieg von zwei Stunden — geschwächt von Fieberanfällen, aber in diesem Augenblick vom Erfolg beflügelt — erreichten wir die Ebene unterhalb des Abhangs. Noch einmal ein Weg von etwa einer Meile durch flache, sandige Wiesen mit zartem Rasen, durchsetzt mit Bäumen und Buschwerk — und wir waren am Ufer. Die Wellen rollten an den weißen Kiesstrand. Ich stürzte mich in den See, durstig von Hitze und Erschöpfung, aber mit einem Herzen voller Dankbarkeit, und trank mit vollen Zügen aus den Quellen des Nils.«

Auf jeden Fall aus *einer* Nilquelle, wird er später präzisieren, wenn auch vielleicht nicht aus *der* Quelle. Im Moment zumindest war alles wundervoll. Feierlich nannte er den See, zu Ehren des kürzlich verstorbenen Gemahls der Königin Victoria, Lake Albert.

»Mit tiefster Bewegung«, fährt er fort, »genoß ich diese großartige Szene. Meine Frau, die mir mit so viel Hingebung gefolgt war, stand bleich und erschöpft an meiner Seite — ein Wrack am Gestade des großen Lake Albert, den zu erreichen wir uns so lange Zeit bemüht hatten. Nie zuvor hatte ein europäischer Fuß diesen Sand berührt; nie hatte ein weißer Mann diese riesige Wasserfläche mit den Augen abgesucht. Wir waren die ersten, und hier lag der Schlüssel zu dem großen Geheimnis, das selbst Julius Cäsar vergebens zu enträtseln getrachtet hatte. Hier war das große Becken des Nils, das *jeden Wassertropfen* aufnimmt, vom flüchtigen Schauer bis zum reißenden Gebirgsbach, der aus Zentralafrika nach Norden fließt. Dies war das große Reservoir des Nils.«

Doch nun tauchte unvermeidlich das Problem auf, dem sich alle Forschungsreisenden gegenübersehen: Wie sollten sie nach Hause gelangen? Von Fischern am Seeufer erwarben sie plumpe Kanus aus ausgehöhlten Baumstämmen und paddelten mit diesen zwei Wochen lang durch gefährliche Stürme nordwärts, bis sie, im äußersten Nordzipfel, den Punkt erreichten, wo der Nil in den See fließt. Hier wartete eine weitere Belohnung auf sie: Als sie den Fluß ein Stück in östlicher Richtung befuhren (heute befindet sich dort ein Nationalpark für wilde Tiere), kamen sie zu einem imposanten Wasserfall. Die Murchison-Fälle (von Baker zu Ehren des Präsidenten der Royal Geographical Society so benannt) sind nur sechs Meter breit und zirka vierzig Meter hoch; aber Rennie Bere, Direktor der ugandischen Nationalparks, hat recht, wenn er ihn »das erregendste Einzelphänomen auf dem langen Weg des Nils zum Meer« nennt. Das gesamte, in einer Klamm gestaute Volumen des Flusses donnert zu Tal wie aus einem geborstenen Hauptwasserrohr; es ist eigentlich eher eine Wasserexplosion denn ein Fall und kann einen seltsamen Bann bei dem Beobachter auslösen, der dort eine Weile stehenbleibt. Der Klang des donnernden Wassers wiederholt sich endlos, erscheint aber nie auch nur zwei Sekunden gleich.

Die Bakers hatten nicht lange Gelegenheit, sich an der neuen Entdeckung zu erfreuen — dies war der Ort, wo der Nilpferdbulle sie angriff und ihr Boot halb aus dem Wasser schleuderte. Noch heute ist der Schauplatz jenes Zwischenfalls ein Lieblingsplatz von Krokodilen, und die Insassen des Kanus hatten Glück, daß sie von Wasserstrudeln ans Ufer gespült wurden.

Sie ließen das Boot zurück und suchten oberhalb der Wasserfälle Zuflucht auf der Insel Patooan. Hier brachen die Bakers erneut zusammen. Der Bürgerkrieg tobte jetzt in ganz Bunyoro, und es vergingen zwei Monate, bis sie, dem Verhungern nahe, imstande waren, zu Kamrasis Hauptquartier zurückzumarschieren. Dort eröffnete man Baker, daß der Mann, der ihnen vor ihrem Aufbruch zum See als König präsentiert worden war, gar nicht Kamrasi selbst, sondern sein jüngerer Bruder namens M'Gambi war, den der richtige König für den Fall, daß die Bakers sich als gefährlich erweisen sollten, vorsichtshalber an seine Stelle gesetzt hatte. Doch ob M'Gambi oder Kamrasi — den beiden verzweifelten Bürgerkriegsflüchtlingen war das ziemlich gleichgültig. Dennoch hielt Baker es für ratsam, für den Empfang beim richtigen König eine kleine Schau abzuziehen: Er entnahm seiner Kiste einen Kilt, eine schottische Felltasche und eine Glengarrymütze und präsentierte sich damit im Palast. Kamrasi war hinreichend beeindruckt, um seinen Gästen Essen anzubieten, und versuchte anschließend hartnäckig, in bewährter Weise, sie um ihre letzten Besitztümer zu erleichtern.

Nun gingen sechs Monate ins Land, und nichts geschah. Regelmäßig jeden Nachmittag wurde Baker von einem Malariaanfall heimgesucht, und erst als es ihm gelang,

Alkohol aus Süßkartoffeln zu destillieren, kam er ein wenig zu Kräften. Der Krieg wollte kein Ende nehmen; inzwischen hatte sich auch Mutesa eingemischt und griff Bunyoro von Süden her an. Unter diesen Umständen war es für Reisende ohne Geleitschutz unmöglich, sich in der Region zu bewegen. Als die Invasionsarmee Kamrasi zwang, nach Norden auszuweichen, hatten die Bakers keine andere Wahl, als ihn zu begleiten. Im September 1864 hatten sie sich fast damit abgefunden, in Zentralafrika zu sterben — da erschien eine arabische Sklavenkarawane aus Gondokoro, die nicht nur Vorräte für sie mitbrachte, sondern auch Post. Von Speke (der wenige Tage zuvor in Wiltshire gestorben war) erhielten sie eine Nummer der *Illustrated London News* mit seinem eigenen und Grants Porträt und außerdem ein Exemplar des *Punch* mit einer Karikatur über die Entdeckung des Nilursprungs.

Jetzt verfügten sie über genug Tuch, um sich Proviant und Träger verschaffen zu können, mit denen sie sich der wieder nordwärts ziehenden Karawane anschlossen. Man kam nur langsam vorwärts, weil man ständig durch die unvermeidlichen Überfälle auf Dörfer aufgehalten wurde, die der Sklaven- und Viehbeschaffung dienten, doch im Februar 1865, nach zweijähriger Abwesenheit, waren die Bakers schließlich wieder in Gondokoro. Als sie auf ihren Ochsen einritten, gab es eine kleine Zeremonie: Gewehrsalven knallten, und der Union Jack flatterte im Wind. Bitter enttäuscht mußten sie erleben, daß weder ein Europäer erschienen noch, was schlimmer wog, Post für sie angekommen war. Man hatte sie seit langem schon für tot gehalten.

Katastrophen und Mißgeschicke sollten die Forscher bis zum Ende verfolgen. Für die Rückkehr nach Khartum mietete Baker für vierzig Pfund ein Schiff, das im Sudd aber wochenlang aufgehalten wurde; und während sie auf günstige Winde warteten, brach die Pest aus. Mehrere von ihren Männern, auch der Diener Saat, der ihnen während des gesamten Weges gefolgt war, wurden wahnsinnig und starben.

Als sie dann endlich Khartum erreichten, bereitete ihnen die europäische Kolonie einen herzlichen Empfang; hier hörten sie auch erstmals von Spekes Tod. Doch selbst die normalerweise nicht sehr ereignisreiche Reise von Khartum nach Kairo war überschattet von einem Beinahe-Schiffbruch an einem Katarakt und einem Scharmützel mit Arabern. Es wurde Oktober, bis sie — fast fünf Jahre, seit sie zum erstenmal afrikanischen Boden betreten hatten — in Suez landeten, und dort konnte sich Baker dann endlich einen Luxus gönnen, der schon so lange seine Phantasie beschäftigt hatte: einen Humpen eisgekühltes Allsopp-Bier. Im Kairoer Shepheard's Hotel fand sich ein Posten für Richarn, ihren letzten überlebenden Begleiter. Dann ging es nach England.

»Kam ich wirklich vom Nilursprung?« fragte sich Baker. »Es war kein Traum. Eine Zeugin saß mir gegenüber — mit einem noch jungen Gesicht, tief gebräunt wie das eines Arabers, weil es jahrelang einer sengenden Sonne ausgesetzt war, hager und ausgezehrt von Mühsal und Krankheit, gezeichnet von Sorgen, die nun zum Glück der Vergangenheit angehörten, die aufopferungsvolle Gefährtin meiner Wanderschaft, der ich Erfolg und Leben danke — meine Frau.«

Was Baker zu berichten hatte, wäre Stoff genug für ein halbes Dutzend Filmdrehbücher gewesen, und die Briten liebten dergleichen. Spekes und Grants Berichte waren etwas zu phantastisch, aber zugleich prosaisch gewesen; Burtons Abhandlungen richteten sich, weil sie zu scharfzüngig und zu esoterisch waren, nur an wenige Gebildete, und Livingstone bewegte sich auf einem moralischen Niveau, das der breiten Masse manchmal zu hoch war. Bakers Buch *The Albert N'yanza* dagegen war genau richtig. Er und seine Frau zeigten Verhaltensweisen und Reaktionen, die jedermann gutheißen und verstehen konnte. Man litt und lebte stellvertretend mit diesem Paar im schrecklichen Dschungel Afrikas, ganz genauso, wie man mit Romanfiguren lebte. Und wie mutig *sie* war! Und wie tapfer und entschlossen *er* auftrat! Solche Menschen verdienten den Erfolg.

Und noch etwas hatte Baker, das die Leute liebten: Er hetzte nicht, wie Speke, ungeduldig durch die Gegend, um die Reise zu Ende zu bringen. Solange er in Afrika war, lebte er dort, machte er es zu seinem Zuhause. Fand er sich in einer Sackgasse, so nahm er das vorläufig als gegeben hin und richtete sich wie Robinson Crusoe sofort so gut wie möglich in der Wildnis ein. Er zog Gemüse, durchstreifte die Nachbarschaft nach Wildbret, entwarf und baute seine Unterkünfte selbst und pflegte Konversation mit einheimischen Häuptlingen wie Comoro. Als überaus praktisch veranlagter Mensch fertigte er mit gleicher Leichtigkeit Boote, Destillierkolben zur Alkoholgewinnung und Kleidungsstücke aus dem Fell wilder Tiere. Mit seiner Frau zusammen scharte er eine kleine Gruppe persönlicher Gefolgsleute um sich, lehrte sie kochen, servieren und Betten machen — ganz wie normale Hausdiener. Beide Bakers hatten ihre Lieblingsaffen und Lieblingsvögel, die mit ihnen auf die Reise gingen, und selbst ihre Reitochsen wurden abgerichtet und trainiert, wie es sich gehörte. Bakers Beobachtungen des afrikanischen Lebens sind höchst originell und detailgetreu: Er hält fest, daß der Weiße Nil bei Khartum die Farbe »einer englischen Pferdeschwemme« hat, daß die Tamtams bisweilen aus einem Elefantenohr hergestellt und die Waren, die die Eingeborenen zum Markt bringen, in frische Schilfblätter verpackt werden, daß die Kalebassen für das Bier einen Deckel haben und ihr Inhalt mit einem Strohhalm getrunken wird. Er beschreibt genau, wie Baumrinde zu Tuch gewalkt wird und wie die Stammesangehörigen mit selbstgefertigten Nadeln »ebenso geschickt wie ein französischer Handschuhmacher« aus viereckigen Ziegenfellstücken Pelerinen nähen. Auch liefert er genaue Angaben über den gewaltigen Nilbarsch: Die Hälfte eines im Lake Albert gefangenen Exemplars wog 150 Pfund; die andere Hälfte hatte sich ein Krokodil geholt.

Wie die Beispiele zeigen, war Baker mit den Dingen, denen er in Afrika begegnete, auf wohltuende Weise vertraut, und er beschreibt sie auf eine Art und Weise, die an Defoe erinnert.

Noch bevor er in England ankam, erhielt er die goldene Medaille der Royal Geographical Society, und bald danach wurde er in den Ritterstand erhoben. Die Presse war, ebenso wie die bessere Londoner Gesellschaft, begeistert von Sir Samuel und Lady Baker (die jetzt kein Wrack mehr, sondern nach der neuesten Mode gekleidet war). *The Albert N'yanza* erlebte zu ihrer beider Freude in kurzer Zeit drei Auflagen und mußte in den folgenden Jahren noch oft nachgedruckt werden. *The Nile Tributaries*, ein Bericht über Bakers Jagdexpedition im Sudan 1861, folgte bald und hatte ähnlichen Erfolg. 1868 versuchte er sich auf dem Feld der Literatur, und seine Abenteuergeschichte *Cast Up by the Sea* kam beim Publikum nicht minder gut an. Aber die Öffentlichkeit assoziierte seinen Namen zuallererst mit dem Nil. Von nun an war er »Baker vom Nil«.

Es wäre indes unfair, wo nicht lachhaft, wollte man sich mit dieser Charakterisierung Bakers bescheiden. Seine Bücher sind weit mehr als Abenteuergeschichten, und seine Forschungsreisen haben eine Bedeutung, die über den Anteil, den eine breite Bevölkerungsschicht an ihnen nahm, weit hinausging: Er hat die Vorstellung von Zentralafrika qualitativ verändert, indem er dieses Land begreiflich machte. Er hat eine Brücke zwischen den früheren Mythen und Legenden einerseits und der empirischen Wirklichkeit andererseits gebaut. Zentralafrika war nun kein Phantasiegebilde mehr und auch nicht länger ein weißer Fleck auf der Landkarte, sondern ein zwar unentwickeltes, aber durchaus bewohnbares Land — ein

Land, das mit äußerster Barbarei und Brutalität von den Muslimen ausgebeutet wurde. Kurzum, der Nil war von nun an nicht mehr von rein geographischem Interesse; er gewann auch eine politische, humanitäre und kommerzielle Bedeutung. Es war Baker, der der Öffentlichkeit zum Bewußtsein brachte, daß diese vielversprechende Wildnis von den Sklavenhändlern völlig ausgeplündert werden und für immer für die christliche Zivilisation verlorengehen würde, wenn England nicht eingriffe.

Natürlich waren es nicht allein Bakers Bücher, die eine neue Einstellung gegenüber Afrika bewirkten, aber sie waren daran maßgeblich beteiligt. Sie verstärkten Denkweisen und Gefühle, die im Keim schon vorhanden waren; sie zeigten Wege, die bald von Politikern, Händlern und Geistlichen mit Eifer verfolgt wurden. Aber da war noch die Geographie. Bevor die physische Natur der Region und ihres großen Stroms nicht völlig enträtselt war, wußte man nicht genau, wie man weiter vorzugehen hatte. Zwar hatte Baker mit Sorgfalt zahlreiche wissenschaftliche Daten gesammelt, aber genaugenommen nicht sehr viel über den oberen Nil in Erfahrung gebracht. Verglichen mit den Reisen der anderen Forscher spielten sich die seinen innerhalb eines erstaunlich kleinen Gebiets ab (heute könnte man die ganze Strecke, die er von Gondokoro aus nach Süden reiste, in ein paar Tagen mit dem Auto zurücklegen). Seine Entdeckung des Lake Albert hatte das Geheimnis des Nils in keiner Weise gelüftet, sondern, wie sich bald zeigen sollte, die Konfusion eher verstärkt. Wie Speke hatte er eine riesige Wasserfläche gesehen und daraus geschlossen, sie erstrecke sich unendlich, eventuell viele hundert Kilometer weit, nach Süden. Aber er hatte nichts in der Hand, um diese These zu belegen, denn er hatte den See nicht umrundet. Das einzige, was er mit Gewißheit sagen konnte, war, daß der Strom, den Speke bei den Karuma-Fällen in Zentraluganda westwärts hatte fließen sehen, in seinen neuentdeckten Lake Albert mündete und ihn in nördlicher Richtung wieder verließ. Ob dieser Strom jedoch der Nil war, konnte er nicht glaubwürdig behaupten, denn er hatte ihn nicht vom Lake Albert bis nach Gondokoro verfolgt.

Aber angenommen, es war der Nil, so erhob sich die entscheidende Frage, welches sein wirklicher Ursprung war: Spekes Victoria-See oder Bakers Lake Albert. Erstreckte sich der letztere wirklich so weit nach Süden, wie Baker annahm, so sprach sicher mehr für ihn. Baker selbst ließ die Sache in der Schwebe: Der Lake Albert, sagte er, sei zumindest der westliche Nilursprung und ein wichtiges, wo nicht gar zentrales Reservoir des Stroms. Der ganze Nil beginne erst, wenn er den See verlassen habe. Es gab Londoner Geographen, die dieses Argument akzeptierten. Aber es war noch nicht schlüssig.

Natürlich versäumten Spekes Kritiker nicht, die Möglichkeiten auszubeuten, die ihnen der Lake Albert bot. Gewiß könne man annehmen, sagten sie, dieser neue See werde durch einen noch von weiter südlich herkommenden Fluß gespeist; sei dem aber so, dann seien Spekes Behauptungen über den Victoria-See (gesetzt, er existiere überhaupt) unsinnig. Noch bevor die Bakers wieder in England waren, fühlte sich Sir Roderick Murchison genötigt, diesem Standpunkt Rechnung zu tragen. In einer Gedenkrede auf Speke vor der Royal Geographical Society am 22. Mai 1865 sagte er mancherlei Lobendes über den Verstorbenen, schloß aber mit der Ankündigung, er werde Livingstone noch einmal nach Afrika schicken. Sein Auftrag sei es, das Problem der Stromeinzugsgebiete in Zentralafrika nach Möglichkeit ein für allemal zu lösen und dabei besondere Aufmerksamkeit auf die Region südlich des Tanganyika-Sees zu verwenden. Denn Livingstone, das wußten alle seine engeren Freunde, vermutete dort den wahren Ursprung. Er sollte ferner klären, ob Burtons Rusizi in den See hinein- oder aus ihm herausfloß. Man hielt es nämlich für möglich, daß Burtons spätere Überlegungen zum Rusizi sich als richtig erweisen könnten — daß dieser Fluß also wirklich aus dem Tanganyika-See heraus- und dann nach Norden floß, um in Bakers Lake Albert zu münden. Dann aber wäre der Victoria-See aus dem Einzugsgebiet des Nils ausgeschlossen gewesen. »Speke«, sagte Professor Ingham einmal, »war noch immer auf dem Prüfstand.«

KUDOS UND BARAKA

Wir sind es gewohnt, uns Livingstone als alten Mann vorzustellen, doch 1865, als er zu seiner letzten Reise aufbrach, war er gerade zweiundfünfzig und verfügte mehr denn je über jene Gabe, die die Araber »baraka« nennen: Er konnte auch unter den unwahrscheinlichsten Umständen das Gefühl vermitteln, das Leben sei gerade jetzt reicher und besser als sonst. Seine bloße Anwesenheit scheint auf alle, die mit ihm zu tun hatten, wie eine Wohltat gewirkt zu haben — selbst auf arabische Sklavenhändler, die ihm halfen, wo immer sie konnten.

Zwar ist es vollkommen richtig, daß seine Sambesi-Expedition* für seine Begleiter zum Desaster wurde; selbst jene, die es überlebten, waren über jedes vernünftige Maß hinaus unter Druck gesetzt worden und fanden ihn oft eigenwillig und ungeduldig gegenüber jeder Art von Schwäche. Livingstone war nie in bester Form, wenn er mit anderen Weißen zusammen reiste, weil er ihnen die unglaublich hohen Anforderungen aufzwang, die er an sich selbst stellte. 1865 indes war er wieder auf sich allein gestellt, und niemand sonst hatte zu leiden als er selbst. Überdies hatte seine unerhört starke Ausrichtung auf Afrika sich nicht im geringsten geändert. Andere, die dorthin gingen, verloren ihren Glauben an die Sache und verwickelten sich untereinander in Querelen — er nie. Afrika war zu einem wesentlichen Bestandteil seiner Exi-

* In den Jahren 1858–64 war Livingstone den Sambesi aufwärts bis zu den Victoria-Fällen gezogen und hatte den Njassa-See entdeckt.

stenz geworden; er lebte für Afrika, und nur, wenn man dies versteht, kann man einen Zweck, eine Absicht in der scheinbaren Ziellosigkeit seiner Wanderungen erkennen, in der »großartigen Hartnäckigkeit«, mit der er immer wieder durchhielt, auch wenn es aussah, als sei ein Weitermachen völlig sinnlos. Andere Forscher gehen bei ihren Afrikareisen sozusagen in gerader Linie vor: Sie haben eine bestimmte Absicht, ein klar definiertes Ziel, und wenn sie ihre Mission abgeschlossen haben, kennen sie nur den einen Wunsch, nach Hause zu kommen. Livingstones Mission dagegen beginnt und endet in Afrika. Er reist in Kreisen. Er wohnt unter Afrikanern, teilt ihr Essen und ihre Hütten mit ihnen und macht, ohne seine Identität zu verlieren, ihr Leben zu seinem eigenen. Niemand hatte mehr Verständnis für die afrikanischen Neger und das schreckliche Elend, dem sie ausgesetzt waren, als er. Nur er konnte schreiben: »Die seltsamste Krankheit, der ich in diesem Land begegnet bin, ist eine wirklich tiefe Verzweiflung, und sie befällt freie Menschen, die gefangen und zu Sklaven gemacht werden.« In diesen wenigen Worten kommt er zum Kern der Sache; sie dürften genauso wirkungsvoll sein wie all die Berichte über Greueltaten und die humanitären Ergüsse, die damals von Kanzeln, vom britischen Unterhaus und von der Antisklaverei-Liga verbreitet wurden.

Vielleicht lassen sich Parallelen ziehen zwischen diesem Leben und der Karriere Albert Schweitzers in Lambarene. Doch es gibt einen Unterschied: Livingstone ist Reisender und Nomade; er muß immer weiter — und wie deutlich sieht man diese ruhige Gestalt mit dem zerfurchten Gesicht, die heruntergeklappte Mütze auf dem Kopf und den Wanderstock in der Hand, durch den Busch marschieren! —, weil er zu jenen Menschen gehört, die es nicht ertragen können, nicht zu wissen, wie es auf der anderen Seite des Berges aussieht. Überdies muß man sich daran erinnern, wie beständig und absolut Überzeugungen im viktorianischen Zeitalter waren. Die Zweifel und Unsicherheiten, die das Leben im zwanzigsten Jahrhundert nach zwei Weltkriegen prägen, und das Übermaß an politischen und wissenschaftlichen Neuerungen waren damals undenkbar. Livingstones Gottesglaube war unerschütterlich, und da er instinktiv wußte, daß er sich Gott am ehesten in Afrika nähern konnte, scheint es möglich, daß er dort dem Tod mit mehr Freude, mehr spiritueller Zufriedenheit entgegenging, als ihm irgendwo anders zuteil geworden wäre.

Wir dürfen es daher wohl nicht ganz ernst nehmen, wenn er im Jahre 1865 äußerte, er wolle eigentlich nicht nach Afrika zurück und ziehe es vor, zu Hause zu bleiben. Auch wenn Murchison ihn nicht aufgefordert hätte, noch einen Anlauf zur Lösung des Nilproblems zu unternehmen, auch wenn es keinen Sklavenhandel gegeben hätte, würden seine zweiundzwanzig in Afrika verbrachten Jahre ihn zurückgezogen haben. Es gab ja noch so viel zu tun. Als er in den vierziger Jahren erstmals nach Afrika gekommen war, präsentierte sich das Innere des Kontinents noch als ein riesiger, unbekannter leerer Raum, der von der Kalahari fast bis nach Timbuktu reichte. Er selbst hatte soviel wie jeder andere Forscher getan — oder vielleicht mehr als alle anderen —, um diesen Raum zu erkunden, aber noch immer waren tausend Probleme ungelöst, darunter das größte und älteste: das Geheimnis des Nils. Im Verlauf seiner großen Reisen hatte sich Livingstone mehr und mehr vom heilkundigen Missionar zum Forscher entwickelt. Er war zu der Überzeugung gekommen, daß seine eigentliche Aufgabe in Afrika nicht so sehr in der Rettung einzelner menschlicher Seelen als vielmehr in der Unterdrückung des Sklavenhandels und der Öffnung des Landes bestand, damit Christentum und Zivilisation sich dort ausbreiten könnten.

1865 gab es keine wirklich dringenden Pflichten, die ihn in England hätten halten können. Er hatte dort weder ein Haus noch eine Gemeinde, war aus der Londoner

Missionsgesellschaft ausgetreten (obwohl er weiterhin gute Beziehungen zu ihr unterhielt), und seine Frau war drei Jahre zuvor in Afrika gestorben. Auch sein ältester Sohn Robert war tot; im amerikanischen Bürgerkrieg hatte man ihn in Boston zur Nordstaatenarmee gepreßt, und er war mit achtzehn Jahren in einem Gefangenenlager in Salisbury, North Carolina, an Kriegsverletzungen gestorben. Die übrigen Kinder waren bei ihren Vormündern in England gut aufgehoben.

Seine Bücher hatten Livingstone zum berühmtesten aller Afrikaforscher gemacht, aber Ruhm und ein Leben als prominente Person in England bedeuteten ihm nichts. Seine Tantiemen hatten ihm genug Geld eingebracht, daß er — auf dem ihm eigenen spartanischen Niveau — so unabhängig leben konnte, wie er es wünschte. Und jetzt kam diese stimulierende Einladung der Royal Geographical Society, die es ihm erlaubte, unter besten Bedingungen zu reisen und die Arbeit fortzusetzen, der er sein Leben gewidmet hatte: einen weiteren Schlag gegen die Sklaverei zu führen und das große Rätsel des Seen- und Stromsystems im Herzen des Kontinents einer endgültigen Lösung zuzuführen.

Wie Burton vor ihm neigte Livingstone immer mehr zu der Ansicht, daß diese Lösung bereits von Herodot und den antiken Geographen, wenn nicht gar vom Alten Testament vorgegeben worden war. Er war fasziniert von Herodots Beschreibung des Nilursprungs aus unergründlich tiefen Quellen am Fuße hoher Berge irgendwo in Inneren Afrikas. Tatsächlich war seine letzte Reise ein halb mystischer Versuch, jene Quellen zu entdecken, eine Einheit mit der Vergangenheit und eine göttliche Ordnung in der Geographie des Stroms zu finden. Dies sollte die letzte große Tat seines Lebens werden. Natürlich mußte er reisen.

In körperlicher Hinsicht scheint er für das Unternehmen kräftig genug gewesen zu sein. Seine Gesundheit war durch die frühere Arbeit in Afrika nicht ernsthaft geschädigt worden, und er hatte schließlich ein ganzes Jahr in England verbracht und sich erholen können. Seine Schulter, die vor annähernd zwanzig Jahren von einem Löwen zermalmt und nie wieder richtig hergestellt worden war, machte ihm von Zeit zu Zeit Beschwerden, aber das war keine schwerwiegende Beeinträchtigung. (. . .)

1865 sah Livingstone der neuen Reise mit viel Zuverversicht und Hoffnung entgegen. Alle waren ihm wohlgesinnt. Seine Kritik an den Portugiesen, weil sie die Sklaventreiberei in ihren afrikanischen Territorien weiterhin erlaubten, hatte zwar die britische Regierung in Verlegenheit gebracht, den Premierminister jedoch nicht daran hindern können, persönlich anzufragen, ob er Livingstone in irgendeiner Weise dienlich sein könne. Und Murchison hatte ihm geschrieben: »Was *Ihre* Zukunft angeht, so bin ich neugierig zu erfahren, was *Ihre persönlichen Absichten* bei der neuerlichen Forschungsreise nach Afrika sind . . .« Gedenke er dem Fluß Rowuma zu folgen, das südliche Ende des Tanganyika-Sees zu umrunden und vielleicht dort die Quelle des Weißen Nils zu finden? Eine solche Route werde ihn in die Lage versetzen, »alle großen Kontroversen, die jetzt noch offen sind«, zu beenden. Natürlich bestehe für ihn keine Verpflichtung solcher Art; man könne einen anderen Leiter für eine derartige Expedition finden — vielleicht John Kirk, der mit ihm am Sambesi gewesen war?

Livingstone erwiderte, er habe selbst erwogen, eine Expedition durchzuführen, genau von der Art, wie Murchison sie vorschlage. »Finde ich ein paar energische Begleiter«, schrieb er, »so wird mir das Freude bereiten und die Überzeugung geben, meine Pflicht zu tun. Ich werde aufbrechen, sobald mein Buch* erschienen ist.«

Er lud Kirk ein, ihn zu begleiten, doch dieser bereitete gerade seine Hochzeit vor und hatte zweifellos im Moment genug von Livingstones gnadenloser Antreiberei. Living-

* *Narrative of an expedition to the Zambesi and its tributaries.* 2 Bände. London 1865.

stone war über die Absage überhaupt nicht böse, sondern beeilte sich vielmehr, Kirk den begehrten Posten eines Sanitätsoffiziers und Vizekonsuls am britischen Konsulat in Sansibar zu verschaffen. Er würde, das war nun entschieden, allein reisen.

Vom Foreign Office erhielt er einen nicht überwältigend großzügigen Zuschuß von 500 Pfund (die später um weitere 1000 Pfund aufgestockt wurden); die Society machte ebenfalls 500 Pfund locker, und er selbst brachte zusammen mit seinen Freunden den Rest auf. Überdies wurde er zum »Konsul für Zentralafrika« ernannt — ein Titel, mit dem allerdings kein Salär verbunden war. Im August 1865 segelte Livingstone von Folkestone ab und kam über Paris — wo er seine Tochter Agnes zum Schulbesuch zurückließ —, Kairo und Bombay Ende Januar 1866 nach Sansibar.

Dort hatte sich seit Burtons Zeiten nicht viel ereignet. Sultan Seyyid Majid bin Said hatte eine von seinem Bruder Barghash angeführte Revolte überlebt. Die Insel wurde zunehmend ins Netzwerk des westlichen Handels und westlicher Politik einbezogen. Es gab jetzt ein halbes Dutzend Konsulate an den zum Meer hin gelegenen Straßen. Viele arabische und indische Geschäftsleute waren dabei, reich zu werden. Es war auch kein großes Ereignis mehr, wenn öffentlich die Trommel geschlagen wurde, um das Herannahen eines Hochseeschiffes anzukündigen (ein Schlag für ein Schiff aus dem Norden, zwei Schläge für eines aus dem Süden); die Insel wurde regelmäßig von Kauffahrtei- und Kriegsschiffen aus nahezu allen europäischen Ländern angelaufen. Der Sklavenhandel hatte sich womöglich noch ausgedehnt: Man schätzte, daß 80000 bis 100000 Menschen jährlich aus dem Landesinnern auf die Insel gebracht wurden, und obwohl offiziell kein Schiff den Herrschaftsbereich des Sultans verlassen durfte, wurden die Dhaus, die im Juni mit Beginn des Südwestmonsuns nach Arabien und weiter nach Osten zurücksegelten, kaum überwacht.

»Es ist die uralte Lebensweise«, notiert Livingstone, »essen, trinken, schlafen; schlafen, trinken, essen; einfahrende Sklavendhaus, wegfahrende Sklavendhaus; schlechte Gerüche ... Man sollte besser Stinkibar sagen statt Sansibar ... Beim Besuch des Sklavenmarktes fand ich zirka 300 Sklaven zum Verkauf angeboten ... Alle Erwachsenen scheinen sich zu schämen, weil sie zum Verkauf feilgehalten werden. Man untersucht Zähne, lüftet Gewänder, um die Beine zu überprüfen, und wirft einen Stock weg, den der Sklave zurückbringen muß, damit man die Gangart erkennt. Einige zieht man an der Hand durch die Menge und ruft unaufhörlich ihren Preis aus. Die meisten Käufer sind Nordaraber und Perser.«

Der Sultan, den Livingstone aufsuchte, war allerdings ebenso liebenswürdig wie hilfsbereit: Er gab ihm einen »firman« an die Scheichs im Landesinnern mit und überließ ihm ein geräumiges Haus, das noch heute am Hafendamm außerhalb der Stadt zu sehen ist; es war praktischerweise so gelegen, daß man Waren direkt in unten am Hafen liegende Boote hinablassen konnte. Kirk hatte seine neue Stelle im Konsulat bereits angetreten und zeigte sich eifrig bemüht, bei der Planung der Expedition mitzuwirken.

Diese beiden Männer verband eine vielschichtige Beziehung. Obwohl Kirk viel jünger war als Livingstone, war ihr persönlicher Werdegang sehr ähnlich: Auch Kirk kam aus einem religiösen Elternhaus in Schottland; auch er hatte zusätzlich einen medizinischen Grad erworben und war in die Welt hinausgezogen, um seinen Hunger nach Abenteuern zu stillen — zuerst auf der Krim, dann in Afrika. Livingstone hatte ihn 1858 auf seine Sambesi-Expedition als Arzt und Botaniker mitgenommen, und zwischen ihnen hatte sich eine Vertrautheit entwickelt, wie sie nur als Folge einer langen Reihe gemeinsamer Erlebnisse während einer gefahrvollen Reise entstehen kann. Am Ende war Kirk krank nach Hause zurückgekehrt, doch hatten sie mehr als fünf Jahre zusammen in Afrika verbracht; auch als Livingstone den Njassa-See entdeckte, war Kirk an seiner Seite. Als Botaniker hatte er überaus vielversprechende Leistungen gezeigt und eine wertvolle Sammlung afrikanischer Pflanzen mit nach Hause gebracht, von denen einige der Wissenschaft absolut neu waren. Als Weggefährte in der Gefahr war er bewundernswert gewesen, vielleicht besser als jeder andere, weil er genau jene Eigenschaften aufwies, die einen guten Stabschef ausmachen, vor allem Gewitztheit und gesunden Menschenverstand im Umgang mit anderen — Eigenschaften, die Livingstone selbst oft vermissen ließ. Am Sambesi hatte Kirk zeitweise gedacht, sein Vorgesetzter sei nicht recht bei Sinnen, und später war er tief verletzt gewesen, weil er (wahrscheinlich irrtümlicherweise) annahm, Livingstone habe dem Foreign Office Negatives über ihn berichtet. Kirk war Livingstone zu nahe gewesen, um ihn blind zu verehren. Einem Freund hatte er geschrieben: »Er muß schön viel Geld gespart haben, obwohl ich nicht glaube, daß er auf Geld großen Wert legt. Er würde alles hingeben, um Ritter, oder noch besser, Komtur des Bathordens zu werden, und man wird sich an manchen Stellen mächtig anstrengen, damit er es wird.« Das klingt unfreundlich, trifft aber wahrscheinlich den Kern der Sache (obwohl Livingstone am Ende keine einzige Auszeichnung von der Regierung erhalten sollte). Und da waren noch andere Schwächen — etwa Livingstones Bemühungen, das keineswegs heldenhafte Verhalten seines Bruders am Sambesi nachträglich zu beschönigen, worüber Kirk sich seinerzeit sehr sarkastisch geäußert hatte.

Aber all das war nun vorbei und abgetan, und es konnte jedenfalls nicht der geringste Zweifel bestehen, daß Kirks prinzipielle Loyalität gegenüber seinem alten Expeditionsleiter unerschütterlich war. So verbrachte man erneut einige Wochen zusammen, während deren Livingstone seine Karawane zusammenstellte. Es wurde vereinbart, daß Kirk als Repräsentant der Expedition auf Sansibar fungieren und in einem späteren Stadium Träger und Vorräte nach Ujiji am Tanganyika-See entsenden sollte, bevor Livingstone dort eintraf.

Es wurde, verglichen mit dem sonst Üblichen, eine eher bescheidene Expedition, obwohl Livingstone meinte, sie sei aufwendig. Er hatte aus Bombay eine Anzahl von Sepoys mitgebracht und rekrutierte auf Sansibar noch weitere, darunter drei Boys, die schon mit Speke und Grant marschiert waren, und so zählte die Karawane schließlich sechzig Köpfe. Dazu kamen noch einige Kamele, Büffel, Maultiere und Esel, die als Packtiere dienen sollten.

Es war Livingstones Plan, sich weit südlich von den üblichen Karawanenwegen zu halten und direkt in Richtung der unerforschten Gebiete im Süden des Tanganyika-Sees vorzustoßen. Mit diesem Ziel vor Augen landete er im März 1866 an der Mündung des Rowuma, der heute Tanganyika von Portugiesisch-Ostafrika trennt. Hier begann dann jene unglaubliche Serie von Wanderungen, die sich über sieben Jahre hinziehen und mit einem Fehlschlag enden sollte, der zugleich der Triumph eines unbesiegbaren Geistes war.

Es dürfte niemals eine Reise gegeben haben, die auf so vielen Fehleinschätzungen begründet war wie diese. Sie diente der Suche nach der Quelle eines Stromes in einem Gebiet, wo es den Strom gar nicht gab; sie verstand sich als Antisklaverei-Unternehmen und hatte doch keinerlei Macht, etwas gegen die Sklaverei zu tun; sie war die Reise eines Mannes, der glaubte, er könne ganz allein, unbewaffnet und ohne Unterstützung Afrika durchqueren — ein nahezu unmögliches Unterfangen. Und doch spielte all das keine Rolle. Infolge einer Reihe von Paradoxen kam am Ende alles ins rechte Lot: Die Reise ging voran — aber nur, weil arabische Sklavenhändler sich des kranken und einsamen Mannes in der Wildnis annahmen; der

Sklavenhandel erlitt einen Schlag, von dem er sich nie mehr erholte — aber nicht, weil Livingstone etwas dagegen hatte unternehmen können, sondern weil er hilfloser Zeuge eines Massakers wurde; selbst das Geheimnis des Nils wurde gelüftet — nicht von Livingstone selbst, sondern weil er einen anderen Mann inspirierte, in eine andere Richtung zu gehen. Und für Livingstone selbst kam zweifellos alles, wie es kommen mußte: Es war Gottes Wille.

Erstaunlich ist, daß er nicht viel früher starb. Gleich zu Beginn des Marsches verlor er fast alle seine Männer und seine Tiere und überdies, was genauso katastrophal war, seine Reiseapotheke. Gegen Ende des ersten Jahres kämpfte er sich zum Südufer des Tanganyika-Sees durch, wo die arabischen Sklavenhändler ihn in ihre Obhut nahmen — dabei waren gerade sie das größte Hindernis für seinen weiteren Vormarsch, hatten sie doch hier, wie schon im Sudan, bittersten Haß zwischen den Stämmen geschürt, und es war unmöglich, Träger zu besorgen. Aber er schaffte es irgendwie, weiterzukommen, sich westwärts zum Fluß Lualaba durchzuschlagen, dann südwärts zum Lake Bangweolo, den kein Weißer zuvor gesehen hatte, und dann wieder nordwärts zum Tanganyika. Im März 1869, drei Jahre nachdem er die Küste hinter sich gelassen hatte, erreichte er Ujiji — zahnlos fast, halbtot infolge von Malaria und anderen Krankheiten, »ein Knochengerippe« —, nur um zu erfahren, daß die von Kirk geschickten Vorräte unterwegs geplündert worden waren und kaum etwas Brauchbares übrig war. Es gab kein Chinin und, fast noch schlimmer, keine Post. Keine Nachrichten aus der Außenwelt zu erhalten scheint die Forscher beinahe stärker belastet zu haben als jedes andere Beschwernis. Die Hoffnung, an irgendeinem entlegenen Ort Post vorzufinden, brachte sie dazu, sich vom Krankenlager zu erheben und bisweilen wochen-, ja monatelang weiterzumarschieren. In diesem Fall war das Gefühl der Entbehrung noch stärker, denn die Araber weigerten sich, Livingstones eigene Briefe — insgesamt 42 — zur Küste zu befördern. Sie wußten nur zu gut, daß darin detailliert über die Scheußlichkeiten berichtet wurde, die sie im Landesinnern begingen.

So konnte er nichts anderes tun, als ohne Medizin und ohne Vorräte wieder weiterzuziehen. Aufs neue wandte er sich westwärts zum Lualaba, denn er gewann die Überzeugung, dies sei der Nil. Aber der Lualaba hat mit dem Nil nichts zu tun; er ist vielmehr der Oberlauf des Kongos, der zunächst nach Norden fließt, um sich dann in einem gewaltigen Bogen westwärts zu wenden und seinen Weg zum Atlantik zu nehmen. Livingstone hatte freilich nicht die Möglichkeit, dies zu erkunden. Seine Reise wurde auf jähe und schreckliche Weise unterbrochen, als er eines Morgens in Nyangwe erleben mußte, wie arabische Händler ihre Gewehre in Anschlag brachten und aus nächster Entfernung auf die Dorfbewohner zu schießen begannen.

Livingstone mochte diesen Ort. Er liebte es, dem Treiben auf dem Markt zuzuschauen, zu dem bisweilen an die 3000 Menschen kamen, um ihr Geflügel und ihre Früchte zu tauschen, oder den Fluß mit den Augen zu verfolgen, bis er sich im Dschungel verlor. Sein Bericht über das, was sich am Morgen des 15. Juli 1871 ereignete, enthüllt wie kein anderer Vorgang in der Vergangenheit die Dimensionen der Tragödie, die über die Neger Zentralafrikas hereinbrach, als sie mit der Außenwelt in Kontakt gerieten.* (...)

Nach diesem Ereignis gab es keine Hoffnung mehr, Boote und Männer zu erhalten, um den Verlauf des Flusses zu erforschen. Angewidert von dem Erlebten und nun gesundheitlich ernsthaft angegriffen, kämpfte sich Livingstone nach Ujiji zurück und war vorderhand unfähig zu weiteren Projekten. Nicht viel mehr als sein Glaube hielt ihn noch aufrecht. Er hatte auf dieser zweiten Reise zum

* Livingstones Bericht über dieses Massaker wird auf Seite 355 zitiert (Anm. des Herausgebers).

Lualaba viermal die Bibel gelesen, doch bei der Rückkehr nach Ujiji, nach zweijähriger Abwesenheit, war er gezwungen, Hilfe von den Arabern zu erbitten, um am Leben zu bleiben. So war der Stand der Dinge, als Stanley ihn fand, der am 10. November 1871 in Ujiji ankam. (...)

Nahezu fünf Jahre lang war Livingstones Verbleib ein ständiges Rätsel gewesen. Einmal, aber das war schon 1868, hielt man ihn für tot, denn die Träger, die ihm weggelaufen waren, erklärten bei ihrer Ankunft an der Küste, er sei am Ufer des Njassa-Sees getötet worden — eine praktische Erklärung für ihre Desertion. Murchison hatte diese Nachricht in einem Leserbrief in der *Times* mitgeteilt, aber er selbst hatte sie nie ganz geglaubt, und die Royal Geographical Society hatte eine Expedition ausgesandt, um die Wahrheit zu ergründen. Diese Expedition war kaum aufgebrochen, da traf an der Küste die Meldung ein, der Forscher sei noch am Leben; kurz danach kamen auch Briefe von Livingstones Hand in Sansibar an. Daraufhin kehrte die Expedition wieder um. Doch in der Folge scheint sich eine seltsame Gleichgültigkeit gegenüber dem Schicksal des Forschers breitgemacht zu haben — in der Öffentlichkeit wie bei offiziellen Stellen.

Man zieht von Zeit zu Zeit allgemeine Erkundigungen ein; Kirk schickt seine Lieferung von Sansibar aus auf den Marsch, ohne sich wirklich zu versichern, ob sie je ihr Bestimmungsziel erreicht; Baker hält in Bunyoro, weit oben im Norden, ein bißchen Ausschau, und die Royal Geographical Society in London ergeht sich in spekulativen Diskussionen, welche Richtung der Forscher wohl in den letzten zwölf Monaten eingeschlagen haben könnte. Aber lange Zeit ergreift niemand eine wirkliche Initiative, dem Verschollenen zu Hilfe zu kommen. Burton, ohnehin kein großer Bewunderer von Missionaren, stellt sardonisches Desinteresse zur Schau und schreibt, als die Suche nach Livingstone schließlich doch begonnen hat, an einen Freund, es sei »ziemlich unter meiner Würde, einen Missionar zu suchen«.

Im zwanzigsten Jahrhundert haben Radio und Flugzeug Forschungsreisen natürlich von Grund auf verändert. Man kann sich heute nur schwer vorstellen, daß es noch vor fünfzig Jahren nichts Ungewöhnliches war, wenn ein Schiff auf See oder ein Reisender in fernen Ländern monatelang als verschollen galt. Gleichwohl ist es seltsam, mit wieviel Gleichgültigkeit man Livingstones Schweigen hinnahm — und noch seltsamer, daß ein Mann wie Stanley kommen mußte, ihn zu retten. Aber nicht einmal er war schnurstracks nach Ujiji geeilt. Lange vorher, 1869, hatte James Gordon Bennet, der Besitzer des *New York Herald,* seinen Korrespondenten Henry Morton Stanley in das Pariser Grand Hôtel bestellt und ihm folgenden Auftrag erteilt:

»Ich wünsche, daß Sie sich vor allem zur Einweihung des Suezkanals begeben und von hier nilaufwärts fahren. (...) Und wenn Sie den Nil aufwärts fahren, beschreiben Sie recht genau, was für amerikanische Touristen interessant ist. (...) Dann fahren Sie nach Jerusalem. (...) Besuchen Sie danach Konstantinopel und berichten Sie uns über die Spannung, die zwischen Sultan und Khedive herrscht. Von dort aus könnten Sie die Krim und die alten Schlachtfelder besuchen; ferner durch den Kaukasus bis ans Kaspische Meer, wo die Russen eine Expedition gegen China vorbereiten sollen. Von hier aus könnten Sie durch Persien nach Indien fahren und uns einen interessanten Bericht aus Persepolis mitteilen. Dicht am Wege liegt Bagdad, wie wäre es, wenn Sie dahin gingen und uns etwas über die Euphrattal-Eisenbahn mitteilen würden? Von Indien aus könnten Sie sich auf die Suche nach Livingstone machen. (...) Ist er noch am Leben, so trachten Sie, von ihm so viele Mitteilungen wie möglich zu erhalten; ist er jedoch tot, so verschaffen Sie sich die sichersten Beweise dafür.«

Stanley, der eifrigste und fleißigste Auslandskorrespondent, den es je gab, hatte dieses Programm in vierzehn Monaten abgewickelt. Nach der Kanaleröffnung war er nilaufwärts gefahren und hatte Bakers Ingenieur Higginbotham interviewt; er hatte die Schlachtfelder auf der Krim und Persepolis im Iranbe sucht, wo er seinen Namen in die Ruinen ritzte; er hatte die grauenvolle Armut in Indien beschrieben — und jetzt war er in Ujiji angekommen.

Doch wer war Stanley? Ein Mann voller Überraschungen. Eigentlich hieß er gar nicht Stanley, sondern Rowlands — ein Waliser, der Amerikaner war, ein Soldat, der ein Seemann war; jetzt ein Journalist, der eine erfolgreiche Expedition in das Herz Afrikas führte. Bald sollte die Welt alles über seinen pikaresken Werdegang erfahren: die erbärmliche, an Dickenssche Szenen gemahnende Kindheit in einem walisischen Armenhaus; seine Ankunft als Schiffsjunge in New Orleans, wo er Namen und Nationalität eines freundlichen Amerikaners übernahm, der ihn als Sohn adoptierte; seine militärische Karriere im Bürgerkrieg — erst für den Süden, dann für den Norden; die Zurückweisung durch seine verkommene Mutter, als er nach England zurückkehrte; seine Abenteuer in der amerikanischen Marine, in General Hancocks Kampagne gegen die Indianer und, nun als Journalist, im britischen Feldzug gegen den Kaiser von Äthiopien. Es war die Karriere eines Mannes aus Eisen, eines Abenteurers, der durch und durch genauso hart und mitleidlos war wie die Welt, in der er lebte. Professor Coupland sagte pointiert: »Kein anderer berühmter Mann seiner Zeit kam aus so niedrigen Anfängen so weit nach oben. Niemand, der ihn versteht, vergißt das. Auch er selbst vergaß es nie.«

Gaetano Casati, der italienische Afrikareisende, der Stanley viel später kennenlernte, schrieb über ihn:

»Bemerkenswert an Stanley sind seine Charakterstärke, seine Entschlußkraft, seine Schnelligkeit im Denken und sein eiserner Wille. Eifersüchtig auf seine Autorität bedacht, toleriert er keinerlei Einwirkungen von außen und fragt auch nicht um Rat. Schwierigkeiten schrecken ihn nicht, Katastrophen versetzen ihn nicht in Schrecken. Mit ungewöhnlicher Geistesgegenwart improvisiert er, findet Mittel und Wege, sich aus einer Schwierigkeit zu befreien. In Erfüllung seiner Pflichten unbedingt und aufrichtig, fällt er nicht immer abgewogene, sondern bisweilen voreilige und auch irrige Urteile. Unentschlossenheit oder Zögern irritiert ihn, stört seine gewöhnlich zur Schau getragene Beherrschtheit. Sein Auftreten ist allermeist ernsthaft. Reserviert, lakonisch und wenig gesellig, weckt er zunächst keine Sympathie; lernt man ihn aber näher kennen, so erweist er sich als sehr angenehm, denn er ist sehr ungezwungen, verfügt über eine brillante Konversationsgabe und eine ausgesuchte Höflichkeit.«

Doch das war Stanley, als er bereits etabliert war. In Ujiji dagegen war er erst dreißig und eben an der Schwelle des Erfolges, und noch waren Härte, Hitzigkeit und Egozentrismus seine hervorstechenden Eigenschaften. Ganz entschieden ließ er »baraka« vermissen. Nirgendwo in der weiten Welt dürfte es zwei so gegensätzliche Charaktere wie Livingstone und Stanley gegeben haben — aber auch nirgendwo zwei Männer, die einander im Moment dermaßen dankbar waren. Livingstone brauchte Medizin, Nachschub und Nachrichten, und sein junger Besucher verfügte über all das. Stanley brauchte, wie er gern sagte, »kudos« — das heißt den Ruhm, diesen berühmten Mann gefunden zu haben. Tatsächlich brachte es ihm viel mehr ein. Sein kurzes Zusammensein mit Livingstone war, in Couplands Worten, »das entscheidende Ereignis in seinem Leben. Er war jetzt nahe daran, eine moralische Autorität zu werden, und das erschreckte, bezauberte, überwältigte ihn.«

Zu Beginn seiner Reise war Livingstone für Stanley nur ein weiterer Auftrag, eine Story gewesen, die ihn, wenn er sie effektvoll präsentierte, in seiner journalistischen Karriere voranbringen würde. In Sansibar hatte er sich aufgeführt wie ein typischer Zeitungsmann auf der Suche nach einem Knüller. Er hatte von Anfang an den Widerstand der Afrikaspezialisten unter den europäischen Beamten und besonders in der britischen Kolonie gespürt, deren Mitglieder er als steif und kraftlos einschätzte; das galt speziell für Kirk. Er wohnte beim amerikanischen Konsul, Kapitän zur See F.R. Webb, und hielt seine Pläne vor Kirk geheim — ließ lediglich verlauten, er sei nach Afrika gekommen, um sich in den Küstengebieten umzusehen, weil er sich dort brauchbaren Stoff für sein Blatt erhoffe. Kirk dürfte ihn recht aufgeblasen gefunden haben, während Stanley seinerseits in Kirk nur einen typischen Beamten sah, der die Presse fürchtete und ihr daher feindselig gegenüberstand. Als Stanley ihn eines Tages beiläufig fragte, ob Livingstone ihn empfangen würde, sollten sich beider Wege zufällig kreuzen, antwortete Kirk knapp, er glaube, daß Livingstone dies keinesfalls schätzen würde; er sei jeder Art Publizität abgeneigt. Vielleicht erklärt dieser kleine Wortwechsel Stanleys Behutsamkeit gegenüber Livingstone, als er ihm in Ujiji erstmals gegenüberstand. In Sansibar hatte ihn Kirks Äußerung freilich nicht im mindesten beeindruckt, und er hatte seine Planung sehr methodisch vorangetrieben. Er hatte Bombay als Faktotum engagiert, und da er über unbegrenzte Geldmittel verfügte, hatte er die besten Vorräte gekauft und die besten Träger gegen beste Bezahlung angeworben. Sein Achtmonatsmarsch von der Küste nach Ujiji war keine schlechte Leistung, wenn man bedenkt, daß er unterwegs mit Malaria darniedergelegen, in Tabora einen Krieg zwischen arabischen Händlern und afrikanischen Stämmen erlebt und sich sogar selbst an den Kampfhandlungen beteiligt hatte. Zwei von ihm angestellte weiße Assistenten, Farquhar und Shaw, hatten den Tod gefunden. Und am Ende der Reise jetzt dieser ermutigende Empfang durch Livingstone, die Offenbarung einer gütigen und faszinierenden Persönlichkeit!

Während der langen Gespräche, die jetzt begannen, beklagte sich Livingstone, daß Kirk ihm nur die schlechtesten Träger geschickt habe — lauter Sklaven und Diebe. Stanley hielt dies für späteren Gebrauch fest. Er hielt überhaupt jedes kleinste Körnchen Weisheit, jede detaillierte Information fest, die Livingstone von sich gab, und während sich dessen Gesundheit rapid besserte, entstand zwischen beiden Männern eine Art Meister-Schüler-Verhältnis, das jedem von ihnen Gewinn brachte. Bald reifte im Gespräch der Plan einer gemeinsamen Reise — warum nicht zur Nordspitze des Tanganyika-Sees, um das Rusiziproblem zu klären? Die Reise dauerte drei Wochen, und als Livingstone entdeckte, daß Burton unrecht hatte — der Rusizi fließt in den See hinein und nicht aus ihm heraus —, kam er nachdrücklicher denn je auf seine alte Theorie zurück, der Lualaba sei der Nil. Um aber wieder zum Lualaba ziehen zu können, brauchte man mehr Vorräte und Träger, und diese, meinte Livingstone, seien allein in Tabora, etwa 500 Kilometer östlich, zu bekommen. So marschierten beide Ende des Jahres 1871 von Ujiji nach Tabora.

Dort jedoch fand sich nur wenig Proviant und kein einziger Träger — ein weiterer Minuspunkt für Kirk. Doch Stanley versprach, dem Mangel selbst abzuhelfen. Was Livingstone betrifft, so scheint er keinen Augenblick lang vorgehabt zu haben, nach Sansibar und in die Zivilisation zurückzukehren. Er werde kommen, wenn seine Arbeit beendet sei, erklärte er, und so brach Stanley nach Ablauf eines Monats allein zur Küste auf. Er ließ alles an Vorräten zurück, was er entbehren konnte. Livingstone sollte in Tabora bleiben, bis die von ihm an der Küste anzuwerbende Trägertruppe dort eintraf. Der Marsch nach Sansibar dauerte nur 54 Tage, und in Stanleys Gepäck waren mehr Schätze, als irgendein Sklaven- oder Elfenbeinhändler jemals aus Afrika mitgebracht hatte: alle Tagebücher Livingstones, seine eigenen Notizen, die binnen kurzem zu Berichten im *New York Herald* ausgearbeitet werden und die Grundlage seines ersten Afrikabuches *How I Found Livingstone* bilden sollten, und darüber hinaus ein persönlicher Brief Livingstones an den *Herald*. In diesem Brief wurde auch das Massaker von Nyangwe behandelt. »Sollten meine Enthüllungen«, schreibt Livingstone, »über die grauenhafte Sklaventreiberei im Gebiet von Ujiji zur Abschaffung des Sklavenhandels an der Ostküste führen, so erschiene mir dies bei weitem bedeutsamer als die Entdeckung aller Nilquellen zusammen.« Zumindest in dieser Hinsicht sollte sein Wunsch in Erfüllung gehen.

Stanley hatte sich zur rechten Zeit aufgemacht. Auf seinem Weg nach Bagamoyo traf er auf eine neue Expedition, die die Royal Geographical Society endlich doch in Marsch gesetzt hatte, um Nachrichten über den verschollenen Mann zu erhalten, und er konnte sie davon überzeugen, daß ihre Hilfe nicht mehr erforderlich war. Und so war es Stanley, der im Mai 1872 in der ganzen Welt eine Sensation auslöste, als er über die Begegnung in Ujiji und alles darauf Folgende berichtete. In England wurde ihm ein triumphaler Empfang bereitet: Er erhielt einen Brief und eine diamantenverzierte Schnupftabaksdose von der Königin, eine Medaille von der Society, und eine Reihe von Banketten und öffentlichen Auftritten wurde veranstaltet. Das alles war nach außen gesehen höchst befriedigend, aber schnell zeigte sich, daß die Briten über Stanleys Großtat alles andere als erfreut waren. Sie mochten sich nicht mit der Vorstellung anfreunden, daß die Rettung ihres bedeutendsten Forschers im Rahmen einer journalistischen Schaunummer (wie man sagte)* erfolgte und daß es überdies ein Amerikaner war, dem sie gelungen war, und sie konnten auch mit

* Florence Nightingale etwa nannte *How I Found Livingstone* treffend, aber wenig sensibel »das schlechtestmögliche Buch über das bestmögliche Thema.«

Stanley persönlich herzlich wenig anfangen. So jedenfalls nahm dieser die Situation wahr, und seine Verbitterung war groß. Er hatte aber auch echten Grund zur Klage — einige Zeitungen taten seinen Reisebericht als Schwindel ab, doch hätte sich die Abneigung sicher mit der Zeit gelegt, hätte er nicht unkluger- und unnötigerweise Kirk attackiert. Er erklärte, dieser habe »Livingstone im Stich gelassen«, weil er sich nicht größere Mühe gegeben habe, wie versprochen Nachschub von der Küste zu schicken — und er wiederholte diesen Vorwurf nicht nur einmal und nicht nur in privatem Kreis, sondern auch in öffentlichen Vorträgen, sogar in Kirks Heimatregion. Kirk war Beamter und konnte sich daher nicht verteidigen, aber er hatte Freunde, die nur zu bereit waren, ihn gegen diesen Außenseiter von der Presse in Schutz zu nehmen. Und wenn Kirk in dieser Angelegenheit seinen Namen nie mehr ganz reinwaschen konnte, so trug auch Stanley beträchtlichen Schaden davon. Er schuf sich Feinde, die genau wußten, wie sie ihn treffen konnten, wenn sich wieder einmal die Gelegenheit bot. Kirk äußerte sich in Sansibar empört, aber nur im privaten Rahmen. Seinen Freunden teilte er die Fakten mit, wie er sie sah, und zu Oswell Livingstone, der mit einer neuen von der Society ausgerüsteten Expedition herunterkam, sagte er: »Stanley will aus Ihrem Vater Kapital schlagen.« Als Livingstone, der Vater, diese Äußerung vernahm, kommentierte er nur: »Das mag er [Stanley] gern tun, denn es ist viel mehr, als ich selbst je aus mir machen könnte.« Gleichzeitig aber schrieb er auch an Kirk, und bald waren die Mißverständnisse zwischen beiden Männern ausgeräumt und zumindest auf privater Ebene vergessen.

Das alles trug sich zu, während Livingstone monatelang allein in Tabora saß und seine Zeit ausfüllen mußte. Er war nicht knapp an Vorräten; zusammen mit dem, was Stanley zurückgelassen hatte, hätte er es vier Jahre lang aushalten können. Aber personalmäßig verfügte er im

Augenblick nur über Susi, Chuma und zwei andere Boys, die von Anfang an zu seinem Troß gehört hatten, und sie waren als Träger für einen langen Marsch ganz ungeeignet. So mußte er auf die Männer warten, die Stanley ihm von der Küste zu schicken versprochen hatte. Er wartete insgesamt fünf Monate lang, und in all dieser Zeit erreichte ihn kaum ein Echo von dem Beifall, den sein Name in der Außenwelt auslöste. Er hielt seinen bescheidenen Bibelunterricht unter Mangobäumen, las Bakers *Albert N'yanza*, betete, ging spazieren, schrieb in sein Tagebuch, dachte nach und wartete. Das »tembe«, in dem er lebte, lag isoliert am Rande der arabischen Siedlung und war zu tief im Busch versteckt, als daß man von ihm aus die umgebende Landschaft hätte überblicken können. Noch heute hat man dort ein Gefühl von Einsamkeit und Klaustrophobie. Es war ein Haus der Art, wie arabische Händler sie meist bewohnten: ein flaches, nie absolut regendichtes Lehmdach; ein »Empfangszimmer«; ein Raum zum Schlafen und Essen; ein Innenhof, in dem Vieh und sonstiges lebendes Inventar nachts zusammengetrieben wurde, und Räume für die Afrikaner. Der Boden bestand aus blanker Erde, festgestampft von den nackten Füßen des hin- und hergehenden Hauspersonals.

Es war die letzte halbwegs zivilisierte Umgebung, die Livingstone erleben sollte. Er war jetzt neunundfünfzig, und obwohl er in Stanleys Gesellschaft wieder einige Kräfte gesammelt hatte, war seine Gesundheit zu sehr untergraben, als daß er auf ihre völlige Wiederherstellung hätte hoffen können. Doch wie sehr auch immer er sein Ende nahe fühlen mochte — in seinen Tagebuchaufzeichnungen findet sich davon wenig: Sie sind voller Hoffnung im Hinblick auf seine Niltheorie und reflektieren die religiöse Bedeutung, die der einsame Mann dem Strom mittlerweile beilegte. Die letzte Anstrengung galt nicht nur einer Reise zu den rätselvollen Quellen. Sie sollte auch zu einer Offenbarung und Rechtfertigung alles dessen werden, wofür er gelebt und gebetet hatte, zu einem Beweis seiner selbst und seines demütigen Glaubens an Gott. Wie sehr das Fieber ihn auch schütteln mochte — und es muß Tage gegeben haben, an denen er delirierend ans Bett gefesselt blieb —, die außergewöhnliche Stetigkeit seines Gemüts ließ nie nach. Die Notizen und Briefe, die er von Zeit zu Zeit zur Küste sandte, zeigen eine sichere, flüssige Handschrift. Oft behandeln sie sehr praktische Details. Könne die Royal Navy, schreibt er zum Beispiel, ihm einen Chronometer zur Verfügung stellen, ohne daß dies deren Arbeit beeinträchtige, so werde dies ein enormer Gewinn für sein Unternehmen sein. Er unterzeichnet mit »David Livingstone, H.M. Consul, Inner Africa«.

Zur gleichen Zeit träumte er aber auch von dem Tag, da er heimkehren würde. Man möge nach einer Wohnung am Regent's Park in London Ausschau halten, die er mit seiner Tochter Agnes teilen könne, schrieb er einem Freund.

Im August 1872 erschienen dann endlich 57 von Stanley auf den Marsch geschickte Träger, und wenige Tage später führte Livingstone seine Karawane hinaus in den Busch. Er hatte jetzt eine sehr klare Zielvorstellung, denn er war zu der Überzeugung gekommen, die Nilquelle müsse ein Wasserlauf sein, der in den Lake Bangweolo fließe, welchen er vier Jahre zuvor entdeckt hatte. So marschierte er in leicht südwestlicher Richtung bis etwa zur Mitte des Tanganyika-Sees und wandte sich dann genau nach Süden. Gegen Ende April 1873, acht Monate nach dem Abmarsch aus Tabora, befand er sich am südlichen Ende des Lake Bangweolo und hoffte noch immer einen Zufluß zu finden, der durch den See hindurch und weiter zum Lualaba und mit diesem vielleicht in Bakers Albert Nyanza fließen würde, hoch oben im Norden Ugandas. Manchmal wurde er von dem ungemütlichen Gedanken gequält, der Lualaba könne sich als der Kongo erweisen; aber er haßte diese Vorstellung und verdrängte sie. Er hatte sein Herz an den Nil gehängt.

Das Land war gräßlich. Die kleine Kolonne watete durch einen endlosen Sumpf, und bei einem Dorf, in dem ein Häuptling namens Chitambo residierte, wurde Livingstone so schwach, daß er auf einer Bahre getragen werden mußte. Am frühen Morgen des 1. Mai 1873 fanden ihn seine Boys, als sie seine Hütte betraten, tot auf. Er kniete noch im Gebet vor seinem Bett.

Wie oft auch immer die Geschichte erzählt wurde, wie Susi und Chuma Livingstones Leiche zur Küste trugen — sie bleibt dennoch unglaublich. Vielleicht war es eine Art Wunder, denn eine derartige Hingabe unter primitiven, ungebildeten Menschen kann kaum von gewöhnlichen Gefühlen inspiriert worden sein. Sie entfernten Herz und Eingeweide und ließen die Leiche zwei Wochen lang in der Sonne trocknen. Dann wickelten sie sie in Kattun und schoben sie in einen zylindrischen Sarg aus Rinde, die sie von einem Baum abgeschält hatten. Dieses Behältnis wurde seinerseits in Segeltuch eingenäht und an einem Pfahl befestigt, den zwei Männer tragen konnten. Mitte Mai machten sich Susi, Chuma und etwa sechzig Männer, die Livingstone bis zum Ende die Treue gehalten hatten, auf den Weg nach Sansibar.

Es waren mehr als 1600 Kilometer, die sie vom Indischen Ozean trennten, und es war ganz und gar unwahrscheinlich, daß es gelingen würde, diese ungewöhnliche Last über eine solche Entfernung durch das Herz Afrikas zu tragen, wo so viele Stämme nur darauf warteten, jeden zu berauben, der des Weges kam. Und doch erreichte der Zug nach neun Monaten sein Ziel. Während er unterwegs war, wurden zwei weitere Expeditionen von England aus in Marsch gesetzt, um Livingstone zu suchen; die eine wollte von der Westküste aus ins Innere vorstoßen, die andere von der Ostküste. Susi und Chuma trafen die Ostküstentruppe unter Leitung des Marineoffiziers Lovett Cameron, als sie im Oktober 1873 in Tabora ankamen. Cameron zog dann nach Ujiji weiter (wo er einen Großteil von Livingstones Papieren bergen konnte) und tauchte zwei Jahre später an der Atlantikküste wieder auf. Unterdessen marschierten Susi und Chuma zum Indischen Ozean, und als sie am 15. Februar 1874 in Bagamoyo eintrafen, wartete bereits die H.M.S. *Vulture*, um den Leichnam nach Sansibar zu bringen. Hier wurde er bis zur Überführung nach England in Hamertons altem Haus am Meer aufgebahrt, das noch immer als britisches Konsulat diente. An der Identität des Toten konnte nicht gezweifelt werden: als ein Chirurg den provisorischen Sarg öffnete, war die alte Wunde an der Schulter, die von dem Biß des Löwen herrührte, noch immer deutlich sichtbar.

Ein Sonderzug holte Livingstone dann am 28. April 1874 in Southampton ab — zu seiner letzten Reise in die Westminster Abbey. An diesem Tag legte ganz England Trauer an. Man brachte ihn über Nacht in den Kartenraum der Royal Geographical Society in der Savile Row, und als sich am nächsten Morgen der Trauerzug in Bewegung setzte, waren die Straßen gesäumt von schweigenden Menschenmassen. Für den Zugang zur Abtei hatte man Eintrittskarten ausgegeben; trotzdem war das Gebäude überfüllt. Stanley, Grant und Kirk waren unter den Sargträgern.

Betritt man heute die Abtei durch das Hauptportal und geht geradeaus weiter durch das Hauptschiff, so trifft man zunächst auf das Grabmal des Unbekannten Soldaten und dann, etwas dahinter, auf Livingstones Epitaph aus grauem Stein, der in Messinglettern folgende Inschrift trägt:

»Hier ruht, von treuen Händen über Land und Meer gebracht, David Livingstone, Missionar, Reisender, Philantrop, geboren am 13. März 1813 zu Blantyre, Lanarkshire, gestorben am 1. Mai 1873 in Chitambos Dorf, Ulala.

30 Jahre seines Lebens widmete er unermüdlich dem Bemühen, in Zentralafrika den Eingeborenenvölkern

das Evangelium zu predigen, unentdeckte Geheimnisse zu erforschen und den elenden Sklavenhandel abzuschaffen. Dort schrieb er seine letzten Worte:

›Alles, was ich in meiner Einsamkeit dazu sagen kann, ist, daß des Himmels reicher Segen auf jeden, ob Amerikaner, Brite oder Türke, herabkommen möge, der mithilft, diese offene Wunde der Welt zu heilen.‹«

Schon bevor er diese Worte schrieb, war Livingstones großer Einfluß auf den Geist der Menschen über Zentralafrika hinausgedrungen. Die Quellen des Nils hatten sich ihm zwar letztlich entzogen, aber seine Beschreibung des Massakers von Nyangwe hatte einen derartigen Sturm der Entrüstung ausgelöst, daß der Sultan von Sansibar sich genötigt sah, den Sklavenmarkt auf der Insel für immer zu schließen.

DER HINDERNISSTÜRMER

Eine eigentümliche Mischung von Liebe und Haß hat die Forscher immer wieder nach Afrika zurückgezogen. Sie glichen Männern, die ihr Leben der See verschrieben hatten; wer sich einmal den Fährnissen Afrikas ausgesetzt hatte, wurde wie unter Zwang wieder und wieder dorthingetrieben, selbst wenn Afrika ihm den Tod brachte. Irgendwann ziehen die meisten von ihnen über das Land und seine Bewohner her, nennen letztere häßlich, brutal, hinterhältig, verderbt und im Grunde nicht zu retten. Außerordentlich selten stößt man in ihren Berichten auf Stellen, wo sie sich von der Schönheit oder Großartigkeit einer Landschaft angerührt fühlen, von den unermeßlichen Ebenen des Zentralplateaus mit den blauen Bergen am Horizont und den Herden wilder Tiere, die dort grasen. Für die Forscher ist das alles letztlich feindselig, unentwickelt, unästhetisch — solange es nicht von der christlichen Zivilisation reformiert und in Ordnung gebracht wird.

Georg Schweinfurth, einer der gelassensten und souveränsten unter den Reisenden am oberen Nil, hat geschrieben: »Jeder Reisende in Zentralafrika erkennt beim ersten Anblick wirklich nackter und in ihrer vollen adamitischen Majestät sich ihm präsentierender Wilder einen bedeutsamen Wendepunkt im Verlauf seiner Reise, und der unvergleichliche Eindruck prägt sich für immer seinem Gedächtnis ein.« Mit anderen Worten: Einerseits ist da eine Art Rousseauscher Anziehung, die Sehnsucht nach einfachem Leben, andererseits die ständige Erinnerung des einsamen Reisenden an das bequeme und beruhigende Leben zu Hause.

Von der Wildheit Afrikas abgeschreckt, kehrte Schweinfurth nach Europa zurück. Doch er spürte bald, daß er dort nicht bleiben könne; kaum zwei Jahre später war er wieder in Afrika. Wie ihm ging es allen anderen, ob sie nun Missionare waren wie Livingstone, Gelehrte wie Burton, Soldaten und Sammler wie Speke oder Jäger wie Baker.

Alle behaupten in ihren Büchern, sie seien nach Afrika gegangen, um dort eine Mission zu erfüllen: geographische Probleme zu lösen; das Land zu reformieren; aus unbebauten Ländereien nützliche Farmen zu machen; den Handel anzukurbeln; die Eingeborenen aus dem Stadium der Wildheit und des Animismus zu erheben und zu einem besseren Leben hinzuführen. Doch wir können uns des Eindrucks nicht erwehren, daß es noch andere Motive für ihre Reisen gab: eine tiefsitzende Ruhelosigkeit, eine schier verzehrende Neugier nach allem, was fremd- und neuartig war. Und für die Befriedigung dieser Neugier waren sie bereit, alles in Kauf zu nehmen, selbst die Aussicht, dabei ums Leben zu kommen.

Joseph Thomson, der junge schottische Entdecker, der als erster Kenia bis zu den großen Seen durchquerte, hat dies sehr offen ausgesprochen, als er kurz vor seinem Tode schrieb: »Ich bin zur Ruhelosigkeit verdammt. Ich will kein Weltreich gründen. Ich bin weder Missionar noch echter Wissenschaftler. Ich möchte nur nach Afrika zurück, um meine Wanderungen wiederaufzunehmen.« Andere Forscher mögen einem derartigen Bekenntnis überhaupt nicht zugestimmt haben, und dennoch war diese grundlegende Ruhelosigkeit gewiß ein Bestandteil ihres Wesens und hat vielleicht sogar ihr Leben ganz entscheidend geprägt.

Stanley hingegen paßt nicht so recht in dieses Schema. Er repräsentiert einen neuen Typus des Afrikareisenden, gehört einerseits der modernen Zeit an und weist andererseits viele Züge eines Condottiere der italienischen Renaissance auf. Man könnte ihn einen Forschungsunternehmer nennen — womit nicht gesagt werden soll, daß er nach Afrika ging, um Geschäfte zu machen; der Begriff soll nur auf die überaus logische, rationale und effiziente Methode hinweisen, mit der er das Problem anging, eine Expedition zu organisieren und sie zum Ziel zu führen. Man kann sein Vorgehen rücksichtslos nennen oder auch geschickt; Tatsache ist, daß er dabei sehr entschlossen und sehr mutig zu Werke ging. Vielleicht ist er noch am ehesten mit Speke zu vergleichen; doch nicht einmal Speke war je so zielstrebig wie Stanley. Dieser war nicht in Afrika, um Reformprogramme durchzuführen oder Weltreichsideen zu verwirklichen, war auch nur mäßig an Anthropologie, Botanik oder Geologie interessiert. Will man es deutlich auf den Punkt bringen, so muß man sagen: Er wollte sich persönlich einen Namen machen. Daß er am Ende als der größte aller Forscher und zugleich als der größte Imperialist unter ihnen dastand, muß man als höchste Ironie der Afrikaforschung werten. Sogar für Missionare und Wissenschaftler hat er mehr Wege gebahnt als jeder andere vor ihm. Eine neuere Untersuchung von Jean-Jacques Laufer heißt nicht zufällig *Stanley, Briseur d'Obstacles* — der Hindernisstürmer.

Natürlich war ein derart brüsker, ausschließlich effizienzbetonter Einfall in Afrika nicht geeignet, vom gebildeten Publikum in England sehr geschätzt zu werden, das die Großtaten seiner eigenen Lieblingsforscher über Jahre hin verfolgt hatte. Das Condottierehafte in Stanleys Charakter machte die Sache nur noch schlimmer. Man spürte: Hier war ein Mann, der um der Publizität willen zu jedem Abenteuer und zur Annahme von jeder Art Auftrag bereit war — ein Eindringling, der seine Nationalität schon einmal gewechselt hatte und das jederzeit wieder tun würde (was auch tatsächlich geschah: er wurde später erneut britischer Bürger). Daß Baker und Gordon fremden Herren wie dem Khediven von Ägypten und den Mandschukaisern in China dienten, war nicht ganz das gleiche; von ihnen glaubte man, daß ihre prinzipielle Loyalität gegenüber Britannien davon nicht berührt wurde. Aber bei Stanley wußte man nie, woran man war. So wie er heute M. Gordon Bennett vom *New York Herald* zu Diensten war, konnte er morgen zum Beispiel die Flagge wechseln und sich beim König der Belgier verdingen, wenn es nur seiner Karriere nutzte.

Das alles war reichlich unfair, aber Stanley war eben ein Mensch, der Vorurteile fast so stark auf sich zog wie Livingstone Zuneigung. Ihm blieb nichts übrig, als seine Feinde mit seinen Leistungen zu verblüffen, und ebendies schickte er sich entschlossen an zu tun. Zugute kam ihm, daß er keine Freunde nötig hatte, um seine Sache zu verfechten. Er konnte hervorragend schreiben, und seine Bücher besitzen ein Tempo und eine Spannung, denen auch blumige und gelegentlich bombastische Passagen nichts anhaben können. Die Fakten, die er mitteilt, sind unwiderlegbar, basieren auf genauen und mühsam zusammengetragenen Beobachtungen.

Nun also, im Jahre 1874, traf er die Vorbereitungen zu seiner neuen Reise, die in vielerlei Hinsicht seine größte werden sollte, und bewies dabei eine Zielstrebigkeit und Weitsicht, wie sie nicht einmal von Baker erreicht wurden. Nach Livingstones Tod, hat er später berichtet, sei er zu dem Entschluß gekommen, nach Afrika zurückzugehen und dessen Werk zu vollenden, das heißt, das Rätsel des Nils endlich zu klären. Der Nachdruck liegt hier unüberhörbar auf Livingstone. Elf Jahre nach Spekes letztem Aufenthalt in Afrika hatte sich seine Reputation noch immer nicht gebessert; sie war im Gegenteil auf einem absoluten Tiefpunkt angelangt. In Schweinfurths Buch *Im Herzen von Afrika* (London und Leipzig 1874) zum Beispiel ist Spekes großer Victoria Nyanza von der Landkarte verschwunden und durch fünf kleine Seen ersetzt. Burton dürfte sich gefreut haben.

Stanley setzte sich drei Ziele: Er wollte zunächst den Victoria-See umfahren und klären, ob es sich um einen einzigen großen See handelte oder nicht und ob der Abfluß bei den Ripon-Fällen sein einziger Abfluß war. Zum zweiten wollte er Burtons Theorie abschließend überprüfen, indem er auch den Tanganyika-See umfuhr. Und schließlich gedachte er Livingstones unvollendete Arbeit am Lualaba wiederaufzunehmen: Er wollte sich ihm per Boot anvertrauen und ihm flußabwärts folgen, bis er die Mündung erreicht hätte. Kurz gesagt: er beabsichtigte nicht nur den Nilverlauf, sondern das gesamte System der Seen und Ströme in Zentralafrika definitiv zu klären.

Als ersten Schritt zur Verwirklichung dieses über die Maßen kühnen Plans organisierte er eine Zusammenarbeit des *New York Herald* mit dem Londoner *Daily Telegraph* zur Finanzierung der Expedition (und beide Zeitungen ließen sich nicht lumpen). Sodann las er alles, was es in England an Information über Ost und Zentralafrika gab; er habe sich 130 Bücher gekauft, berichtete er später. Bei der Auswahl seiner Begleiter verfuhr er entschieden unorthodox. Es waren nicht eigentlich Begleiter, sondern eher bezahlte Assistenten, die aus Arbeiterfamilien kamen und keinerlei Afrikakenntnisse hatten: zwei junge Söhne eines Fischers aus Kent, Edward und Francis John Pocock, und ein Angestellter namens Frederick Parker, der ihm im Londoner Langham Hotel aufgefallen war. Alle waren erheblich jünger als Stanley selbst und dürften wegen ihrer Zähigkeit und Diszipliniertheit ausgewählt worden sein — Eigenschaften, die einen guten Feldwebel auszeichnen. Bei keinem von ihnen stand im geringsten zu vermuten, daß er nach seiner Rückkehr Bücher über die erlebten Abenteuer schreiben oder vor der Royal Geographical Society über Stanleys Theorien disputieren würde. Nachdem man noch fünf Hunde gekauft hatte, war die kleine Truppe komplett und schiffte sich im August 1874 nach Ostafrika ein.

Die Expedition, die dann Anfang November von Sansibar aus ihren Weg nahm, war die größte und am besten ausgestattete Forschungskarawane, die man jemals in Ostafrika gesehen hatte. Sie führte ein zerlegbares, zwölf Meter langes Stahlboot, die *Lady Alice*, sowie acht Tonnen Vorräte mit und umfaßte 356 Teilnehmer. Das hatte zur Folge, daß die Karawane recht schwerfällig war und sich auf den Waldwegen bisweilen kilometerlang auseinanderzog. Als sie dreieinhalb Monate später am Ufer des Victoria-Sees ankamen, war Edward Pocock an Typhus gestorben, und sie hatten an die hundert Männer durch Desertion, Krankheit und Gefechte mit Eingeborenenstämmen verloren. Schon hier zeigte sich das Grundmuster aller Expeditionen Stanleys: schnelles Vorrücken, rücksichtsloser Schußwaffengebrauch gegenüber widerspenstigen Stämmen, hohe eigene Verluste an Menschenleben und schließlich das Erreichen des Zieles. Stanley auf einer Expedition durch Afrika begleiten hieß entweder triumphieren oder sterben; es war vergleichbar mit der Zugehörigkeit zur Elitetruppe eines siegreichen Generals. Einen größeren Gegensatz zu den Reisen Livingstones kann man sich nicht vorstellen.

Man erreichte das Südufer des Victoria-Sees bei einem kleinen arabischen Dorf etwas westlich von Mwanza, wo Speke sechzehn Jahre zuvor erstmals vor der riesigen Wasserfläche gestanden und gemutmaßt hatte, dies könne der Ursprung des Nils sein. Mutmaßungen waren Stanleys Sache nicht. Er war hier, um Fakten zu ermitteln. Deshalb ließ er die *Lady Alice* umgehend zusammensetzen und bestieg sie am 8. März 1875 mit einer ausgewählten Mannschaft von elf Afrikanern. Die beiden überlebenden Engländer und das Gros der Expedition ließ er zurück. Man fuhr am Ostufer entlang und erreichte nach drei Wochen anstrengenden Segelns und Paddelns Spekes Ripon-Fälle. Bald erschien dort ein Würdenträger in roter Robe und brachte Ochsen und andere Geschenke mit, und am 5. April wurde Stanley dann zu Mutesa geleitet.

In Buganda hatten sich seit Spekes Tagen große Veränderungen ereignet. Die Bevölkerung war auf nahezu drei Millionen angewachsen, und das kleine Königreich am Nordwestufer des Sees hatte jetzt eine Ausdehnung von fast 250 Kilometern. Mutesa hatte die Vierzig überschritten, und Stanley beschreibt ihn als »großen mageren Mann mit glattem Gesicht, großen Augen und kräftigem Aussehen«, bekleidet mit Tarbusch, schwarzem Gewand und weißem, von einem goldenen Gürtel zusammengehaltenem Hemd. Er wirkte völlig ungezwungen, schüttelte seinem Besucher herzlich die Hand, sprach ihn in fließendem Swahili an und lud ihn ein, auf einem eisernen Schemel Platz zu nehmen. Die Hauptstadt, jetzt in eine nahegelegene Örtlichkeit namens Rubaga verlegt, war eine ziemlich große Siedlung, die sich über mehrere Hügel im Umkreis von einigen Kilometern hinzog. Es gab dort auch luxuriös ausgestattete Hütten für durchziehende Karawanen. Feuerwaffen waren in Buganda mittlerweile gang und gäbe, und Mutesa konnte jetzt eine Streitmacht von 150000 Kriegern aufbieten, dazu die Kriegskanu-Flotte auf dem See. Sein persönliches Gefolge war noch zahlreicher geworden; Stanley schätzte allein die Zahl der Ehefrauen auf über zweihundert. Im Palast gab es vielerlei Fertigwaren: Ballen von Baumwolltuch, hölzerne Schemel, Messer mit Stahlklingen und andere Werkzeuge, Ornamente mit venezianischen Glasperlen. Nirgendwo am Hof fanden sich Hinweise auf Mordtaten oder andere Scheußlichkeiten.

Stanley war entzückt. Es sei ganz unmöglich, erklärte er später, Spekes Beschreibung des Königs und seiner Brutalitäten mit diesem intelligenten, leutseligen Mann in Einklang zu bringen. Mutesa hatte sich inzwischen dem Islam zugewandt, was Stanley umgehend zu ändern beschloß: Der König müsse zum Christentum bekehrt werden, erklärte er und begann auch gleich mit einer Reihe von Bibellesungen am Hof. Mutesa hörte sehr bereitwillig zu.

Gondokoro
Madigeb.
Nil
Albert Nyanza
Ripon-Fälle
Rubaga
Stanley-Fälle
Muta Nzige
Victoria Nyanza
Speke Golf
Alexandra Nyanza
Lake Kivu
Rumanikas Palast
Mwanza
Nyangwe
Msene
Ujiji
Tabora
Ugaga
Marefu
Kamolondo oder Lualaba
Tanganyika-See
Hondi-geb.
Lake Bangweolo
Lokinga- oder Bisageb.
Njassa-See

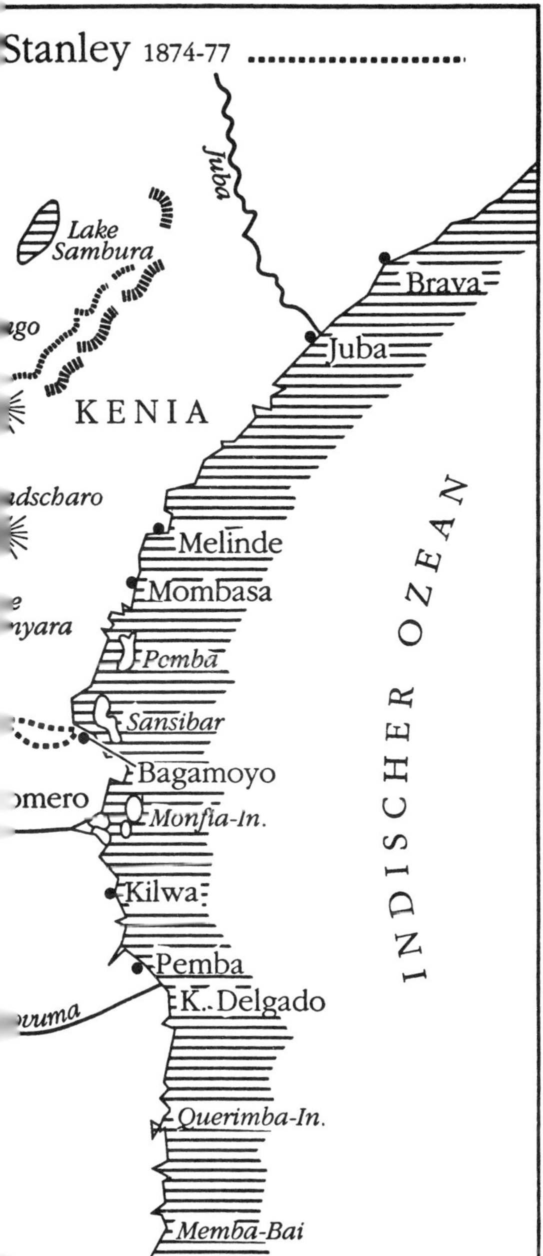

Angenommene Geographie Ostafrikas nach Stanleys Expedition 1874 bis 1877 (nach einer zeitgenössischen Karte)

In Wirklichkeit hatte es keine radikale Veränderung im Wesen des Königs gegeben, aber die neunzehn Jahre auf dem Thron hatten ihm vielerlei Gelegenheit geboten, sein politisches Naturtalent weiter zu entfalten. Er hatte seit langem schon erkannt, daß es jenseits seiner kleinen Welt in Zentralafrika noch andere mächtige Staaten gab und daß er gut beraten war, wenn er friedliche Beziehungen zu ihnen unterhielt; sie konnten ihn mit den Gewehren und der Munition beliefern, die er für die Kämpfe gegen Kamrasi in Bunyoro und andere Feinde brauchte. Auch ihre Gedanken und Erfindungen konnten sehr nützlich für Buganda sein. Schon 1869 hatte ihm eine Karawane acht Ochsen als Geschenk des Sultans von Sansibar mitgebracht, für die er sich mit 150 Stoßzähnen und einem Elefantenbaby revanchierte. Danach war noch eine weitere Geschenksendung aus Sansibar eingetroffen: eine größere Menge Schießpulver, Gewehre, Seife, Brandy und Gin. Im vergangenen Jahr hatte er einen Besucher aus dem Norden empfangen: einen Weißen namens Chaillé-Long, der zu Pferd vom Sudan heruntergekommen war und sich als Vertreter eines gewissen »Gordum-Pascha« vorstellte, welcher dort an Bakers Stelle getreten war. Mutesa hatte ihn in Rubaga willkommen geheißen und zu seinen Ehren dreißig Menschen abgeschlachtet (ein Ereignis, das er Stanley gegenüber klugerweise nicht erwähnte); im Moment wartete er auf einen weiteren Bevollmächtigten »Gordum-Paschas«, der jeden Tag eintreffen konnte.

So herrschten derzeit am Hof eitel Frieden und Freundschaft. Der König und der Forscher trafen sich täglich in einer Atmosphäre wachsender Herzlichkeit. Bald kreuzte auch der Vertreter Oberst Gordons auf: ein sympathischer, couragierter junger Franzose namens Linant de Bellefonds, der wie der Amerikaner Chaillé-Long unter Gordon in die Dienste des Khediven getreten und jetzt dabei war, das Land südlich des Sudans im Hinblick darauf zu rekognoszieren, wie es später zu annektieren wäre. Er kam geradewegs von Gondokoro und konnte Stanley mit Gänseleberpastete, geräucherten Würsten, Sardinen und anderen Delikatessen verwöhnen — lauter Dingen also, meint man, die ein weitblickender Franzose auch in Zentralafrika immer bei sich führt. Als Protestant war Bellefonds nur zu bereit, Stanleys Plan zur Christianisierung Bugandas zu unterstützen, und erbot sich, eine Depesche von ihm an den *Daily Telegraph* zu befördern, in der um die Entsendung von Missionaren aus England nachgesucht wurde. Mit dieser Übereinkunft schieden die beiden Männer — Bellefonds ging nach Gondokoro zurück, um Gordon Bericht zu erstatten; Stanley setzte seinen Weg um den See fort.

Am 6. Mai 1875 traf er wieder an seinem Ausgangspunkt Mwanza ein. Er hatte einen Weg von 1600 Kilometern in 57 Tagen hinter sich gebracht und das erste seiner großen Ziele erreicht: Es stand jetzt ohne jeden Zweifel fest, daß der Victoria Nyanza ein einziger See war. Speke hatte recht gehabt, und seine gehässigen Kritiker fanden sich hoffnungslos ins Unrecht gesetzt. Überdies hatte die Fahrt bestätigt, daß der See nur einen wichtigen Abfluß hatte — den bei den Ripon-Fällen — und nur einen wichtigen Zufluß — den Kagera, der an der Westküste im Norden von Karagwe in ihn mündet.

»Speke«, schreibt Stanley, »kommt jetzt der ungeteilte Ruhm zu, den größten Binnensee auf dem afrikanischen Kontinent sowie seinen wichtigsten Zu- und Abfluß entdeckt zu haben. Ich muß es ihm überdies als Verdienst anrechnen, daß er sich in der Geographie der von uns bereisten Länder besser als jeder von denen auskannte, die seine Hypothese so hartnäckig bekämpften.« Man spürt, daß Stanley noch nicht ganz bereit ist zu konzedieren, daß Spekes Nil der wahre Nil ist, daß er sich dieser Vorstellung aber anzunähern beginnt. Bald sollte er sie sich ganz zu eigen machen.

Sein zweites großes Ziel war jetzt die gründliche Erforschung des Tanganyika-Sees und die Klärung der Frage, ob er in irgendeiner Verbindung mit Bakers Albert Nyanza und anderen Seen stand, die möglicherweise in der unerforschten Region am Äquator existierten. Im Juli 1875 wurde die gesamte Expedition in Kanus verladen, und unter Führung der *Lady Alice* segelte man auf dem Victoria-See wieder nordwärts nach Buganda. Stanleys Truppe war inzwischen stark dezimiert. Frederick Parker, der Angestellte aus dem Langham Hotel, war in Mwanza gestorben; andere waren desertiert oder krank. Aber Mutesa hatte Verstärkung versprochen.

Vorher allerdings galt es eine alte Rechnung mit Eingeborenen auf der Insel Bumbire zu begleichen; sie liegt vor dem Westufer des Sees, etwas südlich der heutigen Stadt Bukoba. Auf seiner früheren Fahrt mit der *Lady Alice* war Stanley hier brutal behandelt worden, und als er der Insel jetzt erneut ansichtig wurde, war die Stunde der Rache gekommen. Es traf sich gut, daß gleichzeitig eine Flotte bugandischer Kriegskanus eintraf, die in südlicher Richtung unterwegs war, um nach ihm Ausschau zu halten. Als sich 2000 bis 3000 mit Speeren bewaffnete Inselbewohner unklugerweise am Ufer versammelten, brachte er die vereinigte Flotte in Position und ließ eine Breitseite abfeuern. Viele Feinde wurden getötet oder verwundet; die übrigen zerstreuten sich und flohen.

Man setzte die Fahrt nach Norden fort und traf Mutesa in der Nähe der Ripon-Fälle, wo er gegen andere rebellische Inselbewohner kämpfte.

In seinem Umgang mit dem König zeigt Stanley eine merkwürdige Naivität. Man möchte gern wissen, warum er so enge Beziehungen zu einem Mann unterhielt, der in gleicher Weise barbarisch wie unverhüllt zynisch war. Vielleicht brauchte er wirklich das Bündnis mit ihm, um seine Umschiffung des Sees vollenden zu können; vielleicht brauchte er auch die bugandische Verstärkung für den noch vor ihm liegenden Teil der Reise — aber der Angriff auf Bumbire war nichts als gefühllose, rachsüchtige Torheit. Und die Belohnung, die er für seine Intervention auf seiten der Bugander erhielt, war ebenso nichtig wie Mutesas Bekenntnis, er interessiere sich für das Christentum: Der Verstärkungstrupp, der ihm versprochen worden war, machte sich natürlich bei der erstbesten Gelegenheit aus dem Staub und überließ den Forscher sich selbst.

Hier sollte man freilich nicht vergessen, daß Stanley erst vierunddreißig war und daß Livingstones kurzfristiger Einfluß auf ihn all den Erfahrungen aus seinem früheren Leben zuwiderlief, als ihm die Welt als harter und erbarmungsloser Schauplatz erschienen war. So nimmt es nicht wunder, daß er bei der Beschreibung des Massakers von Bumbire — trotz der langen Zeit, die er Gelegenheit hatte, darüber nachzudenken — zu einem Vokabular der Härte greift, fast als wolle er den Leser herausfordern: »Der Wilde«, heißt es dort, »respektiert nur Stärke, Macht, Kühnheit und Entschiedenheit.«

Niemand bestritt, daß das Leben in Zentralafrika damals wirklich hart war und daß der Forscher oft gewaltsame Methoden anwenden mußte, um zu überleben, aber es war nicht klug, daraus eine Tugend zu machen. Die meisten von Stanleys Beteuerungen hinsichtlich der Pflichten des weißen Mannes in Afrika und der Notwendigkeit christlicher Einflußnahme klingen ein wenig hohl. Für viele Menschen in England waren seine Beziehungen zu Mutesa durchaus dem Bündnis vergleichbar, das auch ein arabischer Sklavenhändler mit ihm hätte schließen können, und der Zwischenfall in Bumbire hatte eine starke Ähnlichkeit mit dem Massaker von Nyangwe, dessen Zeuge Livingstone gewesen war. Ein weiterer Stein des Anstoßes war, daß er den Union Jack vor sich hertrug, als er zum Angriff übergegangen war. Nur ein äußerst unsensibler Mensch konnte übersehen, daß all dies einen Aufschrei der Empörung in England auslösen würde. Aber mangelnde Sensibilität war ein Teil von Stanleys Stärke. Solche Dinge waren ihm schlicht egal.

Und die rein praktische Seite des Forschungsreisens beherrschte er vorzüglich.

So bekümmerte ihn auch der Verlust der von Mutesa gestellten Eskorte wenig, obwohl er dadurch gezwungen war, auf die genauere Bestimmung der Ausdehnung von Bakers Albert Nyanza zu verzichten, ebenso auf die des Lake Edward, der knapp unterhalb des Äquators liegt. Statt dessen zog er südwärts nach Karagwe und verbrachte einen Monat bei Rumanika in Bweranyange. Er war der letzte Weiße, der den alt gewordenen König lebend sah; kurz darauf starb dieser von eigener Hand. Offenbar hatte der Tod eines Lieblingssohnes ihn heftig getroffen, und außerdem hatte ihm ein Augenleiden Qualen bereitet.

Rumanika erscheint innerhalb der Szenerie Zentralafrikas als eine freundliche, aber nicht unbedeutende Figur. Man hat das Gefühl, ihn gut zu kennen. Er war liebenswürdig zu Speke und Grant gewesen und empfing jetzt auch Stanley außerordentlich gastfreundlich. Mit einigem Stolz präsentierte er das Gewehr, das er vor so vielen Jahren von Speke erhalten hatte, und man kann sich leicht vorstellen, wie er da steht und es in der Hand hält, ein Hüne von einem Mann, mehr als ein Meter achtzig groß, und ein wenig komisch wirkt in seiner roten Decke. Er war nicht leicht, den Sprung von der Steinzeit ins neunzehnte Jahrhundert zu vollziehen. Auch Rumanika war in früheren Jahren grausam genug gewesen, als er andere Thronprätendenten vernichtet hatte, aber er war weniger hinterhältig und weniger brutal als Mutesa (den er übrigens nie getroffen hatte) und besaß eine Würde, die es nicht nötig hatte, durch einen löwenartigen Gang unterstrichen zu werden.

Gut erholt nach dem Aufenthalt bei Rumanika, marschierte Stanley südwärts zum Tanganyika-See. Bei der Ankunft in Ujiji war er von der Tatsache fasziniert, daß der Wasserpegel gestiegen war. Die drei Palmen, die 1871 den Marktplatz dominiert hatten, standen jetzt im Wasser, und der sandige Strand, auf dem er mit Livingstone zu spazieren pflegte, war nun an die sechzig Meter vom neuen Ufer entfernt. Das schien nicht dafür zu sprechen, daß ein Fluß von einiger Bedeutung den See verließ.

Im Juni 1876 legte die *Lady Alice* von Ujiji ab und kehrte nach weniger als zwei Monaten mit sicheren Beweisen dafür zurück, daß der See keinen Abfluß hatte, der als Quellfluß des Nils in Frage kam. Damit waren Burtons Theorien erledigt, und Speke hatte auf der ganzen Linie recht behalten.

Jetzt blieb noch das dritte und letzte Problem zu lösen: Was war Livingstones Lualaba, und wohin floß er? Wenn er nicht der Nil war — wie paßte er dann in das große Seen- und Stromsystem Zentralafrikas? Im August desselben Jahres, zwei Jahre nach seinem Abmarsch von der Ostküste und mit einer Truppe, die weniger als halb so viele Teilnehmer umfaßte wie zu Beginn, brach Stanley zum letzten und größten seiner Abenteuer auf.

Die Geschichte dieser Fahrt auf der *Lady Alice,* den Lualaba und dann den Kongo abwärts bis zum Atlantik, ist eines der großen Epen afrikanischer Entdeckungsreisen. Viele Monate lang hatte Stanley keine Ahnung, wohin der Strom ihn letztendlich tragen würde — ob nach Ägypten im Norden oder in die riesigen unerforschten Regionen im Süden —, aber nachdem er mit dem Abenteuer einmal begonnen hatte, mußte er es zu Ende bringen. Sein Reisebericht *Through the Dark Continent* liest sich wie die Chronik eines der frühen spanischen Konquistadoren in Südamerika, denn auch ihm blieb kein denkbares Mißgeschick erspart — weder Schiffbruch noch Hungersnot, weder Angriffe von uferbewohnenden Stämmen noch der Verlust aller Vorräte; schließlich ertrank auch noch Frank Pocock, sein letzter weißer Begleiter. 999 Tage nach dem Aufbruch von Sansibar tauchten die Überlebenden, Gespenstern gleich, aus den Dschungeln an der Kongomündung auf, und eine kleine Gruppe europäischer Händler brachte sie ins Leben zurück. Von den ursprünglich 356 Expeditionsteilnehmern waren nur 114 übriggeblieben, darunter dreizehn Frauen und deren Kinder. Sie alle wurden jetzt auf dem Seeweg zurück nach Sansibar gebracht.

Unmittelbar vor Stanleys Reise war der Nilverlauf zwischen den Ripon-Fällen und der heutigen Grenze zum Sudan von Vertretern Gordons kartiert worden. Chaillé-Long hatte den Strom von seinem Ursprung bis zu den Karuma-Fällen in Zentraluganda verfolgt und dabei den Lake Kyoga entdeckt; der Italiener Romolo Gessi hatte den Lake Albert umrundet und war dessen Abfluß bis zur Grenze bei Dufilé gefolgt.

Aber Stanley hatte bei weitem die Hauptarbeit geleistet. Alle zentralen Fragen waren jetzt gelöst: Der Lualaba war der Quellfluß des Kongo und floß quer durch Afrika in den Atlantik. Der Nil entsprang im Victoria-See und floß nordwärts nach Ägypten und dann ins Mittelmeer. Der weiße Fleck auf der Landkarte war nicht länger weiß. Natürlich konnte argumentiert werden, der eigentliche Nilursprung liege im Quellgebiet des Hauptzuflusses zum Victoria-See, des Kagera — und tatsächlich gibt es eine gerade eben wahrnehmbare Strömung von der Mündung des Kagera durch die Nordwestecke des Sees bis zu den Ripon-Fällen (beziehungsweise bis zu der Stelle, an der die Fälle lagen, bevor in den fünfziger Jahren unseres Jahrhunderts das Wasserkraftwerk gebaut wurde). Und wenn wir den Kagera und seine Zuflüsse einige hundert Kilometer stromaufwärts verfolgen, stellen wir fest, daß sie in einer 2000 Meter hohen Bergkette nördlich des Tanganyika-Sees entspringen. Burton war also sehr nahe an der Wahrheit gewesen, als er den Nilursprung in diese Region verlegte. Aber das ist eine gar zu feingesponnene Definition. Wenn man die Debatte bis zu ihrem logischen Ende verfolgte, käme man zu dem Schluß, daß der vom Himmel fallende Regen eigentlich den Ursprung jenes Quellgebiets bilde und daß Homer recht gehabt habe, als er schrieb, der Nil sei von Zeus geschickt. Für die Praxis erscheint es am vernünftigsten, den Ursprung dort anzunehmen, wo früher die Ripon-Fälle lagen, denn erst von hier an nimmt der gewaltige Strom einen eindeutigen Verlauf — zunächst in nördlicher Richtung durch den Lake Kyoga nach Zentraluganda, dann westwärts über die Karuma- und die Murchison-Fälle zum Lake Albert, danach wieder im wesentlichen nordwärts über die Stromschnellen im Äquatorgebiet, die Sümpfe des Sudd und die Wüsten des südlichen Sudans bis zur Vereinigung mit dem Blauen Nil bei Khartum, von dort an schließlich über Tausende von Kilometern durch riesige Sandwüsten zu den Pyramiden und zum grünen Delta in Unterägypten. (...)

III
Die Geheimnisstürmer

JAMES BRUCE

November 1769. Auf dem Weg hinauf zum abessinischen Hochland

Nachmittags nach zwei Uhr fingen wir an, den eigentlichen Berg zu besteigen. Der Weg war ungemein felsig und uneben, wenn man ihn wegen des unglaublich steilen Abhangs, wegen der durch die reißenden Ströme entstandenen Löcher und wegen der ungeheuren, vom Wasser losgerissenen und herabgerollten Steinblöcke überhaupt einen Weg nennen kann. Wir konnten, wenn auch nicht ohne Beschwerden, hinaufkriechen, und jeder konnte seinen Schnappsack und die Waffen tragen, aber das Hinaufschaffen unseres Gepäcks und der Instrumente erforderte schier unmenschliche Kräfte. Unser Zelt konnte zwar keinen Schaden erleiden, wenn es hinabstürzte, aber unsere Teleskope und Zeitmesser und der Quadrant mußten sorgfältiger behandelt werden.

Der Quadrant war bisher von acht Mann getragen worden, indem vier und vier einander immer ablösten. Als sie nun aber einige hundert Ellen zurückgelegt hatten, wollten sie den Transport nicht weiter fortsetzen. Es wurden verschiedene Hilfsmittel vorgeschlagen, zum Beispiel das Gepäck auf dem Boden hinaufzuschleifen, die für das Instrument jedoch alle von gleichem Nachteil waren. Endlich trug ich, weil ich der Stärkste in der Gesellschaft und auch derjenige war, der das meiste Interesse daran hatte, gemeinsam mit einem starken Mohren die Spitze des Quadranten ungefähr vierhundert Ellen über den beschwerlichsten und steilsten Teil des Berges, den man vorher als den unbesteigbarsten von allen angesehen hatte.

Der Name des Mohren war Yasine, und ich habe seiner bereits im vorigen Kapitel gedacht. Ich hatte gefunden, daß er sehr klug und scharfsichtig, standhaft und von starken Nerven war. Er zeigte diese Eigenschaften nur im Augenblick der Gefahr. Zu anderen Zeiten war er still, redete wenig und studierte ständig im Koran.

Wir trugen das Instrument beherzt die steile Anhöhe hinauf, hoben den Kasten behutsam über die großen Steine, ließen ihn bisweilen darauf ruhen und stellten die Spitze des dreifüßigen Quadranten mit seinem doppelten Gehäuse zur Verwunderung aller unbeschädigt ab. Auf Yasines Verlangen schritten wir zum zweiten beschwerlichen Unternehmen, nämlich den eisernen Fuß des Quadranten in seinem hölzernen Futteral hinaufzuschaffen. Er war zwar nicht so schwer und nicht so leicht zu beschädigen, man hielt es aber doch für unmöglich, ihn den steilen, schroffen Berg hinaufzubringen. Wir schlugen die zaghaften Hilfsangebote derer aus, die unten standen und uns angafften, und stellten schließlich auch diesen Kasten in unbeschädigtem Zustand ab, noch zehn Ellen höher oben als den ersten.

Nach dieser schönen Leistung hielten wir uns für die beiden vorzüglichsten Männer in der Gesellschaft, und wir kehrten mit sichtbaren Zeichen unserer Anstrengung zurück. Hände und Knie waren durch das Abgleiten und Klettern über die scharfen Felsenspitzen zerkratzt und blutig, die Kleider waren zerrissen. Jetzt waren wir aber von unseren Fähigkeiten überzeugt, und ohne unseren Kameraden Vorwürfe zu machen, gingen wir daran, auch die beiden Teleskope und den Zeitmesser hinaufzuschaffen. Die Scham und der Beweis unserer überlegenen Standhaftigkeit hatten aber nun unsere Reisegefährten so gedemütigt, daß sie jetzt mutig Hand anlegten. Dadurch gelang es nach unendlichen Beschwerden, aber mit wahrem Vergnügen, alle Instrumente und das Gepäck bis zwei Uhr nachmittags zur Hälfte des schrecklichen Berges Taranta hinaufzuschaffen.

Wir hatten fünf Esel bei uns, wovon zwei dem Yasine gehörten, und diese Tiere hinaufzutreiben kostete uns ebensoviel Mühe wie das Gepäck. Die Ladung hatten wir so weit wie die Instrumente gebracht, und ein Mann versuchte, die unbepackten Tiere, welche jung, bei Kräften und durch die kurzen Tagesreisen in der Ebene nicht überfordert waren, vor sich herzutreiben. Sobald jedoch die Esel ihre Freiheit fühlten, fingen sie an zu schreien, auszuschlagen, sich zu beißen und plötzlich einmütig nicht nur das Stück des Berges, welches wir schon erstiegen hatten, hinunterzulaufen, sondern auch mit mutigem Geschrei (vielleicht, weil sie andere Artgenossen rochen) den Rückweg in starkem Trott fortzusetzen.

Unsere kleine Karawane und besonders die Eigentümer der Esel blickten voll Verzweiflung von oben herab, und alle unsere Bemühungen, den Taranta zu überschreiten, schienen durch die Flucht der eigensinnigen Tiere gescheitert zu sein.

Schließlich wurden vier Mohren, darunter ein Diener des Yasine, mit einem Gewehr den Eseln nachgeschickt. Sie hatten Befehl zu feuern, sollten sie mit den Hazorta Schwierigkeiten bekommen. In diesem Falle hätten wir sie hören und ihnen zu Hilfe kommen können. Zum Glück waren die Esel hungrig geworden und hatten bald angefangen, im Buschwerk zu fressen, wo sie kurz vor Sonnenuntergang gefunden wurden. Es gibt in dieser Gegend viele Hyänen, welche die Esel, wie wir vermuteten, gesehen und sich deswegen versammelt hatten. Wahrscheinlich hatte das die Esel auch folgsamer gemacht, da sie sich nun von ihren Herren treiben ließen. Die Hyänen folgten auf dem Fuße und wurden immer zahlreicher, so daß die Treiber, welche nur mit Lanzen bewaffnet waren, um ihr Leben zu fürchten begannen. Endlich wurden die Hyänen so dreist, daß eine von ihnen einen Esel anfiel und ihn niederriß. Nun feuerte Yasines Diener seine Flinte ab, und wenn er auch nicht traf, war doch der Zweck erreicht: Die Hyänen verschwanden und ließen die Esel mit ihren Treibern in Ruhe.

Der ganze Abhang des Berges Taranta, den wir bis jetzt bestiegen hatten, war dicht mit Bäumen bestanden, welche wir bisher noch nicht gesehen hatten. Sie waren von außerordentlicher Schönheit und heißen Kol-quall. Wir trafen sie zwar hiernach noch an verschiedenen Stellen in Abessinien an, aber nie in der Vollkommenheit wie auf dem Taranta.

Am 21. früh nach sechs Uhr fingen wir an, nachdem ich meine Gesellschaft mit guten Worten aufgemuntert, ihnen mehr Lohn versprochen und ihnen auch Hoffnung auf eine Belohnung gemacht hatte, die andere Hälfte des Berges zu besteigen. Doch vorher verlangte ich, da ich sah, daß der eine von der Hyäne gebissene Esel nicht weiter tragen konnte, die Last auf die übrigen zu verteilen. Dem Besitzer des Tieres versprach ich, ihm bei der Ankunft in Dixan einen neuen Esel zu beschaffen.

Kaum war dies getan, spürte ich die guten Folgen dieses Entschlusses. Das Gepäck wurde nun viel emsiger fortgeschafft als am vorigen Tag. Der obere Teil des Berges war noch steiler, steiniger, unebener und schlüpfriger als der untere, es standen auch mehr Bäume im Weg, aber wir hatten nicht so viele Behinderungen durch große Steine und Löcher. Unsere Knie und Hände wurden abermals durch häufige Stürze verwundet und das Gesicht durch das viele dornige Gebüsch zerkratzt. Ich dachte wohl zwanzigmal an Achmets Worte bei unserer Trennung, daß ich noch oft wegen des schlechten Weges über den Taranta, wozu er mir geraten hatte, über ihn schimpfen, ihn hingegen wegen der ruhigen und sicheren Reise loben würde.

Endlich erreichten wir den Gipfel des Berges, darauf das

kleine Dorf Halai steht, das erste, welches wir seit unserer Abreise aus Massaua sahen. Es wird von armen Sklaven und Hirten bewohnt, welche die Herden der wohlhabenden Einwohner von Dixan betreuen.

In Gondar

Es ist eine ständige Gewohnheit in Abessinien, die Türen des königlichen Gemachs gleichsam zu belagern und von frühmorgens an bis in die Nacht aus vollem Hals in einem kläglichen und klagenden Ton um Gerechtigkeit zu schreien, und zwar in allen Sprachen, die sie nur können, um vorgelassen und mit ihren Beschwerden angehört zu werden. In einem so schlecht regierten Reich wie Abessinien, welches unaufhörlich in Kriege verwickelt ist, kann man sich leicht denken, daß es nie an Untertanen fehlt, die sich über wirkliches Unrecht und Gewalttätigkeiten zu beschweren haben. Abgesehen davon ist dies zu einem so beständigen Brauch geworden, daß man auch in Zeiten, in denen zufälligerweise nur wenige in die Hauptstadt kommen — wie etwa in der Mitte der Regenzeit —, allerlei umherstreifendes Gesindel zusammenfängt, sie speist und dafür bezahlt, daß sie schreien und wehklagen, wie wenn sie in der Tat das größte Unrecht erlitten hätten und unterdrückt würden. Und dies, so sagen sie, geschehe dem König zu Ehren, damit er sich nicht zu einsam vorkomme, wenn es im Palast zu ruhig sei. Dies war unter allen absonderlichen Gebräuchen der unangenehmste für mich, und weil der König das wußte, erlaubte er sich damit, wenn er allein war, oft einen wunderlichen und gar nicht königlichen Spaß.

Manchmal fanden sich, wenn ich in meinem Zimmer beschäftigt war, auf einen Schlag vier- bis fünfhundert Menschen ein, die alle auf einmal zu heulen und zu schreien anfingen, als ob sie die größte Not litten, andere verlangten Hilfe, wie wenn sie im Augenblick viel auszustehen hätten oder auf der Stelle hingerichtet werden sollten, wieder andere röchelten und schluchzten, als wollten sie augenblicklich sterben. Und diese abscheuliche Symphonie wurde so kunstvoll ausgeführt, daß kein Ohr unterscheiden konnte, ob es aus wirklichem Leiden herrührte oder nicht. Ich schickte zuweilen Soldaten hinaus, die einen von denen hereinholten, und auf mein Befragen, was für ein Unheil ihm widerfahren sei, erhielt ich mit kaltem Blut zur Antwort, daß ihm nichts fehle. Er habe den ganzen Tag geschlafen, und wie er von den Soldaten am Tor gehört habe, daß ich mich auf mein Zimmer begeben hätte, sei er mit seinen Kameraden gekommen, um unter meinem Fenster zu schreien und Lärm zu machen und mir vor den Leuten eine Ehre zu erweisen, aber auch aus Angst, ich könnte bei zu großer Ruhe und Einsamkeit melancholisch werden. Er hoffe, ich würde ihnen zu trinken geben, damit sie um so kräftiger weiterschreien könnten. Wenn ich darüber oft in heftigen Zorn geriet, wurde dies augenblicklich dem König hinterbracht, der dann herzlich darüber lachte; manchmal hatte er sich auch gar nicht weit davon versteckt, um Zuschauer meines Mißvergnügens zu sein.

Vom König und von seinen Untertanen

Die Könige von Abessinien sitzen auf einem goldenen Thron, welcher aus einem breiten bequemen Sitz besteht und mit persischen Teppichen, Damast und reichem Zeug behangen ist und zu dem man auf Stufen hinaufsteigt. Durch die vielen Staatsveränderungen und Kriege hat er jedoch viel von seiner alten Pracht verloren.

Die Könige sind über alle Gesetze erhaben. Sie sprechen Recht in allen geistlichen und zivilen Belangen. Die Güter und die Personen der Untertanen sind ihr Eigentum. Jeder Einwohner ihres Reiches ist ihr geborener Sklave. Hat jemand einen höheren Rang, so nur durch die ausschließliche Gnade des Königs; die Verwandten werden deshalb nicht höher geachtet.

Man sieht den König von Abessinien nie gehen oder einen Fuß außerhalb seines Palastes auf die Erde setzen.

Will er von seinem Pferd oder Maulesel absteigen, stellt ihm ein Bedienter einen Stuhl hin. Der König reitet auch durch das Vorzimmer bis zu den Stufen seines Throns oder bis zum Stuhl, der im Alkoven seines Zeltes steht.

Der König von Abessinien spricht das Urteil bei Kapitalverbrechen oft selbst. Niemand wird beim ersten Vergehen zum Tod verurteilt, es sei denn, das Verbrechen war von einer abscheulichen Art, zum Beispiel Vatermord oder Kirchenraub. Überhaupt werden Lebensart und Verdienste einer Person gegen das begangene Verbrechen abgewogen. Wenn man glaubt, daß sein vorheriges Betragen dem Staat mehr Vorteile eingebracht, als er durch sein Vergehen Schaden angerichtet hat, wird der Angeklagte im allgemeinen, wenn der König das Urteil allein spricht, freigesprochen.

Wenn ein Gefangener in Abessinien wegen eines schweren Verbrechens zum Tode verurteilt wird, wird er nicht erst wieder ins Gefängnis zurückgeführt, was man für grausam hält, sondern er wird sofort weggeschafft, damit das Urteil an ihm vollzogen wird.

Kapitalverbrechen werden in Abessinien mit der Kreuzigung oder mit dem Schinden bei lebendigem Leib bestraft. Daß diese barbarische Gewohnheit noch in Abessinien herrscht, davon ist das Schicksal des unglücklichen Woosheka ein Beweis, den man in dem Feldzug von 1769 bei meiner Anwesenheit im Land gefangennahm.

Eine weitere Art der Hinrichtung ist das Steinigen. Sie wird hauptsächlich an Ausländern, Franken genannt, wegen Religionssachen vollzogen. Die katholischen Priester, die man in den letzten Zeiten in Abessinien entdeckt hat, wurden gesteinigt. Ihre Körper liegen noch auf den großen wüsten Plätzen und in den Straßen von Gondar, mit Haufen von den Steinen, die sie töteten, bedeckt.

Zu den schlimmsten Strafen muß auch das Ausstechen der Augen gerechnet werden, eine Grausamkeit, von der ich nur zu viele Proben während meines kurzen Aufenthalts in Abessinien gesehen habe. Sie wird vor allem an Rebellen ausgeübt.

In Diensten des Hofes

Ein Fremder von Stand, der dem König besonders empfohlen ist, wie ich es war, der kein Geld nötig hat und nicht um des täglichen Unterhalts wegen vom Staat abhängt, bekommt im allgemeinen ein Dorf oder mehrere zugeteilt, die ihm seine Bedürfnisse befriedigen müssen, ohne daß er es nötig hat, sich jedesmal an den König oder seine Minister wenden zu müssen. Amha Yasous zum Beispiel, der Fürst der Provinz Shoa, erhielt das große königliche Dorf Emfras, das ihn mit Speisen für seinen Tisch versorgen mußte. In Karoota hatte er ein anderes für den Wein, eins in Dembea, des Königs eigener Provinz, für seinen Weizen und wieder ein anderes in Begemder für die baumwollenen Zeuge, für seine Dienerschaft und dergleichen mehr. Als ich in königliche Dienste trat, bekam ich die Dörfer, die zu den Posten, die ich bekleidete, gehörten. Und eins namens Geesh, bestehend aus achtzehn Häusern, wo die Quellen des Nils sind, erhielt ich auf mein Ersuchen vom König, obgleich ich ein besseres hätte haben können, mir Honig zu liefern. Dies wurde mir auch von dem Rebellen Waragna Fasil bestätigt, der mich nie durch meine Einkünfte reich werden ließ, da er nie erlaubte, daß ich mehr als zwei irdene Gefäße erhielt, worin der Honig von den Lupinen so bitter war, daß ich ihn gar nicht gebrauchen konnte. Ich war ein milder Herr, und es bestand nicht die geringste Wahrscheinlichkeit, daß ich mich durch die Einkünfte dieses Landes je bereichern würde, dies um so mehr, als ich einen Leutnant, der die Reiterei kommandierte, unter mir hatte, dessen Gedanken mehr auf Jerusalem und das Heilige Grab als auf den Vorteil, den er aus seinem Posten ziehen konnte, gerichtet waren.

Ich muß hier noch eines sehr widernatürlichen Gebrauchs gedenken, der durchweg in Abessinien herrscht und der in den ältesten Zeiten in der ganzen Welt üblich gewesen zu sein scheint. Ich habe in den Nachrichten über meine Reise von Massaua aus erzählt, daß ich unweit von Axum drei Reisende einholte, welche Soldaten zu sein schienen und eine Kuh vor sich hertrieben. Sie hielten bei einem Bach still, warfen die Kuh nieder und schnitten ihr ein großes Stück Fleisch aus den Lenden, worauf sie langsam mit der Kuh weiterzogen. Als man in England von diesem Umstand hörte, erhob man ein großes Geschrei und trug keine Bedenken, dies für unmöglich zu halten, obwohl niemand die abessinischen Sitten und Gebräuche auch nur im geringsten kannte. Die Jesuiten, die vor etwa hundert Jahren in Abessinien lebten, hatten zwar berichtet, daß dieses Volk rohes Fleisch esse, aber niemand wußte etwas davon.

Es beruht bloß auf Vorurteilen, wenn wir es verwerfen, rohes Fleisch zu essen, weder göttliche noch menschliche Gesetze verbieten es, soviel ich weiß. Wenn es zufolge neuerer Entdeckungen von Reisenden wahr ist, daß es Völker gibt, die den Gebrauch des Feuers nicht kennen, so konnte Gott auch kein allgemeines Verbot, rohes Fleisch zu essen, ergehen lassen. Auf alle Fälle ist es noch nicht genau entschieden, ob es nicht ein älterer und allgemeinerer Gebrauch war, rohes Fleisch zu essen, als es durch Feuer zuzubereiten. Ich bin wenigstens dieser Meinung.

Entsprechend meinem Vorhaben, die Sitten der von mir besuchten Völker, mögen sie nun schlecht oder gut sein, wahrheitsgemäß zu beschreiben, kann ich nicht umhin, von einer Mahlzeit, die nach Polyphemus' Geschmack gewesen wäre, zu berichten, woweit dies die Grenzen des Anstands erlauben. Diese Art von Mahlzeit gehört zur Geschichte eines barbarischen Volkes. Sosehr ich es auch wünschte, kann ich es doch nicht verschweigen.

In der Hauptstadt, wo man zu allen Zeiten sicher ist, aber auch auf dem Land und in den Dörfern, wenn die periodischen Regenfälle so häufig und anhaltend werden, daß sich keine Berittenen mehr in die morastigen Täler wagen und die Einwohner also sagen können, daß sie zu Hause sicher sind und deswegen Schild und Lanze im Vorhaus an die Wand hängen, versammelt sich eine Anzahl der Angesehensten beiderlei Geschlechts in den Dörfern, die Hofleute im königlichen Palast und die Bürger in den Städten, um zwischen zwölf und ein Uhr ihr Mittagsmahl zu halten.

Mitten im Zimmer wird ein langer Tisch, mit Bänken an den Seiten, für die eingeladenen Gäste aufgestellt. Bevor die Portugiesen hier Tische und Bänke eingeführt hatten, hatte man sich dazu einer auf der Erde ausgebreiteten Ochsenhaut, wie es noch im Heerlager und auf dem Lande üblich ist, bedient. Dann wird eine Kuh oder ein Ochse oder auch mehrere, je nachdem, wie zahlreich die Gesellschaft ist, dicht an die Tür gebracht, und die Füße werden fest zusammengebunden. In die herabhängende Haut am Hals dieser Tiere, in die sogenannte Wamme, wird eine Wunde bis auf das Fett, woraus sie besteht, geschnitten. Aus den kleinen darin befindlichen Blutgefäßen fallen nur sechs oder sieben Tropfen auf die Erde. Die hartherzigen Mörder haben weder einen Stein noch eine Bank oder einen Altar, worauf sie den Kopf des Tieres bei dieser Operation legen. Ich möchte um Verzeihung bitten, daß ich sie so nenne, doch sie haben nicht einmal so viel Mitleid, das arme Tier zu töten. Vielmehr suchen sie es so lange am Leben zu erhalten, bis es ganz aufgefressen ist. Wenn das mosaische Gesetz ihrer Ansicht nach durch das Vergießen der wenigen Tropfen Blut auf die Erde erfüllt ist, fallen einige über den Rücken des Tieres her und schneiden auf jeder Seite des Rückgrats die Haut auf, so dick sie auch sein mag. Dann stecken sie die Finger zwischen Haut und Fleisch und fangen an, die Haut bis auf die halben Rippen herunter abzuziehen, immer weiter bis hinten an die Lenden. Wo sich die Haut nicht gut abziehen läßt, schneiden sie diese herunter, bis das arme Tier völlig geschunden ist. Dann wird alles Fleisch in derben viereckigen Stücken von den Lenden geschnitten, ohne Knochen und mit viel Blutverlust. Das entsetzliche Gebrüll des Tieres ist das Zeichen für die Gesellschaft, sich niederzusetzen.

Vor jedem Gast liegt statt eines Tellers ein runder Kuchen, der ungefähr zweimal so groß wie ein Pfannkuchen und etwas dicker und zäher ist. Es ist Brot ohne Hefe, das etwas säuerlich, aber keineswegs unangenehm schmeckt, leicht zu verdauen ist und aus einer Kornart, Teff genannt, gebacken ist. Man findet es in den verschiedensten Farben, von schwarz bis weiß. Drei bis vier der hellen Brote werden obenauf, darunter vier bis fünf der gewöhnlichen, etwas schwärzlichen, auf jedem Platz vor die Gäste hingelegt. Die unteren dienen jedem Herrn dazu, sich die Finger daran abzuwischen, und danach den Dienern zur Mahlzeit, anstelle des helleren Brotes.

Zwei oder drei Diener tragen dann jeder ein viereckiges Stück Rindfleisch mit bloßen Händen herbei und legen es auf die Teffkuchen, die wie Teller längs des Tisches liegen, ohne daß ein Tuch oder sonst etwas darunter läge. Die Gäste nehmen nunmehr Messer in die Hände: die Männer ihre großen krummen Messer, welche sie in Kriegszeiten auf macherlei Weise gebrauchen, und die Weiber kleine zusammenklappbare, wie die der schlechtesten Art, welche in Birmingham zu einem Pfennig das Stück verkauft werden.

Die Gesellschaft wird so geordnet, daß ein Mann immer zwischen zwei Weibern sitzt. Der Mann schneidet mit seinem langen Messer ein dünnes Stück ab, welches sich in England gut zu den sogenannten Beefsteaks eignen würde. Man sieht noch deutlich die Bewegung der Fasern, wie in lebendigem Fleisch. Kein Mann in Abessinien, der irgend etwas darstellen will, ißt selbst oder rührt sein eigenes Essen an. Die Weiber nehmen das von ihm abgeschnittene

Stück, schneiden es in Streifen von etwa der Länge eines kleinen Fingers und dann wieder quer in viereckige, würfelgroße Stückchen. Dieses legen sie auf ein Stück Teffbrot, welches stark mit schwarzem Cayenne-Pfeffer und mit Steinsalz bestreut ist, und wickeln es in dieses wie in eine Rolle ein.

Der Mann hat inzwischen das Messer wieder an seinen Platz gesteckt. Er lehnt sich mit jeder Hand auf das Knie seiner Nachbarin, mit vorwärts gebeugtem Körper, gesenktem, vorausgestrecktem Kopf und offenem Maul, wie ein geisteskranker Mensch. Er wendet sich zuerst der Frau zu, welche die erste Rolle in Bereitschaft hat und ihm diese ganz in den Mund stopft, der so voll wird, daß Gefahr besteht, zu ersticken. Dies ist bei den Abessiniern ein Beweis von Größe. Je bedeutender der Mann wirken will, ein desto ansehnlicheres Stück steckt er in den Mund, und je mehr Lärm er beim Kauen macht, desto mehr schreibt man ihm feine Lebensart zu. Sie haben ein Sprichwort: Bettler und Diebe essen nur kleine Stücke, ohne ein Getöse zu machen. Wenn dieser Bissen hinuntergeschluckt ist, was geschwind geschieht, hält ihm die andere Nachbarin eine Rolle hin, und so geht es weiter, bis er gesättigt ist. Er trinkt nie vor beendeter Mahlzeit, aber vorher macht er aus Dankbarkeit gegen seine schönen Nachbarinnen, die ihn fütterten, zwei kleine Rollen von gleicher Form, beide öffnen den Mund zu gleicher Zeit, und er steckt einer jeden mit der Hand ihre Portion hinein. Dann beginnt er aus einem großen, hübschen Horn zu trinken. Die Weiber essen, bis sie satt sind, und dann trinken sie alle zusammen: Es lebe die Freude und die Jugend! Fröhlichkeit und Scherz beleben in reichem Maß die Gesellschaft, und selten kommt es zu Zänkereien und bitteren Vorwürfen.

Die ganze Zeit über steht das arme Schlachtopfer vor der Tür und blutet nur wenig. Solange sie noch Fleisch

von den Knochen schneiden können, machen sie sich nicht an die Schenkel oder an solche Teile, wo sich die großen

Arterien befinden. Endlich fallen sie aber auch darüber her, und dann blutet sich das Tier bald zu Tode. Das Fleisch wird so zäh, daß die Kannibalen, welche den Rest zu essen bekommen, es mit großer Mühe wie die Hunde mit den Zähnen von den Knochen herunternagen müssen.

Unterdessen steigt die Freude bei den Gästen im Haus immer höher, die Liebe setzt alles in Feuer, und alles ist mit uneingeschränkter Freiheit erlaubt. Man kennt keine Sprödigkeit, keinen Verzug, man sucht keinen einsamen Ort zur Erfüllung seiner Begierden. Man hat nur ein einziges Zimmer, wo dem Bacchus und der Venus geopfert wird. Die beiden nächsten Nachbarn des Platzes, den ein verliebtes Paar verlassen hat, halten diesem ihre Oberkleider an Stelle eines Schirmes vor, und nach dem Lärm zu urteilen, sollte man glauben, daß sie es für ebenso schimpflich halten, ihre Umarmungen in der Stille zu verrichten, wie ihre Mahlzeit. Wenn sie ihren Platz wieder eingenommen haben, trinkt die übrige Gesellschaft auf die Gesundheit des glücklichen Paares. Ihr Beispiel findet hin und wieder am Tisch Nachfolger, je nachdem ein Paar Lust hat. Alles geht dahin, ohne daß sich jemand darüber ärgert. Keinem entfällt ein unanständiges Wort oder irgendeine noch so entfernte Anspielung auf die Handlung.

Das Band der Ehe

Obgleich man in den Nachrichten der Jesuiten viel von Heiraten und Vielweiberei liest, läßt sich doch nach der strengsten Wahrheit behaupten, daß in Abessinien keine anderen Ehen geschlossen werden als die, welche ohne weitere Formalitäten durch beiderseitige Einwilligung eingegangen werden. Wenn der eine oder andere Teil nicht mehr damit zufrieden ist, wird sie aufgehoben, und es kommt auch oft vor, daß solche geschiedene Ehen wieder erneuert werden, wenn es beiden Teilen wieder gefällt, als Mann und Frau zusammenzuwohnen, sie mögen nun in der Zwischenzeit mit anderen verheiratet gewesen sein oder mit anderen Kinder gezeugt haben. Ich erinnere mich, daß ich einmal in Koscam bei der Iteghe [der Königinmutter] war, wobei sich in der Versammlung eine Frau von sehr vornehmem Stand mit sieben Männern befand, mit denen sie allen verheiratet gewesen war, aber keiner von ihnen war der damalige glückliche Gemahl.

Bei der Trennung werden die Kinder geteilt, die Mutter wählt zuerst den ältesten Sohn und der Vater die älteste Tochter. Ist nur eine Tochter da und die übrigen sind lauter Söhne, so bekommt der Vater das Mädchen. Ebenso gehört von Rechts wegen der Mutter ihr einziger Sohn, wenn sonst lauter Töchter vorhanden sind. Ist die Zahl nach der ersten Wahl ungleich, werden die übrigen Kinder durch das Los geteilt. Ein Unterschied zwischen ehelichen und unehelichen Kindern wird vom König bis zum Bettler nicht gemacht. Nähme man an, daß nur eine Ehe gültig wäre, müßten alle übrigen im Ehebruch gezeugten Kinder Bastarde sein.

Legendäre christliche Hochkultur

Alle Kirchen sind rund und mit Stroh gedeckt, oben laufen sie konisch zu. Außen herum steht eine Anzahl hölzerner Säulen aus Zedernstämmen, welche das Gebäude und das acht Fuß über die Kirchenmauer vorspringende Dach tragen, wodurch ein Gang oder eine Kolonnade entsteht, was man bei heißem Wetter oder bei Regen als angenehm empfindet. Innen hat die Kirche verschiedene Abteilungen, wie sie das mosaische Gesetz vorschreibt. Die erste besteht aus einer Rundung, die etwas größer ist als die innere. Hier sitzt die Versammlung und betet. Innerhalb dieser Rundung ist ein viereckiger Platz, der durch einen Vorhang abgeteilt wird. Darin befindet sich noch eine sehr kleine Abteilung, die das Allerheiligste darstellt. Sie ist so eng, daß nur die Priester hineingehen können. Man muß barfuß in eine Kirche gehen, und barfuß darf jemand überall hin, wo er will, doch unter der Bedingung, daß er rein ist, das heißt, daß er seit vierundzwanzig Stunden mit keiner Frau etwas zu tun gehabt und kein Aas oder sonst einen toten Körper berührt hat (eine sonderbare Verbindung). In diesem Fall darf er die Kirche nicht betreten, sondern muß in einer respektvollen Entfernung unter den Zedernstämmen stehenbleiben und darf seine Gebete verrichten.

Alle Personen beiderlei Geschlechts, die nach jüdischen Gesetzen unrein sind, müssen diese Entfernung beachten. Dies ist immer der zur Kirche gehörende Ort, wo man, ausgenommen in der Fastenzeit, den größten Teil der Versammlung antrifft. Doch dies ist dem Gewissen eines jeden überlassen.

Wenn man in die Kirche geht, zieht man die Schuhe vor dem Eintritt unter der Kolonnade aus. Es muß aber ein Diener dabeibleiben, sonst wird das Schuhwerk, wenn es gut ist, von den Priestern und Mönchen gestohlen, ehe man wiederkommt. Beim Betreten küßt man die Schwelle und die beiden Türpfosten, geht hinein, sagt ein beliebiges Gebet her, geht wieder weg und hat seine Schuldigkeit in Ansehung des Gottesdienstes getan. Die Kirchen sind voll von Gemälden, auf Pergament gemalt, die an den Wänden beinahe ebenso nachlässig angenagelt sind wie die elenden Kupferstiche in unseren armseligen Bierhäusern. Es ist unter den Schreibern immer eine Art von Malerei bekannt gewesen, die ein Geschmiere darstellt, das noch weit schlechter ist als unsere elendeste Malerei auf den Aushängeschildern. Zuweilen lassen sie für eine Kirche eine Anzahl Heiligenbilder kommen, die in Kairo auf Pergament gemalt werden und nicht viel besser als ihre eigenen Arbeiten sind. Sie werden obenherum an der Mauer wie ein Fries befestigt. Im allgemeinen sieht man den heiligen Georg mit seinem Drachen und den heiligen Demetrius, der mit einem Löwen kämpft. Unter ihren Heiligen treffen sie keine Wahl, sie sind aus dem Alten und dem Neuen Testament, und aus beiden sind welche genommen, die man wohl von der Verbindlichkeit, Heilige zu sein, freisprechen möchte. Es gibt zum Beispiel darunter einen heiligen Pontius Pilatus mit seiner Frau, einen heiligen Bileam mit seinem Esel und einen heiligen Simson mit dem Kinnbacken und dergleichen mehr. Was mich aber am meisten befremdete, war eine Art von viereckiger Miniaturmalerei vorne an der Mütze eines Priesters, der in Adowa das Abendmahl reichte. Sie stellte den Pharao auf einem weißen Pferd dar, der vom Roten Meer verschlungen wird, und oben auf demselben schwammen überall Flinten und Pistolen umher.

Der Abuna wird als der Patriarch der abessinischen Kirche angesehen, weil sie von dem koptischen Patriarchat in Alexandrien nicht viel wissen. Von der Frühgeschichte des abessinischen Patriarchats ist nichts bekannt. Der erste Patriarch, den man namentlich kennt, ist der Abuna Tecla Haimanot, der sich durch die Wiedereinsetzung der königlichen Familie auf den Thron und durch seine Neuerungen sowohl in der Kirche als auch im Staatswesen bekannt machte. Es wurde damals die merkwürdige und sehr weise Einrichtung getroffen, daß es den Abessiniern nicht freistehen sollte, einen von ihren eignen Landsleuten zum Abuna zu wählen.

Weil der Abuna selten die Landessprache versteht, hat er keinen Anteil an der Regierung und geht nur an Festtagen in den Palast, wenn er etwa um eine Gunst zu bitten oder Klagen vorzubringen hat. Von seinem ehemaligen Ansehen hat er besonders durch seine Intrigen, seine Unwissenheit, seinen Geiz und Mangel an Standhaftigkeit viel verloren. Seine wichtigste Beschäftigung besteht in der Ordination der Geistlichen. Eine Anzahl von Männern und Kindern zeigt sich ihm aus der Entfernung, bleibt stehen und wagt es aus Demut nicht, sich ihm zu nähern. Er fragt dann, wer sie seien, und sie antworten, daß sie zu Diakonen gemacht werden wollten. Darauf macht er mit einem kleinen eisernen Kreuz in seinen Händen zwei- bis dreimal das Kreuzzeichen und haucht sie mit den Worten an: »Ihr sollt Diakone sein.« Ich sah einmal, wie die ganze Armee von Begemder zu Diakonen gemacht wurde, nachdem sie eben von einem Blutvergießen an zehntausend Mann zurückkam. Sie war bei Aylo Meidan aufmarschiert, und der Abuna stand vor der Kirche des heiligen Raphael, ungefähr eine Viertel Meile entfernt. Es befanden sich auch etwa tausend Weiber darunter, die ebenfalls an dem Hauch und der Schwingung des Kreuzes teilnahmen und daher auch zu Diakonen wurden.

Ähnlich erfolgt die Einsetzung der Mönche. Vor dem Abuna versammelt sich in einer Entfernung von wohl fünfhundert Ellen ein Haufen Volk und hebt einen melancholischen Gesang an. Auf seine Frage, wer die bärtigen Männer seien, antworten sie, daß sie zu Mönchen ordiniert zu werden wünschten. Er macht dann ebenfalls einige Kreuzzeichen, haucht dreimal mit dem Mund und erklärt die Männer zu Mönchen. Diejenigen, die zu Priestern bestellt werden wollen, müssen jedoch imstande sein, ein Kapitel aus dem Evangelium des Markus lesen zu können, was sie in einer Sprache tun, von welcher der Abuna kein Wort versteht. Daraufhin erhält der Abuna für ihre Ordination ein Stück Salz von der Größe eines Mauerziegels, ungefähr im Wert von sechs englischen Pfennigen. Dieses Geschenkes wegen behaupten die Jesuiten, es sei Simonie. (...)

Die Abessinier empfangen das heilige Abendmahl in beiderlei Gestalt, mit ungesäuertem Brot und mit Weinbeeren, die mit den Schalen gepreßt werden, wie sie wachsen, so daß gleichsam eine Art von Marmelade daraus entsteht, die mit einem flachen Löffel gereicht wird. (...)

Die Kommunikanten erhalten je nach ihrem Stand verschieden große Stücke Brot. Ich habe Männer von hohem Rang gesehen, welche den Mund so weit aufmachten, wie sie nur konnten, und denen die Priester aus großem Respekt vor ihnen ein so großes Stück Brot hineinschoben, daß ihnen das Wasser aus den Augen lief, weil sie es nicht kauen konnten. Im übrigen wird das Brot ebenso unanständig und mit solchem Lärm verzehrt wie bei den Tischmahlzeiten.

Nach dem Empfang des heiligen Abendmahls in beiderlei Gestalt wird ein großer Krug gebracht, woraus der Kommunikant einen starken Trunk nimmt. Dies ist auch nötig, um die eben verschluckte große Menge Brot hinunterzuspülen. Dann verläßt er die Stufen der inneren Abteilung der Kirche, worauf der das Abendmahl austeilende Priester steht, dreht sich mit dem Gesicht gegen die Kirchenmauer und betet in der Stille dem Anschein nach mit Anstand und Andacht.

Ich schließe diese Materie, die außerhalb meiner Interessensphäre ist und deren ich nur gedenke, weil ich weiß, daß einige von meinen Lesern davon unterrichtet zu sein wünschen, mit einer Anekdote, welche sich wenige Monate vor meiner Ankunft in Abessinien zutrug. Der Priester von Adowa erzählte sie mir zufällig am Tag des Festes der Heiligen Drei Könige, und Janni bezeugte, daß sie wahr sei und er selbst Zeuge davon gewesen sei.

Ras Michael ging an einem Sonntag vor seiner Abreise von Adowa nach Gondar mit großem Gepränge in die Kirche, um das Sakrament zu empfangen. Es war ein solches Gedränge von Menschen, die ihn sehen wollten, daß ein Teil des konsekrierten Weines auf den Stufen, worauf die Kommunikanten standen, verschüttet wurde. Man warf sofort etwas Stroh oder Heu darauf, um den Wein zu bedecken, die Kommunion wurde bis zum Ende fortgeführt und das Heu unter den Füßen zertreten.

Dies schien dem Janni und einigen bei ihm sich aufhaltenden Priestern höchst anstößig zu sein. Michael erfuhr davon und sagte lediglich, ohne weiter seine Meinung zu äußern, was das Streuen des Heus betreffe, seien die Priester eben Schweine, die es nicht besser verstünden. Diese wenigen Worte hörte zufällig auch der Priester von Adowa Er wandte sich sehr geheimnisvoll und zum Beweis seiner Freundschaft an mich, bat um meine Meinung, fragte, was er hätte tun sollen und was man in meinem Land getan haben würde. Er gab mir mit großer Ernsthaftigkeit zu erkennen, daß er nie an die Verwandlung des Brotes und Weines in den wahren Leib und das Blut Christi durch die Konsekration geglaubt habe. Er sei nie dieser Meinung gewesen, sondern stelle sich vielmehr vor, Brot bleibe auch nach der Konsekration Brot, und Wein bleibe Wein.

4. November 1770. Am Ziel

Nachdem ich meine Schärpe abgenommen hatte, gab ich sie Woldo mit den Worten: »Da ist Eure Schärpe, aber merkt Euch wohl, was ich vorhin gesagt habe: Ihr könnt durch gutes Benehmen alles von mir bekommen. Wenn Ihr mir aber während der Fortsetzung unserer Reise noch einen einzigen Streich spielt, so will ich mich so an Euch rächen, daß Ihr immer an mich denken sollt. Ihr sollt dann nicht nur Eurer Schärpe, sondern sogar Eurer Haut beraubt werden.«

Er nahm die Schärpe an, war aber über meine Drohung so erschrocken, daß er anfing, Entschuldigungen zu stammeln. »Laßt es nur gut sein«, sagte ich, »wir verstehen einander, kein Wort mehr davon. Es ist schon spät, verliert keine Zeit, sondern bringt mich ohne weitere Umstände geradewegs nach Geesh und zu den Quellen des Nils. Zeigt mir den Hügel, welcher uns noch davon trennt.« Er führte mich daraufhin um die Kirche herum auf die Südseite und zu dem Wäldchen hinaus, welches die Kirche umgibt. »Dies ist der Hügel«, sagte er mit einer listigen Miene, »welcher, als Ihr Euch auf der anderen Seite befandet, zwischen Euch und den Quellen des Nils war. Sonst ist keiner da. Seht nach jenem kleinen Rasenhügel mitten in dem wässrigen Sumpf, darin trifft man die beiden Quellen des Nils an.«

Obwohl ich durch das Abbinden meiner Schärpe halb entkleidet war, zog ich doch die Schuhe aus und lief den Hügel hinunter zu der kleinen Insel aus grünem Rasen, die ungefähr zweihundert Ellen entfernt lag. Der ganze Abhang des Hügels war mit Blumen überwachsen, deren knollige Wurzeln aus der Erde herausragten. Wenn man darauftrat, löste sich die äußere Schale ab, was bewirkte, daß ich ein paarmal heftig fiel, bevor ich den Rand des Sumpfes erreichte. Dann kam ich zu der Insel aus grünem Rasen, welche die Gestalt eines Altars hatte und anscheinend ein künstliches Gebilde war. Ich stand nunmehr voll Entzücken an der Hauptquelle, die in der Mitte entspringt.

Man kann sich leichter vorstellen als beschreiben, was in diesem Augenblick in meiner Seele vorging, stand ich doch an der Stelle, welche seit beinahe dreitausend Jahren das Genie, den Eifer und den Forschungsdrang alter und neuer Köpfe genarrt hat. Ich triumphierte hier als ein einfacher englischer Privatmann im Geist über Könige und ihre Heere, und jeder Vergleich machte mich stolzer. Bald jedoch flößte mir der Ort, an dem ich stand, der Gegenstand meiner Ruhmessucht, Gedanken ein, die mich in dem kurzen Genuß meines Triumphes störten. Ich war erst seit wenigen Minuten bei den Quellen des Nils angelangt, durch unzählige Gefahren und Leiden, von denen mich die kleinste ohne den unaufhörlichen Schutz der göttlichen Vorsehung hätte überwältigen können. Meine Reise war auch nur erst halb vollendet, und alle Gefahren, die ich überstanden hatte, warteten bei der Rückreise von neuem auf mich. Eine traurige Mutlosigkeit bemächtigte sich meiner, und die Lorbeerkrone, die ich mir selbst zu schnell gebunden hatte, welkte dahin. Ich beschloß deswegen, mich etwas zu zerstreuen, bis ich durch ernsthafteres Nachdenken diese Gedanken überwinden konnte.

Ich sah, daß Strates mich auf dem Abhang eines Hügels erwartete. »Strates«, rief ich ihm zu, »treuer Ritter, kommt und triumphiert mit Eurem Don Quichotte auf der Insel Barataria, wohin wir uns durch Klugheit und Glück hinbegeben haben. Kommt und triumphiert hier über alle Könige der Erde, über ihre Heere, ihre Philosophen und ihre Helden.« — »Herr«, erwiderte er, »ich verstehe kein Wort von dem, was Ihr sagt und was Ihr meint. Ihr wißt sehr wohl, daß ich kein Gelehrter bin. Aber Ihr tätet besser daran, diesen Sumpf zu verlassen. Kommt nach Hause und seht, was Woldo macht, ich fürchte, er sucht noch mehr als Eure Schärpe.«

Die Quelle des Kleinen Abbai

Vom Fuß des Felsens von Geesh, wo oben das Dorf liegt, fällt der Boden allmählich gegen Norden ab und führt zu einem Sumpf. In der Mitte dieses Sumpfes, das ist ungefähr vierzig Ellen von jeder Seite oder dem Rand und etwas weniger vom Fuß des Berges Geesh, erhebt sich ein kleiner runder Hügel etwa drei Fuß über den Sumpf in die Höhe, scheint aber weit tiefer in diesen hinabzureichen. Der Durchmesser ist nicht ganz zwölf Fuß. Er ist mit einem seichten Graben umgeben, der das Wasser sammelt und sich gegen Osten entleert. Der Hügel ist künstlich aus Rasen gemacht, der von den Seiten herbeigeschafft und immer in gutem Stand gehalten wird. Dies ist der Altar, auf welchem die Agaus ihre religiösen Gebräuche vollziehen. In der Mitte desselben befindet sich ein Loch, welches ebenfalls durch Menschenhände gemacht oder wenigstens vergrößert wurde. Man hält es frei von Gras und anderen Wasserpflanzen. Das Wasser darin ist rein und hell, man sieht auf der Oberfläche nicht die geringste Bewegung oder ein Aufsprudeln. Diese Mündung oder Öffnung der Quelle hat an einigen Stellen etwa einen Zoll weniger als drei Fuß im Durchmesser, und das Wasser stand am 5. November ungefähr zwei Zoll unter dem oberen Rand des Lochs. Es nahm auch, solange wir uns in Geesh aufhielten, weder ab noch zu, obwohl wir viel davon zu unserem Gebrauch nahmen.

Als ich meine Lanze in das Loch steckte, fand ich bei sechs Fuß und vier Zoll einen geringen Widerstand, wie von schwachen Binsen oder Gras, und noch sechs Zoll tiefer bemerkte ich, daß die Lanze in einen weichen Boden drang. Ich traf aber weder auf Steine noch auf Kies. Dies bestätigte sich auch durch einen anderen Versuch am 9. November mit einem schweren Senkblei an einer Schnur, welches mit Seife beschmiert war. Es brachte von unten nur schwarze Erde herauf, von eben der Art wie die im Sumpf und an den Rändern desselben.

Zehn Fuß von dieser ersten Quelle etwas nach Südwest befindet sich die zweite Quelle. Sie hat ungefähr elf Fuß im Durchmesser und hat eine Tiefe von acht Fuß und drei Zoll. Und ungefähr zwanzig Fuß von der ersten Quelle, ebenfalls in Südwest, ist die dritte, die eine Öffnung von zwei Fuß und eine Tiefe von fünf Fuß und acht Zoll hat. Die beiden letzteren Quellen befinden sich auch mitten in kleinen Altären, die wie der erste aus festem Rasen gemacht sind. Der Altar der dritten Quelle schien vom Wasser beinahe ruiniert zu sein, und in beiden stand es fast bis an den oberen Rand. Am Fuß eines jeden rieselte ein klarer schneller Bach. Sie vereinigten sich und flossen in den Graben des ersten Altars. Von diesem floß das Wasser in einer Stärke nach Osten ab, daß es ungefähr eine Röhre von zwei Zoll im Durchmesser gefüllt hätte.

Das Wasser aus diesen Quellen ist sehr leicht und gut und ganz ohne Geschmack. Es war damals durch und durch sehr kalt, obwohl es der Mittagssonne ausgesetzt war.

Zurück in Gondar. Abessinische Politik

Ich will mir die unangenehme Beschäftigung ersparen und in meinen Lesern keine weitere Abscheu vor diesen schaudernden Grausamkeiten erregen. Es ist genug, um sich einen Begriff von diesen Zeiten und dem Charakter der Einwohner zu machen. Alle Tage bis nach dem Fest der Heiligen Drei Könige wurde Blut wie Wasser vergossen. Priester und Laien, junge und alte Personen, Leute von hohem und niederem Stande fanden täglich ihr Ende durch das Schwert oder den Strick. Innerhalb weniger Tage wurden siebenundfünfzig Personen durch den Scharfrichter öffentlich hingerichtet. Viele verschwanden und wurden entweder heimlich umgebracht oder ins Gefängnis, niemand wußte, wohin, gebracht.

Die Körper der durch das Schwert Hingerichteten wurden in Stücke gehauen und stückweise auf den Straßen umhergestreut, weil es verboten war, sie zu begraben. Ich fühlte mich elend und war verzweifelt, als ich meine Jagdhunde, die aus Nachlässigkeit meiner Diener ein paarmal losgelassen wurden, Köpfe und Hände der Hingerichteten in meinen Hof schleppen sah, was ich nicht anders verhindern konnte, als indem ich sie totschlagen ließ. Die Menge dieser Menschenreste und der Gestank lockten die Hyänen scharenweise von den benachbarten Bergen herab. Und weil wenige Einwohner in Gondar, sobald es dunkel ist, ausgehen, hatten die Tiere den ungestörten Gebrauch der Gassen und schienen den Bewohnern bereits den Besitz der Stadt streitig zu machen. Wenn ich aus dem königlichen Palast spät nach Hause ging, weil der König besonders diese Zeit für Unterredungen wählte und ich nur eine Ecke des Marktplatzes vor dem Palast zu passieren hatte, auch Laternen besaß und von bewaffneten Leuten umgeben war, hörte ich die Tiere zu zweit oder zu dritt nahe bei mir grunzen und befürchtete, daß sie mich bei den Beinen packen könnten. Ein Pistolenschuß hätte sie abgeschreckt und zum Weglaufen gebracht, ich trug auch beständig zwei geladene Pistolen in meinem Gürtel. Aber das Abfeuern würde einen jeden in der Stadt, der es gehört hätte, in Schrecken gesetzt haben, und es waren jetzt keine Zeiten, dem Volk noch mehr Furcht einzujagen.

Ich ging zuletzt fast nicht mehr aus dem Haus und dachte an nichts anderes, als wie ich über Sennar aus einem so blutigen Reich entkommen und wie ich alle meine Macht und meinen Einfluß über den Yasine in Ras el Feel anwenden könnte, mir einen Weg zu bahnen und mir auf der Reise durch die Wüste von Atbara beizustehen.

Der König vermißte mich einige Tage im Palast, und als er hörte, daß ich auch nicht beim Ras Michael gewesen sei, fing er an, nachzufragen, was mit mir los sei. Ich wurde zu ihm beordert, und er merkte sofort, daß ich krank aussähe, wie ich mich auch wirklich selbst fühlte, weil ich seit der Zeit, da ich ihn zuletzt gesehen hatte und auch schon einige Tage vorher, wenig gegessen und geschlafen hatte. Er fragte mich in einem teilnehmenden Ton, was mir fehle und daß es ihm scheine, mir sei etwas Unangenehmes widerfahren, was mich verdrießlich mache. Ich antwortete, daß seine Bemerkung richtig sei. Als ich nämlich über den Marktplatz gegangen war, sah ich den Za Mariam, den Türhüter des Ras, mit drei gefesselten Männern, wovon er den einen in Stücke hieb. Als er sah, daß ich über den Markt lief und mir die Nase zuhielt, rief er mir zu, wie wenn er ein ganz gewöhnliches Geschäft vorhätte, einen Augenblick zu warten, bis er mit den beiden anderen auch fertig wäre, da er mit mir reden müßte. In Anbetracht seiner Eile fielen die Soldaten rasch über die beiden anderen her, deren Geschrei mir noch in den Ohren klingt.

Ferner klagte ich, daß mich die Hyänen des Nachts kaum ruhig gehen ließen, wenn ich aus dem Palast zurückkäme, und daß die Hunde ihre Zuflucht zu meinem Haus nähmen, um die Stücke Menschenfleisch mit Muße verzehren zu können.

Obwohl der König eine ernsthafte Miene machen wollte, sah ich doch, daß er alle Mühe hatte, sich über die Beschwerden, die in seinen Augen von so geringer Bedeutung waren, des Lachens zu enthalten. Er sagte: »Die Männer, welche Ihr eben mit Za Mariam gesehen habt, waren Rebellen, die exemplarisch zu bestrafen waren. Sie gehörten zu denen, welche die Zufuhr der Lebensmittel nach Gondar abschnitten und schuld sind am Tod vieler armer Leute. Der Weg durch Woggora ist jetzt offen und der Überfluß in der Stadt wiederhergestellt. Die Hyänen tun lebenden Menschen nichts, sie gehen bloß dem Aas nach und werden die Gassen bald von dem Fleisch, welches Euch so anstößig erscheint, reinigen. Die Leute sagen, daß es die Falashas von den Bergen sind, welche die Gestalt der Hyänen annehmen und in die Stadt herabkommen, um des Nachts Christenfleisch zu fressen.« — »Wenn sie nur nach Christenfleisch trachten«, erwiderte ich, »so finden die Hyänen nirgends schlechtere Nahrung als in Gondar.«

»Das ist wahrhaftig richtig«, sagte der König und brach in ein lautes Gelächter aus, »die wenigsten, welche durch das Schwert sterben, es sei, wo es wolle, sind Christen oder haben irgendeine Religion. Warum denkt ihr denn, daß diese Leute zuviel leiden?«

»Herr«, antwortete ich, »ich denke anders. Wenn ihr den Befehl erteilt, daß jeden Morgen vor meinen Augen ein Hund zu Tode gemartert werden soll, könnte ich es nicht ausstehen. Die Leiber des Abba Salama, Guebra Denghel und der übrigen hängen immer noch an derselben Stelle am Baum. Ihr habt den Gestank davon am Tor des Palastes und werdet ihn, fürchte ich, bald im Palast selbst bemerken. Das ist nicht angenehm, und ich versichere Euch, daß es Eurer Gesundheit schadet, wenn es auch sonst nichts wäre. Nach einer Schlacht marschiert Ihr einen halben Tag zurück, in eine höhere Gegend mit reinerer Luft, um den Gestank das Schlachtfeldes zu vermeiden. Hier in der Stadt aber häuft Ihr die toten Körper um die Wohnungen Eurer Residenz.«

»Der Ras hat Befehl erteilt«, sagte der König sehr ernsthaft, »daß alle toten Körper vor dem Fest der Heiligen Drei Könige zur Seite geschafft werden sollen, bevor wir zur Feier desselben hinuntergehen und alle unsere Verunreinigungen mit dem klaren Wasser des Kahha abwaschen Aber sagt mir doch, Yagoube, ist es in der Tat möglich, daß Ihr Euch dergleichen Dinge so zu Herzen nehmen könnt? Ihr seid ein braver Mann, wir halten Euch alle dafür und haben es gesehen. Wir haben es sogar getadelt, daß Ihr so wenig Sorge für Euch selbst tragt. Wie könnt

Ihr in dergleichen Dingen so gerührt sein, wie es nur die weichherzigste Frau, ein Mädchen oder ein Kind sein kann?«

26. Dezember 1771. Abschied von Gondar

»Was sagt Ihr dazu, Tensa Christos«, fiel die Iteghe ein, »wenn Yagoube kein Priester ist, sollte er nicht einer werden?« — »Madame«, erwiderte er, »ich habe nur noch eine einzige Frage an ihn zu stellen, und das ist gewiß die letzte. Ich würde damit auch nicht zum Vorschein kommen, wenn er nicht morgen abreiste.« Er wandte sich wieder zu mir: »Was habt Ihr zu unserer Religion zu sagen, was ist Eure Meinung davon?« — »Soweit ich davon unterrichtet bin«, sagte ich, »denke ich sehr gut davon. Es ist die alte griechische Kirche unter dem heiligen Athanasius, dem Nachfolger des heiligen Markus auf dem Sitz von Alexandrien. Da dies der Fall ist, so könnt Ihr keine bessere haben, weil Eure Religion zunächst von der Religion der Apostel abstammt. Und da, wie gesagt, keine Religion einen Menschen Böses lehrt, so kann die Eurige Euch um so weniger etwas Schädliches beibringen, wenn Ihr sie nicht verdorben und verfälscht habt. Ist dies geschehen, so ist es nicht mehr die Religion des heiligen Athanasius oder der Apostel und folglich Irrtümern unterworfen.«

Die ganze Zeit hindurch herrschte die größte Stille im Zimmer, wo über hundert Menschen zugegen waren. Da ich aber wünschte, daß die Unterredung nicht weitergehen sollte, ging ich auf die andere Seite des Raumes zum Tensa Christos und sagte zu ihm: »Nun, Heiliger Vater, habe ich noch eine letzte Bitte an Euch. Habe ich Euch je beleidigt, so bitte ich Euch um Vergebung. Erteilt mir, da ich im Begriff bin, abzureisen, Euren Segen und betet für mich während meiner langen und gefährlichen Reise durch die Länder der Ungläubigen und Heiden.«

Ein dumpfes Gemurmel des Beifalls erscholl durch das ganze Zimmer. Die Iteghe sagte etwas, was ich nicht hören konnte. Dem Tensa Christos sah man sein Erstaunen über meine unerwartete Unterwerfung an. Er rief mit Tränen in den Augen aus: »Ist es möglich, Yagoube, daß Ihr glaubt, mein Gebet könne Euch Nutzen bringen?« — »Ich wäre kein Christ«, antwortete ich, »wie ich es doch zu sein bekenne, wenn ich an der Kraft des Gebets frommer Menschen zweifelte.« Während ich dies sagte, bückte ich mich, um seine Hand zu küssen, worauf er ein kleines eisernes Kreuz auf meinen Kopf legte und statt des Segens zu meiner großen Verwunderung das Vaterunser betete. Ich fürchtete, er würde mich in meiner gebeugten Stellung belassen und auch noch die Zehn Gebote hersagen. Er schloß aber mit den Worten: »Gzier y' Baracuc«, das heißt: »Gott segne Euch.«

Travels to Discover the Sources of the Nile, in the Years 1768, 1769, 1770, 1771, 1772 und 1773. 5 Bände. Edinburgh/London 1790. (*Reisen zur Entdeckung der Quellen des Nils in den Jahren 1768, 1769, 1770, 1771, 1772 und 1773.* 5 Bände. Leipzig 1790, 1791. Deutsch von J. J. Volkmann. Zitiert nach James Bruce. *Die Quellen des Nils.* Tübingen 1987.)

Grünes Licht

East India House, den 13. September, 1856

»Sir, — auf Geheiß des Direktoriums der East India Company unterrichte ich Sie, daß Sie, gemäß dem Ersuchen der Royal Geographical Society, von Ihren Pflichten als Truppenoffizier entbunden sind, während Sie für eine Frist, die zwei Jahre nicht übersteigt, im Dienste einer Expedition unter dem Patronat Ihrer Königlichen Regierung zur Erforschung dieses Landes nach Äquatorialafrika abgesandt sind. Ich bin angewiesen hinzuzufügen, daß Sie für die Dauer Ihrer Abwesenheit Anspruch auf den Sold und die Entschädigungen Ihres Grades haben, die ab dem Datum Ihrer Abreise aus Bombay verrechnet werden.

Ich verbleibe, Sir, als
Ihr gehorsamster, ergebener Diener«
(Unterschrift unleserlich)

19. Dezember 1856. Burton, der erste der Entdeckungsreisenden, landet in Sansibar, ehe ihn Speke ins Innere begleiten wird.

Ich will meinen Bericht kurz unterbrechen, um den Leser davon zu unterrichten, daß Sansibar nicht, wie die Enzyklopädien erklären, »eine afrikanische Insel unter einem den Portugiesen tributpflichtigen König« ist; Sansibar ist weder, wie die indische Post anscheinend glaubt, ein Anrainer des Persischen Golfes, noch ist es, wie zu Hause die Leute mit ihren etwas verschwommenen und widersinnigen geographischen Begriffen sich in den Kopf gesetzt haben, ein Felsen im Roten Meer, noch eine Besitzung Nigers, noch gar ein Vorposten am Kap der Stürme. (...)

Das Wort Sansibar hat eine bemerkenswerte Geschichte. Seine persischen Wurzeln beweisen, daß die Iraner einst eine größere Seefahrertradition hatten, als manche Autoren es sich vorstellen. »Sansibar«, das soviel wie Nigritia oder Schwarzland bedeutet, ist eindeutig von »Sang« abgeleitet, arabisch »Sandsch«: »Neger«, und »bar«: »Gebiet«. Dieses »Sangbar« wurde von den Arabern, die kein Schriftzeichen für den Gaumenlaut G kennen, abgewandelt zu »Sandschibar«, das sie aber weiterhin als »Sangbar« aussprechen und als ein Synonym für »mulk as-sunudsch« oder »Land der Schwarzen« betrachten. So singt der Dichter:

> Fasumiat mulk as-sunudsch dschamiaha:
> Und es wurde das Ganze das Reich der Schwarzen genannt.

Die Spuren des Wortes lassen sich bis zu den frühesten Geographen zurückverfolgen. Ptolemäus verzeichnet Singis oder Singisa, welches er aber, in seiner gewohnten Ungenauigkeit, nördlich des Äquators situiert. Nach Kosmas Indikopleustes wird der Indische Ozean jenseits der Barbarei Singium genannt. »Sinus Barbaricus« scheint bei den Römern der Name für den Tieflandgürtel gewesen zu sein, der später den Namen »Sansibar« erhielt, und bewohnt war er von einem Volk von Anthropophagen — möglicherweise die Ahnen des heutigen Stammes der Wadoe. In späteren Zeiten wurde das Land der Sunudsch von zahllosen Autoren erwähnt.

Der lukrative Perlenhandel ist mittlerweile fast vollständig in den Händen der Banyan [reiche handeltreibende Hindu-Sansibari], Kapitalisten, welche ganze Schiffsladungen aufkaufen, den Preis gestalten und für alle Nachteile eines Monopols sorgen. Der Reisende, der sich einen Vorrat davon beschafft, darf sich nicht diesen Leuten anvertrauen, die nur auf die Gelegenheit warten, dem erstbesten den Ramsch und Abfall aus ihren Lagern zu verkaufen. Er ist gehalten, sich bei respektablen arabischen Händlern, die aus dem Inneren des Kontinents zurückkehren, zu vergewissern, welche Sortimente entlang seiner Route gefragt sind. Jede Nachlässigkeit in der Auswahl von Perlen kann, abgesehen von den täglichen Unannehmlichkeiten, eine Expedition an der Schwelle des Erfolgs zum Stillstand bringen. Gegen Ende solcher langen Märsche, wenn die wirkliche Forschungstätigkeit noch bevorsteht, haben Mängel der Ausrüstung fatale Folgen. Sansibars Monopolisten deckten nicht weniger als neun Träger einer Ostafrika-Expedition mit den billigsten weißen und schwarzen Perlen ein, von denen ein Teil weggeworfen wurde, da sie niemand als Geschenk annahm. Schließlich ist mit Perlen äußerst sparsam umzugehen: Scheinbar unerschöpflich, hält auch ein großer Vorrat nur eine kurze Wegstrecke vor, der minimale Bedarf eines Europäers liegt bei einem Durchschnitt von zehn Ketten oder Halsbändern pro Tag, und so überbrückt die Ladung eines Mannes kaum fünf Wochen.

Perlen, von den Arabern »kharaz« und von den Waswahili »ushanga« genannt, werden nach Ostafrika zu Tonnen importiert, in Quantitäten, daß der Reisende sich wundert, davon so wenig zu sehen. Der Nachschub an diesem Zierat fließt seit Jahrhunderten ungehemmt, Fracht um Fracht findet Abnehmer. Doch obschon Perlen nicht zu den flüchtigsten Substanzen zählen und obschon die Leute hier, wie die Inder, ihre Schätze auf sich tragen, sieht man nennenswerte Mengen höchstens an einem Drittel der Bevölkerung. Es gibt etwa 400 gebräuchliche Sorten, von denen jede ihren besonderen Namen, ihren Preis und ihre bevorzugte Verwendung hat. Da sie aber fern von hier hergestellt werden, bieten sie nicht jene beständige Abwechslung, die erst ihre volle Anziehungskraft ausmacht.

Abschied von der Küste

Es war wahrhaft herrlich, diesem milchigen Dunst zu entrinnen, den nässenden Böden, den durchdringenden Regenschauern, diesen klebrigen Nebelfetzen über den um sich greifenden fauligen Gerüchen, dem naßkalten Dampf, der aus dem Erdinnern zu entweichen schien, und den Nuancen der glühenden und lähmenden Hitze; herrlich, diesem grausamen Klima des Flußtales zu entkommen, hinauf in die bekömmliche reine Bergluft, mild und heilsam, kühl und belebend, hinauf unter den klaren blauen Himmel, der den üppig bewaldeten Hochlandkämmen ihre wechselnden Grüntöne verlieh. Anstelle der behäbigen Mangroven, der trostlosen Dschungelpartien und des monotonen Graslandes erhoben sich mächtige einsame Bäume, unter denen besonders anmutig die hohen Tamarinden herausragten, und der topfebene Sumpf, durchzogen von einem Netz aus Flußrinnen, Wasserlöchern und Tümpeln, wich einem wohltuenden Wechsel von steilen Stufen mit sanften Hügeln. In der Lichtflut der großen äquatorialen Sonne — und nirgendwo habe ich Sonne und Mond so groß gesehen — tanzten die Strahlen fröhlich auf den Blöcken und Kieseln aus rotem, gelbem und schneeweiß blendendem Quarz, und in der steifen Seebrise wiegten sich die Baumwipfel, in deren zauberhaftem Lianengeflecht Holzäpfel hingen, so groß wie Melonen, während die Winden, die wie Weinranken über die knotigen Stämme kletterten, sich eng an das gastliche graubraune Holz schmiegten. Affen spielten Verstecken, schnatternd zwischen den Samenkapseln, während die Leguane mit ihren bemalten Schuppenpanzern hervorkamen, um sich auf besonnten Kuppen zu wärmen. Aufgescheucht in ihrem hohen Horst, krächzten weißbrüstige Raben, Tauben gurrten in dem wattierten Geäst, und Falken stiegen hoch in den leeren Himmel. Die Feldgrille zirpte im schattigen Busch wie die italienische Zikade, und rundherum, aus der Luft, von der Erde, solange der Tag währte, untermalte ein Brummen, ein Surren, die laute unausgesetzte Musik der Insekten, die Freude der Natur.

Gemischte Gefühle

Bedrückend war der Anblick der blankgepickten Skelette, da und dort auch der aufgequollenen Leichen — Träger, die in diesem Landstrich des Verderbens den Geist aufgegeben hatten. Gestern eben trafen wir auf einen großen Troß, der fünfzig seiner Leute durch die Pocken verloren hatte, und das Bild der Befallenen rief Visionen des Schreckens wach: Männer taumelten, erblindet durch ihre Krankheit, voran, Mütter mit Kindern am Rücken, ebenso abscheulich zugerichtet wie sie selber. Die erbärmlichen Gestalten würden vom Pfad nicht weichen, jeder Schritt in diesem Zustand schwindender Kräfte war unwägbar, wer fiel, erhob sich nicht wieder. Kein Dorf ließe die Todgeweihten auf sein Gebiet, weder Verwandter noch Freund nähme sich ihrer an, sie würden liegenbleiben, bis ihrer Agonie die Raben und die Geier, die Hyäne und der Fuchs ein Ende bereiteten.

Lyrische Nacht im Orient des Dunklen Kontinents

Wenn am Nachmittag nicht marschiert worden ist, die Verköstigung nichts zu wünschen übrigläßt und ein großer Mond scheint, der ein Leben unter die Leute bringt wie die Rührigkeit von Schakalen, dann setzt ein rasendes Trommeln ein und lautes Händeklatschen, und ein um sich greifender dröhnender Gesang ruft die Burschen und Mädchen der umliegenden Dörfer zusammen zum Tanzen und »Liebemachen«. Die Aufführung ist anstrengend, aber diese Afrikaner sind, wie die meisten Menschen von bescheidenem Ehrgeiz, rasch zu müde zur Arbeit, aber nie zu müde, zu spielen und sich zu vergnügen. Bemerkenswert am Stil ihres Aufmarsches ist das überaus Gravitätische, in keinem anderen Augenblick legt der Ostafrikaner einen derartigen Ernst an den Tag, obliegt er mit solcher Hingabe derart gewichtigen Aufgaben. Manchmal geht einer allein mit einem *pas seul* voran, in der Montur eines heldenhaften Dorfnarren, an Armen, Beinen und Kopf haarbesetzte Streifen von Kuhhaut, die er schüttelt, um sich schleudert und durcheinanderwirbelt, als machten sich all seine Glieder selbständig. Dann wieder bildet sich in der Nähe des Feuers eine Reihe oder ein Kreis von Männern und Burschen, und einer im Mittelpunkt stimmt einen Sologesang an, den die übrigen mit einem brummenden Chor untermalen. Die Tänzer trampeln und stampfen im Takt, und auf dem Höhepunkt jeder Strophe vereinen sie sich zu einer Tretmühle von solcher Präzision, daß hundert Paar Füße wie ein einziges klingen. Die Körper wiegen sich eine Weile von Seite zu Seite, und sowie die Erregung sich steigert, wird die Gymnastik anspruchsvoll. Sie kauern sich nieder und recken den Hintern, als würden sie platzen vor Konzentration, sie verkrümmen sich und richten sich wieder auf, halten inne und steigern ihren Gesang und ihre Fersenmusik bis zur doppelten Lautstärke, bis die Versammlung mit ihren Windmühlen von Armen dem tobenden Reigen ägyptischer Derwische gleicht. Die Aufführung schließt oft mit einem großen Umzug, bei dem sich alle Tänzer zu einer großen Meute zusammendrängen, ein *galop infernal* von gestikulierenden Satyrn, denen Menschliches fern scheint. Nimmt die wilde Ausgelassenheit zu sehr Überhand, erstirbt der Gesang, und das Ensemble wirft sich mit lautem Geschrei und Gelächter auf die Erde, um wieder zu Atem und Kräften zu finden. Die Graubärtigen blicken bewundernd und sentimental vor sich hin, in Erinnerung der Tage noch, als sie selbst für solche Meisterleistungen gerüstet waren. Statt ein »Bravo!« entfährt ihnen ein »Wunderbar! Wunderbar!«, und sie wundern sich, was den Weißen zum Lachen bringt. Die Damen ziehen es vor, bei der eigenen Darbietung unter sich zu bleiben, und im Osten täten es unsere vielleicht ebenso, wenn von den Bemerkungen, zu denen Bälle den Orientalen unweigerlich Anlaß geben, durch ein Mißgeschick eine buchstäbliche Übersetzung in ihr raffiniertes Ohr dränge.

Ein unheimlicher Appetit

In Murivumba sind Moskitos und Malaria, Krokodile und Menschen gleichermaßen gefürchtet. Das Land gehört den Wabembe, welche die Landkarte der Mombas-Mission korrekt als »Menschenfresser«, als »Anthropophagen« bezeichnet. Diese Praxis geht auf das primitive und apathische Naturell dieser Leute zurück, die außer Menschen alle Arten von Aas und Ungeziefer verzehren, Larven und Insekten, während sie bei dem äußerst günstigen Klima den fruchtbarsten Boden dem Wildwuchs überlassen. Hier ziehen sie rohes Menschenfleisch vor, wogegen es die Wadoe der Küste geröstet essen. Die Bewohner des Dorfes etwas hinter dem Hafen versammelten sich wie überall, um Maulaffen feilzuhalten. Doch obschon, wie es das Wort sagt, »über ihnen allen ein Hauch von Hunger lag« und obschon man unter Kannibalen sich selbst immer im Licht einer Metzgerei betrachtet, erschienen die armen Teufel, schwarze Kümmerlinge, ebenso verängstigt wie entartet, dem Lebenden weit weniger gefährlich als dem Toten.

Freizeitgestaltung des von Malaria geschwächten Burton

Während der Abwesenheit meines Gefährten widmete ich einen guten Teil meiner Zeit der Sammlung von Proben der mannigfaltigen Dialekte, in welche sich die große südafrikanische Familie aufgliedert. Nach einigen Monaten sporadischen Studiums hatte ich Kisawahili gelernt, die Küstensprache, wie es der Name sagt, die *lingua franca* des südlichen Litorals. Sie ist äußerst nützlich, weil sie am weitesten verbreitet ist und, einmal angeeignet, den Zugang zu den verwandten Sprachen ebenso erleichtert wie das Hindustani zum Bengali oder zum Maharatti. Das hauptsächliche Hindernis ist der Mangel an Lehrern und Büchern — Kisawahili ist keine geschriebene Sprache, und die ersten europäischen Publikationen ersparten mir nicht die Mühen, zuerst eine Grammatik zu entwerfen und ein Vokabular zusammenzustellen. Said bin Salim, obschon unter den Waswahili geboren und aufgezogen, beherrschte die Sprache nur sehr mangelhaft, und bei seiner eigenwilligen Veranlagung gestaltete sich der Unterricht für ihn so beschwerlich wie für mich unbefriedigend. Mein bester Lehrmeister war Snay bin Amir, der bei seiner ostafrikanischen Philologie auf die arabische Grammatik und Syntax zurückgreifen konnte. Mit Hilfe von Ramjis Söhnen und anderen willigen Sklaven sammelte ich etwa 1500 Wörter der drei wichtigsten Dialekte entlang dieser Route, nämlich Kisawahili, Kizaramo — welches das Kikhutu einschließt — und Kinyamwezi. In Kazeh traf ich auf eine Gruppe gefangener Wilder, mit denen ich mich an die langwierige Arbeit machte, Proben aufzunehmen. Bei den Sprachen von geringer Bedeutung beschränkte ich mich auf die Zahlwörter, die den besten Prüfstein unabhängiger Herkunft bieten, da es sich bei ihnen meistens um einfache Bildungen handelt. Die Arbeit war nicht das pure Vergnügen. Die Wilden kamen nicht hinter die mysteriösen Gegenstände meiner Erkundigungen, wenn ich sie nach den Namen von eins, zwei und drei fragte. Oft sprangen sie auf und rannten davon, oder sie saßen da in verbissenem Schweigen und dachten vielleicht, ich machte mich über sie lustig. Kaum je ließ sich ihnen die erste Zahl abringen ohne eine halbe Stunde kauderwelsches Hin und Her wie etwa:

»Hör zu, o mein Bruder, in der Sprache der Küste sagen wir eins, zwei, drei, vier, fünf«, indem ich, um die Verständigung zu erleichtern, die Finger zählte.

»Hu! Hu!« erwidert der Wilde, »wir sagen Finger.«

»Aber nicht doch, darum geht's nicht. Dieser weiße Mann will von dir wissen, wie du eins, zwei, drei sagst.«

»Eins, zwei, drei was? Schafe oder Ziegen oder Frauen?« entgegnete er, sich der Zahlen des Kisawahili bedienend.

»Aber nein, nur eins, zwei, drei Schafe in deiner eigenen Sprache, der Sprache der Wapoka.«

»Hi, hi! Was will der weiße Mann mit den Wapoka?«

Speke kehrt vom Südufer des Victoria-Sees zu dem kranken Burton zurück.

Meinem Gefährten war schließlich Erfolg beschieden, sein Abstecher hatte ihn zu dem nördlichen Wasser geführt, dessen Dimensionen, wie er fand, unsere blühendsten Phantasien übertrafen. Wir hatten kaum gefrühstückt, als er mir die aufregende Tatsache eröffnete, daß er die Quelle des Weißen Nils entdeckt habe. Womöglich mußte es sich um eine Eingebung gehandelt haben: In dem Augenblick, als er den Nyanza erblickte, fiel von ihm jeder Zweifel ab, daß — in seinen Worten — aus dem »See zu seinen Füßen jener interessante Fluß entsprang, der Gegenstand so vieler Spekulationen und das Ziel so vieler Forscher gewesen ist«. Des glücklichen Entdeckers Überzeugung war stark, seine Gründe waren schwach — fielen in jene Kategorie, für welche das Fräulein Lucetta ein Beispiel gibt, als sie ihre Neigungen für den »anmutvollen« Proteus rechtfertigt:

> Kein andrer ist's, als eines Weibes Grund;
> Er scheint mir so, nur weil er mir so scheint.

Wahrscheinlich entsprangen seine Nilquellen in seinem Kopf, wie seine Mondberge sich unter seinen Händen erhoben.

Das Hauptargument zugunsten des Sees, der das große Reservoir des Weißen Flusses darstellen sollte, lautete, daß der »gemeine Mann« an seinem Südufer nichts über seine nördliche Ausdehnung wisse. »Als ich mich nach der Länge des Sees erkundigte, wandte der Mann — der größte Reisende des Dorfes — seinen Blick nach Norden und fing in dieser Richtung mit dem Kopf zu nicken an, wobei er in einem fort seine ausgestreckte Rechte schwenkte und mit den Fingern schnippte, eifrig bemüht, auf etwas Unermeßliches zu weisen. Niemand wisse es, fügte er hinzu, aber er denke, der See erstrecke sich bis ans Ende der Welt.« Mächtig beeindruckt von dieser statistisch signifikanten Information, ortete mein Gefährte das nördliche Ufer zwischen 4° und 5° nördlicher Breite. Demgegenüber hatte die ägyptische Expedition im Auftrag von Mohammed Ali Pascha vor etwa zwanzig Jahren auf der Suche nach den Quellen 3°22′ nördlicher Breite erreicht und hätte somit fünfzig Meilen über den Nyanza segeln müssen. Im Gegenteil, aus den Informationen, welche sie an Ort und Stelle sammelte, schloß jene Expedition, die unnahbaren Brunnen müßten sich eine Monatsreise entfernt — oder 300 bis 350 Meilen südöstlich — an den Nordhängen des Mount Kenya befinden. Auf seinem Rückweg zur Küste wurde meinem Gefährten, wie er uns berichtet, von einem »respektablen Swahili-Händler« versichert, »daß er vor einigen Jahren während Geschäftsreisen im Norden und Westen des Sees öfter Berichte gehört habe, wonach auf den nördlichen Ausläufern des Sees große Schiffe verkehrten, die Sextanten benützten und ein Logbuch führten, ganz wie man es bei der Hochseeschiffahrt zu tun pflegt«. (. . .)

Es verleiht zweifellos ein Gefühl von Befriedigung, einem bewundernden Publikum von »Staatsmännern, Kirchenleuten, Missionaren, Geschäftsleuten und ganz besonders Geographen« die »Lösung eines Problemes« zu eröffnen, »das seit vielen tausend Jahren als das erstrangige geographische Desiderat galt und dessen Entwirrung die

Ambition der ersten Monarchen der Welt war«. Aber wie viele Male sind nicht seit den Tagen eines gewissen Claudius Ptolemäus — mit Übername Pelusiota — die Quellen des Weißen Nils nach ebendieser Manier entdeckt und wiederentdeckt worden?

Was zu jener Zeit meine skeptischen Neigungen verstärkte, waren die handfesten Ungenauigkeiten der geographischen und anderer Details, die mein Gefährte zurückgebracht hatte. Wie auch anders? Bombay, nachdem er seinen Meister in dessen unbedarftem Hindustani mißverstanden hatte, übersetzte die Frage einem weitgereisten Afrikaner gegenüber verkehrt ins Kisawahili, welcher sie seinerseits wiederum in einer noch abenteuerlicheren Mundart dem oder den einvernommenen Barbaren übermittelte. Auf solchen Reisen hin und zurück erleiden die Worte schwere Unfälle. (. . .)

Die Meinungsverschiedenheiten vermochten sich gegen unsere Partnerschaft durchzusetzen. Nach einigen Tagen war mir klargeworden, daß sich zum Thema des Sees, des Nils und seiner Trouvaille ganz allgemein kein Wort äußern ließ, das ihn nicht kränkte. Daher wurde die Angelegenheit gemäß einem stillschweigenden Übereinkommen gemieden, und ich wäre darauf nie zurückgekommen, hätte mein Gefährte nicht die Expedition mit einer Behauptung blamiert, die kein Geograph akzeptieren kann und die so schwach und fadenscheinig ist, daß sich bisher kein Geograph die Mühe machte zu widersprechen

Zeitgemäße Vorurteile

Die Behauptung mag den Leser in seinen vorgefaßten Meinungen, was die primitiven Zustände in Zentralafrika und die erbärmliche Verfassung der schwarzen und negroiden Sklavenmassen angeht, vor den Kopf stoßen. Aber es trifft nichtsdestoweniger zu, daß die Lebensumstände des Afrikaners in diesen Regionen jenen der unglücklichen Masse Britisch-Indiens überlegen sind, daß er sich besser kleidet, besser ernährt und besser wohnt. Wo der Sklavenhandel flau ist, kann sogar ein Vergleich seiner Lebensbedingungen mit jenen der Landbevölkerung in den reichsten Ländern Europas zu seinen Gunsten ausfallen.

Der Afrikaner erhebt sich bei Tagesanbruch von der Rinderhaut seines Nachtlagers. Die Hütte ist kühl und behaglich tagsüber, doch nachts verleiht ihr der verriegelte Eingang etwas Enges, Ungemütliches. Während der letzten Stunde vor Sonnenaufgang, der kältesten Tageszeit, facht er gewöhnlich ein Feuer an und unterhält sich mit seinem ständigen Gefährten, der Pfeife. Scheint die Sonne kräftig genug, entfernt er den Rohrvorhang von der Tür und begibt sich nach draußen, um sich in den Morgenstrahlen zu baden. Die Dörfer sind stark bevölkert, und die dicht aneinandergereihten Häuser erlauben es den Bewohnern, die mit Blick auf den Hauptplatz davorhocken, zu plaudern und zu schwatzen, ohne sich von der Stelle zu rühren. Etwa um sieben Uhr, wenn ein Teil des Taus auf dem Gras verdunstet ist, treiben die älteren Burschen die Schafe und Rinder mit lauten Schreien und schallendem Einsatz der Stöcke auf die Weide. Sie kehren erst zurück, wenn die Sonne am westlichen Horizont versinkt. Um acht Uhr abends begeben sich jene unter ihnen, welche über Mehl oder Getreide verfügen, zur Stärkung in ihre Hütten, und wer nichts hat, gesellt sich zu einem Freund. Vom frühen Abend an wird, wenn es sich beschaffen läßt, Bier getrunken.

Nachdem er gegessen hat, macht sich der Afrikaner, die Pfeife in der Hand, auf nach der Iwanza — dem Dorfhaus, das oben bereits beschrieben wurde. Hier, in der Gesellschaft des eigenen Geschlechts, verbringt er den größeren Teil seiner Zeit, plaudernd und lachend, rauchend oder auch abgespannt vor sich hin dösend. Gelegentlich setzt er sich hin zu einer Spielrunde. Wie unter Barbaren allenthalben, ist Spielen eine Passion. Das üblichste Spiel ist unser »Kopf oder Zahl«, der Einsatz ein flacher Stein, eine kreisrunde Scheibe aus rohem Zinn oder der Boden eines zerbrochenen Topfes. Die etwas Zivilisierteren haben das »Bao« der Küste gelernt, eine Art Backgammon. Viele unter den Wanyamwezi fanden sich durch diese Leidenschaft gezwungen, sich selber in die Sklaverei zu verkaufen: Nachdem sie ihre Güter durchgebracht haben, setzen sie hierzulande sogar ihre betagten Mütter gegen eine andere alte Frau, eine Kuh oder zwei Ziegen. Wie leicht vorzustellen, hören die Streitereien nie auf, doch innerhalb der Dorfgemeinschaft werden sie fast immer auf unblutige Weise geschlichtet. Andere suchen sich anstelle des Spiels irgendeine Aufgabe, welche die Hände beschäftigt, aber dem Rest des Körpers und dem Hirn Ruhe gönnt, wie es sich Asiaten und Afrikaner mit Vorliebe gemütlich machen. Sie schnitzen an einem Holz, umwickeln ihre Pfeifen mit Draht, worin sie alle Experten sind, rasieren sich gegenseitig das Haupt, zupfen sich Barthaare, Augenbrauen und Wimpern aus und pflegen ihre Waffen.

Soweit sie nicht anderweitig beschäftigt sind, begeben sich die Afrikaner um ein Uhr mittags in ihre Hütten, wo ihnen die Frauen das Hauptgericht, die letzte Mahlzeit des Tages, zubereitet haben. Bei ihrem übermächtigen Hang zur Geselligkeit ziehen die Männer allerdings oft den Iwanza als Speisesaal vor, wo sich der männliche Nachwuchs, die Verwandten und Freunde zur wichtigsten der vierundzwanzig Stunden zusammenfinden. Unter Wilden und Barbaren ist das Essen das ein und alles im Leben — dem Essen gilt am Tag sein erster Gedanke, vom Essen träumt er während der Nacht. Der zivilisierte Europäer, dem Hunger und Durst unbekannt sind, der jeden Anflug von Appetit sofort mit allen Mitteln zu Leibe rückt, macht sich kaum eine Vorstellung davon, in welchem Maße die Seele des wilden Artgenossen vom Magen beherrscht wird. Für den Weißen ist er kaum zu begreifen, dieser Zustand geistiger Absorbtion, der Heißhunger, mit dem das menschliche Tier über dem Rumpf einer alten Ziege lauert, die Seligkeit bei der Überwachung jedes Handgriffs im Verlauf der Zubereitung und das eifersüchtige Auge auf jeden, der besser lebt.

Der Mganga, der Medizinmann, und seine Wundertätigkeit

Der Brauch von Pilgern und Reisenden, Tuchfetzen an Bäume zu hängen, ist wahrscheinlich ein Relikt des arabischen Fetischismus, der noch in heidnischer Zeit von afrikanischen Verwandten übernommen wurde. Der Brauch hat sich weit ausgebreitet: Sogar bei der irischen Landbevölkerung findet sich die Gewohnheit, die Bäume und Sträucher um ihre »heiligen Quellen« mit allerlei Lappen, Stricken und Fetzen zu versehen, zum Zeichen der Dankbarkeit für ihre Genesung oder die Heilung ihrer Tiere.

Es gibt andere mystische Mittel, um Kranken die Gesundheit wiederzugeben. Ein Müsterchen kann genügen. Kleine Holzstäbchen, wie Streichhölzer etwa, werden mit Ocker bestrichen, und damit werden auf den Körper des Patienten Zeichen gemalt. Nun wird über ihm ein Zauber geleiert, und am Ende jeder Strophe fliegt ein böser Geist aus ihm auf. Zum Zeichen dafür wirft der Mganga eines der Hölzchen auf den Boden. In einigen dieser Unglücklichen spuken bis zu einem Dutzend Geister, alle nach eigenen Gepflogenheiten. Der Mganga verlangt ein gesondertes Honorar für jede der Austreibungen. Wo immer Gefahr ist, ist Angst, und wo Angst ist, da sind Beschwörung und Zauber, Exorzismen und Talismane mit ihren ominösen Kräften hoch im Kurs. Und wo immer Nachfrage nach Übernatürlichem herrscht, finden sich Männer, die es — gegen ein Entgelt — aufzutreiben verstehen.

Der Stoff der britischen Schlagzeilen

Ich schließe dieses uninteressante Kapitel — dessen Geistlosigkeit, geneigter Leser, Du den Wirkungen des Klimas und der Gesellschaft in Konduchi zuschreiben mögest — mit einem Thema, welches das Gemüt eines jeden Engländers zu Hause erregt: Sklaverei.

Die Ursprünge der Sklaverei in Ostafrika verlieren sich im Dunkel der Vergangenheit. Sie findet schon bei Geographen der Antike als Institution dieser Weltgegend Erwähnung, und wahrscheinlich war sie eine Folge des Handels mit Südarabien. In unserer Zeit ist sie fast allgegenwärtig: Mit Ausnahme der Wahinda, der Watosi und der Wagogo können alle Stämme von der östlichen äquatorialen Küste bis nach Ujiji und bis in die Gebiete westlich des Tanganyika-Sees als Sklavenrassen bezeichnet werden. Ein Araber, ein Msawahili, sogar auch ein Leibeigener aus Sansibar wird überall »murungwana« — das heißt, »ein freier Mann« — genannt. Bei den Stämmen mancher Gegenden handelt es sich allerdings mehr um Sklaven-Importeure als um Exporteure. Obschon sie sich gegenseitig verschleppen, verkaufen sie keine Angehörigen des eigenen Stammes, außer sie sind eines Verbrechens überführt: Diebstahl, Magie, Mord, oder sie haben die ersten Zähne oben statt unten bekommen. In Zeiten der Not wandern die Männer aus mit Eltern, Frauen und Kindern und zögern, wenn sie keinen Erfolg haben, nicht, ohne Scham sich selber zu verkaufen. Wie verzeichnet wurde, verfügt bei manchen Stämmen der Onkel über Neffen und Nichten.

Um der Gerechtigkeit willen ist anzumerken, daß von den Schrecken der Sklaventreiberei in Ostafrika wenig zu beobachten ist. Beim Marsch durch Gegenden, wo Desertion an der Tagesordnung ist, ketten oder binden einige Händler ihren Troß aus Sicherheitsgründen zusammen. Gewöhnlich jedoch verlassen sie sich mehr auf milde Worte und freundliche Behandlung, und oft sieht man den faulen, fetten Sklaven ausgestreckt im Schatten, während der Herr sich unter der stechenden Sonne abmüht. Das »Eigentum« ist wohlgenährt und wenig angetrieben. Die Beziehung hat mehr von jener zwischen Patron und Klient als vom Verhältnis zwischen Herr und und Leibeigenem. Der Sklave wird angesprochen als »mein Bruder« und selten mit Kraftausdrücken oder mit

Hieben provoziert. Die klassische Form der Sklaverei, unbezahlte Zwangsarbeit, spielt in der Tat in den unabhängigen Gebieten Indiens eine wichtige Rolle, weniger in Ostafrika. (. . .)

Es gibt in Ostafrika zwei Formen des Sklavenverkehrs, Export und internen Handel. Für den ersteren werden die Sklaven wie auch das Elfenbein landauf, landab eingesammelt. Aus den großen Depots — auf der Insel von Kasenge, bei Ujiji, Unyanyembe und Zungomero — werden sie von Arabern und Wasawahili zur Küste getrieben, wo sie daraufhin im Detailhandel auf dem großen Markt von Sansibar verkauft werden. Den internen Handel wickelt ein Stamm mit dem anderen ab, und er wird daher noch lange fortdauern.

Davon abgesehen, daß er die Rasse demoralisiert und brutalisiert, zeitigt die Praxis des Sklavenhandels in Ostafrika Folgen, die ein Wachstum der Bevölkerung und Fortschritte in Richtung Zivilisation verhindern. Dazu zählen die Überfälle, die Grenzkriege wie auch innere Wirren. In allen afrikanischen Kriegen geht es, wie bereits festgestellt, um das eine der beiden Ziele: Viehraub oder Sklavenfang.

Rache der Sklaven

Die orientalische Geschichtsschreibung hält Beispiele von Treue und Heldenmut Leibeigener fest, etwa wie im Westen Annalen gerne die Tugenden von Hunden vermerken. Dennoch wappnen sich alle zivilisierteren Rassen gegen den Neger. Heutzutage achten Perser und Araber während langen oder gefährlichen Reisen sorgsam darauf, unter schwarze Sklaven weiße Bedienstete zu mischen. Sie verdächtigen den Afrikaner einer Fülle von sonderbaren kindischen Grillen, argwöhnen in ihm den unwandelbaren Kern des verräterischen, blutrünstigen Barbaren. Wie die Buschneger von Surinam, die den Holländern einst so gefährlich waren, haben die entlaufenen Sklaven von Sansibar in den Küstenbergen des Festlandes, zwischen Mount Yombo und den Shimba Hills, eine Art ostafrikanisches Liberia gebildet. Sie erwiesen sich als Bedrohung für die direkte Karawanenroute von Mombasa nach Usumbara; und trotz ihrer Übergriffe gegen die Mwasagnombe, eine Untergruppe der Wadigo, deren Gehorsam Abdullah, der Sohn des Sultans Kimwere, beansprucht, haben sie ihre Stellung mit Leichtigkeit behauptet. Den Arabern zufolge gibt es noch eine Sklavenrepublik bei Gulwen, in der Nähe von Brava. Reisende berichten mit Grauen von der Roheit, Gewalttätigkeit und Grausamkeit dieser emanzipierten Sklaven. Sie gelten als noch gefährlicher als die Somalier, welche sich bei ihrer Arglist und ihren böswilligen Schurkereien nur mit den ungezogensten englischen Schuljungen vergleichen lassen.

Die Unfreien in Sansibar haben ihren arabischen Gebietern denkwürdige Streiche gespielt. Mancher gestrenge Herr ist durch die Hand eines Sklaven umgekommen. Über raffinierte Verschwörungen Leibeigener sind wunderliche Geschichten im Umlauf. Mohammed bin Sayf, ein arabischer Sansibari, der für Disziplin in seinem Haushalt berüchtigt war, kam zu Fall durch seinen Sklaven Kombo, der beim Prinzen einen Korb Muskatnüsse stahl und seinen Herrn, in dessen Haus er sie versteckte, des Diebstahls anklagte. Nachdem ein Sklave das Gerücht ausgestreut hatte, sein Herr töte Krokodile, um aus deren Fett Gift zu gewinnen, hätte Fahl bin Nasr, ein Handelsreisender, auf dem Marsch durch Ugogo dafür um ein Haar mit dem Leben bezahlt. In beiden Fällen blieben die Sklaven ungestraft. Sie waren, so dachte man, nur den natürlichen Instinkten Höriger gefolgt, und Züchtigung hätte Desertion, nicht Besserung zur Folge gehabt.

Was Sklavinnen betrifft, so schneiden sie hinsichtlich des Geschlechtslebens um so besser ab, je weniger man über sie sagt: ebensoviel wie an Ehre und Rechtschaffenheit lassen sie an Anstand und Schicklichkeit, Anmut und Schönheit zu wünschen übrig. Kein Mann, nicht einmal ein Araber, hält die Mutter seiner Kinder für keusch oder glaubt an die Rechtmäßigkeit seiner Nachkommen, solange sie sich nicht erweist.

The Lake Regions of Central Africa. 2 Bände. London 1860. (Deutsch von Georg Brunold.)

JOHN HANNING SPEKE

Speke erreicht am 21. Juli 1862
unterhalb des Victoria-Sees den Nil.

Wir zogen nun alle auf unseren respektiven Wegen ab; nach der dritten Meile wendete sich Grant nach Westen, um auf die große Straße nach Kamrasi zu stoßen, während ich östlich nach Urondogani ging und den Luajerri kreuzte; es ist dies ein drei Meilen breites Binsenrinnsal, bis fast an das rechte Ufer furtbar, wo wir in Booten überzusetzen hatten, während die Kühe hinüberschwimmen mußten mit Männern, die sich an ihre Schwänze hielten. Es war größer als der Katonga und unangenehm zu kreuzen; denn wir brauchten nicht weniger als vier Stunden, während welcher Zeit Myriaden von Moskitos unsere bloßen Rücken und Beine zerstachen. Man sagte, der Luajerri entspringe im See und falle gerade nördlich von unserem Übergangspunkt in den Nil. Auf dem rechten Ufer sollen der Beschreibung nach wilde Büffel so zahlreich wie Kühe sein; wir sahen aber nicht einen, obgleich das Land mit einem zum Jagen äußerst einladenden Jungle bedeckt ist, mit dazwischenliegenden Flächen schöner Grasplätze. Von der Art ist die Natur des Landes den ganzen Weg bis nach Urondogani, mit Ausnahme einiger begünstigter, so nett wie an irgendeinem Teile Ugandas gehaltener Plätze, wo Bananen in der größten Üppigkeit wachsen. Aus Mangel an Führern und von den verschlossenen, böswilligen Wahuma, die hier in großer Zahl die Rinderherden des Königs hüten, irregeleitet, verloren wir beständig unsern Weg, so daß wir die Bootstation erst am Morgen des 21. erreichten.

Hier stand ich endlich am Rande des Nils; die Szene war äußerst schön, nichts konnte sie übertreffen. Es war die Vollendung dessen, was man in einem gut gehaltenen Park für eine Wirkung zu erzielen strebt; ein prächtiger Strom von 600 bis 700 Yard Breite, mit Inseln und Felsen bedeckt, die erstern mit Fischerhütten, die letztern mit Kähnen und sich in der Sonne rekelnden Krokodilen, ein Strom, der zwischen schönen hohen Grasufern strömt mit reichen Bäumen und Bananen im Hintergrund, wo Herden von Nsunnu und Hartebeests grasend gesehen wurden, während Flußpferde im Wasser schnarchten und Florikane und Perlhühner zu unsern Füßen aufstiegen.

Eine Woche später an der Quelle

Endlich mit einem guten Ruck vorwärts, Berge überschreitend und große Grasflächen sowie ausgedehnte, kürzlich von Elefanten verwüstete Dorfanpflanzungen durchziehend — die Elefanten hatten alles Eßbare gefressen, und was nicht als Nahrung dienen konnte, hatten sie mit den Rüsseln zerstört, so daß nicht eine Banane und eine Hütte ganz geblieben war —, kamen wir am äußersten Ende unserer Reise an, dem weitesten Punkt, den die Expedition je in derselben Breitenparallele mit König Mutesas Palast und vierzig Meilen östlich von diesem erreicht hatte.

Wir wurden gut belohnt, denn die »Steine«, wie die Waganda die Fälle nennen, war weitaus der interessanteste Anblick, den ich in Afrika gesehen habe. Alle miteinander rannten sofort hin, sie zu sehen, obgleich der Marsch lang und ermüdend war, und selbst mein Skizzenstuhl kam in Tätigkeit. Obgleich sehr schön, so war die Szene doch nicht so, wie ich erwartet hatte; denn die breite Fläche des Sees war durch einen Bergausläufer von der Ansicht ausgeschlossen, und die ungefähr zwölf Fuß hohen Fälle, 400 bis 500 Fuß breit, waren durch Felsen gebrochen. Doch war es ein Anblick, der stundenlang fesseln konnte: das Getöse des Wassers, die Tausende von wandernden Fischen, die mit aller Gewalt aus den Fällen heraussprangen; die Wasoga- und Waganda-Fischer, die mit Booten herauskamen und sich auf den Felsen mit Ruten und Haken postierten; die Krokodile und die Flußpferde, die schläfrig auf dem Wasser lagen; die Fähre, die oberhalb der Fälle im Gange war; Rinder, die zum Trinken an den Rand des Sees getrieben wurden: dies alles, zusammen mit dem hübschen Rahmen des Landes — kleinere, auf dem Gipfel mit Gras bewachsene Berge und Bäume in den Einsenkungen und Gärten an den unteren Abhängen —, machte das Bild zu einem so interessanten, wie man nur zu sehen wünschen konnte.

Der Zweck der Expedition war nun erreicht. Ich sah, daß der alte Vater Nil ohne Zweifel in dem Victoria Nyanza entspringt und daß, wie ich vorhergesagt hatte, jener See die große Quelle des heiligen Flusses ist, welcher die Wiege des ersten Verkünders unseres Glaubens trug. Ich trauerte indessen, wenn ich daran dachte, wie viel ich damit verloren, daß die Aufenthalte auf der Reise mich des Vergnügens beraubten, nach der nordöstlichen Ecke des Nyanza zu gehen, um zu sehen, welche Verbindung dort durch die so oft erwähnte Straße zwischen ihm und dem andern See existiere, von wo sich die Waganda Salz holen und aus welchem ein anderer Fluß nach Norden abfließt, dadurch »Usoga zu einer Insel« machend. Ich fühlte aber, daß ich damit zufrieden sein sollte, was mir zu erreichen möglich geworden sei; denn ich hatte die ganze Hälfte des Sees gesehen und über die andere Erkundigungen eingezogen, aus denen ich alles über den See erfuhr, wenigstens soweit die hauptsächlichsten Gegenstände von geographischer Wichtigkeit betroffen werden.

Wir wollen einmal das Ganze summieren und sehen, was es wert ist. Vergleichende Angaben versicherten mich, daß auf der östlichen Seite des Sees ebensoviel Wasser ist als auf der westlichen, vielleicht sogar noch mehr. Die entferntesten Gewässer oder das oberste Ende des Nils ist das südliche Ende des Sees, dicht beim dritten Grad südlicher Breite gelegen, was dem Nil in direktem Maße die überraschende Länge seines Laufes über 34 Breitengrade von ungefähr 2300 Meilen oder mehr als ein Elftel des Erdumfangs gibt. Von diesem südlichsten Punkte nun westlich herum bis dahin, wo der Große Nil ausströmt, ist nur ein Zufluß von Bedeutung vorhanden, und dies ist der Kitangule; während von jenem südlichsten Punkt östlich herum bis zu jener Straße gar keine Flüsse von Bedeutung existieren. Denn die weitgereisten Araber sagen alle einstimmig aus, daß von der Westseite des schneebedeckten Kilimandscharo bis zu dem See, wo er vom zweiten und auch vom ersten Grad südlicher Breite durchschnitten wird, wohl Salzseen und Salzebenen vorhanden sind, und daß das Land bergig ist, fast so wie Unyamuezi; aber daß es keine großen Flüsse gibt und das Land so dürftig bewässert wird — nur hier und da mit Rinnsalen und Bächen —, daß sie stets lange Tagemärsche machen mußten, um Wasser zu finden, wenn sie auf ihre Handelsreisen gingen. Ferner fanden auch diejenigen Araber, welche, wie erwähnt, während des letzten Interregnums jene Straße überschritten, um Usoga zu erreichen, ebensowenig irgendeinen Fluß.

Es bleibt nur noch übrig, über den »Salzsee« zu berichten, welcher, wie ich glaube, kein Salz-, sondern ein Süßwassersee ist; meine Gründe sind, wie früher angegeben, daß die Eingeborenen alle Seen Salzseen nennen, wenn sie in deren Nähe Salzlager oder Salzinseln finden. Als Dr. Krapf einen Blick auf den Mount Kenya erhielt, hörte er von den Eingeborenen, daß nördlich von ihm ein Salzsee liege, auch daß vom Mount Kenya ein Fluß nach dem Nil ströme. Wenn seine Angaben in bezug auf den letzten Punkt richtig sind, dann muß ohne Zweifel irgendeine Verbindung zwischen diesem Flusse und dem Salzsee, von dem ich gehört habe, existieren, und dies würde auch aller

Wahrscheinlichkeit nach einen Zusammenhang zwischen meinem und seinem Salzsee herstellen, der, wie er hörte, Baringo genannt wurde. Man mag aber hierüber eine Ansicht haben, welche man will, in keiner Weise berührt dieser unausgemachte Punkt die sichergestellte Tatsache, daß das obere Ende des Nils im dritten Grad südlicher Breite liegt, wo ich im Jahre 1858 das obere Ende des Victoria Nyanza entdeckte.

Ich taufte nun die »Steine« Ripon-Fälle nach dem Edelmann, welcher Präsident der Royal Geographical Society war, als meine Expedition ausgerüstet wurde, und den Seearm, aus dem der Nil entspringt, Napoleon-Kanal, als Beweis meiner Achtung vor der Pariser Geographischen Gesellschaft, welche kurz vorher, ehe ich England verließ, mir die Ehre erwiesen hatte, für die Entdeckung des Victoria Nyanza die goldene Medaille zuzuerkennen. Ein Umstand schien zuerst etwas verwirrend: die Wassermasse im Kitangule schien so groß wie die des Nils; der eine war aber ein langsam fließender, der andere ein schnell strömender Fluß, und aus diesem Grunde konnte ich keine zutreffende Schätzung ihres relativen Umfanges machen.

Mit meiner ersten Skizze der Fälle nicht befriedigt, konnte ich dem Drange nicht widerstehen, sie noch einmal zu skizzieren. Als dann die trübe Witterung mich an der Breitenbestimmung hinderte und der Platzoffizier sagte, man habe einen prächtigen Blick auf den See von dem Berge, den ich als die Aussicht von den Fällen aus einengend erwähnt habe, schlugen wir vor, dorthinzugehen. Kasoro aber, der Antilopenfelle und zum Mittagessen Perlhühner erhalten hatte, widersprach mit der Bemerkung, daß ich nie zufrieden sein würde. Es sei nur der Befehl gegeben, die »Steine« zu sehen, und wenn er mich auf einen Berg führe, würde ich einen andern sehen wollen und wieder einen andern und so fort. Das brachte mich zum Lachen, denn es war dies mein ganzes Leben durch meine Natur; im Innern ärgerlich und mit dem Wunsche, den jungen Tyrannen zu foppen, bat ich um Boote, um Flußpferde zu schießen, in der Hoffnung, die Berge zum Picknick zu erreichen; in Booten zu fahren war aber nie befohlen worden, und Kasoro wollte davon nichts hören. »Dann bringt Fische«, sagte ich, »daß ich sie zeichnen kann.« Nein, das war nicht befohlen. »Dann gehe du zum Palast und laß mich morgen nach Urondogani gehen, wenn ich die Breite bestimmt habe.« Das eigenwillige Geschöpf wollte aber nicht gehen, bis es mich auf dem Wege sah. Und da niemand etwas für mich tun wollte ohne Kasoros Befehle, amüsierte ich die Leute damit, daß ich nach der Bootsfähre auf der Usogaseite schoß, die ich, wie sie behaupteten, nicht treffen könne, da die Entfernung 500 Yard war; nichtsdestoweniger durchbohrte sie doch eine Kugel, die später die Wasoga nett in ein Stück »mbugu« eingewickelt brachten. Dann schoß Bombay mit seinem Karabiner ein schlafendes Krokodil, während ich den Tag damit verbrachte, die Fälle zu betrachten.

Auch den heutigen Tag verbrachte ich damit, die springenden Fische an den Fällen zu beobachten; mir war es, als fehle mir nur eine Frau und Familie, ein Garten, eine Yacht, Büchse und Angelrute, um mich hier zeitlebens glücklich zu machen, so reizend war der Platz. Was würde das, dachte ich bei mir, für ein Platz für Missionare sein! Sie brauchten nie Hunger zu fürchten, das Land ist so reich; und wenn sie Ackerbau einführten, könnten sie Hunderte von Schülern haben. Ich brauche nichts mehr zu sagen.

Der erste Engländer am Hof von König Mutesa I. von Buganda

Es wurde nun berichtet, der mächtige König sitze auf seinem Throne in der Staatshütte der dritten Reihe. Ich ging vor, den Hut in der Hand, gefolgt von meiner Ehrengarde, die in offene Reihen aufgestellt war; dieser folgten wieder die Träger der Geschenke. Ich ging nicht gerade auf ihn zu, als wenn ich hätte ihm die Hand zum Gruße geben wollen, sondern nahm meinen Weg außerhalb der im Viereck kauernden Wakungu, die alle in Felle, meist Kuhfelle, gekleidet waren; einige wenige von ihnen hatten außerdem Leopardenkatzenfelle um die Taille gebunden als Zeichen königlichen Blutes. Hier wurde ich gebeten zu halten und mich in die strahlende Sonne zu setzen; so stülpte ich denn meinen Hut auf und spannte meinen Schirm aus — eine Erscheinung, die sie alle zum Verwundern und Lachen brachte —, befahl der Ehrenwache, die Reihen zu schließen, und saß nun da, das neue Schauspiel betrachtend. Einen theatralischeren Anblick habe ich nie gehabt. Der König, ein gutaussehender, hübschgewachsener, langer junger Mann von fünfundzwanzig Jahren saß auf einer viereckigen Plattform von Königsgras, mit einem roten Laken bedeckt, eingefaßt mit Tigergrashalmen, und war sehr gut gekleidet mit einem neuen Mbugu. Das Kopfhaar trug er kurz abgeschnitten, mit Ausnahme des Scheitels, wo es in eine hohe Leiste aufgekämmt war, die von vorn bis hinten wie ein Hahnenkamm sich erstreckte. Um den Hals hatte er einen netten Schmuck, einen großen Ring aus schön gearbeiteten kleinen Perlen, die durch ihre verschiedenen Farben hübsche Muster bildeten. An dem einen Arme war ein anderer hübsch gezeichneter Perlenschmuck, am andern ein hölzernes Amulett mit einem von Schlangenhaut überzogenen Strick befestigt. An jedem Finger und jeder Zehe befanden sich abwechselnd Messing- und Kupferringe, und über den Knöcheln halbwegs bis zur Wade eine Art Strumpf von hölzernen Perlen. Alles war leicht, nett und in seiner Art elegant; man konnte dem Geschmack seines Aufputzes nichts anhaben. Als Schnupftuch hielt er ein gefaltetes Stück Rinde und ein Stück goldgestickter Seide, das er beständig benutzte, um seinen großen Mund zu verbergen, wenn er lachte, oder ihn abzuwischen, nachdem er Bananenwein getrunken hatte, wovon er häufige und reichliche Züge aus netten Kürbisbechern nahm, die ihm seine aufwartenden Damen, gleichzeitig seine Schwestern und Frauen, darreichten. Ein weißer Hund, Speer, Schild und eine Frau — die Uganda-Zeichen — waren an seiner Seite, desgleichen eine Gruppe von Stabsoffizieren, mit denen er eine lebhafte Unterhaltung auf der einen Seite führte; auf der andern Seite war eine Gruppe Wichwezi oder Zauberdamen, wie ich sie schon beschrieben habe.

Ich wurde nun gebeten, näher in das Viereck der Kauernden einzutreten, wo Leopardenkatzenfelle auf den Boden ausgebreitet lagen und eine große kupferne Kesselpauke mit Messingglocken an Drahtbogen und zwei kleinere, mit Kaurimuscheln und in verschiedenen Mustern verarbeiteten Perlen bedeckte Trommeln standen. Ich wünschte nun wohl eine Konversation zu eröffnen, kannte aber die Sprache nicht, und niemand in meiner Nähe wagte zu sprechen oder selbst nur seinen Kopf zu erheben, aus Furcht, angeklagt zu werden, die Frauen zu beäugeln. So saßen denn der König und ich selbst, einander anstarrend, für eine ganze Stunde da — ich stumm, er aber mit denen um ihn herum auf uns zeigend und seine Bemerkungen machend über die Neuheit meiner Garde und allgemeinen Erscheinung und selbst von mir verlangend, meinen Hut abzunehmen, meinen Schirm auf- und zuzumachen, die Wache sich herumdrehen zu lassen, um ihre roten Mäntel zu sehen; denn solche Wunder hatte man in Uganda noch nicht erblickt.

Da er fand, daß der Tag verging, schickte er Maula als Abgesandten zu mir, um mich zu fragen, ob ich ihn gesehen hätte, und nach Erhalten der Antwort: »Ja, eine ganze Stunde lang« war ich froh, ihn aufstehen zu sehen, worauf er, Speer in der Hand und den Hund führend, unzeremoniell fort- und durch die Einfriedigung in die vierte Reihe der Hütten ging.

Da ich von Musa gehört hatte, daß die Frauen des Königs und der Prinzen bis zu einem solchen Grade fett gemacht würden, daß sie nicht aufrecht stehen könnten, bezeigte ich in der Hoffnung, dadurch in die Lage zu kommen, von der Wahrheit jener Erzählung mich selbst zu überzeugen, dem ältesten Bruder des Königs Wazezeru meine Hochachtung, welcher nicht in das Sukzessionsrecht eintrat, da er vor seines Vaters Thronbesteigung geboren war. Da war denn kein Irrtum vorhanden. Beim Eintritt in die Hütte fand ich den alten Mann und sein Hauptweib nebeneinander auf einer mit Gras bedeckten Erdbank sitzen, die wie Logen in kleine Schlafgmächer geteilt war; vor ihnen stand eine große Zahl hölzerner Milchgefäße, und an den zahlreichen, die bienenkorbartige Hütte stützenden Stangen hing eine große Anzahl sechs Fuß langer Bogen, während unter ihnen eine noch größere von Speeren angebunden war, dazwischen ein gutes Assortiment schwerköpfiger Assages. Die Art und Weise, wie er mich empfing, überraschte mich nicht wenig, ebenso die außerordentlichen Dimensionen und doch angenehme Schönheit seines unmäßig fetten Weibes. Sie konnte nicht aufstehen; ihre Arme waren so dick, daß das Fleisch zwischen den Gelenken wie große, locker gestopfte Würste herabhing. Dann kamen die Kinder herein, alle Modelle des abessinischen Schönheitstypus und in ihren Manieren so höflich wie geborene Edelleute. Sie hatten vom König von meinen Zeichnungsbüchern gehört und wünschten sie zu sehen; kaum taten sie dies zu ihrem großen Entzücken, besonders wenn sie manche Tiere wiedererkannten, als ich das Thema durch die Frage wechselte, was sie mit so vielen Milchkrügen täten. Diese erklärte Wazezeru sofort, der mir auf seine Frau weisend, sagte: »Das ist alles Erzeugnis jener Töpfe; von früher Jugend an halten wir diese Töpfe dicht vor ihrem Munde, da es die Mode bei Hofe ist, sehr fette Weiber zu haben.« (. . .)

Nach einer langen und amüsanten Unterhaltung mit Rumanika am Morgen machte ich einer seiner Schwägerinnen einen Besuch, die an einen älteren, vor der Thronbesteigung Dagaras geborenen Bruder verheiratet war. Sie war ein zweites Wunder der Fettleibigkeit, nicht fähig zu stehen, ausgenommen auf allen vieren. Ich war begierig, einen ordentlichen Anblick von ihr zu erhalten und sie wirklich zu messen, und veranlaßte sie, mir die Sache zu erleichtern dadurch, daß ich mich erbot, ihr auch ein Stück meiner nackten Beine und Arme sehen zu lassen. Der Köder verfing, wie ich wollte, und nachdem ich es dahin gebracht hatte, daß sie sich bis in die Mitte der Hütte gedreht und gewälzt hatte, tat ich, wie ich es versprochen hatte, und maß dann ihre Dimensionen.* Alle diese Maße sind exakt mit Ausnahme der Höhe, und ich glaube, ich hätte diese genauer erhalten können, wenn ich sie hätte auf den Boden legen lassen können. Die Schwierigkeiten nicht kennend, mit denen ich bei einer solchen Ingenieurarbeit zu kämpfen haben würde, versuchte ich ihre Höhe zu erhalten, indem ich sie aufrichtete. Nach unendlicher Anstrengung von beiden Seiten gelang dies; sie sank aber sofort ohnmächtig um, da ihr das Blut nach dem Kopfe gestiegen war. Unterdes saß ihre Tochter, ein Mädchen von sechzehn Jahren, völlig nackt vor uns, an einem Milchkrug saugend, zu welcher Arbeit sie ihr Vater mit einem Stock in der Hand anhielt; denn da das Fettwerden die erste Pflicht des fashionablen Lebens ist, muß es mit dem Stocke, wenn nötig, gehörig eingeschärft werden. Ich fing ein bißchen mit dem Fräulein zu kokettieren an und bewog sie aufzustehen und mir die Hand zu drükken. Ihr Gesicht war lieblich, ihr Körper aber rund wie eine Kugel.

* Um den Arm 1 Fuß 11 Zoll, die Brust 4 Fuß 4 Zoll, die Schenkel 2 Fuß 7 Zoll, die Wade 1 Fuß 8 Zoll, bei einer Höhe von 5 Fuß 8 Zoll.

Als alles abgemacht war, marschierten wir tausend Mann stark nach Wurungi und kamen am folgenden Tage nach einem doppelten Tagesmarsch zu Marsan im Bari-Lande an. Ich wünschte noch immer, mich in den Dörfern der Eingeborenen einzuquartieren; Mahamed jagte aber alle meine Leute so in Schrecken, als er sagte, diese Bari würden uns in der Nacht töten, wenn wir nicht alle zusammen in einem großen Lager schliefen, daß wir gezwungen wurden, nachzugeben.

Das rechts noch immer von Bergen eingefaßte Land war wellenförmig und sehr nett bewaldet. Dörfer waren zahlreich; als wir aber vorübergingen, flohen alle Einwohner vor uns bis auf wenige Männer, die kühner als die übrigen stehenblieben und uns ansahen, als wir vorbeimarschierten. Sowohl nachts als morgens schlagen die Türken die Trommeln; und sobald sie zum Essen halten, plündern sie die Dörfer.

Allmählich vordringend und um Mittag zum Essen haltmachend, kamen wir wieder in Sicht des Nils und ließen uns in einer Station namens Doro nieder, eine kurze Entfernung von dem wohlbekannten Berge Rijeb, wo Nilreisende mit Entzücken ihre Namen einschneiden. Das Land blieb dasselbe, das Gras wurde aber auffallend kürzer und alle Tage schöner, und zwar so, daß alle meine Leute erklärten, es sei ein Zeichen von unserer großen Annäherung an England. Nachdem wir uns zur Nacht eingerichtet und die Türken die nächsten Dörfer ausgeplündert hatten, hörten wir zwei Flintenschüsse, und unmittelbar darauf wimmelte der ganze Platz von Bari. Ihre Trommeln wurden gerührt, ein Zeichen, daß sie uns angreifen wollten, und die Kriegstrommeln der Dörfer ringsum antworteten gleichfalls. Die Türken wurden darüber etwas beunruhigt, und als die Dunkelheit eintrat, schickten sie außer ihren nächtlichen Wachen noch Patrouillen aus. Die Wilden versuchten dann, sich an uns heranzupirschen, wurden aber bald weggeschreckt, als die Patrouillen ihre Flinten spannten. Als sie sich dann mit dieser Taktik besiegt sahen, sammelten sie sich zu Hunderten vor uns, steckten das Gras in Brand, marschierten auf und nieder, schwenkten brennendes Gras in ihren Händen, heulten wie Dämonen und schworen, sie würden uns am nächsten Morgen vernichten.

Nichtsdestoweniger schliefen wir die Nacht herum und marschierten am nächsten Morgen nach Gondokora hinein, 4° 54′ 5″ nördlicher Breite, 31° 46′ 9″ östlicher Länge, wo uns Mahamed, nach Abschießen einer Salve, mitnahm, um einen zirzassischen Kaufmann namens Kurschid Aga zu besuchen. Unsere erste Erkundigung war natürlich nach Petherick. Ein mysteriöses Stillschweigen folgte. Es wurde uns mitgeteilt, daß Mr. Debono der Mann sei, dem wir für die Unterstützung, die wir auf dem Wege von Madi hierher erhalten hätten, zu danken hätten; nach warmen Begrüßungen mit Mahameds Freund, welcher Debonos Agent hier war, verabschiedeten wir uns in größter Eile, um Petherick aufzutreiben. Als wir den Fluß hinabgingen — wo eine Reihe von Fahrzeugen vor Anker lagen, rechterhand wenige halb eingestürzte Schuppen mit einem aus Ziegeln gebauten Hause sich fanden, das frühere österreichische Missionsetablissement —, sahen wir einen Engländer auf uns zueilen, den wir für Simon Pure hielten; im nächsten Moment aber ergriff mein alter Freund Baker, berühmt durch seine Jagdabenteuer in Ceylon, meine Hand. Was dies für eine Freude war, kann ich kaum sagen. Wir konnten nicht schnell genug sprechen, so überwältigt waren wir von unserer neuen Begegnung. Natürlich waren wir sofort seine Gäste und erfuhren alles, was nur uns von Interesse sein konnte. Ich hörte hier zuerst vom Tode Seiner königlichen Hoheit, des Prinzgemahls, was mir die begeisternden Worte ins Gedächtnis rief, die er als Kompliment für mich gebraucht hatte, als ich ihm von Sir Roderick Murchison, kurz ehe ich England verließ, vorgestellt wurde. Dann war der schreckliche Krieg in Amerika und andere Ereignisse weniger erschreckender Natur, die uns alle überraschend nahegingen, da Jahre verstrichen waren, seit wir von der zivilisierten Welt etwas gehört hatten.

Baker sagte dann, er sei mit drei Fahrzeugen — einem Dyabir und zwei Nuggers — heraufgekommen, völlig mit bewaffneten Männern, Kamelen, Pferden, Eseln, Perlen, Messingdraht und allem zu einer langen Reise Nötigen ausgerüstet, ausdrücklich um nach uns zu suchen, sowie in der Hoffnung, wie er scherzhafterweise äußerte, uns unter dem Äquator in einer schrecklichen Klemme zu finden und das Vergnügen zu haben, uns heraushelfen zu können.

Jornal of the Discovery of the Source of the Nile. Edinburg und London 1863. (*Die Entdeckung der Nilquellen. Reisetagebuch.* Leipzig 1864.)

SAMUEL WHITE BAKER

Der Aufbruch

Ich konnte mir nicht vorstellen, daß sich irgend etwas in dieser Welt einem entschlossenen Willen zu widersetzen vermöchte, solange Gesundheit und Lebenskraft standhalten. Die Mißerfolge bei allen früheren Versuchen, die Nilquellen zu erreichen, überraschten mich nicht, denn die Expeditionen waren von Mannschaften unternommen worden, und derlei Unternehmungen enden im allgemeinen, sobald es zu Schwierigkeiten kommt, in Meinungsverschiedenheiten und Rückziehern: Daher beschloß ich, mich allein ans Werk zu machen, im Vertrauen auf die göttliche Vorsehung und die Gunst des Geschicks, welche manchmal der Zielstrebigkeit zu Hilfe kommt.

Bakers Dilemma

Wäre ich allein gewesen, so wäre es mir nicht als ein hartes Los erschienen, auf dem Weg, der vor mir lag, zu sterben. Doch da war jemand, mein höchstes Glück und meine größte Sorge zugleich, da war eine, deren Leben erst anbrach, so jung noch, daß erst die Zukunft aus ihr eine ganze Frau machen sollte. Ich schauderte bei dem Gedanken, mein Tod könnte sie allein im Land der Wilden zurücklassen; und viel lieber hätte ich sie im Luxus zu Hause gewußt, als sie den Plagen Afrikas auszusetzen. Vergeblich flehte ich sie an, zu bleiben, umsonst malte ich ihr die Schwierigkeiten und Wagnisse noch schwärzer aus, als ich sie mir in Wirklichkeit vorstellte: In der Standhaftigkeit und Hingabe einer Frau blieb sie fest, alle Gefahren mit mir zu teilen und auf meinem Lebensweg ins Dunkel keinen Schritt von mir zu weichen. Ruth antwortete: »Dringe nicht in mich, daß ich dich verlasse und von dir weg heimkehre. Wo du hingehst, da will ich auch hingehen, und wo du bleibst, da bleibe ich auch; dein Volk ist mein Volk, und dein Gott ist mein Gott. Wo du stirbst, da sterbe ich auch; da will ich auch begraben sein. Der Herr tue mir dies und das: nur der Tod soll mich von dir scheiden!«

In Begleitung meiner Gattin ging ich am 15. April 1861 in Kairo unter Segel — nilaufwärts.

Nach Abstechern entlang der abessinischen Nilzuträger erreicht das Paar gut 21 Monate später, am 1. Februar 1863, Gondokoro im Südsudan, etwa 1500 Kilometer südlich von Khartum.

Der Charakter des Flusses hat sich verändert. Die Sümpfe haben trockenem Grund Platz gemacht, die bewaldeten Uferbänke ziehen sich etwa vier Fuß über dem Wasserspiegel dahin, das Land erscheint wie ein dichtbevölkerter Obstgarten. Die Eingeborenen drängen sich um das Boot und staunen über die Esel. Schon unterwegs untersuchten Eingeborene in einem Dorf mit großer Neugierde die Esel; sie glaubten, das seien die Ochsen unseres Landes, die wir zum Tausch gegen Elfenbein mitgebracht hätten.

Etwa zwölf Meilen westlich des Flusses erhebt sich der Lardo. Bei Tagesanbruch erblickten wir die Bergzüge von Gondokoro, die sich nach Süden wenden. Bis jetzt habe ich in diesem Land keine Anzeichen von Feindseligkeit ausgemacht. Ich kann nur annehmen, daß das Betragen der Eingeborenen stark von jenem der Reisenden abhängt.

Früher waren die Leute in diesem Land freundlich, bis die Khartumer, nach Herzenslust plündernd und mordend, es in allen Richtungen durchkämmten. So schießen sie jetzt mit Giftpfeilen auf Fremde, die nicht über schlagkräftige Eskorten verfügen. Die Wirkungen des Gifts an den Pfeilspitzen ist ganz außergewöhnlich. Ein Mann kam zu mir mit der Bitte um ärztlichen Beistand. Fünf Monate zuvor war er von einem vergifteten Pfeil verwundet worden, am unteren Ende der Wade, und das Gift hatte seinen ganzen Fuß zerfressen. Direkt über dem Gelenk faulte der Knochen durch, und der Fuß fiel ab. Das höchst aggressive Gift ist das Produkt einer Baumwurzel, deren milchiger Saft ein Harz absondert, das auf die Pfeilspitze geschmiert wird. Es wird über große Distanzen hergebracht, aus einem Land weit westlich von Gondokoro. Der Saft einer Euphorbienart, die hier heimisch ist, wird ebenfalls zur Vergiftung von Pfeilen verwendet. Eingekocht zu einer Art Teer, wird er auf die Spitze geschmiert. Das Gift zersetzt das Fleisch, das nach starker Entzündung und Schwellung sich wie eine Gallerte von den Gliedmaßen ablöst. Die Pfeile sind mit diabolischer Findigkeit gezackt, einige tragen vergiftete Spitzen, die aufgesteckt sind und sich beim Versuch, den Pfeil herauszuziehen, von ihm abtrennen. So bleibt die gezackte Spitze, dick mit Gift beschmiert, in der Wunde, und noch ehe sie herausgeschnitten werden kann, ist das Gift vom Kreislauf absorbiert. Glücklicherweise sind die Eingeborenen schlechte Bogenschützen. Für den Bogen wird stets männlicher Bambus verwendet, und er bleibt die ganze Zeit gespannt. Er ist überaus widerstandsfähig, aber wenig elastisch, und für Pfeile, denen die Federn fehlen, dient unbearbeitetes Schilfrohr oder leichtes Holz, etwa drei Fuß lang, am hinteren Ende ein kleiner Knauf für Finger und Daumen. Wie in den meisten anderen Ländern auch wird die Sehne hier nicht mit zwei Fingern gezogen, sondern einfach mit dem Pfeil zwischen Zeigefinger und Daumen. Ein starrer Bogen entwickelt, in dieser Weise gezogen, geringe Kraft, und entsprechend übersteigt die äußerste Reichweite kaum je einhundertundzehn Yard.

Ein friedlicher Empfang

Fünfhundert oder sechshundert Eingeborene drängten sich um uns zusammen. Sie machten einen Riesenlärm, schrien auf uns ein, als wären wir taub, nur weil wir sie nicht verstehen konnten. Da ich fand, sie rückten uns zu sehr auf den Leib, bedeutete ich ihnen mit Zeichen, etwas beiseite zu rücken, als im selben Augenblick ein merkwürdig häßlicher, buckliger und gedrungener Kerl sich nach vorn zwängte und mich in gebrochenem Arabisch ansprach. Ich war erfreut, einen Übersetzer zu finden, und während ich ihn bat, den Leuten zu sagen, sie sollten beiseite treten, erkundigte ich mich nach dem Chief. Der Bucklige sprach sehr wenig Arabisch, auch schien die Menge nicht auf ihn zu hören; sie ergriffen nur sofort einen Speer, den einer meiner Latooka-Führer gegen den Baum gestellt hatte, unter dem wir saßen. Die Lage wurde ziemlich unangenehm. Doch meinen Revolver und eine doppelläufige Jagdbüchse in meinen Händen, sah ich keinen Anlaß zur Furcht, auch sie würden gestohlen.

Auf eine meiner Fragen hin fragte der Bucklige zurück, wer ich sei. Ich erklärte, ich sei ein Reisender. »Willst du Elfenbein?« fragte er. »Nein«, antwortete ich, »damit kann ich nichts anfangen.« — »Ach so, du willst Sklaven!« versetzte er. »Ebensowenig will ich Sklaven«, antwortete ich. Die Menge brach daraufhin in Gelächter aus, während der Bucklige sein Verhör fortsetzte. »Hast du viele Kühe?« — »Nicht eine einzige. Aber viele Perlen und Kupfermünzen.« — »Viele? Wo sind sie?« — »Nicht weit von hier. Sie müssen jeden Augenblick mit meinen Männern hier eintreffen.« Und ich deutete in die Richtung, woher sie kommen mußten. »Was für ein Landsmann bist du?« — »Engländer.« Er hatte noch nie von solchen Leuten gehört. »Du bist Türke?« — »Schon gut«, gab ich zurück, »ich bin, was immer du magst.« — »Und der da ist dein Sohn?« fragte er, indem er auf Mrs. Baker wies. »Nein, sie ist meine Frau.« — »Deine Frau! Welch ein Lügner! Das ist ein Bursche.« — »Nicht im geringsten«, antwortete ich, »sie ist meine Frau, die mit mir gekommen ist, um die Frauen in diesem Land zu sehen.« — »Welch ein Lügner!« erwiderte er noch einmal höflich mit demselben ausdrucksstarken arabischen Wort — »kadhdhab!«.

Weitere Bewohner des Kontinents

Vom Kamel macht man sich in Europa gar kein zutreffendes Bild. In keiner Weise das fügsame und geduldige Geschöpf, als das es gewöhnlich beschrieben wird, kommt es dem Gegenteil wesentlich näher, und die männlichen Tiere sind häufig gefährlich. Sie sind überaus launisch und, wie schon oben beschrieben, äußerst dumm. An die Verhältnisse in den großen Wüsten sind sie wunderbar angepaßt, und ohne sie wäre es wegen Wassermangels nicht möglich, bestimmte Landstriche zu durchqueren.

Es sind übertriebene Darstellungen im Umlauf, was die Zeitspanne betrifft, die ein Kamel, ohne zu trinken, unterwegs sein kann. Die Länge der Strecke, die das Tier durchsteht, ohne Durst zu leiden, hängt vollständig vom Klima und von der Qualität des Futters ab. Genau wie in Europa Schafe wenig Wasser brauchen, wenn sie mit Rüben gefüttert werden, kommt das Kamel ohne trinken aus, solange es in der Regenzeit auf feuchtem, saftigem Gras weidet. In der heißen Jahreszeit, wenn in den Ländern, wo Kamele leben, nichts Grünes übrig ist, werden sie jeden zweiten Tag zum Wasser geführt und haben demnach alle achtundvierzig Stunden zu trinken. Auf Wüstenfahrt legen sie mit einer Last von fünfhundert oder sechshundert Pfund fünfundzwanzig Meilen am Tag zurück, drei Tage ohne Wasser, müssen aber am vierten Tag getränkt werden. (...)

Die Eigenart seiner Konstitution ermöglicht es dem Kamel, Hindernissen zu trotzen, die ohne es unüberwindlich wären. Es wandert durch sengenden Sand der lebensfeindlichen Wüsten, und es sucht dabei nicht einmal den Schatten. Befreit von seiner Bürde, kniet es sich neben seiner Last in den brennenden Sand und scheint eine Sonne zu genießen, die jedes andere Lebewesen zum nächsten Unterschlupf treibt. Die außerordentlich kräftig gebildeten Füße geben dem Kamel eine überlegene Sicherheit, obwohl die Meinung vorherrscht, es sei nur flache, sandige Ebenen gewohnt. Ich bin durch so steile Gebirge gezogen, daß kein anderes Nutztier außer dem Kamel mit einer Last den Ansprüchen genügt hätte. Dieses Vermögen zeichnet nicht die gesamte Gattung aus, aber eine bestimmte Zucht der Hadendowa-Araber zwischen dem Roten Meer und Taka. Es gibt eine ebenso große Vielfalt von Rassen wie bei Pferden. Im Sudan am höchsten geschätzt sind die Bisharin. Sie sind nicht so groß gewachsen wie andere, aber überaus kräftig und ausdauernd.

Elefantenjagd

Die Eingeborenen Zentralafrikas jagen Elefanten gewöhnlich um des Fleisches willen, und bis die Expedition im Auftrag von Mehmet Ali Pascha die Gebiete am oberen Weißen Nil entdeckte, galten die Hauer als ebenso wertlos wie die Knochen. Für die Eingeborenen ist der Tod eines Elefanten ein großes Ereignis, denn er versorgt eine gewaltige Zahl von Leuten mit Fleisch und außerdem auch mit Fett, das unter den Wilden mancherlei Verwendung und deshalb eine große Nachfrage findet. Es gibt verschiedene Methoden, ihn zu erlegen. Am meisten verbreitet sind Fallgruben, doch die wachsamen alten Bullen werden auf diese Weise selten erwischt. Die Stelle wird fast ausnahmslos in der Nähe von Wasserstellen ausgesucht, und die Eingeborenen zeigen viel Geschicklichkeit, indem sie Bäume über dem Wildwechsel fällen oder darin offene Gruben ausheben, um mit solchen Hindernissen den Elefanten zur Falle zu lenken. Die Gruben sind gewöhnlich etwa neun Fuß lang und drei Fuß breit, bei einer Tiefe von neun Fuß. Kunstvoll angelegt, verengen sie sich unten zur Breite eines Elefantenfußes. Da ihre übliche Route zur Wasserstelle blockiert ist, weichen die Tiere aus auf ein heimtückisches Gelände, durchsetzt von zahlreichen Gruben, alle mit Geäst und trockenem Gras sorgfältig getarnt, übersät mit Elefantendung, was der Anlage den Anschein eines natürlichen Wildwechsels geben soll. (...)

Stürzt ein Tier, dann wird der Rest der Herde von Panik erfaßt, und in ihrem überhasteten Rückzug fallen meistens noch einer oder mehrere Elefanten den vielen Fallen in der unmittelbaren Umgebung zum Opfer. Alte Bullen nähern sich dem Wasser niemals in Eile, achten argwöhnisch auf die Gefahren, rücken langsam voran, indem sie mit ihren Hauern den Pfad untersuchen, und das feine Gespür des Rüssels macht sofort die Fußangel aus. Bei den Opfern der Fallgruben handelt es sich um Mitläufer der großen Herden, die achtlos vorwärtsstürmen und in die Grube treten wie naive Gläubiger unter professionellen Schiebern. Erst einmal hilflos in der Falle, sind sie mit Lanzen leicht zu töten. (...)

Eine andere ihrer Jagdmethoden ist völlig einwandfrei. Hält sich eine größere Herde von Elefanten in der Umgebung auf, dann postieren die Eingeborenen etwa hundert Männer auf ebenso vielen großen Bäumen. Diese Männer sind ausgerüstet mit schweren Lanzen, eigens zu diesem Sport gefertigt, die Spitzen etwa achtzehn Zoll lang und hinten am Schaft drei Zoll breit. Eine große Zahl von Gehilfen treibt nun die Elefanten in Richtung der Bäume, wo sich die Männer mit ihren Lanzen bereithalten. Von den Bäumen aus werden den Tieren, die nahe genug kommen, die langen Lanzen zwischen die Schulterblätter gebohrt, tief genug, daß der widerstandsfähige Schaft, der gegen das Astwerk über dem Fluchtweg prallt, im Inneren des Elefanten wie ein Hebel arbeitet. Die fürchterliche Wunde, die er ihm zufügt, läßt ihn bald vor Erschöpfung zusammenbrechen.

Schwarz und Weiß — eine »vertrackte Frage«

Der Schwarze ist eine beirrende Anomalie, welche die guten und schlechten Neigungen der menschlichen Natur ungeordnet hervorbrechen läßt wie die Blüten und Dornen der Wildnis, in der er lebt. Ein Geschöpf der Impulse, selten durch Überlegung geleitet, verblüfft der Schwarze durch vollständige Stumpfheit, um unversehens durch einen unvermittelten Anfall von Zuneigung Verwirrung zu stiften. Nach langer Erfahrung mit afrikanischen Wilden denke ich, es ist ebenso unsinnig, pauschal über den Neger den Stab zu brechen, wie es absurd ist, sein intellektuelles Vermögen mit dem der Weißen zu vergleichen. Unglückseligerweise ist auf der einen Seite die Mode im Schwange, den Neger zu einem überlegenen Wesen zu stilisieren, während ihm andere den gemeinen Menschenverstand absprechen. So weit wie die Meinungen über die menschlichen Qualitäten des Negers schon immer auseinandergingen, beweist allein die Vertracktheit der Frage, daß er vollständig verschieden geartet sein muß. (...)

Wer ist der Afrikaner, zu Hause in seiner Wildnis? Gewiß ist er schlecht; doch er ist, glaube ich, nicht so schlecht, wie es der Weiße unter gleichen Umständen wäre. Was ihn antreibt, sind üble Leidenschaften, die der menschlichen Natur innewohnen, doch man findet nicht solche übermäßigen Laster, wie sie in zivilisierten Ländern anzutreffen sind. Der Starke bedient sich beim Schwachen, ein Stamm bekämpft den anderen — tun wir das in Europa nicht? Das gehört zu den legitimen Obliegenheiten unabhängiger Stämme, wozu sie von ihren Chiefs ermächtigt sind. Sie versklaven sich gegenseitig — wie lange sind die Amerikaner und wir selbst keine Sklavenhalter mehr? Der Schwarze ist abgebrüht und undankbar — gibt es in Europa keine Undankbarkeit? Er ist verschlagen und lügt von Natur aus — ist in Europa alles Wahrheitsliebe und Ehrlichkeit? Warum sollte der Schwarze dem Weißen nicht ebenbürtig sein? Er ist von kraftvoller Gestalt, weshalb sollte er nicht von erhabenem Geiste sein? (. . .)

Der Neger wurde und wird noch immer ganz falsch eingeschätzt. So hart unser Urteil über die schreckliche Einrichtung der Sklaverei auch ausfallen mag, die Ergebnisse der Sklavenbefreiung haben gezeigt, daß der Neger weder die Segnungen der Freiheit würdigt noch das geringste Gefühl der Dankbarkeit jenem gegenüber bekundet, dessen Hand seine Fesseln gesprengt hat. In seinem beschränkten Gemüt ist kein Raum für jenes Gefühl reiner Menschenliebe, das zuerst England dazu bewogen hat, gegen die Sklaverei Stellung zu nehmen; und in der Bewegung des Widerstands gegen die Sklaverei sieht er einzig einen Beweis seiner eigenen Wichtigkeit. In seinem engen Horizont ist er selber die wesentliche Gegebenheit, und infolge dieser Selbsttäuschung malt er sich aus, daß sich alles auf der Welt um den Schwarzen Mann dreht. Der Neger, nunmehr das große Thema, ist also eine maßgebende Persönlichkeit und benimmt sich entsprechend — er ist ein viel zu bedeutender Mann, um zu arbeiten. In diesem Punkt bringt sich sein Naturell mit größter Bestimmtheit zur Geltung. Demgemäß widersetzt er sich allen Zwängen. Frei, wie er ist, regt sich in ihm als erstes der Anspruch, dem ebenbürtig zu sein, dem er bis dahin gedient hat, und seine absurde Anmaßung pocht auf eine Würde, die unweigerlich den Abscheu der weißen Gemeinschaft auf sich zieht. Hat sich auf solchem Weg die Abneigung erst einmal eingestellt, machen sich zwischen den Rassen Haß und Eifersucht breit, verstärkt durch die Fehltritte, die sich unter solchen Bedingungen beide Seiten unvermeidlich zuschulden kommen lassen. Weshalb, bleibt die Frage, sind die Neger in unsere Kolonien — und nach Amerika — gebracht worden?

Den schicksalhaften Schiedsspruch zwischen Weiß und Schwarz spricht die Sonne. Die zivilisierten Länder sind auf Produkte angewiesen, die nur in tropischem Klima erwirtschaftet werden können, wo der Weiße, wenn ihn die Arbeit der Sonne aussetzt, nicht leben kann. In so fruchtbare Länder wie die Westindischen Inseln und Teile Amerikas wurden daher Neger, die den Arbeitsbedingungen standhielten, als Sklaven importiert. In ihrem Herkunftsland waren sie unzivilisierte Wilde und versklavten ihre Brudervölker. Der Schwarze fiel so dem eigenen System zum Opfer, der Einrichtung der Sklaverei, wie sie auf seinem eigenen afrikanischen Boden gewachsen und von jeher eine charakteristische Eigenart afrikanischer Stämme war, und nicht, wie es derzeit gerne dargestellt wird, von Weißen den Schwarzen beigebracht wurde.

Kannibalismus, hier bei dem südwestsudanesischen Stamm der Makkarika; aber — wie bisher immer und überall auf der Welt — auch bei Baker nur aus zweiter Hand

Die [türkischen] Händler beklagen sich, daß es sich bei ihnen um unangenehme Gefährten handle, da sie sich nicht davon abbringen ließen, Kinder zu töten und zu essen, welche der Troß als Sklaven behalten wollte: Ihr Brauch war, das Kind bei den Fußgelenken zu packen und seinen Kopf so lange gegen den Boden zu schlagen, bis es tot war. Sie öffneten die Bauchdecke, entfernten den Magen und die Eingeweide und trugen den Körper, die Füße zum Hals hochgebunden, auf der Schulter zum Lager, wo sie ihn vierteilten und in großen Töpfen kochten. Ein weiterer Mann in meinen eigenen Diensten war in Gondokoro zum Zeugen eines schrecklichen Aktes von Kannibalismus geworden.

Die Händler waren mit großen Mengen von Elfenbein und Sklaven aus Westen eingetroffen, mit Makkarika als Trägern. Ein junges Mädchen unter ihrer Beute versuchte zu fliehen, und ihr Besitzer schoß sofort mit der Muskete auf sie, worauf sie verwundet stürzte. Die Kugel hatte sie in die Seite getroffen. Das Mädchen war sehr dick, und aus ihrer Wunde quoll ein großer Fettklumpen. Kaum lag sie da, machten sich die Makkarika über sie her, grapschten nach dem Fett, preßten es Handvoll um Handvoll aus der Wunde des Mädchens, das noch lebte, während die Meute sich um die ekelhafte Ausbeute schlug. Andere töteten sie mit einer Lanze, zerteilten sie sofort und trennten den Kopf ab, und mit den Lanzen, die ihnen anstelle von Messern dienten, hackten sie, angefangen zwischen den Beinen, den Körper der Wirbelsäule entlang bis zum Hals hinauf in zwei Stücke.

Viele Sklavenfrauen, die dem Schauspiel beiwohnten, nahmen, von Panik gepackt, mit ihren Kindern Reißaus und suchten Zuflucht im Unterholz. Die Makkarika, die sie fliehen sahen, machten sich erregt auf die Jagd, und indem sie die Kinder aus dem Geäst zerrten, brachten sie mehrere um, worauf in kürzester Zeit für den ganzen Troß ein großes Fest im Gang war.

Gewohnheiten der Obbo im Südwesten von Gondokoro, noch immer übliche »Desinfektionsmethode« im Südsudan

Die Obbo gleichen in einigen ihrer Bräuche den Bari. Es bereitet mir viel Mühe, einem Viehzüchter seine widerwärtige Gewohnheit auszutreiben, das Milchbecken mit dem Urin der Kuh auszuwaschen und davon sogar etwas der Milch beizugeben. Wenn er vor dem Melken seine Hände nicht mit solchem Wasser wasche, erklärt er, verliere die Kuh ihre Milch. Diese scheußliche Sitte ist unbeschreiblich. Die Obbo spülen sich den Mund mit ihrem eigenen Urin. Diese Gewohnheit mag darauf zurückgehen, daß Salz in ihrem Land bisher völlig unbekannt war.

August, der Monat des heiligen Käfers — Vorbote der Nilschwelle

In dieser Jahreszeit sind in großer Zahl enorme Käfer am Werk, schleppen jede Art Mist davon, den sie zu Ballen, so groß wie kleine Äpfel, gedreht haben und nun mit ihren Hinterbeinen davonwälzen, indem sie sich mit ihren Vorderbeinen rückwärts voranschieben. Oft, wenn der Mistballen in eine tiefere Furche kollert, habe ich zugeschaut, wie ein zweiter Käfer dem ersten zu Hilfe kommt und ihm den Ballen streitig macht, nachdem sie ihn mit vereinten Kräften hinausbefördert haben. Es ist die Spezies des heiligen Skarabäus der alten Ägypter, der kurz nach dem Beginn der Regenzeit in Erscheinung tritt. Sein Werk dauert fort, bis er mit dem Ende der Niederschläge wieder verschwindet. Wurde ihm nicht als dem Vorboten der Nilschwelle gehuldigt? Da Unterägypten nur dank der jährlichen Fluten lebt, wurde der Anstieg des Wasserstandes immer mit großer Unruhe erwartet.

Die Moskitoplage

Ich erwartete eine Attacke morgen oder am folgenden Tag, denn aus fortgesetzter und qualvoller Erfahrung kenne ich jede Regung dieser heimtückischen Krankheit. Einige Tage fühlt man ein gewisses Unbehagen, das schwer zu beschreiben ist. Es tritt kein bestimmtes Symptom auf bis ein oder zwei Tage vor dem Anfall, wenn einen eine große Mattigkeit, ein Verlangen zu schlafen überkommt. Rheumatische Schmerzen in den Lenden, im Rücken und in den Gelenken begleiten ein Gefühl großer Schwäche. Mit einemmal überfallen einen Schüttelfröste, so heftig, daß sie zumeist sofort den Magen angreifen und schmerzhaftes Erbrechen mit krampfartigem Würgen zur Folge haben. Die brennenden Augen sind kaum zu bewegen, der Kopf ist heiß und schmerzt, die Extremitäten sind kalt und blutlos, der Puls geht schwach bei lediglich etwa fünfundfünfzig Schlägen pro Minute, die schwache Herztätigkeit nimmt einem jede Kraft. Die Kälteschauer und das Erbrechen dauern etwa zwei Stunden, begleitet von schwerer Atemnot. Dann kommt mit der Atemnot die heiße Phase, während man immer noch weiter würgt, sich immer schwächer fühlt und gleichzeitig von einer wachsenden Unruhe geplagt wird. Nach weiteren eineinhalb Stunden vielleicht, falls die Heilmittel wirken, schläft man vollständig schweißgebadet ein. Der Anfall hinterläßt eine schreckliche Schwäche im Magen. Das Wechselfieber, dessen Schübe sich alle zwei Tage fast zur selben Stunde wiederholen, läßt vom Kranken nach kurzer Zeit nur Haut und Knochen übrig. Der Organismus nimmt keine Nahrung mehr an, und es stellt sich der Tod ein. Jede heftigere Gemütsregung wie etwa Kummer oder Ärger zieht in diesem Land fast mit Sicherheit Fieber nach sich. Mein Vorrat an Chinin ist auf ein paar Körner zusammengeschmolzen, und noch liegt mein Werk vor mir. Alle meine Tiere sind tot, wir müssen zu Fuß weiter.

Beim Regenmacher

Seit ungefähr zwei Wochen ist kein Regen gefallen. »Schön!« gab ich zurück, »du bist der Regenmacher. Warum gibst du deinen Leuten keinen Regen?« — »Meinen Leuten Regen geben!« sagte Katchiba. »Gebe ich ihnen Regen, wenn sie mir keine Ziegen geben? Du kennst meine Leute nicht. Wenn ich dumm genug bin und denen Regen gebe, bevor sie mir Ziegen gegeben haben, lassen die mich verhungern! Nein, nein! Laß sie ein bißchen warten. Bringen sie mir nicht Getreide, Ziegen, Hühner und alles, was ich sonst von ihnen verlange, dann wird in Obbo kein Tropfen Regen fallen! Ganz unverschämte Kunden sind die, meine Leute! Hast du das schon einmal gehört, sie haben mir sehr bestimmt angedroht, mich zu töten, wenn ich ihnen keinen Regen bringe. Keinen Tropfen werden sie kriegen. Die Ernte werde ich vernichten und eine Seuche über ihre Herde bringen. Diese Halunken werde ich lehren, mich zu beleidigen!«

Bei diesen Tiraden war für mich leicht festzustellen, daß sich der alte Katchiba in einem schweren Dilemma sah und für einen Schauer alles gegeben hätte, sich aber nicht aus der Klemme zu helfen wußte. Es ist eine berüchtigte Grille dieser Stämme, den Regenmacher zu opfern, wenn er erfolglos geblieben ist. Plötzlich änderte er den Ton und fragte mich: »Habt ihr in eurem Land Regen?« Ich bejahte, wir hätten immer wieder welchen. »Wie bringt ihr ihn herbei? Bist du ein Regenmacher?« Ich erklärte ihm, daß in unserem Land niemand an Regenmacher glaube, daß wir dafür aber den Blitz in Töpfen fangen zu verstünden — womit ich Elektrizität meinte. »Ich lagere meinen nicht in Töpfen, aber ich habe ein ganzes Haus voll Blitz und Donner«, erwiderte er trocken. »Doch wenn ihr den Blitz in Töpfe füllen könnt, dann müßt ihr auch das Regenmachen beherrschen. Was hältst du vom Wetter heute?« Ich merkte sogleich den Trick des ausgefuchsten alten Katchiba, er suchte fachkundigen Rat. Ich erwiderte ihm, darüber müsse er bestens Bescheid wissen, da er doch von Amtes wegen der Regenmacher sei. »Sicher doch«, antwortete er, »aber ich wollte wissen, was du davon hältst.« — »Also gut«, sagte ich, »ich denke nicht, daß wir anhaltenden Regen bekommen, aber ich denke, wir könnten in ungefähr vier Tagen einen heftigen Schauer haben.« Ich sagte ihm das, weil ich beobachtet hatte, wie sich jeden Nachmittag Schäfchenwolken am Himmel zusammenzogen. »Ganz meine Meinung!« sagte Katchiba entzückt. »Ich habe vor, ihnen in vier oder vielleicht in fünf Tagen einen Schauer zu bringen, nur gerade einen Schauer, genau, ich gehe jetzt zu ihnen hinunter und sage diesen Halunken, wenn sie mir heute abend einige Ziegen bringen und morgen früh etwas Getreide, dann werde ich ihnen in vier oder fünf Tagen einen Schauer geben.« Zur Bekräftigung dieser Erklärung blies er mehrere Triller auf seiner magischen Pfeife. »Benützt ihr Pfeifen in eurem

Land?« erkundigte sich Katchiba. Ich antwortete, indem ich so schrill und ohrenbetäubend durch die Finger pfiff, daß sich Katchiba die Ohren zuhielt, und während ihm ein bewunderndes Lachen entfuhr, warf er von der Türschwelle aus einen Blick zum Himmel, um zu prüfen, ob sich nicht bereits eine Wirkung zeige. »Pfeif noch einmal!« sagte er, und nochmals ahmte ich das Pfeifen einer Lokomotive nach. »Das genügt, wir werden ihn bekommen«, sagte das alte Schlitzohr von einem Regenmacher; und stolz darauf, in so kundiger Manier kollegialen Rat eingeholt zu haben, machte er sich davon zu seinen ungeduldigen Schützlingen.

Im Jahr 1864, ein Jahr nach seiner Ankunft in Gondokoro, erreicht Baker in Uganda den Victoria Nile.

Den ganzen Tag verbrachten wir mit Versuchen, schreiend und gestikulierend der Menge am gegenüberliegenden Flußufer unsere friedlichen Absichten klarzumachen, aber das Boot kam erst lange nach dem vereinbarten Zeitpunkt wieder, und auch dann näherten sich uns die Eingeborenen nur gerade auf Rufweite, während nichts sie zum Landen bewegen konnte. Sie erklärten, unter den Leuten drüben bestünden Meinungsverschiedenheiten. Einige wollten uns empfangen, doch die Mehrheit fürchtete, wir kämen mit feindseligen Absichten, und deshalb müßten wir auf weitere Anweisungen des Königs warten.

Baker ist nicht mehr weit vom Luta Nzige,
dem Lake Albert, aber durch Malaria völlig entkräftet.
Kamrasi, der König von Bunyoro, gewährt ihm eine
Audienz.

Ich wies meine Männer an, mich mit meinen Geschenken zum König zu tragen, und obwohl ich nur für ein Krankenhausbett taugte, hatte ich mir fest vorgenommen, mit ihm eine persönliche Unterredung zu führen. Bei meiner

Ankunft trat die Menge auseinander, und ich wurde für einen Augenblick zu des Königs Füßen auf eine Matte gelegt. Er war ein stattlicher Mann, doch seine äußerst auffälligen Augen gaben seinem Gesicht einen eigentümlichen Ausdruck. Er war etwa sechs Fuß groß, von tadelloser Erscheinung, gekleidet in ein langes, anmutig wallendes Barchentgewand, die Zehennägel und Fingernägel sorgfältig gepflegt, seine Haut von einer Tönung wie etwa das dunkle Braun der Abessinier. Zwischen vielleicht zehn seiner wichtigsten Chiefs saß er auf einem kupfernen Stuhl, der auf einem Teppich aus Leopardenfell stand.

Bacheeta, unsere Dolmetscherin, unterrichtete ihn über meine Person und mein Vorhaben. Der König sagte, es tue ihm leid, daß ich so lange unterwegs gewesen sei, doch er sei zur Vorsicht gezwungen, nachdem er von türkischen Händlern hintergangen worden sei. Ich erwiderte, ich sei Engländer, ein Freund von Speke und Grant, die mir ihren Empfang bei ihm geschildert hätten. Ich sei gekommen, ihm zu danken und für seine Freundlichkeit einige Geschenke zu überreichen und ihn zu bitten, mir einen Führer auf den Weg zum Luta Nzige zu geben. Er lachte über den Namen, den er und seine Chiefs mehrmals wiederholten, worauf er erklärte, er heiße nicht Luta, sondern Mwootan Nzige. Dorthin bräuchte ich sechs Monate, und in meinem Zustand könnte ich den See unmöglich erreichen. Sollte ich unterwegs sterben, könnte der König meines Landes womöglich denken, ich sei ermordet worden, und in sein Gebiet einmarschieren.

Erstes ugandisch-britisches Bündnis

Er sagte, er sei sich nicht sicher, ob »mein Bauch schwarz oder weiß« sei, womit er gute oder schlechte Absichten meinte. Doch wenn er weiß sei, dann könnte ich nichts dagegen haben, mit ihm Blut auszutauschen zum Beweis meiner Freundschaft und Aufrichtigkeit. Das wurde mir dann doch eher zuviel! Ich entgegnete, dies sei unmöglich, denn in unserem Land sei jedes Blutvergießen ein Beweis von Feindseligkeit, er müsse deshalb Ibrahim als meinen Stellvertreter akzeptieren. Meinem Vorschlag folgend, erhielten beide einen Stich in den entblößten Arm, und als das Blut hervorquoll, wurde es von beiden Parteien aufgeleckt, und das Bündnis war geschlossen.

Die Allianz schließt, wie Bakers Tage in Bunyoro zeigen, Mißverständnisse nicht aus.

Ich erbat nun von Kamrasi die Erlaubnis zum Aufbruch. Ohne mit der Wimper zu zucken, antwortete er: »Ich werde dich zum See und ins Lande Shooa geleiten, wie ich es versprochen habe. Aber du mußt deine Frau hier bei mir lassen!«

Wir waren in diesem Augenblick umgeben von zahlreichen Eingeborenen, und mein Verdacht, daß wir bereits bei der Überquerung des Kafoor hinters Licht geführt worden waren, fand sich durch diese unverschämte Forderung bestätigt. Sollte dies das Ende der Expedition bedeuten, dann auch das Ende Kamrasis. Ich zog ganz ruhig meine Pistole, zielte aus weniger als zwei Fuß Entfernung auf seine Brust, und während ich ihm mit unverhohlener Verachtung in die Augen blickte, erklärte ich ihm, wenn ich den Abzug betätigte, dann könnten ihn alle seine Männer nicht retten. Sollte er es wagen, diese Beleidigung zu wiederholen, würde ich ihn auf der Stelle erschießen. Zugleich erklärte ich ihm, daß eine solche Unverschämtheit in unserem Land Blutvergießen zur Folge hätte und daß ich in ihm nur einen unwissenden Tölpel sehen könne, dem nichts anderes beigebracht worden sei, und daß einzig diese Entschuldigung ihn retten könne. Meine Frau, verständlicherweise entrüstet, hatte sich erhoben, und außer sich vor Aufregung hielt sie ihm, der kein Wort davon verstand, einen kurzen Vortrag auf Arabisch, mit einem Gesichtsausdruck, fast so gewinnend wie das Haupt der Medusa. Unser geballter Auftritt traf ihn völlig unvorbereitet. Nachdem sie die Beleidigung der Mistress überbracht hatte, warf die gute Bacheeta, obschon auch sie eine der Primitiven, Kamrasi Punkt für Punkt alles an den Kopf, was »Medusa« in ihrer Ansprache soeben aufgeboten hatte.

Ob bei diesem Theatercoup die Selbständigkeit britischer Frauen Kamrasi so sehr beeindruckte, daß er sich lieber von seinem offerierten Geschäft zurückzog, kann ich nicht beurteilen, aber mit einem Ausdruck vollkommener Verblüffung sagte er: »Sei mir nicht böse! Ich hatte keine Absicht, dich mit meiner Bitte um deine Frau zu kränken. Ich gebe dir eine Frau, wenn du eine haben willst, und ich dachte, du hättest nichts dagegen, mir deine zu geben. Es ist bei mir Brauch, Besuchern hübsche Frauen zu geben, und ich dachte, wir könnten tauschen. Mach keine Geschichte daraus. Wenn du nicht magst, lassen wir es, ich werde es nie mehr erwähnen.« Diese ganz unkomplizierte Entschuldigung nahm ich sehr finster entgegen und bestand lediglich auf unserem Aufbruch. Er schien einigermaßen verwirrt durch sein Vergehen, und zur Wiedergutmachung rief er Leute herbei und hieß sie unsere Lasten tragen. Seine Männer befahlen einigen der Frauen, die aus Neugierde zusammengelaufen waren, unser Gepäck zu schultern und bis zum nächsten Dorf zu tragen, wo sie entlassen würden. Ich half meiner Frau auf ihren Ochsen, und mit einem sehr kühlen Adieu an Kamrasi kehrte ich dem Ort höchst erleichtert den Rücken.

Baker am Ziel. Das Ergebnis, wie er es nach seiner Rückkehr zusammenfassen wird

Der Nil, seiner Mysterien beraubt, fügt sich in ein relativ einfaches Bild. Das eigentliche Stromgebiet erstreckt sich von etwa 22° bis 39° östlicher Länge und von 3° südlicher bis 18° nördlicher Breite. Das Wasser dieses ausgedehnten Einzugsgebietes fließt ins Monopol des ägyptischen Nils.

Der Victoria-See und der Lake Albert, die zwei großen äquatorialen Reservoirs, empfangen alle Zuflüsse aus der südlichen Hemisphäre, wobei der Lake Albert das gewaltige Reservoir ist, in welchem sich alles Wasser aus dem Süden sammelt, zusätzlich zu den Zuträgern von den Blauen Bergen nördlich des Äquators. Das große Einzugsbecken des Nils ist der Albert Nyanza. Im Unterschied zu ihm handelt es sich beim Victoria Nyanza um das Reservoir, das alle östlichen Zuflüsse empfängt, und er wird zum Ausgangpunkt oder zur höchstgelegenen Quelle an der Stelle, wo der Fluß über den Ripon-Fällen aus ihm entspringt. Beim Lake Albert handelt es sich um ein Reservoir, das nicht nur die westlichen und die südlichen Zuflüsse direkt aus den Blauen Bergen empfängt; vielmehr empfängt er auch die Zufuhr des Victoria-Sees und des gesamten äquatorialen Einzugsbereiches. Der Nil, wie er aus dem Albert Nyanza fließt, ist der ganze Nil, und vor seiner Geburt aus dem Lake Albert handelt es sich nicht um den ganzen Nil.

Nach drei Jahren Anmarsch wartet der Rückweg.

Nun würden wir unser Antlitz wieder nach Norden wenden, und fortan brächte uns jede Tagesreise der Heimat näher. Doch wo war die Heimat? Blickte ich auf die Weltkarte und auf jenen kleinen roten Fleck, dann schien unser altes England fern, sehr fern; und musterte ich daraufhin die verwilderte Gestalt und das abgehärmte Gesicht meiner Frau und mein eigenes ausgemergeltes Gerippe, dann wagte ich kaum auf eine Heimkehr zu zu hoffen. Drei Jahre lang hatten wir uns nun vorwärts gequält, und nachdem wir zuvor bereits sämtliche abessinischen Zuträger erkundet hatten, was für sich allein ein mühseliges Unterfangen ist, befanden wir uns jetzt tatsächlich am Ursprung des Nils. Von unserer Gesundheit und unseren Vorräten war nichts geblieben, und die große Reise lag noch einmal vor uns.

Zuerst, nach einigen Wochen, noch einmal Gast bei Kamrasi

Er sprach weiter: »Morgen wirst du Vorräte bekommen. Ich werde zu meinem Bruder gehen, zu dem großen M'Kamma Kamrasi, und er wird dir alles schicken, was du brauchst. Ich bin ein kleiner Mann, er ist ein großer. Ich habe nichts, er hat alles. Und er sehnt sich danach, dich zu sehen. Du mußt sofort zu ihm gehen, er wohnt hier ganz in der Nähe.« Ich wußte nicht, war ich betrunken oder nüchtern — »mein Bruder, der große Kamrasi!« Ich war bestürzt durch die Neuigkeit: »Wenn du nicht Kamrasi bist, wer beim Himmel bist du dann?« fragte ich ihn. »Wer ich bin?« versetzte er. »Ha, ha, ha! Das ist sehr gut, wer bin ich? — Was meinst du, ich bin M'Gambi, Kamrasis Bruder, ich bin der jüngere Bruder, doch er ist der König.«

Der richtige König läßt den Verdacht fallen, Baker sei im Bund mit den Türken und empfängt ihn.

Ich versicherte ihm nur, ich sei glücklich darüber, ihn vor meiner Abreise noch zu sehen, ich hätte bis vor ganz kurzem noch nicht geahnt, daß mich M'Gambi zum Narren gehalten habe. Er antwortete ungerührt mit der Versicherung, auch wenn ich ihn nicht gesehen hätte, so habe nichtsdestoweniger er mich gesehen. Er hatte sich am Tage unseres Aufbruchs unter das Geleit begeben und so unseren Abmarsch von der Stelle aus verfolgt, wo sein Bruder M'Gambi den König verkörperte.

Baker findet ein Argument, seine Jagdflinte auch dem echten Kamrasi zu verweigern, der nicht weniger hartnäckig als zuvor schon der jüngere Bruder danach verlangt.

Angewidert durch diese Aufsässigkeit, schickte ich mich zu gehen an, indem ich ihn wissen ließ, ich würde ihn nicht wieder besuchen, denn ich glaubte ihm nicht, daß er der wirkliche Kamrasi sei. Ich hätte gehört, Kamrasi sei ein großer König, er aber sei lediglich ein Bettler und zweifellos ein Hochstapler wie M'Gambi. Das schien ihn sehr zu belustigen, und er bat mich, ihn nicht so überstürzt zu verlassen, denn er könne mir nicht erlauben, mit leeren Händen aufzubrechen. Er erteilte seinen Leuten einige Anweisungen, und kurz darauf waren zwei Haufen Mehl, eine Ziege und zwei Töpfe sauren Bananenweins zur Stelle.

Im Südsudan heimwärts

Es gab kein Wasser. Es war schon dunkel, und obschon wir in der Hitze des Tages marschiert waren, hatte seit dem Morgen niemand getrunken. Wir hatten großen Durst, und vergeblich durchsuchten meine Männer die verlassenen Hütten nach etwas Wasser in den Töpfen — alle waren sie leer. Glücklicherweise hatten wir etwas Sauermilch in einem Topf, den wir mit uns getragen hatten, kaum genug für zwei Personen. Es gab nichts zu essen außer unreifen Bananen.

Zurück in Khartum, Mai 1865,
vier Jahre nach der Einschiffung in Kairo

Zwei Schiffe waren aufgebracht und nach Khartum geleitet worden, an Bord 850 menschliche Wesen! — zusammengepfercht wie Sardinen, Lebende zwischen Toten, gemeinsam am Verwesen. Europäische Augenzeugen versicherten mir, daß sich die Löschung dieser entsetzlichen Fracht nicht angemessen beschreiben lasse. Die Sklaven, die seit Tagen nichts zu essen bekommen hatten, waren am Verhungern. In Khartum an Land gebracht, wurden Tote und Sterbende, an den Fußgelenken gebunden, von Eseln durch die Straßen geschleift. Die bösartigste Typhusepidemie wütete unter diesem Unrat und

Elend, das auf so engem Raum zusammengepackt war. Nach der Landung wurden die Frauen unter die ägyptischen Soldaten verteilt. Die Seuchen, die diese Geschöpfe nach Khartum gebracht hatten, kamen wie ein Fluch über dieses Land der Greuel und der Sklaverei, griffen um sich wie Feuersbrünste und rafften die Regimenter dahin, die diese schreckliche Hinterlassenschaft einer sterbenden Fracht in Empfang genommen hatten.

Einige Monate später in Suez, schon ganz zu Hause

Wieder an Land, fand ich mich in einem britischen Hotel wieder. Im großzügigen Innenhof, der einem offenen Gewächshaus glich, war eine Bar, und dort gab es Allsopp's Pale Ale, vom Faß und mit Eis. Welch ein Elysium! Die Betten hatten Laken und die Kopfkissen Bezüge! Seit Jahren hatte ich nichts dergleichen gesehen.

Im Hotel drängten sich Indienreisende, Scharen von Landsmännern und unter ihnen rosige, blühende englische Ladys. Ich verspürte ein Bedürfnis, mit allen zu sprechen. Nie zuvor fühlte ich mich meinen Landsleuten, Männern und Frauen, so zugetan. Doch alle trugen sie — die Frauen, meine ich — ihr Haar in fülligen Knoten am Hinterkopf! Welch ein ungewöhnlicher neuer Anblick! Ich rief Richarn, meinen Günstling unter den Wilden aus dem Herzen Afrikas: »Da, Richarn, schau sie dir an!« sagte ich. »Was hältst du von englischen Ladys? Schau, Richarn, sind sie nicht wunderhübsch?« — »Wallahi!« — bei Gott! — rief Richarn bewundernd aus, »sie sind wunderschön! Und das Haar! Sie sind nicht wie die schwarzen Wilden, die ihren Kopf mit dem Haar anderer Leute schmücken. Ihres ist alles echt, alles ihr eigenes, wie schön!«

The Albert N'yanza, Great Basin of the Nile, and Explorations of the Nile Sources. London 1886. (Deutsch von Georg Brunold.)

DAVID LIVINGSTONE

»Hic sunt leones!« bedeuteten auf alten Landkarten die weißen Flecken. Livingstone war im Bild. Ein Erlebnis, mehr als zwanzig Jahre vor seinem letzten Aufbruch, auf einer seiner Missionsstationen

Nun ist es wohlbekannt, daß, wenn aus einem Rudel Löwen auch nur ein einziger getötet wird, die übrigen sich den Wink zunutze machen und diesen Teil des Landes meiden. Das nächstemal nun, als die Herden wieder angegriffen wurden, zog ich mit den Leuten aus, um ihnen Mut einzuflößen, damit sie durch Erlegung eines dieser Räuber sich die übrigen von Halse schafften. Wir fanden die Löwen auf einem kleinen Hügel, der etwa eine Viertelmeile lang und mit Bäumen bedeckt war. Wir bildeten einen Kreis von Männern um den Hügel her, und die Leute rückten nach und nach dicht zusammen, während sie miteinander den Hügel hinaufstiegen. Ich war noch unten auf der Ebene mit einem eingeborenen Schulmeister namens Mebalwe, einem ausgezeichneten Mann; da sah ich einen der Löwen auf einem Felsstück innerhalb des nun geschlossenen Kreises von Männern sitzen. Mebalwe feuerte auf ihn, noch ehe ich es konnte, und die Kugel traf auf den Felsen, auf welchem das Tier saß. Der Löwe biß nach der getroffenen Stelle, wie ein Hund nach einem Stecken oder Stein schnappt, der nach ihm geschleudert worden ist; dann sprang er davon, brach durch den sich öffnenden Kreis und entwischte unbelästigt. Die Männer scheuten sich, ihn anzugreifen, vermutlich weil sie an

Hexerei glaubten. Als der Kreis wieder geschlossen worden war, gewahrte ich zwei andere Löwen in demselben; allein wir scheuten uns zu feuern, um nicht die Menschen zu treffen, und ließen auch diese Tiere ausbrechen. Hätten die Bakatla nach dem dortigen landesüblichen Brauche gehandelt, so wären die Löwen bei ihrem Versuche, die Kette zu durchbrechen, mit Speeren erlegt worden. Wir sahen wohl, daß wir die Leute nicht dazu bringen konnten, einen Löwen zu töten, und machten uns daher wieder auf den Heimweg nach dem Dorfe; als wir aber um das Ende des Hügels herumgingen, sah ich eines dieser Raubtiere wie zuvor auf einem Felsstück sitzen, nur hatte es diesmal einen kleinen Busch vor sich. Da es nur etwa dreißig Schritt von mir entfernt war, so zielte ich durch das Gebüsch hindurch auf seinen Leib und feuerte beide Teile auf ihn ab. Da schrien die Männer: »Er ist getroffen! Er ist getroffen!« Andere riefen: »Er hat auch von einem anderen Schützen eine Kugel bekommen! Laßt uns zu ihm hingehen!« Ich hatte niemanden außer mir auf den Löwen feuern sehen, bemerkte jedoch, wie der Löwe hinter dem Busche seinen Schweif voll Grimm ganz steil in die Höhe richtete, wandte mich daher zu den Leuten und sagte: »Wartet ein wenig, bis ich wieder geladen habe.« Während ich aber die Kugeln in den Lauf stieß, hörte ich einen Schrei. Ich schrak zusammen, blickte mich halb um und sah den Löwen gerade im Begriff, auf mich loszuspringen. Ich stand auf einer kleinen Anhöhe, er packte mich im Sprunge an der Schulter, und wir beide stürzten miteinander auf den Boden nieder. Er brüllte dicht an meinem Ohr entsetzlich und schüttelte mich dann, wie ein Dachshund eine Ratte schüttelt. Diese Erschütterung verursachte eine Betäubung, etwa wie diejenige, welche eine Maus fühlen muß, nachdem sie zum ersten Male von einer Katze geschüttelt worden ist. Sie versetzte mich in einen träumerischen Zustand, worin ich keine Empfindung von Schrecken und kein Gefühl von Schmerz verspürte, obschon ich mir vollkommen dessen bewußt war, was mit mir vorging. Dieser Zustand glich demjenigen, den Patienten unter dem Einfluß einer nur teilweisen Narkose durch Chloroform beschreiben, sie sehen die ganze Operation, aber fühlen das Messer nicht. Diese eigentümliche Lage war nicht das Ergebnis irgendeines geistigen Vorgangs. Das Schütteln hob die Furcht auf und ließ keine Regung von Entsetzen beim Umblicken nach dem Tiere aufkommen. Es mögen wohl alle Tiere, welche von den großen Fleischfressern getötet werden, diesen eigentümlichen Zustand empfinden; und ist dies der Fall, so erkennen wir darin eine gnädige Vorkehrung unseres allgütigen Schöpfers zur Verminderung der Todesqual. Als ich mich umdrehte, um das Gewicht abzuschütteln, denn der Löwe hatte mir eine Tatze auf den Hinterkopf gesetzt, sah ich seine Augen auf Mebalwe geheftet, welcher aus einer Entfernung von zehn bis fünfzehn Schritten auf ihn zu feuern versuchte. Sein Gewehr mit Feuerschloß versagte aber auf beiden Läufen. Der Löwe verließ mich nun augenblicklich und griff Mebalwe an, den er in den Schenkel biß. Ein anderer Mann, dem ich früher einmal das Leben gerettet hatte, als er von einem Büffel in die Luft geschleudert worden war, versuchte nun den Löwen, während er Mebalwe biß, mit dem Speer niederzustoßen. Jetzt verließ das Tier Mebalwe und packte den andern an der Schulter, allein in diesem Augenblick wirkten die beiden Kugeln, die er erhalten hatte, und er brach verendend zusammen. Das Ganze war eine Sache von wenigen Augenblicken und wohl eine Wirkung des Todeskampfes. Um nun den Zauberbann an ihm aufzuheben, machten die Bakatla am folgenden Tage ein großes Freudenfeuer über dem Körper des erlegten Löwen, der nach ihrer Aussage der größte war, welchen sie je gesehen hatten. Das Tier hatte mir nicht nur den Knochen zu Splittern zermalmt, sondern am Oberarm auch noch elf Zahnwunden hinterlassen.

Eine Wunde von den Zähnen dieses Tieres gleicht einer Schußwunde, hat gewöhnlich eine sehr starke Eiterung und Schorfbildung zur Folge und verursacht Schmerzen, welche man noch lange nachher periodisch in dem verletzten Körperteile fühlt. Ich trug bei jener Gelegenheit eine Jacke von gewürfeltem schottischem Wollzeuge (Tartan), welche nach meinem Dafürhalten das ganze Gift von den Zähnen aufsaugte, die mir das Fleisch durchbohrten; denn meine beiden Kampfgenossen hatten die eigentümlichsten Schmerzen auszustehen, während ich nur mit der Unbequemlichkeit eines steifen Gelenkes im Oberarm davonkam. Der Mann, den der Löwe an der Schulter gepackt hatte, zeigte mir seine Wunde, die in demselben Monat des darauffolgenden Jahres in der Tat von neuem aufbrach — ein merkwürdiger Punkt, welcher die Aufmerksamkeit der Forscher gewiß verdient.

Missionary Travels and Researches in South Africa. London 1857. (*Missionsreisen und Forschungen in Südafrika.* Leipzig 1858.)

Der letzte Aufbruch von 1865. Tiefere Beweggründe des Missionars

Ich habe versucht, den Namen des guten Lord Palmerstone zu ehren, in liebevollem Gedächtnis an seine lange und unermüdliche Arbeit für die Aufhebung des Sklavenhandels, und ich erlaube mir ferner, den Namen des guten und edlen Lincoln einem See zu verleihen, aus Dankbarkeit für den Mann, welcher 4000000 Sklaven die Freiheit gab. Diese beiden großen Männer weilen nicht mehr unter uns, aber es gefällt mir, ihrer hier in der Wildnis zu gedenken, als ob ich meinen kleinen bescheidenen Kranz der Liebe auf ihre Grabsteine niederlegte. Auch Sir Bartle Frere, welcher das große Werk der Aufhebung der Sklaverei in Scindiah, Ober-Indien, vollendet hat, verdient die Dankbarkeit eines jeden, der das Menschengeschlecht liebt.

In der Wahl anderer Namen für Entdeckungen, welche einer deutlichen Bezeichnung bedurften, leitete mich Privatfreundschaft. Paraffin Young, einer meiner Lehrer in der Chemie, hat sich durch seine Wissenschaft und Geschicklichkeit zu einem Handelsfürsten emporgeschwungen und reines weißes Licht in Hütten und Paläste ergossen. Ich verließ ihn und die Chemie, um von dannen zu ziehen und zu versuchen, anderen das Heil zu bringen. Auch ich habe Licht, wenn auch von anderer Art, verbreitet und glaube, ich habe auch mein kleines Teil beigetragen zu der großen Revolution, die unser Schöpfer seit Jahrtausenden durch unzählige bewußte und unbewußte Agenten auf dem Weltall ausführen läßt, Youngs Freundschaft ist unerschütterlich geblieben.

Zur Bedeutung des Unternehmens

Ich bin dem alten Nil ein wenig dankbar dafür, daß er sein Haupt so verbirgt, daß alle »theoretischen Entdecker« im dunkeln bleiben müssen. Mit allen wirklichen Exploratoren habe ich die herzlichste Sympathie und bedauere es stets, wenn ich Ansichten aussprechen muß, die den von meinen Vorgängern aufgestellten zuwiderlaufen. Das Werk von Speke und Grant ist ein Teil der Geschichte dieser Region, da aber darin die Entdeckung der Nilquellen so positiv versichert wird, erscheint es notwendig, ohne ihnen, wie ich hoffe, zu nahe zu treten, zu erklären, wie sie zu dem Irrtum gekommen sind, einen derartigen Anspruch zu erheben. Auch meine Ansichten finden vielleicht später noch ihre Widerlegung, für den Augenblick weiß ich aber noch nicht, auf welche Weise dies zu geschehen hätte. Als Speke im Jahre 1858 den Victoria Nyanza entdeckte, schloß er sofort, daß darin die Quellen des Nils gelegen wären. Sein Werk folgte später einfach einer vorausgegangenen Schlußfolgerung, und sobald er und Grant sich dem Victoria Nyanza zuwendeten, kehrten sie den Nilquellen den Rücken, mithin entfernten sie sich mit jedem Schritt, so glänzend auch die Tat war, die sie durch Verfolgung des Flusses ausführten, doch immer weiter vom

Caput Nili. Als sie bemerkten, daß der kleine Fluß, der den Nyanza verläßt und den sie den Weißen Nil genannt hatten, dieser große Fluß nicht sein könne, hätten sie westlich gehen sollen und würden Hauptgewässer (wie den Lualaba) gefunden haben, mit denen jener keinen Vergleich aushalten kann. Hat ihr sogenannter Weißer Nil eine Breite von 80 oder 90 oder meinetwegen auch 100 Ellen, so hätten sie gefunden, daß der Lualaba, mehr im Süden des Breitengrades in der Nähe seiner Mündung, eine durchschnittliche Breite von 4000 bis 6000 Ellen hat und überall tief ist.

In Anbetracht, daß mehr als 1600 Jahre darüber hingegangen sind, seit Ptolemäus die Resultate der Forschungen früherer Entdeckungsreisender und Kaiser, Könige und Philosophen niederschrieb — mit einem Worte, es sehnten sich *alle* großen Männer des Altertums, die Quellen des berühmten Flusses zu entdecken und sehnten sich vergeblich —, scheint das weibliche Geschlecht bei der Exploration mehr Glück gehabt zu haben als das männliche. Madame Timé kam den Fluß höher hinauf als die Zenturien, welche von Kaiser Nero ausgesandt wurden, und bewies dabei einen so unbezähmbaren Wissensdrang, daß sie ihrem Geschlecht zur höchsten Ehre gereicht. Ich weiß von ihr nur, was die Zeitungen berichtet haben, hält man aber ihre Explorationen mit dem zusammen, was von Mrs. Baker getan ist, so fehlt wirklich nicht viel, daß die Lorbeeren der modernen Wiederentdeckung des Nils von den Damen gepflückt werden. Im Jahre 1811 erreichte die ägyptische Expedition unter d'Arnauld und Sabatier 4°42′ nördlicher Breite, was im Vergleich zu Linant im Jahre 1827 ein großer Fortschritt war, denn dieser gelangte nur bis zu 13°30′ nördlicher Breite; auch die Explorationen von Jomard stehen dagegen zurück, und dennoch kehrte auch die ägyptische Expedition um, als sie noch beinahe 1000 Meilen von den Quellen entfernt war.

Unterwegs von Sansibar zum Tanganyika-See, beim Häuptling Casembe und seiner Frau

24. November 1867. — Wir wurden eingeladen, in großer Audienz vor Casembe zu erscheinen.

Der jetzige Casembe hat ein plumpes, teilnahmsloses Gesicht, ohne Bart und von etwas chinesischem Typus, und seine Augen haben einen schielenden Blick. Er lachte nur einmal während des Tages, und das berührte sehr angenehm, obgleich die gestutzten Ohren und abgehauenen Hände sowie die Menschenschädel am Tore mich nicht geneigt machen, irgend etwas mit günstigen Augen anzusehen. Nachdem er sich zurückgezogen hatte, kam seine Hauptfrau mit ihren Dienerinnen, um den Engländer (Moengerese) zu betrachten. Sie war eine schöne, hochgewachsene Frau und trug zwei Speere in ihrer Hand; die vornehmen Männer, welche sie umgaben, machten Platz für sie und forderten mich auf, sie zu begrüßen, was ich tat; aber da sie vierzig Ellen von mir entfernt war, winkte ich ihr unwillkürlich zu, näher zu kommen: dies machte einen so komischen Eindruck auf ihre Begleiterinnen, daß alle in ein lautes Gelächter ausbrachen und davonliefen.

Casembes Lachen war durch einige von dem Zwerge gemachte Witze hervorgerufen worden. Auch sein Scharfrichter kam, um sich die Fremden anzusehen; er trug ein breites Lundaschwert am Arme und ein eigentümliches, scherenartiges Instrument am Halse, zum Stutzen der Ohren. Als ich ihm sagte, daß dies eine ekelhafte Arbeit sei, lachte er, und mit ihm viele, welche ihrer Ohren keinen Augenblick sicher waren: viele angesehene Männer tragen die Spuren an sich, daß sie früher einmal so gestraft worden sind. Casembe schickte uns einen großen Korb mit gedörrten Fischen, zwei Körbe Mehl, einen mit getrocknetem Maniok und einen Topf mit Pombe oder Bier. Mohamad, der an weit freigebigere Casembes gewöhnt war, hält diesen für sehr geizig und meint, er besitze weder Großmut noch gesunden Menschenverstand; aber da wir nicht alles aufessen können, was er gibt, so klagen wir nicht.

27. November. — Casembes Hauptfrau begibt sich häufig nach ihrem Garten, von sechs, oft auch von zwölf Männern in einer Art von Sänfte getragen; sie hat ganz europäische Züge, aber einen hellbraunen Teint. Mehrere Männer laufen ihr voraus, Schwerter und Streitäxte schwingend, und einer schlägt ein hohles Instrument, um die Vorübergehenden zu warnen, Platz zu machen: sie führt zwei ungeheure gestopfte Pfeifen bei sich. Der Pflege ihres Gartens widmet sie große Sorgfalt; Maniok ist das hauptsächliche Erzeugnis, nächst dem Bataten, Mais, Sorghum, Penisetum, Hirse, Erdnüsse, Baumwolle. Die Leute scheinen wilder zu sein als alle, die ich bis dahin sah; sie schlagen sich auf das grausamste, aus reinem Übermut, aber sie begegnen mir sehr höflich.

Zweifel

Wir zogen weiter und erfuhren, daß man es jetzt wisse, daß der Lualaba West-Südwest fließe und daß unser Weg westlich über diese andere große Biegung des mächtigen Stromes zu gehen habe. Ich mußte mit meinem Urteil zurückhalten, um darauf vorbereitet zu sein, vielleicht zu finden, daß es nach allem doch der Kongo sei. Niemand wußte mir darüber etwas zu sagen, außer daß ich, wenn ich zu Kasongo gelangt, neun Tage westlich davon wäre und daß er im Süden einen Bogen mache und nach Nord- und Nord zu Osten (ein Strich östliche Abweichung von Nord) fließe.

Kinder — in Afrika und in Europa

Manyuemakinder kriechen nicht gleich europäischen Kindern auf ihren Knien, sondern beginnen ihre Gehversuche damit, daß sie einen Fuß vorwärts setzen und ein Knie gebrauchen. Gewöhnlich benutzt ein Manyuemakind beide Füße und beide Hände zum Gehen, aber niemals beide Knie. Ein Araberkind macht es ebenso, es kriecht niemals, sondern bewegt sich auf beiden Füßen fort und hilft mit den Händen nach, bis es gehen kann.

Sklavenjagd

Das Knattern von Gewehrfeuer, das sich während des ganzen Morgens von der anderen Seite des Lualaba vernehmen läßt, gibt Kunde davon, daß Dugumbes Leute die von Kimburu und andere morden, welche Blut mit Manilla gemischt haben. »Manilla ist ein Sklave, und wie darf er wagen, Blut mit Häuptlingen zu mischen, was nur freien Männern gleich uns zukommt?« — das ist ihre Klage. Kimburu gab Manilla drei Sklaven, und dieser äscherte als Freundschaftsbeweis zehn Dörfer ein; er bot Dugumbe an, ihm ebenfalls neun Sklaven zu geben, aber Dugumbes Leute zerstören seine Dörfer, erschießen seine Untertanen und machen sie zu Gefangenen, angeblich um Manilla zu züchtigen, in Wahrheit aber, um Schrecken zu verbreiten und dem Lande die Lehre einzuprägen, daß man nur mit ihnen verhandeln dürfe. »Schließt Freundschaft mit uns und mit niemand anders!« ist der Satz, auf dem sie bestehen.

Gegen fünfzehnhundert Menschen kamen zu Markte, obgleich viele der Dörfer auf dem andern Ufer, aus denen sich die Marktbesucher gewöhnlich einfinden, in Flammen stehen und noch immer vereinzelte Schüsse auf die Flüchtigen abgefeuert werden.

Es war ein heißer, schwüler Tag, und als ich auf den Markt ging, sah ich Adie und Manilla und drei von den Leuten, die kürzlich mit Dugumbe angekommen waren. Ich war erstaunt, die drei mit ihren Flinten zu sehen und wollte es ihnen schon verweisen, daß sie mit Waffen auf den Markt kämen, was einer von meinen Leuten auch wirklich tat, schrieb es jedoch ihrer Unkenntnis der herrschenden Sitte zu und wandte mich, ohne etwas gesagt zu haben, ab, denn es war sehr heiß, und ich wollte den Markt verlassen. In diesem Augenblicke sah ich einen der Burschen um ein Huhn feilschen und sich desselben bemächtigen, und noch war ich keine dreißig Ellen vom Markte entfernt, so fielen im dichtesten Haufen zwei Schüsse, und ich wußte nun, daß das Gemetzel begonnen habe. Die Menge stob auseinander, man warf die Waren weg und schickte sich zur wildesten Flucht an. Zu derselben Zeit, wo die drei am oberen Ende des Marktes das Feuer auf die Volksmasse eröffnet hatten, wurden von einer anderen Abteilung in der Nähe der Bucht Flintensalven auf die vor Entsetzen starren Weiber abgegeben, welche zu den Kanus eilten. An die fünfzig Personen drängten sich gleichzeitig zur Bucht, und die Männer vergaßen in dem grenzenlosen Schrecken, der sie ergriffen, ihre Ruder. Die Kanus konnten nicht sogleich flottgemacht werden, denn die Bucht war für so viele zu eng; Männer und Frauen, von Kugeln verwundet, drängten sich hinein und stürzten schreiend ins Wasser. Eine lange Linie von Köpfen im Wasser zeigte, daß viele eine Insel, die eine volle Meile entfernt liegt, durch Schwimmen zu erreichen strebten. Sie mußten dabei mit der linken Schulter gegen einen Strom halten, welcher ungefähr zwei Meilen in einer Stunde fließt. Hätten sie sich in diagonaler Richtung nach dem gegenüberliegenden Ufer gewendet, würde der Strom sie getragen und viele würden das Land erreicht haben, obgleich es drei Meilen entfernt war. Wie die Sache jetzt lag, zeigte die lange Linie der über dem Wasser befindlichen Köpfe nur Opfer, die einem unvermeidlichen Untergange geweiht waren.

Schuß auf Schuß wurde auf die Hilflosen, dem Verderben Geweihten abgefeuert. Aus der langen Linie der Köpfe verschwand mancher ganz ruhig, während andere arme Geschöpfe ihre Arme emporreckten, als wollten sie dem Vater im Himmel das an ihnen begangene Verbrechen klagen, und dann versanken. Ein Kanu nahm so viele auf, wie nur hineinkonnten, und alle ruderten mit

Händen und Armen. Drei Kanus stießen in Eile ab und nahmen sinkende Freunde auf, bis alle untergingen und verschwanden. Ein Mann in einem großen Kanu, das vierzig bis fünfzig Personen zu fassen vermochte, hatte völlig den Kopf verloren. Er hatte sich schon vor Beginn des Blutbades mit dem Kanu im Strom befunden und ruderte nun weiter, ohne sich um die Ertrinkenden zu kümmern. Allmählich waren alle Köpfe verschwunden; manchen war es noch gelungen, sich so zu wenden, daß sie dem gegenseitigen Ufer zuschwimmen und sich retten konnten. Dugumbe bemannte die verlassenen Fahrzeuge mit Leuten, um die im Wasser befindlichen Menschen zu retten, eine Frau weigerte sich aber standhaft, sich an Bord nehmen zu lassen, weil sie fürchtete, zur Sklavin gemacht zu werden; sie zog den Versuch, sich durch Schwimmen zu retten, der Aussicht vor, in die Sklaverei zu geraten, denn die Bayengafrauen sind des Schwimmens kundig, da sie daran gewöhnt sind, nach Austern zu tauchen. Diejenigen, welche mit dem Strome geschwommen sind, mögen sich daher auch wohl gerettet haben, die Araber selbst schätzen aber den Verlust an Menschenleben auf 330 bis 400. Die Schützen in der Nähe der Bucht gingen so blind und toll zu Werke, daß sie sogar zwei von ihren eigenen Leuten töteten; einer der in ihrem Gefolge befindlichen Banyamwezi, der in ein verlassenes Kanu gesprungen war, um zu plündern, fiel ins Wasser, ging unter, kam noch einmal an die Oberfläche und ging wieder unter, um zu verschwinden.

Mein erster Impuls war, mein Pistol auf die Mörder abzufeuern, aber Dugumbe beschwor mich, ich solle mich nicht in Bluthändel einlassen, und ich war später dankbar, daß ich seinem Rate gefolgt war. Zwei elende Moslems versicherten, »das Feuer sei durch die Engländer eröffnet worden«. Ich fragte den einen, weshalb er denn so lüge, und er vermochte keine Entschuldigung hervorzubringen. Keine andere Lüge wollte ihm zu Hilfe kommen, als er beschämt vor mir stand, und so entließ ich ihn mit der

Vermahnung, inskünftig nicht so schreiende Unwahrheiten zu sprechen.

Nach dem schrecklichen Drama im Wasser fuhr die Bande des Tagamoio, welcher der Haupträdelsführer war, fort, auf die Leute zu schießen und ihre Dörfer in Brand zu setzen. Während ich schreibe, höre ich vom linken Ufer her lautes Wehklagen über die dort Ermordeten, ohne daß man weiß, wie viele Freunde und Angehörige in den Fluten des Lualaba umgekommen sind. O, Dein Reich komme zu uns! Niemand wird je genau feststellen vermögen, welche Opfer dieser helle, schwüle Sommermorgen gekostet hat, der mir den Eindruck der Hölle machte. Alle Sklaven aus dem Lager stürzten sich auf die zu Lande Flüchtenden und plünderten sie aus; stundenlang sammelten die Weiber die im Schrecken weggeworfenen Waren und schleppten sie von dannen.

Einige flüchteten sich zu mir und fanden bei mir Schutz. Dugumbe rettete einundzwanzig und gab ihnen aus eigenem Antriebe die Freiheit; sie wurden zu mir gebracht und blieben während der Nacht in der Nähe meines Hauses. Eine der geretteten Frauen hatte eine Musketenkugel im Arm, die andere im Schenkel. Ich sandte Leute mit unserer Flagge aus, um noch Menschen zu retten, denn ohne Flagge wären sie vielleicht selbst getötet worden, da Tagamoios Leute wie Teufel rechts und links feuerten. Ich zählte an diesem Morgen zwölf brennende Dörfer. »Weshalb dieses Blutbad?« war die Frage, die ich an Dugumbe und andere richtete. Alle wälzten die Schuld davon auf Manilla, und in einem gewissen Sinne ist er in der Tat die Veranlassung dazu; es ist aber doch kaum glaublich, wenn sie wiederholen, dies alles sei geschehen aus Rache dafür, daß Manilla als Sklave mit Häuptlingen Freundschaft geschlossen habe. Ich wenigstens kann dieser Darstellung keinen vollen Glauben schenken. Das Hauptmotiv war, den Einwohnern des Landes einen recht eindringlichen Begriff von der Größe und Wichtigkeit der neuen Ankömmlinge beizubringen; es ist aber entsetzlich, daß ein solcher Massenmord überhaupt nur gedacht werden konnte. Mir blutet das Herz. Wer könnte Dugumbe und Tagamoio an den Lomame begleiten und frei von Blutschuld bleiben?

Ich machte Dugumbe den Vorschlag, die Mörder zu ergreifen und sie auf dem Marktplatz aufzuhängen, um auf diese Weise vor den Manyuema gegen die blutigen Taten Protest einzulegen. Wenn, wie er und andere behaupteten, das Blutbad durch Manillas Leute angerichtet worden wäre, so hätte er eingewilligt, es ward jedoch durch Tagamoios Leute und andere dieser Horde verübt, deren Oberhaupt Dugumbe ist. Das Gemetzel war um so unmenschlicher, als wir stets gehört haben, daß Frauen, die vom oder zum Markte kommen, niemals belästigt werden; selbst wenn zwischen zwei Distrikten erklärte Feindseligkeiten bestehen, »gehen Frauen«, wie sie sagen, »unter uns unbelästigt zu Markte«, auch ist kein Beispiel bekannt, daß sie von den Männern beraubt worden wären. Diese Nigger-Moslems stehen, was Recht und Gerechtigkeit anbetrifft, unter den Manyuema. Die Leute unter Hassani begannen ungestraft mit unerhörter Bosheit zu plündern und Sklaven zu jagen. Dugumbe versprach, Leute hinüberzusenden, die Tagamoios Bande im Morden und Brennen Einhalt tun sollten; sie blieben aber drüben, schmausten die ganze Nacht Hühner und Ziegen zwischen den Ruinen, und am nächsten Tage (den 16.) begann das schändliche Werk von neuem, bis siebenundzwanzig Dörfer zerstört waren.

16. Juli. — Ich gab über dreißig Gerettete ihren Angehörigen zurück. Dugumbe schien in gutem Glauben zu handeln und behielt niemand davon; es war sein eigener freier Wille, der ihn dabei leitete. Frauen werden ihren Männern zurückgegeben, und gegen dreiunddreißig in der Bucht zurückgelassene Kanus werden für ihre Besitzer aufbewahrt.

12 Uhr vormittags. — Das Schießen auf dem jenseitigen Ufer dauert noch immer fort, und es werden viele Gefangene gemacht. Um ein Uhr nachmittags begannen Tagamoios Leute unter Trommelschall, Freudenschüssen und Triumphgeschrei in Kanus über den Fluß zu setzen, als ob sie sagen wollten: »Seht, sie kommen sieggekrönt!« Die Weiber aus Dugumbes Lager antworteten ihnen mit Gesang, und ihre Freunde begrüßten sie ebenfalls mit Freudenschüssen. Ich zähle siebzig brennende Dörfer, der Rauch geht gerade in die Höhe und bildet Wolken, die zeigen, welch große Hitze sich entfaltet, denn sämtliche Häuser sind angefüllt mit sorgfältig bereitetem Brennholz. Dugumbe stellt in Abrede, daß er Tagamoio zu diesen Greueltaten entsendet habe, und Tagamoio wiederholt, er habe die Freunde des Manilla bestrafen wollen, der als ein Sklave kein Recht habe, Krieg zu führen und Dörfer einzuäschern, das komme nur freien Männern zu. Manilla hat mir im Vertrauen bekannt, er habe Unrecht getan und werde infolge dessen alle seine Freunde und Perlen verlieren.

2 Uhr nachmittags. — Ein alter Mann namens Kabobo kam, um seine alte Frau zu holen; ich fragte sie, ob dies ihr Mann sei, und sie schlang liebend ihre Arme um ihn und sagte »Ja«. Ich gab ihr fünf Schnüre Perlen, damit sie Lebensmittel kaufen konnte, da alle Vorräte in ihrem Hause vernichtet sind; sie beugte sich nieder und berührte mit der Stirn die Erde, der alte Kabobo tat dasselbe, und mit Tränen in den Augen verließen sie mich. Tagamoio nahm siebzehn Frauen gefangen, andere Araber von seiner Horde fingen siebenundzwanzig; erschossen sind fünfundzwanzig. Die Köpfe der beiden Häuptlinge sind mit herübergebracht, um durch ihre Freunde mit Sklaven ausgelöst zu werden.

3 Uhr nachmittags. — Viele der Häuptlinge, deren Besitztümer in Flammen aufgegangen sind, kamen zu mir herüber und baten mich, ihnen neue Plätze, wo sie sich wieder niederlassen könnten, auszusuchen; ich sagte ihnen jedoch, ich sei so beschämt über die Gesellschaft, in welcher ich mich befände, daß ich kaum wagte, einem Manyuema ins Gesicht zu sehen. Sie hatten geglaubt, ich wünschte, sie zu töten — was dachten sie nun? Ich sagte ihnen, ich könne unter so blutigen Gefährten nicht länger weilen und müsse fliehen, sie baten mich aber dringend, so lange zu bleiben, bis sie sich wieder angesiedelt hätten.

Dieser offene, an Hunderten von nichts Böses ahnenden Frauen begangene Mord erfüllt mich mit unaussprechlichem Entsetzen. Ich kann den Gedanken nicht ertragen, mit der Horde des Tagamoio irgendwohin zu ziehen; ich muß also den Lualaba hinauf oder hinunter, ganz wie es den Baniansklaven beliebt.

4 Uhr nachmittags. — Dugumbe sah ein, daß er mit dem Morde der Marktbesucher einen großen Fehler begangen habe, und entbot schleunig die zu mir herübergekommenen Häuptlinge nach seinem Hause, um Blut mit ihnen zu mischen. Sie befanden sich ein einer üblen Lage, ich konnte nicht zu ihrem Schutze zurückbleiben, und da Dugumbe noch der Beste von der ganzen Horde ist, so riet ich ihnen, sich mit ihm zu befreunden und an ihn anzuschließen, da er wenigstens in einem gewissen Umfange dem schändlichen Treiben seiner Untergebenen Einhalt zu tun vermag. Ein Häuptling verlangte, daß ihm zuerst seine Frau und Tochter zurückgegeben würden, im allgemeinen waren sie aber völlig eingeschüchtert, auf ihnen lag die Furcht des Todes. Dugumbe sagte zu mir: »Ich werde mein Äußerstes tun, alle Gefangenen wiederzuerhalten; aber er muß jetzt Freundschaft mit mir schließen, damit der Markt von neuem besucht werde.« Sie mischten Blut miteinander, und eine Hauptbedingung war dabei: »Du mußt uns Chitoka oder Markt geben!« Er und die meisten anderen sahen ein, daß sie, indem sie Manilla theoretisch bestraften, die besten Freunde, die Fremde haben können, hingewürgt hatten. Die Baniansklaven erklären ganz offen, sie gingen nur bis zum Lomame und nicht weiter. Was die ujijianischen Sklavenjäger auch sagen mögen, ihnen allen ist es etwas Hassenswertes, mich als Zeugen ihrer kaltblütigen Grausamkeit bei sich zu haben. Die Baniansklaven möchten am liebsten mit Tagamoio ziehen, an seinen Gewalttätigkeiten teilnehmen und Sklaven fangen. Ich versuchte den Lualaba hinunter-, dann hinauf und dann nach Westen zu gehen, aber mit Bluthunden kann davon keine Rede sein. Ich sehe keinen anderen Rat, als nach Ujiji zurückzukehren, um andere Leute zu holen, obgleich ich dadurch der Chance verlustig gehe, den vierten großen See in der Wasserlinie des Lualaba und andere sehr wertvolle Dinge zu entdecken.

Endlich sagte ich, daß ich in drei Tagen zu Fuß nach Ujiji aufbrechen wolle. Ich hätte gern mit Tagamoio über die gefangenen Angehörigen der Häuptlinge gesprochen, er läuft aber davon, sobald er meiner ansichtig wird.

17. Juli. — Die meisten von Dugumbes Horde boten mir einen Teil von sämtlichen Waren, die sie besaßen, an und drangen in mich, doch keinen Anstand zu nehmen, ihnen zu sagen, wessen ich bedürfe. Ich lehnte alles ab bis auf etwas Schießpulver, sie machten mir aber alle Geschenke von Perlen, und ich war froh, sie durch Geschenke an Zeug erwidern zu können. Es ist ein recht schwerer Kummer, wenigstens fünfundvierzig Tage in gerader Linie — gleich dreihundert Meilen oder mit den Windungen und Krümmungen sechshundert englische Meilen — zurückgehen zu müssen und dies, nachdem ich die Baniansklaven einundzwanzig Monate lang gekleidet und ernährt habe. Es ist aber so am besten, ich kann den ujijianischen Piraten nicht trauen und müßte hier mindestens zehn Monate auf andere Leute warten. Mit des Höchsten Hilfe werde ich durch Rua gelangen, zuerst die unterirdischen Aushöhlungen sehen, dann kommen Katanga und die acht Tage darüber hinaus liegenden vier alten Quellen und darauf Lake Lincoln.

18. Juli — Der mörderische Überfall auf die Marktleute erschien mir wie Gehenna oder Feuer und Schwefel, die Hitze war indes auch überwältigend, und die ihre todbringenden Kugeln auf die Flüchtenden speienden Feuergewehre waren keine ungeeignete Darstellung des Brennens in dem bodenlosen Pfuhl.

Die gräßlichsten Szenen der Unmenschlichkeit von Menschen gegen Menschen hat mir einen Anfall sehr heftiger Kopfschmerzen gebracht, aus denen sich vielleicht eine ernste Krankheit entwickelt haben würde, hätte ein starker Blutverlust mir nicht Erleichterung gebracht. Das durch den Anblick der Blutszenen verursachte unbeschreibliche Entsetzen warf mich gestern nachmittag aufs Krankenlager. »Geh nicht fort«, sagen die Manyuemahäuptlinge zu mir, ich kann aber in diesem Zustande nicht hierbleiben.

Der Besuch von Stanley

28. Oktober 1871. — Als jedoch meine Niedergeschlagenheit den höchsten Grad erreicht hatte, war der gute Samariter wirklich dicht bei mir. Eines Morgens kam Susi aus Leibeskräften gerannt und rief mir, nach Atem schnappend, schon von ferne zu: »Ein Engländer! Ich sehe ihn!« Damit stürzte er wieder fort und ihm entgegen. Die amerikanische Flagge an der Spitze einer Karawane verkündete die Nationalität des Fremden. Warenballen, zinnene Badewannen, sehr große Kessel, Kochtöpfe, Zelte und so weiter ließen mich denken: »Das muß ein sehr wohlausgestatteter Reisender sein und nicht einer, der mit seinem Witz zu Ende ist wie ich.« Es war Henry Moreland Stanley, der reisende Korrespondent des *New York Herald*, den James Gordon Bennett der Jüngere mit einem Kostenaufwand von über viertausend Pfund ausgesandt hatte, um genaue Erkundigungen über Dr. Livingstone einzuziehen, falls ich noch lebte, und falls ich tot sei, meine Gebeine nach Hause zu bringen. Die Neuigkeiten, welche er mir, der ich zwei Jahre ohne jede Kunde von Europa gewesen war, zu erzählen hatte, machten meinen ganzen Körper erbeben. Das furchtbare Geschick, das Frankreich heimgesucht, die glückliche Legung des telegraphischen Kabels durch das Atlantische Meer, die Erwählung des Generals Grant, der Tod des Lord Clarendon, meines treuen Freundes, der Beweis, daß Ihrer Majestät Regierung meiner nicht vergessen, sondern tausend Pfund Subsidien für mich votiert habe, und viele andere interessante Dinge machten eine Teilnahme für die Außenwelt in mir rege, welche lange schlafend in Manyuema gelegen hatte. Der Appetit stellte sich wieder ein, und statt der schmalen, schmacklosen zwei Mahlzeiten des Tages aß ich täglich viermal, so daß ich mich in einer Woche kräftig zu fühlen begann. Ich gehöre nicht zu den demonstrativen Naturen und bin wirklich so kalt, wie es uns Insulanern als Grundzug unseres Wesens nachgesagt wird, aber die uneigennützige Güte, welche Mr. Bennett für mich hatte und zu deren ausübendem Werkzeug Mr. Stanley sich in so edler Weise gemacht, war doch überwältigend für mich. Ich fühle eine unbegrenzte Dankbarkeit und bin zugleich ein wenig beschämt, mich dieser Großmut nicht würdiger gemacht zu haben. Mr. Stanley hat seine Aufgabe mit unermüdlicher Energie und großer Umsicht trotz sehr schwerer Hindernisse, die sich ihm in den Weg stellten, durchgeführt. Seine Begleiter erwiesen sich als ganz verdorbene Lumpen, die in Sansibar und anderwärts durch Ausschweifungen aller Art ihre Gesundheit ruiniert und sich zu Todeskandidaten gemacht hatten. Sie hatten ihre Kraft in elender Weise vergeudet und waren so gut wie von gar keinem Nutzen, wohl aber ein unerträglicher Ballast, der das Fortschreiten hemmte.

16. November 1871. — Da mir Mr. Stanley mitteilt, die Exploration des Tanganyika sei für Sir Roderick ein Gegenstand von Interesse, so gehen wir auf seine Kosten und in Begleitung seiner Leute nach dem Norden des Sees.

Stanley wieder in weiter Ferne — neue Zweifel

31. Mai 1872. — Die Frage wegen der Nilquellen erhält mich fortdauernd in Sorge und Zweifel. Ich weiß zu viel, um sicher zu sein. Der Große Lualaba oder Lualubba, wie die Manyuema sagen, kann sich als der Kongo oder Nil, also am Ende als ein kürzerer Fluß erweisen — die Quellen, welche nördlich und südlich fließen, scheinen dafür zu sprechen, daß es der Nil sei. Die starke Neigung nach Westen spricht dagegen für den Kongo. Es wäre ein großer Trost, könnte ich so positiv wie Baker sein. »Jeder Tropfen, von dem vorüberziehenden Regenschauer wie von dem donnernden Bergstrom, muß in den Lake Albert fallen, ein Riese schon bei seiner Geburt.« Wie beruhigend ist es doch, positiv zu sein.

1873 — das Ende

20. April, Sonntag. — Gottesdienst. Überquere den Schwamm Moenda, um Lebensmittel zu kaufen und dem Häuptling dieses Distriktes, Moanzambamba, nahe zu sein. Ich bin außerordentlich schwach. Dorf am Moenda-Schwamm 7 Uhr morgens. Setze in einem Kanu über den Lokulu. Der Fluß ist ungefähr 30 Ellen breit, sehr tief und fließt durch Moräste von 2 Knoten von S.S.O. nach N.N.W. in den See.

21. April. — Ich versuchte zu reiten, mußte mich aber niederlegen, und sie trugen mich erschöpft nach dem Dorfe zurück.

22. April. — In einer Kitanda über Buga S.W. 2½ Stunden getragen.

23. April. — (Außer dem Datum keine Aufzeichnung).

24. April. — (Außer dem Datum keine Aufzcichnung).

25. April. — (Außer dem Datum keine Aufzeichnung).

26. April. — (Außer dem Datum keine Aufzeichnung).

27. April. — . . . Ganz erschöpft und bleibe, um mich zu erholen, schicke Milchziegen zu kaufen. Wir sind an den Ufern des Molilamo.

Last Journals of David Livingstone in Africa, from 1865 to his death. Horace Waller (Hrsg.). London 1874. (*Letzte Reise von David Livingstone in Centralafrika.* Deutsch von Josef M. Boyes. Hamburg 1875.)

HENRY MORTON STANLEY

Der Auftrag

Am 16. Oktober im Jahre des Heils 1869 kam ich frisch vom Gemetzel bei Valencia in Madrid an. Um zehn Uhr übergab mir Jacopo in der Calle de la Cruz ein Telegramm, das lautete: »Kommen Sie sofort wichtiger Geschäfte wegen nach Paris.« Das Telegramm sendete James Gordon Bennett der Jüngere, Besitzer des *New York Herald*. (. . .)

Um drei Uhr nachmittags fuhr ich ab, und da wir in Bayonne einige Stunden Aufenthalt hatten, kam ich erst in der nächsten Nacht in Paris an. Ich eilte sofort ins Grand Hôtel und pochte an Herrn Bennetts Türe. »Herein!« rief eine Stimme.

Ich trat ein und fand Herrn Bennett im Bette.

»Wer sind Sie?« fragte er.

»Ich heiße Stanley«, war meine Antwort.

»Richtig! Nehmen Sie Platz. Ich habe einen wichtigen Auftrag für Sie.« Nachdem er in den Schlafrock geschlüpft war, fragte er mich: »Wo dürfte sich jetzt Ihrer Meinung nach Livingstone befinden?«

»Das weiß ich wahrhaftig nicht.«

»Glauben Sie, daß er noch am Leben sei?«

»Vielleicht, vielleicht auch nicht.«

»Ich glaube, daß er noch lebt und aufzufinden sei. Und ich möchte Sie dazu ausschicken.«

»Was?« rief ich aus. »Sie glauben wirklich, daß ich Dr. Livingstone auffinden könnte? Sie glauben wirklich, daß ich nach Zentralafrika gehen sollte?«

»Jawohl! Ich meine, daß Sie ihn aufsuchen, wo immer auch Sie ihn vermuten, und daß Sie alle Nachrichten, die Sie von der Sache einholen können, sammeln. Vielleicht« — fügte er nachdenklich hinzu — »ist der alte Mann in Nöten. Nehmen Sie genug mit, um ihm beizustehen, falls er es braucht. Sie können ganz nach Gutdünken tun und handeln, aber — finden Sie Livingstone auf!«

Ich war ganz erstaunt über diesen kaltblütigen Auftrag, der einen Menschen nach Zentralafrika schickt, um jemanden aufzusuchen, den fast alle für tot hielten; und ich machte den Einwand: »Haben Sie auch ernstlich die großen Kosten in Betracht genommen, die diese kleine Reise verursacht?«

»Was mag sie kosten?« fragte er kurz.

»Burtons und Spekes Reise nach Zentralafrika hat dreitausend bis fünftausend Pfund Sterling gekostet, ich glaube daher, daß als Geringstes zweitausendfünfhundert Pfund angenommen werden muß.«

»Gut, da will ich Ihnen etwas sagen. Beheben Sie vorerst tausend Pfund, und wenn diese verausgabt sind, ziehen Sie auf uns weitere tausend, sind diese verbraucht, wieder tausend, noch einmal tausend, und so weiter, aber — finden Sie Livingstone auf.«

Etwas verwundert, aber doch nicht beirrt durch diesen Auftrag — ich wußte, daß Herr Bennett, wenn er einmal einen Entschluß gefaßt hatte, nicht so leicht davon abzuweichen geneigt war —, glaubte ich doch, daß er nicht das Für und Wider eines derartigen Riesenunternehmens reiflich erwogen habe, und bemerkte: »Ich hörte, Sie hätten die Absicht, den *Herald* zu verkaufen und sich von den Geschäften zurückzuziehen, wenn Ihr Vater stürbe.«

»Da sind Sie sehr falsch unterrichtet worden. Soviel Geld gibt es gar nicht in New York, um den *Herald* zu kaufen. Mein Vater hat ihn zu einer großen Zeitung gemacht, ich will ihn noch größer machen. Er soll eine Zeitung im vollsten Sinne des Wortes werden, eine Zeitung, die alles bringt, was die Welt interessieren kann, mag es auch noch soviel kosten.«

»Dann hab' ich nichts weiter zu bemerken«, antwortete ich. »Soll ich, um Livingstone aufzusuchen, direkt nach Afrika reisen?«

»Nein. Ich wünsche, daß Sie sich vor allem zur Einweihung des Suezkanals begeben und von hier nilaufwärts fahren. Baker soll jetzt in Oberägypten sein. Suchen Sie alles, was möglich ist, über seine Reise zu erfahren. Und wenn Sie den Nil aufwärts fahren, beschreiben Sie recht genau, was für amerikanische Touristen interessant ist. Schreiben Sie einen recht praktischen Führer für Unterägypten, wo Sie über alles Sehenswerte Mitteilungen machen und auch anzeigen, in welcher Weise es zu besichtigen wäre. Dann fahren Sie nach Jerusalem. Dort soll Kapitän Warren einige interessante Entdeckungen gemacht haben. Besuchen Sie danach Konstantinopel und berichten Sie uns über die Spannung, die zwischen Sultan und Khedive herrscht. Von dort aus könnten Sie die Krim und die alten Schlachtfelder besuchen; ferner durch den Kaukasus bis ans Kaspische Meer, wo die Russen eine Expedition gegen China vorbereiten sollen. Von hier aus könnten Sie durch Persien nach Indien fahren und uns einen interessanten Bericht aus Persepolis mitteilen. Dicht am Wege liegt Bagdad, wie wäre es, wenn Sie dahin gingen und uns etwas über die Euphrattal-Eisenbahn mitteilen würden? Von Indien aus könnten Sie sich auf die Suche nach Livingstone machen. Wahrscheinlich haben Sie bis dahin erfahren, daß er sich auf dem Rückweg nach Sansibar befinde, andernfalls gehen Sie nach dem Innern, um ihn dort aufzusuchen. Ist er noch am Leben, so trachten Sie, von ihm so viele Mitteilungen wie möglich zu erhalten; ist er jedoch tot, so verschaffen Sie sich die sichersten Beweise dafür. Das ist alles. Gute Nacht! Leben Sie wohl!«

»Gute Nacht!« erwiderte ich. »Ich will mein möglichstes tun. Gott wird mir wohl seinen Beistand geben.«

Stanley hält den Marschplan ein.

»Was! Ist Doktor Livingstone hier?«

»Jawohl, Herr.«

»In diesem Dorfe?«

»Jawohl Herr.«

»Ist das sicher?«

»Ganz sicher, Herr. Ich habe ihn soeben erst verlassen.«

»Good morning, Sir!« grüßte eine andere Stimme.

»Hallo!« rief ich aus, »ist noch einer da?«

»Jawohl, Herr.«

»Gut! Wie heißen Sie?«

»Ich heiße Tschuhma.«

»Was! Sie sind Tschuhmah, der Freund Wekontanis?«

»Jawohl, Herr.«

»Ist der Doktor gesund?«

»Nicht ganz gesund.«

»Wo war er so lange?«

»In Manyuema.«

»Nun, Susi, laufen Sie zum Doktor und melden Sie meine Ankunft.«

»Jawohl, Herr.« Und wie toll rannte er davon.

Indes waren wir dem Dorfe auf zweihundert Meter näher gekommen, und die Menge wurde so dicht, daß uns schier der Weg versperrt war. Flaggen und Fahnen wurden gehißt, Araber und Wangwana drängten sich durch die Menge der Eingeborenen, um uns zu begrüßen, denn nach ihrer Anschauung zählten wir zu den Ihrigen. Alle waren erstaunt und fragten: »Wie kommt ihr von Unyanyembe her?«

Bald kam Susi zurückgelaufen und fragte mich nach meinem Namen. Er hatte dem Doktor die Nachricht von meiner Ankunft gebracht, doch der Doktor war so überrascht, daß er's ihm kaum glauben wollte, und als er Susi nach meinem Namen fragte, wußte dieser nichts zu antworten.

Jedoch während Susis Abwesenheit kam Livingstone die Nachricht zu, daß wirklich ein Weißer angelangt sei, daß dessen Flinten abgefeuert würden und dessen Flagge zu sehen sei. Und die arabischen Großen von Ujiji, wie Mohammed ben Sali, Said ben Madschid, Abid ben Suliman, Mohammed ben Garib und andere noch, hatten sich vor des Doktors Haus versammelt, und der kam aus der Veranda heraus, um die Sache zu besprechen und meine Ankunft zu erwarten. Indes hatte die Spitze der Expedition angehalten, der Kirangozi trat mit erhobener Flagge aus der Reihe, und Selim sprach zu mir: »Ich sehe den Doktor, Herr. Ach, welch alter Mann. Er hat einen grauen Bart.« Und ich — was hätte ich nicht darum gegeben, ein Weilchen allein in einer Wildnis zu sein, wo ich meiner Freude, ungesehen von andern, in tollster Weise hätte Luft machen können. Mein Herz pochte heftig; doch ich durfte meine Empfindungen nicht durch ein Mienenspiel verraten, denn das mochte die Würde beeinträchtigen, die ein weißer Mann unter solchen außergewöhnlichen Umständen bekunden muß.

So tat ich denn, was ich für am würdigsten hielt: ich stieß die Menge zurück und schritt, von rückwärts kommend, durch eine lebende Allee von Menschen, bis ich zu dem von Arabern gebildeten Halbkreis gelangte, wo »der weiße Mann mit dem grauen Barte« stand.

Als ich langsam auf ihn zutrat, bemerkte ich, daß er bleich war und abgespannt aussah. Er hatte einen grauen Schnurr- und Backenbart, trug eine bläuliche Mütze mit verbleichtem Goldband auf rotem Grunde, eine Weste mit roten Ärmeln und graue Zwilchhosen. Gern wäre ich auf ihn losgestürzt, doch ich war in Gegenwart des Haufens zu feige dazu; ich wollte ihn umarmen, nur wußte ich nicht, wie er es aufnehmen würde. So tat ich denn, was moralische Feigheit und falscher Stolz als das beste zu tun mir rieten — ich schritt auf ihn zu und fragte, den Hut abnehmend:

»Doktor Livingstone, wie ich vermute.«

»Jawohl!« antwortete er mit freundlichem Lächeln, die Mütze leicht lüftend.

Ich setzte meinen Hut wieder auf, er seine Mütze, und wir drückten uns die Hände. Dann sprach ich laut: »Ich danke Gott, Doktor, daß es mir vergönnt ist, Sie zu sehen.«

»Ich freue mich, Sie hier begrüßen zu können«, war seine Antwort.

Dann wandte ich mich den Arabern zu, zog, ihren Chor von »Jambo« beantwortend, meinen Helm, und der Doktor stellte sie mir mit Namen vor. Die Menge und auch die Leute, die mit mir so viele Gefahren geteilt hatten, vergessend, ging ich dann mit dem Doktor in sein Haus. Er wies auf die Veranda oder vielmehr auf die Lehmplattform unter dem breiten überhängenden Dach hin; er wies auf seinen eigenen Sitz, dessen Konstruktion, wie ich bemerkte, vom Alter und von den Erfahrungen des Eigentümers hervorgebracht worden war. Es war eine Strohmatte mit einem darüberliegenden Ziegenfell und einem zweiten, an der Mauer befestigten Fell, das seinen Rücken vor der Berührung mit dem kalten Lehm schützen sollte. Ich verwahrte mich dagegen, seinen Sitz einzunehmen, der ihm eher ziemte als mir, doch er wollte nicht nachgeben.

So saßen wir denn, den Rücken gegen die Wand. Die Araber nahmen zu unserer Linken Platz. Vor uns standen mehr als tausend Eingeborene und füllten den ganzen Platz, ihre Neugier befriedigend und die Tatsache besprechend, daß zwei weiße Männer in Ujiji sich begegneten, der eine von Manyuema im Westen kommend, der andere von Unyanyembe im Osten. Das Gespräch begann. Worüber? Ich gestehe, ich hab' es vergessen. Ach, wir tauschten Fragen aus wie folgende: »Wie sind Sie hergekommen?« und: »Wo sind Sie die ganze Zeit gewesen, die Leute wähnten Sie schon tot.« Jawohl, so begann das Gespräch. Was aber der Doktor mir sagte und was ich ihm erwiderte, das könnte ich nicht genau berichten, denn ich war stets damit beschäftigt, ihn anzublicken, des wundervollen Mannes Gestalt und Züge zu studieren, an dessen Seite ich nun in Zentralafrika saß. Jedes Haar seines Hauptes und Bartes, jede Runzel seines Antlitzes, seine hageren Züge, sein etwas abgespanntes Wesen — sie alle teilten mir mit, was ich stets zu erfahren wünschte, seitdem ich die Worte vernommen: »Nehmen Sie, was Sie brauchen, aber finden Sie Livingstone.« Was ich sah, war eine besonders interessante Nachricht für mich, eine unübertünchte Wahrheit. Ich lauschte und las zu gleicher Zeit. Was erzählen mir doch diese stummen Zeugen!

O Leser, wärest Du an diesem Tage an meiner Seite in Ujiji gewesen, wie beredt könnte Dir dieses Mannes Wirken geschildert werden! Wärest Du nur dagewesen, nur um zu sehen und zu hören. Seine Lippen erzählten mir die Einzelheiten, Lippen, die nie logen. Ich kann nicht wiederholen, was er sagte, denn ich war zu bewegt, als daß ich mein Notizbuch hätte herausnehmen können, um seine Erzählung zu stenographieren. Er hatte soviel zu erzählen, daß er mit dem Ende begann, wobei er dem Anscheine nach doch über fünf bis sechs Jahre berichten sollte. Doch seine Mitteilungen erweiterten sich, sie gewannen an Umfang und wurden zu einer wundervollen Geschichte von Taten.

Die Araber erhoben sich mit einem mir sehr willkommenen Zartgefühl, als fühlten sie, wir sollten uns selbst überlassen bleiben.

How I Found Livingstone. London 1872 (*Wie ich Livingstone fand.* Deutsch von D. Haek. Leipzig 1879.)

Die große Reise folgt erst.

Einige Tage vor meiner Abreise nach Afrika kündigte der *Daily Telegraph* in einem Leitartikel an, daß die Eigentümer der Zeitung sich mit Herrn James Gordon Bennett zur Ausrüstung einer afrikanischen Entdeckungsexpedition unter der Leitung von Henry M. Stanley vereinigt hätten. »Der Zweck des Unternehmens«, wurde dabei gesagt, »besteht darin, das durch den tiefbeklagten Tod des Dr. Livingstone unvollendet gebliebene Werk zu vervollständigen, die noch übriggebliebenen Probleme der Geographie Zentralafrikas womöglich zu lösen und die Schlupfwinkel und Märkte der Sklavenhändler aufzusuchen und über dieselben zu berichten.« (...)

Ausrüstungsgegenstände

Eine Frist von vierzehn Tagen wurde mir gewährt, um Boote, eine Jolle, einen Schiffsnachen und einen Flußkahn anzukaufen, um Pontons zu bestellen, um meine gesamte Ausrüstung, Gewehre, Munition, Seile, Sättel, Arznei- und Mundvorräte herbeizuschaffen, um Geld in Geschenke für Häuptlinge der Eingeborenen anzulegen, um physikalische Instrumente, Schreib- und Zeichenmaterialien und so weiter anzuschaffen.

Das große Boot wurde nach meinen eigenen Angaben gearbeitet. Es sollte 12,19 Meter lang, mit fast zwei Metern Balkenbreite und 76 Zentimeter tief aus ein Zentimeter dickem spanischen Zedernholz verfertigt werden. Das fertiggestellte Boot sollte sich in fünf Teile zerlegen lassen, von denen vier 1,83 Meter, die beiden Stücke mit dem Bug und Hinterteil aber je 2,5 Meter Länge erhalten sollten. Für den Fall, daß die einzelnen Stücke für den Transport noch immer zu schwer wären, sollten sie sich nochmals in Hälften zerlegen lassen. Der Bau dieses neu konstruierten Bootes wurde von dem Kahnbauer James Messenger in Teddington bei London übernommen. Die Pontons wurden von Cording verfertigt, aber obgleich sie vortrefflich gearbeitet waren, erzielten sie doch keine großen Erfolge, weil die mannigfachere Brauchbarkeit des zu vielen Zwecken zu verwendenden Bootes sie eigentlich unnötig machte. Dennoch waren sie keineswegs unnütz und überflüssig. Die Not zwang uns während unseres Aufenthaltes in Afrika, sie zu Zwecken zu benutzen, welche freilich von denen, die wir ursprünglich ins Auge gefaßt hatten, weit ablagen.

Personalfragen

Mittlerweile waren bald nach der Ankündigung der »neuen Mission« Anstellungsgesuche massenhaft in den Geschäftsbüros des *Daily Telegraph* und des *New York Herald* eingetroffen von Personen, welche an der Reise teilzunehmen wünschten. Bevor ich von England absegelte, lagen mehr als 1200 Briefe vor, von Generälen, Obersten, Hauptleuten, Leutnants, Seekadetten, Ingenieuren, Hotelkommissionären, Handwerkern, Kellnern, Köchen, Bedienten, kurz von allerlei Leuten, hoch und niedrig, selbst Magnetiseure und spiritistische Medien nicht ausgeschlossen. Alle kannten sie Afrika gründlich, waren durchaus an das Klima gewöhnt und wußten ganz sicher, daß sie mir gefallen, mir wichtige Dienste leisten und mich durch ihren Scharfsinn und ihre Anstelligkeit aus allen möglichen Verlegenheiten erlösen würden; sie wollten mich in Luftballons oder fliegenden Wagen in die Lüfte heben, uns alle durch ihre Zauberkünste unsichtbar machen oder vermöge der »Wissenschaft des Magnetismus« alle Wilden in Schlaf versenken, so daß wir ohne irgendeine Störung oder Gefahr nach beliebiger Richtung hätten mitten durch sie hindurchreisen können. Ich kann in der Tat mit Sicherheit behaupten, daß ich, wenn ich damals Geld dazu besessen hätte, 5000 Engländer, 5000 Amerikaner, 2000 Franzosen, 2000 Deutsche, 500 Italiener, 250 Schweizer, 200 Belgier, 50 Spanier und 5 Griechen, also an die 10000 Europäer und halb soviele Amerikaner nach Afrika hätte mitnehmen können. Aber die Zeit war noch nicht gekommen um nach einem solchen Maßstabe Europa zu entvölkern und Afrika zu kolonisieren, und ich sah mich unglücklicherweise gezwungen, die schätzbaren Dienste aller dieser Bittsteller ergebenst abzulehnen und mich auf Francis John und Edward Pocock sowie auf Frederick Barker zu beschränken, dessen Bitten sich bei meiner Rückkehr von Amerika auch noch seine Mutter angeschlossen hatte.

Das Vorhaben

Es ist nunmehr mein Vorhaben, auseinanderzusetzen, wie diese Probleme gelöst und die unvollständigen Entdekkungen Burtons und Spekes, Spekes und Grants, des Leutnant Cameron und des Dr. Livingstone zum Abschluß gebracht wurden und wie weitere Kenntnis von Sir Samuel Bakers Entdeckung des Lake Albert gewonnen wurde durch eine weitumfassende, von Meer zu Meer sich ausdehnende, zwei Jahre, acht Monate und zwanzig Tage dauernde Entdeckungsreise. Die Resultate derselben wird man in diesen Bänden niedergelegt finden.

Alle Mann an Bord —
eine größere Flotte als die Magellans

Um fünf Uhr nachmittags am 12. November hatten 224 Mann beim Namensruf geantwortet, und fünf der arabischen Schiffe, die mit Personen, Rindvieh und dem Material der Expedition beladen waren, warteten ungeduldig, mit kurz eingewundenen Ankertauen, auf das Kommandowort. Nur ein Schiff lag noch dicht an der Küste, um mich und Frederick Barker, der unsere persönlichen Diener zu beaufsichtigen hatte, unser Gepäck und die Hunde fortzuführen. Indem ich mich zu meinem stets als treu bewährten, teuren Freund, Herrn Augustus Sparhawk, umwandte, hielt ich seine Hand fest in der meinen und versuchte mit überströmendem Herzen, aber mit einer durch meine Rührung fast gelähmten Zunge, meinen Dank für seine aufopferde Güte und lange gewährte Gastfreundschaft, mein tiefes Bedauern bei unserm Scheiden und die Hoffnung auf ein frohes Wiedersehen auszusprechen; ich war aber in zu großer Aufregung, um beredt sein zu können, und alle meine erzwungene Fröhlichkeit konnte mich nicht über diese schwere Prüfung hinwegbringen. So schieden wir denn in fast vollständigem Schweigen, aber ich hatte das sichere Gefühl, daß er meine Gemütswallungen nach seinen eigenen Gefühlen beurteilen und die schwachen Versuche, sie auszudrücken, ganz so aufnehmen würde, wie wenn er mich meine Danksagungen in fließender Rede hätte aussprechen hören.

Ein Wink mit meiner Hand, und die Anker wurden aufgewunden und in den Schiffen niedergelegt; darauf unsere Lateinsegel hissend, fuhren wir westwärts, um uns in die Arme des Glücks zu werfen. Viel Schwenken von Tüchern und Hüten, viele von weißen Händen gegebene Abschiedssignale und letzte lange auf die weißen Gesichter der Freunde geheftete Blicke, schließlich sich verwirrende Bilder der Figurengruppen unserer Freunde am Strande — und dann hatte uns der kühle Abendwind über den Bereich des sinnlichen Erkennens hinaus mitten in die See hinweggeweht.

Die Trennungsstunde ist vorbei! Wir haben auf Jahre vielleicht auf ewige Zeiten unsere letzten Worte lieben, freundlichen Menschen zugerufen! Die Sonne sinkt schnell zum westlichen Horizont hinab, und düster ist die Dämmerung, welche bald in immer tieferes Dunkel übergeht. Dichter Schatten fällt auf das ferne Land und über die schweigende See und legt sich auch drückend auf unser klopfendes, mit Wehmut erfülltes Herz, während wir durch das hinsterbende Licht nach dem dunklen Kontinent hinübergleiten.

Unerwünschte Begleitung, unerwünschte Aufgabe

Als ich über meine Leute Musterung hielt und zugleich ihre häuslichen Verhältnisse näher untersuchte, so ergab es sich, daß sich allerdings eine große Anzahl Weiber während der Nacht der Expedition angeschlossen hatte. Einige von denselben hatten Freischeine bei sich, die ihnen von dem englischen Konsul in Sansibar ausgestellt waren, aber neun waren nach ihrem eigenen Geständnis ihren Herren davongelaufen. Nachdem ich von dem Sultan und den Arabern in Sansibar gastfreundlich aufgenommen worden war, betrachtete ich es, zumal da ich durch keine Regierung dazu autorisiert war, nicht als einen Teil meiner Pflichten, selbst nur ein passiver Agent bei dieser neuen Methode der Sklavenbefreiung zu sein. Der Befehl wurde deshalb erteilt, daß die Weiber mit den Soldaten zurückkehren sollten; da dieser aber weder mit den An- und Absichten der Weiber noch mit denen ihrer verliebten Entführer übereinstimmte, so wurde dadurch ein entschlossener Widerstand hervorgerufen, welcher allem Anschein nach bald in einem blutigen Kampfe kulminieren sollte. Die Leute ergriffen ihre Sniderflinten und Towermusketen, und Patronen, Ladestöcke und Luntenschlösser wurden mit unheilverkündenden Blicken von Hand zu Hand gegeben. Indem ich aber nach dem Grundsatz verfuhr, daß ich als Oberhaupt meines eigenen Lagers das vollkommene Recht besaß, ungebetene Gäste davon auszuschließen, rief ich die »Getreuen« meiner ersten Expedition, siebenundvierzig an der Zahl, zusammen und stellte sie an der Seite der Soldaten des Sultans auf, um so den in Wut versetzten Leuten zu beweisen, daß sie, wenn sie Feuer gaben, ihre eigenen Freunde, Brüder und Anführer verwunden müßten. Frank Pocock stellte auch eine Abteilung von zwanzig Mann hinter den Aufrührern auf, und indem wir sie dann von zwei Seiten einschlossen, entwaffneten wir sie und banden ihre Gewehre in Bündeln zusammen, welche der Obhut Edward Pococks übergeben wurden. Eine kleine Abteilung der Getreuen wurde dann beauftragt, die Soldaten des Sultans und die Weiber aus dem Lager zu eskortieren, für den Fall, daß einige rachsüchtige Menschen zwischen dem Lager und dem Flusse sich in den Hinterhalt legten.

Frank Pocock schritt ungestüm vorwärts, bis er die Höhe des Berges erstiegen hatte. Er schaute lange mit umherschweifenden Blicken aus, schwenkte seinen Hut und kam mit freudestrahlendem Gesicht zu uns herunter, indem er uns enthusiastisch mit dem Feuer der Jugend und Begeisterung zujauchzte: »Ich habe den See gesehen, er ist großartig.« Frederick Barker, der unter Schmerzen auf einem Esel ritt und ermüdet über seine Krankheit und über die Länge der Tagereise seufzte, hob seinen Kopf empor und lächelte seinem Kameraden seinen Dank zu.

Alsbald erreichten auch wir die Höhe des Berges, wo, wie wir fanden, der Zug haltgemacht hatte, und der erste rasche Blick zeigte uns einen langen, breiten Wasserarm, welchen die blendende Sonne in eine Silberfläche verwandelte, etwa 600 Fuß (183 Meter) unter uns und drei Meilen entfernt.

Eine sorgfältigere und detailliertere Besichtigung des ganzen Terrains ergab, daß der Berg, auf welchem wir standen, allmählich zu einer breiten Bucht oder einem Golfe abfiel. Derselbe war mit einer Linie grünen, wallenden Schilfrohrs und dünnen Hainen von zerstreuten, schattenspendenden Bäumen umsäumt, an der Küste aber lagen mehrere aus kegelförmigen Hütten bestehende Dörfer. Jenseits derselben dehnte sich der See wie eine Silberfläche weit gen Osten aus und weiter hin quer durch Gebirge, bis ihm dunkelblaue Hügel und Berge eine Schranke setzten. Mehrere kleine graue Felseninseln sahen auf den ersten Blick arabischen Dhaus mit weißen Segeln täuschend ähnlich. Die Wanyamwezi stimmten nun ihren Triumphgesang an:

Singt, o Freunde, singt; die Reise ist beendet;
Singt laut, o Freunde, singt dem großen Nyanza.
Singt alle, singt laut, o Freunde, singt dem großen See;
Werft euren letzten Blick den Ländern hinten zu und
wendet dann euch um zum See.

Vor langer Zeit verließt ihr eure Lande,
Verließet Weib und Kind, die Brüder und die Freunde,
Sagt mir, habt ihr einen See gesehn, wie diesen,
Seitdem die große Salzsee ihr verlassen?

Chor:

So singt denn, Freunde, singt! Die Reise ist beendet;
Sing laut, o Freund, sing diesem großen See!

Gar hold und süß und gut ist dieser See,
Doch eure See ist salzig, schlecht, zum Trinken nicht geeignet;
Wie Wein ist dieser See für Durstige zu trinken,
Die Salzsee — ba! —, sie macht die Menschen krank.

Erhebet eure Häupter, Männer, schaut umher!
Versucht, ob ihr sein Ende könnet sehn.
O seht, Halbmonde streckt er weit hinweg,
Der große, liebliche Süßwassersee!

Wir kommen aus dem Usukuma-Land,
Dem Land der Weiden, Rinder, Schafe, Ziegen,
Dem Land der tapferen Krieger und der Starken.
Und seht! Dies ist der weitbekannte Usukuma-See.

Ihr Freunde, ihr habt uns zu anderer Zeit verspottet.
Ah ha! Wangwana. Nun, was sagt ihr jetzt?
Ihr habt das Land gesehn und seine Weid' und Herden
Jetzt sehet ihr den weitbekannten Usukuma-See!

Eine Seefahrt auf dem Gewässer des Speke-Golfs

Um sechs Uhr morgens setzten wir, nachdem sich Saramba eingestellt hatte, unsere Reise fort und behielten unsern Weg nach Osten zu bei, indem wir dicht an den Gestaden von Sima hinfuhren. Um elf Uhr vormittags entluden sich aus dem Gewölk, das sich nach Nordwesten zu über dem Horizont gesammelt hatte, starke Windstöße, und die Szenerie wurde bald unbeschreiblich wild. Wir steuerten von der Küste hinweg und waren bald von einem schrecklichen Chaos wie rasend aufgeregter Wassermassen umgeben. Der Sturm jagte uns über die ungestümen Wellen dahin, und die *Lady Alice* bäumte sich und sprang vorwärts wie ein wildes Rennpferd. Sie zerpeitschte die Fluten zu Schaum und Flugwasser und schleuderte sie über das auf das schlimmste gefaßte Schiffsvolk und über das Boot hinweg. Mit einem kleinen, dem Sturme dargebotenen Fetzen Leinwand trieben wir unaufhaltsam dahin. Seltsame Inselchen in der Nachbarschaft von Maschakka wurden dann für uns zu Gegenständen des Schreckens, aber wir fuhren wohlbehalten an ihnen vorüber und sahen dann die grauen Berge von Magu in der Ferne vor uns liegen. Die Bootsleute hatten sich luvwärts niedergekauert; Saramba war vor Schrecken zusammengesunken und hatte, in alles ergeben, sein struppiges Haupt mit seinem Lendentuche verhüllt. Zaidi Mganda, der Steuermann, und ich, wir waren die einzigen über dem Schanddeck noch sichtbaren Personen, und unsere vereinten Anstrengungen waren erforderlich, um das Boot durch den tobenden See zu steuern. Um zwei Uhr nachmittags kamen wir in Sicht des Shimiyu und fuhren, dicht an die kleine Insel Natwari heransteuernd, um dieselbe herum, um unter den Wind zu kommen, und nahmen nun unsern Kurs durch ruhiges Wasser nach einem der Einfahrt in den Fluß gegenüber liegenden Hafen.

Der nächste Tag war wunderschön. Die gestern so wild erregten Gewässer waren ruhig wie die eines Teiches.

Am Hof Mutesas I.

Die neunte Tagesstunde rückte heran. Wir hatten uns gebadet, abgebürstet und gesäubert und waren körperlich und geistig auf die denkwürdige Stunde vorbereitet, in welcher wir mit dem hervorragendsten Manne des äquatorialen Afrikas zusammenkommen sollten. Zwei der Pagen des Kabaka erschienen, um uns abzuholen. Sie waren in ein aus Kingwana- und Kiganda-Elementen zusammengestelltes Kostüm gekleidet. Der Kingwana-Teil ihres Anzuges bestand aus dem langen, weißen sansibarischen Hemde, welches um ihre Hüften von einem Gürtel oder Bande zusammengehalten wurde, der Kiganda-Teil war das vier Yard lange Sohari-Kleid, das von der rechten Schulter bis auf die Füße hinabhing. »Der Kabaka lädt Euch zur Burzah ein«, sagten sie. Sofort ziehen wir aus dem Hofe hinaus, je fünf von den Bootsleuten zu meinen beiden Seiten, mit Sniderbüchsen bewaffnet. Wir erreichen eine kurze breite Straße, an deren Ende sich eine Hütte befindet. Hier sitzt der Kabaka auf einem Throne, zu dessen beiden Seiten in einander gegenüberstehenden Linien eine Menge Häuptlinge, Wakungu und Watongoleh sitzen oder knien; an den Enden dieser Linien bilden Trommler, Wachen, Henker, Pagen und so weiter einen Abschluß. Als wir uns der nächsten Gruppe näherten, öffnete sich dieselbe, und die Trommler schlugen mächtige Wirbel, wobei Toris Trommelschlag sich durch seinen helleren Klang bemerkbar machte. Der mächtigste Mann des äquatorialen Afrikas erhebt sich und geht auf uns zu, alle die in den Reihen knienden und sitzenden Personen erheben sich gleichfalls — Generäle, Oberste, Häuptlinge, Köche, Haushofmeister, Pagen, Henker.

Der Kabaka, ein großer magerer Mann mit glattem Gesicht, großen Augen und kräftigem Aussehen, mit einer schwarzen, dickwollenen Robe und darunter mit einem weißen, von einem Goldgürtel umschlungenen Hemde bekleidet, schüttelte mir warm und ausdrucksvoll die Hände und lud mich, indem er sich nicht ohne Anmut verbeugte, ein, mich auf einen eisernen Schemel zu setzen. Ich wartete, bis er mir mit seinem Beispiel vorangegangen war, und dann setzten wir uns, ich und alle die andern.

Er betrachtete mich nun zunächst bedächtig und aufmerksam, worin auch ich seinem Beispiele mit Interesse folgte, denn er war eine ebenso interessante Erscheinung für mich wie ich für ihn.

Der Erbe Livingstones — Stanleys christliches Intermezzo

Fünf Tage später trug ich folgende Bemerkung in mein Tagebuch ein:

»Ich sehe, daß Mutesa ein mächtiger Kaiser ist, der großen Einfluß auf seine Nachbarn besitzt. Ich habe heute gesehen, wie der nie Ruhe haltende Mankorongo, der König von Usui, und Mirambo, jenes schreckliche Phantom, das alle Gemüter in Unyamwezi aufregt und beunruhigt, durch ihre Gesandtschaften vor im knieten und ihm ihren Tribut darbrachten. Ich sah mehr als 3000 Soldaten Mutesas schon halb zivilisiert. Ich sah ungefähr 100 Häuptlinge, welche etwa auf derselben Kulturstufe standen wie die Einwohner von Sansibar und Oman, welche in reiche Kleider gehüllt und in derselben Art und Weise bewaffnet waren, und bin mit Erstaunen Augenzeuge gewesen von der Ordnung und Gesetzmäßigkeit, wie solche in halbzivilisierten Ländern überhaupt erreichbar sind. Alles dies ist das Resultat der Bemühungen eines armen Muselmannes; er heißt Muley bin Salim. Er war es, der hier zuerst in den Lehren des Islam unterrichtete. So falsch und verwerflich auch diese Lehren sind, so sind sie doch den unbarmherzig grausamen Naturtrieben eines wilden Despoten vorzuziehen, den Speke und Grant als einen sich im Blute der Weiber herumwälzenden Wüterich verließen, und ich ehre das Andenken des Muley bin Salim — obgleich er Muselmann und Sklavenhändler war — als des armen Priesters, der diese glückliche Veränderung bewerkstelligt hat. Mit dem lebhaften Wunsche, den Charakter Mutesas noch weiter zu veredeln, werde ich damit beginnen, auf den von Muley bin Salim gelegten Grundsteinen weiterzubauen. Ich werde seinen Glauben an den Islam zerstören und ihm die Lehre des Jesus von Nazareth verkünden.«

Der Staat

Die Trommeln wirbelten. Mutesa hatte sich auf seinem Throne niedergelassen, und wir eilten, unsere Sitze einzunehmen.

Seit dem 5. April hatte ich zehnmal das Vergnügen und die Ehre gehabt, mich mit Mutesa zu unterhalten, und während aller dieser Zusammenkünfte hatte ich Gelegenheit genommen, Gegenstände zur Sprache zu bringen, welche uns zu einem Gespräch über das Christentum hinführen könnten. Es geschah in meiner Gegenwart durchaus nichts, was ich nicht sofort so zu wenden und zu kehren mich bemüht hätte, daß ich damit meiner Hauptabsicht, nämlich ihn zu bekehren irgendwie förderlich sein möchte. Es wurde allerdings kein Versuch gemacht, ihn mit den Einzelheiten irgendeiner besonderen Lehre zu verwirren. Ich malte nur in einfachen Zügen für ihn das Bild des Gottessohnes aus, der sich für das Heil aller Menschen ohne Ausnahme, der Weißen und der Farbigen, erniedrigt habe, und erzählte ihm, wie er, während er in Menschengestalt einherging, ergriffen und von gottlosen Menschen, welche seine Göttlichkeit verspotteten, gekreuzigt worden sei und wie er dennoch, aus großer Liebe zu ihnen, während er noch den bitteren Kreuzestod erlitt, seinen großen Vater gebeten habe, ihnen zu vergeben. Ich zeigte die Charakterverschiedenheit zwischen ihm, den die Weißen liebten und achteten, und Mohammed, den die Araber verehrten; wie Jesus die Menschheit zu lehren suchte, alle Menschen zu lieben, ohne Ausnahme, während Mohammed seine Anhänger lehrte, daß die Ermordung der Heiden und Ungläubigen eine Handlung sei, für welche sie mit dem Paradiese belohnt würden. Ich überließ es Mutesa und seinen Häuptlingen, zu entscheiden, wer der würdigere, edlere Charakter sei.

Die Ernte

»Warum kommen die Araber und die Türken nach Uganda? Kommen sie nicht des Elfenbeins und der Sklaven wegen? Warum kommen aber die Weißen? Sie kommen, um diesen See, unsere Flüsse und Berge zu sehen. Die Araber bringen Zeug, Perlen und Draht, um Elfenbein und Sklaven zu kaufen; sie bringen auch Schießpulver und Gewehre; wer hat aber die Araber veranlaßt, alle diese Gegenstände des Handels wegen herzubringen? Die Araber sagen selbst, daß die Weißen dies getan, und ich habe unter allen den Gegenständen, die sie gebracht haben, noch nichts gesehen, das nicht die weißen Männer gemacht hätten. Daher sage ich, schafft mir nur weiße Männer her, weil ihr, wenn ihr Kenntnisse erwerben wollt, mit ihnen reden müßt, um sie zu erlangen. Nun, Stamlee, sage mir und meinen Häuptlingen, was weißt du von den Engeln?«

Die Frage war wirklich recht schwierig, und meine Beantwortung würde wohl manchen Europäer nicht befriedigt haben. Indem ich mich indessen des Bekenntnisses des heiligen Paulus erinnerte, daß er in allen Dingen und bei allen geschickt sei, versuchte ich eine lebendige Schilderung der gewöhnlich mit den Engeln verknüpften Vorstellungen und der bildlichen Darstellungen, wie sie Michelangelo und Gustave Doré zu geben bestrebt waren, und mit Hilfe der Beschreibungen Hesekiels und Miltons glaube ich, daß es mir wirklich geglückt ist, den König und seinen Hof zu befriedigen und in Erstaunen zu setzen, und um ihm zu zeigen, daß ich für meine Worte auch gute Autoritäten beibringen könne, ließ ich aus meinem Lager meine Bibel holen und übersetzte ihnen das von Hesekiel und von Johannes über die Engel Gesagte.

Obgleich dieser kleine Vorfall unbedeutend erscheinen mag, so führte er doch zu sehr interessanten Resultaten. Das enzyklopädische Geschwätz wurde über den großartigeren und erhabeneren Themen vergessen, welche die heilige Schrift und die Theologie darboten. Der Kaiser warf lüsterne Seitenblicke auf die Bibel und mein englisches Gebetbuch, und da ich seinen Wunsch erriet, stellte ich ihm einen Knaben namens Dallington, einen Zögling der Universitäten-Mission in Sansibar, vor, welcher ihm die Bibel in Kiswahili übersetzen und ihm auch sonst alles mitteilen konnte, was er meinem Wunsche gemäß sagen sollte.

Von jetzt an konnte man während der Pausen der Muße, welche der Krieg uns gewährte, den König, seinen Hof, Dallington und mich mit der Übersetzung eines Auszuges aus der Heiligen Schrift beschäftigt sehen. Es gab für diese Übersetzungen Leser genug, aber Mutesa selbst widmete ihnen ein eifriges und ernstes Studium.

Da ich Schreibpapier in Überfluß mitgenommen hatte, so fertigte ich für ihn ein dickes Buch an, in welchem die Übersetzungen von einem Schreiber namens Idi sauber ins reine geschrieben wurden. Als das Buch vollständig war, besaß Mutesa einen Auszug aus der protestantischen Bibel in der Kiswahili-Sprache, welcher alle die Hauptereignisse von der Schöpfung bis zur Kreuzigung Christi umfaßte. Das Evangelium des Lukas war, da es eine vollständigere Lebensgeschichte unseres Erlösers gibt, ganz übersetzt.

Als die abgekürzte Bibel fertig war, rief Mutesa alle seine Häuptlinge und auch die Offiziere seiner Leibwache zusammen, und als alle versammelt waren, begann er seine Anrede mit der Erklärung, daß er, als er seinem Vater in der Regierung folgte, ein Mschensi (Heide) gewesen sei und am Blutvergießen sein Wohlgefallen gehabt habe, weil er es nicht besser gewußt habe, und nur den Gebräuchen seiner Väter gefolgt sei; daß er aber, als ein arabischer Kaufmann, der auch ein Mwalim (Priester) war, ihn den Glauben des Islam gelehrt habe, sich von dem Beispiele seiner Väter losgesagt habe. Hinrichtungen seien darauf weniger häufig geworden, und niemand könne behaupten, daß er ihn seit jenem Tage in Pombé betrunken gesehen. Aber es seien ihm doch noch sehr viele Dinge unverständlich geblieben, zum Beispiel warum die Beschneidung notwendig sei, um ins Paradies zu kommen, und wie es möglich sei, daß die Menschen nach ihrem Tode im Himmel noch an Fleischeslust ihre Freude haben oder wie sie auf einer nur ein Haar breiten Brücke entlanggehen könnten; denn das seien einige der von den Söhnen des Islam verkündeten Lehren. Er habe keine rechte Einsicht in diese Dinge, da sein gesunder Menschenverstand sie verwerfe, und es sei auch niemand in Uganda imstande, ihm darüber mehr Licht zu verschaffen. Da er aber den Wunsch in seinem Herzen hege, gut zu sein, so hoffe er, Gott werde seine Torheiten übersehen und ihm vergeben un Männer, welche das Rechte wüßten, nach Uganda senden. »Mittlerweile«, sagte er lächelnd, »weigerte ich mich, mich beschneiden zu lassen; obgleich die Araber sagen, daß dies zuerst geschehen müsse, damit man ein wahrer Sohn des Islam wird. Nun ist, Gott sei Dank, ein weißer Mann, ›Stamlih‹, nach Uganda gekommen mit einem Buche, das älter ist als der Koran Mohammeds, und Stamlee sagt, daß Mohammed ein Lügner war und daß viel von seinem Buche aus diesem entlehnt ist, und dieser Knabe und Idi haben mir alles vorgelesen, was Stamlee ihnen aus diesem Buche vorgelesen hat, und ich finde, daß es weit besser ist als das Buch Mohammeds, abgesehen davon, daß es das erste und älteste Buch ist. Der Prophet schrieb einen Teil davon, lange lange bevor man von Mohammed nur etwas gehört hat, und das Buch war lange vor der Geburt Mohammeds vollendet. So wie Kintu, unser erster König, lange vor mir lebte, so lebte Moses vor Mohammed. Nun verlange ich von euch, meine Häuptlinge und Krieger, daß ihr mir sagt, was ich tun soll. Sollen wir an Isa (Jesus) und Musa (Moses) glauben oder an Mohammed?«

Tschambarango entgegnete: »Laßt uns das, was das Beste ist, annehmen.«

Der Katekiro sagte: »Wir wissen nicht, was das Beste ist. Die Araber sagen, ihr Buch sei das Beste, und die weißen Männer sagen, ihr Buch sei da Beste, wie sollen wir also wissen, wer die Wahrheit sagt?«

Kauta, der kaiserliche Haushofmeister, sagte: »Als Mutesa ein Sohn des Islam wurde, unterrichtete er mich, und ich wurde auch einer; wenn mein Gebieter, da er jetzt mehr Erkenntnis erlangt hat, sagt, daß er mich Falsches gelehrt habe, so mag er mich nun das Richtige lehren. Ich harre darauf, seine Worte zu hören.«

Mutesa lächelte und sagte: »Kauta spricht ganz gut. Wenn ich ihn lehrte, wie er ein Muselmann werden könne, so tat ich dies, weil ich glaubte, daß dies gut sei. Tschambarango sagt: ›Laßt uns das, was das Beste ist, annehmen.‹ Sehr wahr, ich habe auch Verlangen nach dem Besten und nach dem wahren Buche; aber der Katekiro fragt: ›Wie können wir das Wahre erkennen?‹, und ich will ihm darauf antworten. Höret mir zu. Die Araber und die Weißen benehmen sich doch genau so, wie es sie ihre Heiligen Bücher lehren, nicht wahr? Die Araber kommen hierher, um Elfenbein und Sklaven zu kaufen, und wir haben gesehen, daß sie nicht immer die Wahrheit sagen und daß sie Menschen von ihrer eigenen Farbe kaufen und dieselben schlecht behandeln, indem sie sie in Ketten legen und schlagen. Wenn man dagegen den weißen Männern Sklaven anbietet, so schlagen sie dieselben aus und sagen: ›Sollen wir unsere Brüder zu Sklaven machen? Nein, wir sind alle Kinder Gottes.‹ Ich habe bis jetzt noch keinen Weißen eine Lüge sagen hören. Speke kam hierher, benahm sich gut, und ging wieder auf den Heimweg mit seinem Bruder Grant. Sie kauften keine Sklaven, und in der Zeit, wo sie in Uganda lebten, waren sie sehr gut. Stamlee kam hierher und wollte keine Sklaven annehmen. Abdul Aziz Bey (Herr Linant de Bellefonds) ist hiergewesen und fortgegangen und hat keine Sklaven mitgenommen. Welcher

Araber würde, so wie diese Weißen, Sklaven ausgeschlagen haben? Obgleich wir mit Sklaven handeln, so ist dies noch kein Beweis, daß das nicht schlecht sein könnte, und wenn ich bedenke, daß die Araber und die Weißen so handeln, wie sie es gelehrt worden sind, so behaupte ich, daß die Weißen den Arabern weit überlegen sind, und ich glaube deshalb, daß ihr Buch ein besseres sein muß als das Mohammeds, und von allem, was mir Stamlee aus seinem Buche vorgelesen hat, erscheint mir nichts so bedenklich und beschwerlich, daß ich es nicht glauben könnte. Das Buch beginnt mit dem Uranfang dieser Welt, sagt uns, wie dieselbe geschaffen wurde und in wie vielen Tagen, gibt uns die Worte Gottes selbst und des Moses und des Propheten Salomo und Jesu, des Sohnes der Maria. Ich habe dies alles mit Wohlgefallen gelauscht, und nun frage ich euch, sollen wir dieses Buch oder das Mohammeds als unsern Führer annehmen?«

Auf diese Frage antworteten sie nun alle, ohne Zweifel da sie bemerkten, wohin sich die Gesinnung und Meinung des Kaisers neige: »Wir wollen das Buch des Weißen annehmen«, und als der Kaiser diese Antwort hörte, erleuchtete eine freudige Glut sein Antlitz.

Auf diese Weise entsagte Mutesa der mohammedanischen Religion und bekannte sich offen zum christlichen Glauben und kündigte zugleich seinen Entschluß an, seiner neuen Religion treu anzuhangen, eine Kirche zu bauen und alles, was in seiner Macht stehe, zu tun, um die Ausbreitung christlicher Gesinnungen unter seinem Volke zu befördern und sich, soweit er dies irgend vermöge, nach den heiligen, in der Bibel enthaltenen Geboten zu richten.

Andererseits versprach ich, stolz auf meinen Neubekehrten, mit dem ich mir ein Vierteljahr lang viel Mühe gegeben hatte, daß ich Dallington auf seinen Wunsch aus meinen Diensten entlassen wolle, damit er ihn als ein Helfer in seinem neuen Glauben mehr und mehr befestigen möge, damit er ihm die Bibel vorlesen und Bibelstunden halten möge, bis die guten Menschen in Europa einen Priester senden würden, um ihn zu taufen und ihn die Pflichten der christlichen Religion zu lehren.

»Stamlee«, sagte Mutesa zu mir, als wir voneinander Abschied nahmen, »sage den Weißen, wenn du an sie schreibst, daß ich einem Menschen gleiche, der in der Finsternis sitzt oder blind geboren ist, und daß mein Verlangen nur dahin steht, daß man mich sehen lehre, und ich werde ein Christ bleiben, solange ich lebe.«

Das Marketing

Am Abend schloß ich meine vom 14. April 1875 datierten Briefe, welche an die beiden hier von mir repräsentierten englischen und amerikanischen Journale, *Daily Telegraph* und *New York Herald*, abgesandt wurden, und erließ darin einen Aufruf zu der Entsendung einer cristlichen Mission an Mutesa.

Der hastig geschriebene und in dem in Usavara zurückgelassenen Briefe eingeschlossene Aufruf hatte folgenden Wortlaut:

»Ich habe den Islam hier wirklich so weit unterminiert, daß Mutesa von jetzt an, bis er eines Besseren belehrt wird, beschlossen hat, den christlichen Sabbat ebensogut zu heiligen wie den mohammedanischen, und die großen Hauptleute haben einstimmig darein gewilligt. Er hat ferner die Zehn Gebote des Moses auf eine Holztafel schreiben lassen, um sie täglich durchzulesen — denn Mutesa kann Arabisch lesen; ebenso auch das Vaterunser und das goldene Gebot unseres Erlösers: Du sollst deinen Nächsten lieben wie dich selbst. Das ist ein großer Fortschritt in Anbetracht der wenigen Tage, welche ich bei ihm geblieben bin, und obgleich ich kein Missionar bin, so möchte ich doch zu glauben anfangen, daß ich einer werden könnte, wenn solcher Erfolg erreichbar ist. O, daß doch aber irgendein frommer, praktischer Missionar hierherkäme! Welch ein Feld, welch eine reife Ernte bietet sich hier dar für die Sichel der Zivilisation! Mutesa würde ihm alles geben, was er nur wünschen möchte — Häuser, Ländereien, Rinder, Elfenbein und so weiter; er könnte an einem Tage eine ganze Provinz sein Eigentum nennen. Aber es ist nicht der bloße Prediger, der hier nötig ist. Alle Bischöfe Großbritanniens zusammen nebst der klassisch gebildeten Jugend von Oxford und Cambridge würden durch bloßes Reden mit dem intelligenten Volke von Uganda nichts bewirken. Der praktische christliche Lehrer ist es, der die Leute lehren kann, wie sie Christen werden mögen, der ihnen helfen kann, ihre Krankheiten zu heilen, Häuser zu bauen und den Ackerbau zu verstehen, der, wie ein Seemann, an alles Hand anlegen kann — ein solcher Mann wird hier gebraucht. Wenn ein solcher Mann sich auffinden ließe, so würde er der Erlöser Afrikas werden. Er darf an keine Kirche oder Sekte gebunden sein, sondern muß sich zu Gott und Gottes Sohn und zum Moralgesetz bekennen und wie ein wahrer Christ unsträflich leben, von liberalen Grundsätzen, von christlicher Liebe für alle Menschen und frommem Glauben an die himmlische Vorsehung begeistert. Er muß keiner Nation im besondern, sondern der weißen Rasse in ihrer Gesamtheit angehören. Solch einen Mann oder solche Männer lädt Mutesa ein, sich zu ihm zu begeben — Mutesa, der Kaiser von Uganda, Usoga, Bunyoro und Karagwe. (. . .)

Ihr braucht Euch nicht zu bedenken, Geld auf eine solche Mission zu verwenden, da Mutesa Alleinherrscher ist und die Kosten der Mission zehnfach mit Elfenbein, Kaffee, Otterfellen von sehr feiner Qualität oder selbst mit Rindern zurückerstatten wird; denn der Reichtum des Landes an allen diesen Produkten ist unermeßlich.

Außerdem hatte ich dem bei den Arabern und Wangwana bestehenden Gebrauche zuwider das Abfeuern von Flintenschüssen zur Meldung unserer Ankunft streng untersagt, da ich das Trommeln und Trompetenblasen für ausreichend und weniger beunruhigend hielt.

Bald jedoch kamen die Araber auf uns zu, Sayid Mezrui, Mohammed bin Sayid, Muini Hassan und andere, welche uns vorläufig zu der breiten Veranda an dem Tembé Mezruis geleiteten, bis Quartiere für uns instand gesetzt waren.

Zuletzt kam der berüchtigte Hamed bin Mohammed, sonst auch Tippu-Tib oder, nach der verschiedenen Aussprache der Eingeborenen Tipo-Tib oder Tibbu-Tib genannt. Es war ein großer, schwarzbärtiger Mann mit negerartiger Hautfarbe, in der Blüte seiner Jahre, von straffer Haltung und lebhaft in seinen Bewegungen, ein wahres Bild von Energie und Stärke. Er hatte ein schönes, intelligentes Gesicht, mit einem nervösen Zucken in seinen Augen und mit glänzend weißen und vollkommen geformten Zähnen. Er war von einem zahlreichen Gefolge junger Araber, welche zu ihm als ihrem Befehlshaber emporblickten, und von etwa zwanzig Wangwana und Wanyamwezi begleitet, die er Tausende von Meilen weit durch Afrika mit sich geführt hatte.

Mit dem würdevollen Benehmen eines fein gebildeten Arabers und fast mit Höflingsmanieren hieß er mich in Mwana Mambas Dorfe willkommen, und da seine Sklaven mit Matten und Polsterkissen schnell bei der Hand waren, ließ er sich mir gegenüber nieder, während die Zuschauer, wie ich wahrnahm, ihrer Bewunderung seines ganzen Auftretens in geflüsterten Bemerkungen Ausdruck verliehen. Nachdem ich ihn einige Minuten betrachtet hatte, gewann ich die Überzeugung, daß dieser Araber ein bedeutender Mensch sein müsse, der bedeutendste, dem ich bisher unter den Arabern, Wa-Swahili und der Mischbevölkerung in Afrika begegnet war. Er war fein in seinem Äußern, seine Kleider waren von der reinsten Weiße, sein Fes nagelneu, um seine Taille war ein kostbarer Seidenshawl geschlungen, sein Dolch glänzte von feinen Silberdrahtverzierungen, und seine gesamte Erscheinung war die eines arabischen »Gentleman«, der sich sehr großer Wohlhabenheit erfreut.

Die eben beschriebene Persönlichkeit war jener Araber, welcher Cameron über den Lualaba bis nach Utotera (unter 5° südlicher Breite und 25° 54′ östlicher Länge) geleitet hatte. Natürlicherweise befand sich deshalb in Nyangwe niemand, dessen Aussagen in bezug auf die Reiseroute, welche mein Vorgänger von Nyangwe aus verfolgt hatte, mir wertvoller gewesen wären als die Tippu-Tibs. Die Mitteilungen, welche er mir machte — und die überdies durch Sayid Mezrui und andere Araber bestätigt wurden —, waren insofern hinreichend klar, als das wichtigste Problem der afrikanischen Geographie gerade an der Stelle unberührt gelassen war, wo Dr. Livingstone sich zur weiteren Verfolgung seiner Reisen unfähig gefühlt und von welcher er sich zur Rückreise nach Ujiji entschlossen hatte, ohne je nach Nyangwe zurückkehren zu können.

Bei Tippu Tib — dereinst Stanleys Gouverneur am Oberlauf des Kongos

Wie sollte ich es anfangen, meinen eigenen Begleitern Mut einzuflößen oder sie in mutiger Stimmung zu erhalten, wie sollte ich mir den Beistand der Araber sichern, um mein Unternehmen gut beginnen und später Kanus kaufen oder anfertigen zu können?

»Ich nehme an, Tippu-Tib«, sagte ich, »daß Sie, nachdem Sie dem andern Weißen Ihren Beistand angeboten haben, nichts dagegen einzuwenden haben werden, mir diesen Beistand für dieselbe Summe zu gewähren.«

»Darüber bin ich noch nicht im klaren«, erwiderte er mit einem Lächeln. »Ich habe jetzt nicht viele Leute bei mir.

Viele befinden sich in Imbarri, andere treiben Handel in Manyema.«

»Wie viele Leute haben Sie bei sich?«

»Vielleicht dreihundert — oder wir wollen sagen, zweihundertundfünfzig.«

»Das wäre ja eine großartige Eskorte, welche, wenn man sie geschickt leitete, wohl genügen dürfte, um uns vollkommenen Schutz zu gewähren.«

»Ja, mit Ihrer Gesellschaft zusammen würde sie eine ganz ansehnliche Heeresabteilung bilden, aber was sollte dann werden, wenn ich allein zurückkehren müßte? Wenn die Eingeborenen nur meine eigene kleine Streitmacht sähen, würden sie sagen: ›Diese Leute sind im Gefecht gewesen, die Hälfte von ihnen ist getötet worden, weil sie kein Elfenbein bei sich führen; laßt uns ihnen den Garaus machen!‹ Ich kenne diese Wilden sehr gut, mein Freund, und ich versichere Ihnen, daß sie so denken würden.«

»Aber, lieber Freund«, sagte ich, »bedenken Sie doch, wie es mir ergehen würde, wenn ich mit dem ganzen Kontinent vor mir nur von meiner kleinen Schar beschützt werden sollte!«

»O ja! Wenn ihr Wasungu (Weiße) solche Lust habt, euer Leben wegzuwerfen, so ist dies doch kein Grunde, daß wir dasselbe tun sollten. Wir reisen so allmählich, um uns Elfenbein und Sklaven zu verschaffen, und sind jahrelang damit beschäftigt — es sind nun neun Jahre seit meiner Abreise von Sansibar verflossen —, aber ihr Weißen, ihr seht euch nur nach Flüssen und Seen und Bergen um, und ihr vergeudet euer Leben ohne Grund und Zweck. Sehen Sie sich doch jenen Greis an, der in Bisa starb! Was hatte er denn jahraus, jahrein zu suchen, bis er so alt wurde, daß er nicht weiterreisen konnte? Er hatte kein Geld, denn er hat niemals irgendeinem von uns etwas gegeben, er kaufte weder Elfenbein noch Sklaven, und dennoch reiste er weiter als irgendeiner von uns, und wozu?«

»Ich weiß, daß ich kein Recht habe, zu verlangen, daß Sie Ihr Leben für mich aufs Spiel setzen. Ich wünsche nur, daß Sie mich auf einer sechzigtägigen Reise begleiten mögen, danach überlassen Sie mich meinem Schicksal. Wenn eine sechzigtägige Reise noch zu lang ist, so wird die halbe Entfernung allenfalls auch genügen; alle meine Besorgnisse beziehen sich ganz allein auf meine Leute. Sie wissen, daß die Wangwana sich leicht von der Furcht beherrschen lassen, aber wenn sie hören, daß Tippu-Tib sich mir angeschlossen hat und im Begriff steht, mich zu begleiten, so werden sie alle Löwenmut haben.«

»Nun wohl, ich will heute abend darüber nachdenken und mit meinen Verwandten und vornehmsten Leuten ein Schauri halten, und morgen abend wollen wir zu einer zweiten Unterredung zusammenkommen.«

Den Kongo hinab durch das »Herz der Finsternis« — Frank Pocock, der letzte unter Stanleys weißen Begleitern

Uledi wandte sich jetzt an die Mannschaft und sagte: »Jungen, unser Kleinmeister sagt, daß wir uns vor dem Tode fürchten. Ich weiß, daß der Tod uns in diesem Katarakte droht, aber wohlan, laßt uns ihm zeigen, daß schwarze Menschen den Tod ebensowenig fürchten wie weiße. Was sagt ihr?«

»Ja, der Mensch kann nur einmal sterben.« »Wer kann mit seinem Schicksal streiten?« »Unser Geschick liegt in Gottes Hand!« — Das waren die verschiedenen Antworten welche er erhielt.

»Genug, nehmt eure Sitze ein«, sagte Uledi.

»Ihr seid Männer!« rief Frank, hocherfreut durch den Gedanken, daß er bald das Lager erreichen werde.

»Bismillah« (in Gottes Namen), »laßt die Felsen los und stoßt ab!« schrie der Bootsführer.

»Bismillah!« widerholte die Mannschaft, und sie trieben den Kahn aus dem freundlichen Hafen in die feindlichen Fluten hinaus.

In wenigen Sekunden waren sie in den Hauptstrom hineingefahren, und den Rat Franks befolgend, steuerte

Uledi sein Fahrzeug auf die linke Seite des Flusses zu. Es wurde aber bald klar, daß sie sie nicht erreichen konnten. Die Oberfläche des Wassers zeigte sozusagen eine fette Schlüpfrigkeit, welche sie täuschte, denn es riß sie trotz seiner Glätte unaufhaltsam und noch dazu mit der Kanuseite auf die Fälle zu; als Uledi dies merkte, wandte er das Vorderteil zu den Fällen hin und richtete das Kanu kühn auf die Mitte zu. Von seinem Sitze durch den zunehmenden Donner der fürchterlichen Wasserfluten aufgeschreckt, sprang jetzt Frank auf und sah den vor ihm Stehenden über die Köpfe, und es schien ihm die Gefahr seiner Lage auf einmal in die Augen zu springen. Aber zu spät! Sie hatten den Wasserfall erreicht und stürzten kopfüber mitten in die Wellen und den Schaum hinein. Die zornigen Gewässer bäumten sich hoch auf und sprangen in ihr Fahrzeug hinein, wirbelten um sie wie um eine Angel herum, und so wurden sie wie die sich kräuselnden, tanzenden und hüpfenden Wogenkämme in die Strudel fortgerissen, welche unten gähnten. Ach! dann kam der Moment der Todesangst und der Qual und des Schreckens.

»Haltet euch an dem Kanu fest, Männer! Ein jeder ergreife ein Tau«, rief er, indem er sein Flanellhemd herunterzureißen suchte. Doch ehe er sich noch vorbereiten konnte, wurde das Kanu in den Abgrund hinuntergerissen und Flugwasser und Wirbel schlossen sich über alles hinweg! Als der leere Raum im Strudel sich gefüllt hatte, wallte eine ungeheure Wassermasse aus der Tiefe empor, und das Kanu wurde wieder in das helle Sonnenlicht hinausgeworfen und mehrere Menschen klammerten sich, nach Luft schnappend, daran fest. Als sie von diesem Schauplatz des Schreckens eine kurze Strecke weggetrieben waren und sich wieder etwas gefaßt und gesammelt hatten, fanden sie, daß ihrer nur acht waren und daß — o Unglückstag für uns, die wir am Leben geblieben waren, um seinen plötzlichen Tod zu bejammern! — kein weißes Gesicht unter ihnen war. Aber gleich darauf, dicht bei ihnen, ein zweiter Aufruhr in den Fluten, ein neues Heben und Ausspeien von Gewässern, und aus ihnen kam die regungslose Gestalt des »Kleinmeisters« zum Vorschein, und sie hörten ihn laut ächzen. Darauf holte Uledi, uneingedenk der großen Gefahr, welcher er vor kurzem erst im Strudel mit knapper Not entkommen war, mit den Armen weit aus und arbeitete sich tapfer auf ihn los, aber ein zweiter Strudel zog sie beide in die Tiefe, und die Wellen schlossen sich über ihnen, ehe er ihn erreichen konnte, und zum zweiten Male tauchte der brave Bootsführer wieder auf, schwach und ermattet — *aber Frank Pocock ward nicht mehr gesehen.*

Through the Dark Continent. Or the Sources of the Nile Around the Great Lakes of Equatorial Africa and Down the Livingstone River to the Atlantic Ocean. London 1878. *(Durch den Dunkeln Welttheil. Oder Die Quellen des Nils, Reisen um die großen Seen des äquatorialen Afrika und den Livingstone-Fluß abwärts nach dem Atlantischen Ocean.* Deutsch von C. Böttger. Leipzig 1878.*)*

IV

Simone Zurbuchen
Der Nil in der abendländischen Antike
Ein Dossier

HOMER (8./7. Jahrhundert vor Christus)

Achill über die Quelle aller Ströme

Drum wie mächtig Zeus vor den meerabrauschenden Strömen,
So ist mächtig auch Zeus' Geschlecht vor den Söhnen des Stromes.
Auch ein gewaltiger Strom rauscht neben dir, möcht er dir etwa
Helfen; doch keiner vermag mit Zeus Kronion zu kämpfen.
Gleich ihm wähnt sich auch nicht der mächtige Gott Acheloos,
Noch des Okeanos Kraft, des tiefhinströmenden Herrschers,
Welchem doch alle Ström' und alle Fluten des Meeres,
Alle Quellen der Erd und sprudelnden Brunnen entfließen . . .

Ilias, XXI. Gesang

HESIOD (um 700 vor Christus)

Über die Geburt des Nils aus dem Okeanos

Thetys aber gebar dem Okeanos strudelreiche Ströme, den Nilos und den Alpheios und den tiefstrudelnden Eridanos, den Stryom und den Mäander und den schönfließenden Ister ... *Theogonie*

THALES VON MILET (625 bis ca. 547 vor Christus)

Winde stauen den Nil

Die Etesien sind die Ursachen der Anschwellung des Nilstromes, indem sie (seiner Strömung entgegenwehend) ihn hindern, ins Meer zu fließen. *Fragment, nach Aetius*

EURIPIDES (485/484? bis 407/406 vor Christus)

Schmelzsee als Ursprung der Nilschwelle —
gemäß der Annahme seines Lehrers Anaxagoras

Hinweg vom schönsten Wasser, das der Erd' entquillt,
Dem Nil, der seine Strömung schwellt im Mohrenland
Äthiopiens, wann der Berge Schnee zerschmolzen ist.

Fragment, nach Diodor

HERODOT (ca. 484 bis ca. 430 vor Christus)

Über die Art des Flusses und seine Schwelle,
deren Ursachen Aristoteles ausführlich erörtern wird

Über des Flusses Art aber konnte ich weder von den Priestern noch sonst einem mir etwas zu eigen machen. Und ich wollte doch gern all das von ihnen hören, wie es kommt, daß der Nil von der Sommersonnenwende an gegen hundert Tage ansteigt, wenn er aber diese Tage über gestiegen ist, wieder zurückkehrt und in seinem Bett fällt, so daß er den ganzen Winter durch niedrig bleibt bis wieder zur Sommersonnenwende. Hierüber also vermochte ich rein gar nichts von den Ägyptern zu lernen, wie ich sie befragte, was für ein Vermögen denn der Nil hat, daß er umgekehrt geartet ist als die anderen Flüsse. Das also wollte ich gerne wissen und befragte sie danach, und auch, wieso von ihm alleine unter allen Flüssen kein frischer Luftzug ausgeht. (. . .)

So bin ich also zu der Überzeugung gekommen, die Sonne ist die Ursache davon. (. . .)

Daß aber kein kühlender Luftzug von ihm weht, das erkläre ich mir so: Es weht überhaupt nicht so leicht aus warmen Orten etwas, der Luftzug pflegt vielmehr aus einer Kühle zu wehen.

Seine Quellen

Das mag nun sein, wie es ist und wie's von Anbeginn gewesen. Des Nils Quellen aber hat keiner zu kennen vorgegeben, weder von den Ägyptern noch den Libyern, noch den Hellenen, mit denen ich darauf zu sprechen kam, ausgenommen in Ägypten zu Saïs der Schreiber von dem heiligen Schatz der Athene. Doch der schien mir jedenfalls zu spaßen mit seiner Behauptung, er kenne sie genau. Er sagte aber so: Es seien da zwei Berge mit spitz zulaufenden Gipfeln, die lägen zwischen der Stadt Syene in der Thebaïs und Elephantine, und diese Berge hießen der eine Krofi, der andere Mofi. Die Quellen des Nils nun seien unergründlich und strömten aus der Mitte zwischen diesen Bergen hervor, und die eine Hälfte des Wassers laufe nach Ägypten zu und gen Norden, die andre Hälfte aber nach Äthiopien und nach Süden. Daß die Quellen aber unergründlich sind, an diese Probe, sagte er, sei Psammetichos, der König von Ägypten, gegangen. Denn er habe ein Seil geflochten viele tausend Klafter lang und habe es dort hinuntergelassen und sei nicht auf den Grund gekommen. Besagter Schreiber hat damit — sollte, was er erzählt, wirklich vorgefallen sein — erwiesen, so wie ich es deute, daß es dort manche Strudel gibt von großer Stärke und eine Gegenströmung, weil das Wasser sich an den Bergen bricht, und so kann das herabgelassene Lot nicht an den Boden kommen.

Sonst konnt' ich von keinem Menschen etwas erfahren.

Eine frühe Expedition

Jedoch etwas hab' ich noch gehört von Leuten aus Kyrene, nämlich folgendes: Sie sagten, sie seien einmal zum Orakel des Ammon gekommen und hätten sich unterhalten mit Etearchos, dem König der Ammonier; und da sei ihre Unterhaltung von allerlei anderm auch auf den Nil gekommen, daß doch kein Mensch seine Quellen kenne, und da habe Etearchos gesagt, einst seien zu ihm gekommen Leute vom Stamm der Nasamonen. Dieser Stamm ist ein libyscher und wohnt an der Syrte und im Land ostwärts von Syrte, nicht sehr weit. Die Nasamonen also seien hingekommen und auf die Frage, ob sie nicht etwas Näheres wüßten von den Wüsten Libyens, hätten sie erzählt, bei ihnen hätten einmal einige führende Leute recht übermütige Knaben gehabt, und als die groß geworden, hätten sie sonst allerlei unnützes Zeug ausgeheckt und so auch fünf unter sich ausgelost, sich in den Wüsten Libyens umzusehen und ob sie nicht weiter hinaus Ausschau halten könnten, noch weiter als die, die bisher am weitesten vorgedrungen seien. (. . .)

Die jungen Leute also, erzählten sie, die von ihren Gesellen ausgeschickt wurden, mit Wasser und Lebensmitteln wohl versehen, sind zuerst durch das bewohnte Land gezogen; und als sie dieses durchquert, sind sie in die Region der wilden Tiere gekommen, danach ist es durch die Wüste gegangen, wobei sie eine westliche Richtung einschlugen; nachdem sie aber eine lange Strecke hinter sich gebracht hatten, viele, viele Tage und immer nur Sand, haben sie endlich wieder Bäume gesehen, die wuchsen in einer Ebene; und sie gingen hinzu und machten sich an die Früchte, die an den Bäumen hingen, und wie sie dabei waren, kamen kleine Männer herbei, kleiner als mittelgroße Männer, und griffen sie und führten sie weg. Sie verstanden aber kein Wort voneinander, weder die Nasamonen von deren Sprache noch die sie wegführten von der der Nasamonen. Sie brachten sie durch gewaltige Sümpfe, und wie sie durch die hindurch waren, kamen sie in einen großen Ort, da waren alle Leute ebenso klein wie die, die sie weggeführt, und schwarz von Farbe. Und an dem Ort vorbei floß ein großer Fluß und floß von Abend nach Sonnenaufgang, und es waren Krokodile in ihm zu sehen. Soweit meinerseits von der Erzählung des Etearchos, des Ammoniers, und damit Schluß; bloß das eine noch, daß er, wie die Kyrenaier sagten, auch erzählt hat, diese Nasamonen seien glücklich wieder heimgekehrt, und die Leute, zu denen sie gekommen, seien alle miteinander Zauberer gewesen. Jenen Fluß aber, der dort vorbeifließt, hielt Etearchos für den Nil, und dafür spricht denn auch die Überlegung.

Zur Entstehung Ägyptens

Gerade so eine Bucht, meine ich, sei auch einmal Ägypten gewesen, so daß also eine Bucht vom nördlichen Meer auf Äthiopien zu ins Land ging, die andere vom Südmeer auf Syrien zu, und ihre Enden stießen fast aufeinander, und es war nur wenig Land zwischen ihnen. Wollte nun der Nil seinen Strom in diese arabische Bucht lenken, was stünde im Wege, daß sie, fließt er fort und fort, zugeschüttet würde, sagen wir in zwanzigtausend Jahren? Ja ich vermute, daß sie schon in zehntausend Jahren zugeschüttet wäre. Wie sollte also in all der Zeit, die vor mir vergangen ist, nicht noch eine viel größere Bucht als diese aufgefüllt werden von einem Fluß, der so groß und so tätig ist? (...)

Wollten wir uns nun die Meinung der Jonier über Ägypten zu eigen machen, die behaupten, allein das Delta sei Ägypten, wobei sie sagen, es reiche am Meer von der sogenannten Warte des Perseus bis zu den Fisch-Pökeleien von Pelusion, eine Strecke von vierzig Schoinen, von dem Meer ins Binnenland aber reiche es bis zur Stadt Kerkasoros, wo sich der Nil teilt und strömt nach Pelusion und Kanobos, von dem übrigen Ägypten aber sagen sie, es gehöre teils zu Libyen, teils zu Arabien — dann könnten wir diese Bestimmung verwenden, um zu behaupten, daß die Ägypter früher gar kein Land hatten. Denn das Delta, wie die Ägypter selber sagen und ich glaube, ist ja herabgespült und sozusagen erst kürzlich hervorgetreten. Wenn sie nun gar kein Land zur Verfügung hatten, warum haben sie sich dann bloß so angestrengt mit ihrer Annahme, sie seien die Erstentstandenen unter den Menschen? Und an den Versuch mit den Knäblein hätten sie auch nicht zu gehen brauchen, was für eine Sprache die zuerst von sich geben würden. Aber das glaube ich nicht, daß die Ägypter erst mit dem Delta, wie die Jonier es nennen, entstanden sind, sondern daß sie schon immer da waren, seit das Menschengeschlecht entstanden ist, und daß, als das Land vorrückte, viele sitzen blieben, viele aber nach und nach mit vorrückten. Vor alters hieß jedenfalls Theben Ägypten, der Bezirk, dessen Umfang sechstausendeinhundertundzwanzig Stadien beträgt.

Geschichten und Geschichte

ARISTOTELES (384 bis 322 vor Christus)

Über Meer und Flüsse, von denen, wie Aristoteles darlegt, die größten aus den größten Gebirgen fließen sollen

Ähnlich kommen auch in Afrika von den Äthiopischen Bergen der Aigon und der Nyses. Die größten aber unter den vielgenannten, der sogenannte Chremetes, der ins

Außenmeer fließt, und der Oberlauf des Nils kommen von den sogenannten Silberbergen. *Meteorologie*

Theorien der Nilschwelle

Wie kommt es, daß andere Flüsse im Winter steigen, im Sommer dagegen viel kleiner werden, nur der Nil von allen ins Meer mündenden Flüssen im Sommer über seine Ufer tritt und so groß wird, daß nur noch die Städte wie Inseln herausragen? Er wächst an einem bestimmten Tage nach der Sommerwende und nimmt dann wieder ab, und zwar tritt er über die Ränder seiner Ufer aus seinem Bette, nicht durch die Erde hindurch, wie manche behaupten. Allerdings legt man unmittelbar neben dem Flusse Brunnen an. Den Grund für diesen Vorgang an ihm kann man erkennen, wenn man folgende Frage stellt. Entweder nämlich muß er im Sommer Wasser hinzubekommen oder es muß ihm im Winter welches entzogen werden, das dann entweder von der Sonne aufgesogen würde, die dies ja ersichtlich tut, oder in der Erde versikkern. Jener Wasserentzug würde aber unbedingt im Sommer größer sein. Der Wasserzuwachs könnte auf folgende Weise entstehen. Entweder könnte das eigene Wasser übertreten infolge einer Sperrmauer, wie man sie bei Kanälen hat. Wenn hier jemand absperrt, tritt eine Stauung ein, und das Wasser steigt. Oder aber es kommt fremdes Wasser hinzu, was immer heißt, daß die Quellen besonders ergiebig sind, weil anderswoher Wasser zuströmt, entweder durch Neubildung von Wasser oder durch Regen.

Das sind die Weisen und nur so viele gibt es, durch die ein Fluß allein wachsen kann. Wir wollen nun sehen, welcher sich diejenigen angeschlossen haben, die früher schon dieser Frage nachgegangen sind.

Thales, Sohn des Examyas aus Milet, lehrte, der Fluß werde durch Jahreswinde gestaut und trete über seine Ufer. Er wächst in der Tat zur Zeit, wenn diese wehen, und er fließt in ihrer Richtung. Aber der Vorgang verläuft ganz entgegengesetzt: der Fluß schwillt im Unterlauf nur wenig an, die Flut kommt von oben. Zudem müßte dies bei andern Flüssen noch mehr eintreten, die noch mehr den Jahreswinden entgegenfließen, dabei kleiner sind und also leichter von den Winden bezwungen werden müßten. Oft wehen auch die Jahreswinde einmal nicht, und der Fluß zeigt dennoch das gleiche Verhalten.

Diogenes, Sohn des Apollothemis aus Apollonia, meint, die Quellen erführen einen Wasserzuwachs, den die Erde an sich ziehe, wenn sie im Sommer austrockne. Denn es sei natürlich, daß sie das, was sie entbehre, aus der Umgebung an sich ziehe. Aber auch für diesen ergibt sich, daß gerade im Sommer die Umgebung des Erdbodens am kühlsten ist, während zugkräftig nur das Warme ist und solange es warm ist. Außerdem müßte es allen Flüssen in Afrika genauso gehen, da die Sonne ja nicht nur die Nilquellen trocknet.

Anaxagoras, Sohn des Hegesibulos aus Klazomene, behauptet, der Fluß steige im Sommer wegen der Schneeschmelze. Dies ist freilich einer der Gründe, aus denen ein Fluß ansteigen kann, wie wir gesagt haben, aber die Wassermenge steht in keinem Verhältnis zu den wirklich bei den Überschwemmungen beobachteten. Der Fluß steigt zu viel, als daß es sich um Schmelzwasser handeln könnte. Denn auch große Schneemengen geben nur wenig Wasser, der Nil jedoch überschwemmt weite Gebiete, und seine Tiefe betrug bisweilen über dreizehn Meter. Bisher ist aber noch keine Gegend festgestellt, die groß genug wäre, daß sich solch ein Fluß aus Schneewasser bilden könnte. Äthiopien nämlich und Libyen sind unbewohnbar wegen der Hitze, aus Asien jedoch kann er nicht kommen. Denn in der Nähe des Syrischen Meeres liegt der Sythonische See, und an diesen schließt sich in einer Länge von zweihundert Kilometern das Rote Meer an. Manche behaupten, das Rote Meer stehe in Verbindung mit dem äußeren Weltmeer. Von dem einen kann der Nil nicht kommen, ob es vom andern möglich ist, ist noch nicht zu entscheiden, da wir noch keine sichere Kunde über das Rote Meer haben, ob es ein für sich abgeschlossenes Meer ist oder mit dem jenseits der Säulen des Herakles in Verbindung steht. Auch der König Artaxerxes Ochos täuschte sich, als es wegen Ägypten zum Krieg kam. Er versuchte nämlich, einen Fluß der Inder abzuleiten, als sei dies derselbe Fluß wie der Nil, weil er gehört hatte, daß es in ihm ebenso Krokodile gebe wie im Nil. Er schickte zu den sogenannten Onifalen und hörte, daß der Fluß ins Rote Meer münde; darauf ließ er ab von seinem Versuche. Aber zum zweiten Mal wurde er überredet, als die Inder ihm sagten, es gebe noch einen andern Fluß in dieser Gegend, der am Aleto-Berge entspränge, von dem auch der Indus komme. Dieser habe ebenfalls Krokodile und fließe um das Rote Meer herum, und man weiß nicht, ob sie recht hatten oder logen. Jedenfalls mußte er nun versuchen, diesen abzulenken, doch sie selber verhinderten dies, als er Leute für diese Arbeit schickte. Sie sagten, er werde ein größeres Gebiet zerstören als er gewönne mit der Herrschaft über Ägypten. Über die Nilquellen und das Rote Meer muß man entweder so denken oder wie Athenagoras, Arimnestos' Sohn, der behauptet, das Rote Meer sei dasselbe wie das außerhalb der Säulen des Herakles, ohne doch etwas vorbringen zu können, was den König überzeugt hätte. Soviel aber steht völlig fest: wenn der Nil bei Schneeschmelze aus diesem Gebirge käme, dann müßten viele Erscheinungen, die wir an ihm beobachten, genau entgegengesetzt verlaufen. Denn dieses Gebirge zwischen Äthiopern und Indern liegt um eine Reise von fünf Monaten entfernt, wie es heißt. Der Unterschied ist der zwischen einer langen und einer kurzen Strömung. Bei Strömungen aus nächster Umgebung ist die Stärke zunächst groß und wird dann immer geringer, Strömungen dagegen, die weither kommen, sind zuerst gering und werden erst zuletzt ergiebig, genau wie bei den Winden. Deswegen heißt es ja auch im Sprichwort:

Wenn der Südwind erst kommt und der Nordwind aufhört zu blasen.

Der Südwind nämlich, der von weither zu uns kommt, weht zuerst schwach und wird erst im Verlaufe stark, beim Nordwind dagegen ist es umgekehrt, weil unser Wohnsitz dem Norden häher liegt. Der Nil kommt nun aber zuerst sehr stark und flaut zuletzt stark ab. Dazu kommt, daß die Strömung bei Neumond und kleinem Mondlicht stärker ist als bei strahlendem Licht und Vollmond. Das müßte umgekehrt sein, weil bei Vollmond Gefrorenes eher schmilzt. Auch fließt er bei herrschendem Nordwind stärker als bei Südwind, obwohl gerade Südwind den Schnee stärker abtaut als Nordwind. Dasselbe muß man auch denen entgegenhalten, die behaupten, der Nil komme aus der Gegend der Säulen des Herakles. Der Samier Promachus sagt nämlich, er komme von den Silberbergen, woher auch der Chremetes entspringe, wenn der Schnee schmelze. Dem ist zu entgegnen, daß die Strömung bis hierher viel zu weit wäre, da er behauptet, er flösse durch ganz Afrika.

Soviel über die Ursache, die Anaxagoras für die Nilüberschwemmung angibt. Im übrigen werden wir über die Arten, die keine ähnliche Vertretung gefunden haben, später noch reden. Es gibt noch Leute, die das Ansteigen des Flusses begründen mit der jährlichen Sonnenbahn, die auf die Quellen wirke, weil sie außerhalb des Meeres lägen. Diese Quellen seien also im Sommer wärmer und flössen über, wenn die Sonne sich zum Bären hinwende. Denn Wasser sprudele von Hitze mehr über als von Kälte. Beides bedarf nur ein wenig Überlegung. Soweit die jährliche Sonnenbahn herangezogen wird, wird es durch die gleichen Überlegungen widerlegt, die wir schon angestellt haben, und daß in ganz Afrika jeder Fluß die gleiche Erscheinung aufweisen müßte. Soweit man aber eine solche Steigerung der Strömung auf die Hitze zurückführt, ist dies ganz töricht, weil durch Aufquellen derselben Menge nicht die ganze Strömung stärker wird.

Nikagoras von Zypern sagt, der Fluß ströme im Sommer deswegen stärker, weil er seine Quellen in einem Gebiete habe, in dem Winter herrsche, wenn wir Sommer hätten. Aber dies ist zu unbestimmt, er scheint über seine Behauptung nicht weiter nachgedacht zu haben. Wohl haben wir zur selben Zeit Sommer, wenn die Bewohner der andern Zone Winter haben, aber dazwischen liegt ein unbewohnbarer Streifen, den die Wendekreise begrenzen. Dies ist nämlich der eine Teil, der andere ist der, den der immer sichtbare und der nie sichtbare Kreis begrenzen *(die beiden Polarkreise)*. Was zwischen diesen und den Wendekreisen liegt, ist bewohnbar, und zwar rings um die Erde herum. Was einsam dazwischenliegt unter der Sonnenbahn, hat die Größe von zwei Zonen, da es zwei Abschnitte sind, während der bewohnte Teil nur einen ausmacht. Der Nil müßte also eine so gewaltige Entfernung durchströmen, die doppelt so weit ist wie die bewohnte Erde und unbewohnt wegen der übermäßigen Hitze. Wenn der Nil daher nicht durch das Libysche Meer begrenzt ist, sondern fortlaufend weiterfließt, dann muß er eine so ungeheure Länge durchströmen, wie es auch bei denen der Fall war, die ihn von Schneewasser entspringen ließen, was auch bei dieser Erklärung unmöglich war.

Es bleiben nun nur noch drei Möglichkeiten offen, die wir für das Ansteigen von Flüssen angegeben hatten. Das Wasser kann im Winter abgezogen werden. Dies wird aber nur geschehen, wenn die Sonne es austrocknet, wie der Geschichtsschreiber Herodot sagt. Er sagt, die Sonne könne nicht in ganz Afrika zur Winterszeit solche Fülle schaffen, wenn sie nicht viel Feuchtigkeit aus dem Boden zu ziehen vermöchte. Dagegen komme sie um die Sommerwende nach Norden. Aber diese Begründung ist besonders unzureichend. Denn einerseits dürfte dann nicht nur der Nil sich so verhalten, denn er sagt ja, die Sonne ziehe aus ganz Afrika diese Feuchtigkeit heraus, und es wäre töricht anzunehmen, daß die Sonne wie über andere

Teile so auch über bewohnbare hinwegginge. Denn überall weist der Schatten eines aufrecht stehenden Stabes einmal nach Süden, der Unterschied liegt nicht hierin, sondern nur in der Länge dieses Schattens. Und es heißt, ganz Afrika sei vom Meer umgeben, so daß diese Art der Begründung unmöglich wird.

Es bleiben also noch zwei Begründungen zu erörtern. Eine davon besagt, daß das Nilwasser im Winter austrocknet, weil dann der Boden besonders warm ist und seine Quellen in einem solchen Gebiete liegen. Dies beobachtet man nämlich auch anderswo. In Phrygien gibt es Brunnen, die im Winter trocken sind, im Sommer dagegen sich wieder füllen, und in Olynth auf der Chalkidike sind manche Brunnen im Sommer besonders voll. Diese Begründung hat also mehr für sich als die bisher erörterten, und daher habe ich früher die Frage in diesem Sinne entschieden.

Nun bleibt noch die letzte Begründungsmöglichkeit für die erörterten Erscheinungen, und dieser muß man sich anschließen, weil die Streitfrage entschieden ist. Denn es sind Beobachtungen gemacht worden, wie man sich auch sonst mit eigenen Augen durch die Erscheinungen überzeugen läßt, man bemerkt in Ähtiopien Regengüsse, die vom Aufgang des Hundsternes bis zum Aufgang des Arcturus (Ende Juli bis Mitte September) zahlreich und heftig herniedergehen, im Winter dagegen nicht. Und die Fluten des Nils steigen, wenn sie durch diese Regengüsse genährt werden. Daher kommt der Fluß auch zugleich mit den Jahreswinden. Diese nämlich sind es, die die Wolken in jene Gegend treiben, ebenso die andern Winde im Sommer, die es von ihnen besorgen. Wenn sie sich an den Bergen stoßen, dann fällt der Regen in die Sumpfgebiete, durch die der Nil hindurchströmt. Damit werden durch diese Begründung auch die Tatsachen aufgeklärt, die gegen die Auffassung sprachen, daß es sich um Schneeschmelze handele, da nämlich der Fluß mehr beim Kommen des Mondes ansteigt und das Wasser gerade dann besonders zu strömen pflegt. Auch daß die Fülle anfangs nicht so ist wie zum Schluß. Denn solange noch Südwinde herrschen, ist das Wasser geringer als bei Nordwind, weil dieser erst die Wolken in die Gegend treibt, in der der Regen den Nil anfüllt. — Soviel also über den Nil.

Fragment über die Nilüberschwemmung

DIODOR (1. Jahrhundert vor Christus)

Der größte aller Flüsse

Der Nil strömt von Süden nach Norden und hat seine Quellen in nie gesehenen Gegenden, die im äußersten Äthiopien nach der Seite der Wüste hin liegen, wo das Land wegen des Übermaßes der Hitze ganz unzugänglich ist. Er ist der größte aller Flüsse und durchströmt das größte Gebiet, indem er weite Krümmungen macht, bald gegen Osten und Arabien hin sich wendend, bald gegen Westen und Libyen hin ausbiegend. Er durchströmt nämlich von den äthiopischen Gebirgen bis zu seiner Mündung ins Meer ungefähr 12000 Stadien, die Biegungen mit eingerechnet. In den niedrigeren Gegenden aber nimmt sein Wasserschwall mehr und mehr ab, da die Gewässer sich gegen die beiden Weltteile hin zerteilen. Von seinen Armen wird der, welcher gegen Libyen hin ausbiegt, vom Sande verschlungen, der unglaublich tief ist; der aber, welcher nach der entgegengesetzten Seite, gegen Arabien, hinfließt, verläuft sich in ausgedehnte Sümpfe und große Seen, die von zahlreichen Völkerschaften umwohnt sind. Da, wo er in Ägypten eintritt, ist er bald zehn Stadien, bald etwas weniger breit und fließt nicht in gerader Richtung, sondern in allerlei Krümmungen. Einmal nämlich wendet er sich gegen Osten, dann gegen Westen und manchmal wieder nach Süden, indem er seinen eigenen Weg zurückläuft. Auf beiden Seiten des Flusses erheben sich nämlich Gebirge, die eine große Strecke des Ufersaumes einnehmen und durch Schluchten und steile Engpässe zerrissen sind; zwischen diesen drängt sich der Strom durch, fließt wieder rückwärts durch die Ebene, und nachdem er so wieder ein beträchtliches Stück gegen Süden geflossen ist, wendet er sich abermals in die Richtung, die seine natürliche ist. Dieser in jeder Art so ausgezeichnete Strom ist auch von allen der einzige, der seinen Lauf ohne Gewalt und Wogenbrandung vollendet, ausgenommen bei den sogenannten Katarakten. Es ist nämlich eine Strecke von ungefähr zehn Stadien Länge, abschüssig und durch steile Felsen in eine enge Schlucht gezwängt, durchaus uneben und schluchtenreich und dazu noch mit zahlreichen und großen Felsblöcken besät, welche Klippen gleichen. Indem sich die Wasser mit größerer Gewalt an diesen brechen und trennen und oft, in Schluchten eingezwängt, sich nach entgegengesetzten Richtungen herabstürzen müssen, entstehen seltsame Wirbel. Der ganze mittlere Raum aber wird durch den in sich zurückwirbelnden Schaum erfüllt und versetzt die sich Nahenden in großes Staunen.

Die Insel Meroë

Der Fluß umschließt aber auch Inseln in seinem Laufe, und so in Äthiopien außer mehreren anderen auch eine sehr große, welche Meroë genannt wird und eine bedeutende gleichnamige Stadt trägt. Kambyses nämlich hat sie gegründet und nach seiner Mutter Meroë benannt. Der Gestalt nach soll sie einem Schilde gleichen, an Größe aber die anderen Inseln in diesen Gegenden weit übertreffen. Denn ihre Länge soll 3000, die Breite aber 1000 Stadien betragen. Auch trage sie nicht wenige Städte, und darunter sei die bedeutendste Meroë. Die ganze Seite der Insel gegen Libyen hin, soweit sie vom Strome bespült wird, bestehe aus Dünen mit einer unendlichen Menge Sand, die Seite gegen Arabien hin aber aus jäh abschüssigen und zerklüfteten Felsen. Auch fänden sich auf der

Insel Bergwerke von Gold, Silber, Eisen und Kupfer, und dazu enthalte sie noch großen Reichtum an Ebenholz und allerlei Arten kostbarer Steine. Überhaupt aber bilde der Strom so zahlreiche Inseln, daß man den Angaben darüber kaum Glauben schenken mag. Außer den Teilen des sogenannten Deltas nämlich, die der Nil mit seinen Armen umschließt, betrage die Zahl der übrigen Inseln mehr als 700, von denen ein Teil durch die Äthiopier bewässert und mit Hirse bebaut werde, die Mehrzahl aber voller Schlangen sei und hundsköpfiger Affen und allerlei anderen Getiers, und deshalb auch unzugänglich für die Menschen.

Die Schwelle und die Erfindung des Nilmessers

Die Mehrzahl der wilden Landtiere wird vom Flusse überrascht und ersäuft, andere retten ihr Leben, indem sie nach höhergelegenen Gegenden fliehen; die Herden aber werden zur Zeit der Überschwemmung in den Dörfern und Gehöften ernährt, wo für ihr Futter bereits vorgesorgt ist. Der große Haufe aber enthält sich während der ganzen Zeit der Überschwemmung aller Arbeit und gibt sich ganz der Lustbarkeit hin in ununterbrochenen Gastereien und unbeschränktem Genuß jedes Vergnügens. Um aber die Furcht zu beruhigen, die durch das Anschwellen des Stromes erregt wird, ist von den Königen in Memphis ein Nilmesser erbaut worden, woran die damit Betrauten das Steigen der Gewässer genau abmessen und Briefe in die Städte senden, in denen sie nach Fuß und Zoll genau angeben, um wieviel der Fluß gewachsen, und zur Zeit des Sinkens, um wieviel er gefallen ist. Durch diese Veranstaltung wird das ganze Volk von seiner Furcht befreit, indem es erfährt, wann der Strom von seinem höchsten Wasserstand wieder zu sinken beginnt; und sofort wissen auch alle voraus, wie reichlich die Ernte ausfallen wird, da die Beobachtungen hierüber bei den Ägyptern seit langen Zeiten genau verzeichnet sind.

Viele Quellen

Eine der troglodytischen Völkerschaften aber, welche durch die Hitze aus jenen Gegenden vertrieben wurde, die sogenannten Molgier nämlich, sagen, es fänden sich in jenen Länderstrichen einige Anzeichen, aus denen man schließen könnte, daß der Nilfluß aus vielen an einem Punkt zusammenströmenden Quellen seinen Ursprung nehme, weshalb er denn auch unter allen bekannten Strömen derjenige sei, welcher die größte Zahl von Wesen erzeuge. *Geschichtsbibliothek*

STRABO (ca. 63 vor Christus bis ca. 28 nach Christus)

Der Nillauf nach Eratosthenes

Auch hier aber müssen wir die Angaben des Eratosthenes vorausschicken.

Dieser sagt, der Nil sei vom Arabischen Meerbusen tausend Stadien [185 Kilometer] gegen Westen entfernt und einem umgekehrt liegenden *N* ähnlich. Denn, sagt er, nachdem er von Meroë etwa 2700 Stadien [500 Kilometer] gegen Norden hinabgeflossen ist, wendet er sich wieder gegen Süden und Südwesten auf 3700 Stadien [685 Kilometer]; und so fast zu den Orten um Meroë her zurückgeflossen und weit nach Libyen vorgedrungen, macht er eine zweite Wendung und strömt wieder gegen Norden, und zwar 5300 Stadien [981 Kilometer] weit bis zum großen Wasserfalle, indem er ein wenig gegen Osten ausbiegt, dann 1200 Stadien [222 Kilometer] weit bis zum kleineren bei Syene und weitere 5300 bis zum Meere. In ihn ergießen sich zwei Ströme, welche aus einigen Seen von Osten herfließen und die sehr große Insel Meroë umschließen; der eine von ihnen, der auf der Ostseite fließt, heißt Astaboras, der andere Astapus. Einige aber nennen ihn Astasobas und sagen, der Astapus sei ein anderer (Fluß), der aus einigen Seen von Süden herströmend fast in gerader Linie die Körpermasse des Nils bilde.

Das Delta

Der Nil nämlich strömt von der Grenze Äthiopiens in gerader Richtung gegen Norden bis zu der sogenannten Landschaft Delta; dann, in eine Scheitelspitze gespalten, wie Plato sagt, macht er diese Gegend gleichsam zur Spitze eines Dreiecks, zu Seiten dieses Dreiecks aber die nach beiden Seiten hin sich teilenden und bis zum Meere hinabgehenden Arme des Stroms, den einen zur Rechten nach Pelusium hin, den anderen zur Linken nach Kanobus und dem nahen sogenannten Heracleum hin, zur Grundlinie endlich die Küste zwischen Pelusium und dem Heracleum. So bildet sich denn durch das Meer und die beiden Arme des Stroms eine Insel, die von der Ähnlichkeit ihrer Gestalt Delta genannt wird. Aber auch die Gegend an der Spitze wird gleichnamig benannt, weil sie der Anfang der erwähnten Gestalt ist. Auch der in ihr gelegene Flecken heißt Delta. Dies also sind die zwei Mündungen des Nils, deren eine die pelusische, deren andere aber die kanobische oder herakleotische heißt. Zwischen diesen aber finden sich fünf andere Ausströmungen, und zwar bedeutende, aber auch noch mehrere kleinere; denn viele schon von den ursprünglichen Teilen ausgehende und durch die ganze Insel verteilte Nebenarme bildeten viele Flußbetten und Inseln, so daß das ganze Delta durchschifft werden kann, weil Kanäle über Kanäle gezogen sind, die mit solcher Leichtigkeit befahren werden können, daß einige sich sogar tönerner Fahrzeuge bedienen. Die ganze Insel nun hält im Umfange ungefähr 3000 Stadien [555 Kilometer]. Man nennt sie aber samt den gegenüberliegenden Uferstrichen des Deltas auch das Niederland. Während der Anschwellungen des Nils wird sie ganz bedeckt und versumpft mit Ausnahme der Wohnorte; denn diese sind entweder auf natürlichen Anhöhen oder auf aufgeschütteten Hügeln erbaut, sowohl bedeutende Städte als Flecken, welche von fern gesehen Inseln gleichen.

Der Brunnen von Syene — einer der Brunnen, mit deren Hilfe Eratosthenes den Erdumfang bestimmte

In Syene ist auch der Brunnen, welcher die Sommersonnenwende anzeigt, weil diese Orte unter dem Wendekreise liegen. Denn gehen wir aus unseren Gegenden, ich meine die von Hellas, weiter gegen Süden, so steht uns hier zuerst die Sonne im Scheitel und macht die Schattenzeiger am Mittag schattenlos; steht sie uns aber im Scheitel, so muß sie auch in den Brunnen, wenn sie auch noch so tief sind, ihre Strahlen bis auf den Wasserspiegel werfen; denn so wie wir in senkrechter Linie stehen, so sind auch die Gruben der Brunnen gegraben.

Der erste Katarakt

Wenig oberhalb Elephantines ist der kleine Wasserfall, auf welchem die Kahnfahrer den Statthaltern auch ein Schauspiel geben. Der Wasserfall ist nämlich in der Mitte des Stromes, ein Felsenrand, oben flach, so daß er den Fluß aufnimmt, aber in einen Abhang endend, von welchem das Wasser hinabstürzt, zu beiden Seiten am Lande hin aber ein Fahrwasser, das auch eine leichte Fahrt stromaufwärts gestattet. Auf diesem nun hinangefahren, rudern sie abwärts zum Wasserfalle, stürzen mit dem Kahne am Abhange hinunter und bleiben samt demselben unbeschädigt.

Meinungsverschiedenheiten

Vieles aber schwatzen Herodot und andere, indem sie gleichsam als Musik oder Versklang oder Würze ihrer Darstellung Wunderdinge beimischen, wie wenn sie sagen, bei den Inseln um Syene und Elephantine her (denn es sind mehrere) seien die Quellen des Nils und das Fahrwasser habe an dieser Stelle eine unergründliche Tiefe.

OVID (43 vor Christus bis ca. 18 nach Christus)

Die Zeugungskraft des Nilschlammes

All die übrigen Wesen, verschiedenster Bildung, gebar von
sich aus die Erde, nachdem im Feuer der Sonne die alte
Feuchte durchwärmt und, schwellend in Hitze, gegoren der Sümpfe
Nässe und Schlamm, und als, wie im Mutterschoße im leben-
trächtigen Boden ernährt und erwachsen, die fruchtbaren Keime
irgendeine Gestalt, allmählich sich formend, gewonnen.
Wie, wenn die nassen Äcker der siebenarmige Nil ver-
läßt und dem alten Bett seine Fluten zurückgibt und frischer
Schlamm in der Hitze des Äthergestirnes erglüht und die Bauern
finden beim Wenden der Schollen unzählige Tiere und
sehen manche darunter, die eben zu werden beginnen, die
eben sind im Begriff zu entstehn, unfertig manche, der
vollen Zahl ihrer Glieder noch bar; und oftmals lebt in
demselber Körper ein Teil und ist noch rohes Erdreich
der andre. Denn es befruchten sich ja, wenn die richtige Mischung gefunden,
Feuchte und Glut und entsteht aus diesen beiden doch alles.
Und, ist das Feuer dem Wasser auch feind, so schafft doch die feuchte
Wärme alles und frommt zwieträchtige Eintracht Geburten.

Der Nil hütet das Geheimnis seiner Quellen.

Damals, so glaubt man, erhielt Äthiopiens Volk seine schwarze
Farbe, da Hitze sein Blut an des Körpers Fläche gerufen.

Und, seiner Feuchte beraubt durch die Glut, ward Libyen damals
trocken, damals beweint ihre Quellen und Seen mit gelösten
Haaren der Nymphen Schar. (. . .)

Bis ans Ende der Welt entfloh der Nil und versteckte
angstvoll sein Haupt, das sich heut noch verbirgt, seine Arme, die sieben,
sieben stromlose Täler, sie liegen in stäubender Leere.

Metamorphosen

LUKAN (39 bis 65)

Cäsars Wunschtraum — ausgesprochen an einem Gelage bei Kleopatra

»Doch da in meinem Herzen ein so großer Geist, eine so große Liebe zur Wahrheit leben, gibt es nichts, was ich lieber erfahren möchte als die Herkunft des Stroms, die so viele Jahrhunderte lang verborgen blieb, und seinen noch unerforschten Ursprung. Wenn ich wirklich hoffen darf, die Nilquellen zu sehen, lasse ich vom Bürgerkrieg ab.«

Aus der Antwort des Priesters Akoreus

»Römer, du möchtest den Nil erforschen. Diesen Wunsch hegten schon die Könige von Ägypten, Persien und Makedonien, und jede Generation wollte den Nachfahren diese Kenntnis weiterreichen. Doch sein natürlicher Hang zum Geheimnis hat bisher gesiegt. Alexander, den Memphis verehrt, der größte aller Könige, war eifersüchtig auf den Nil und sandte auserlesene Forscher bis ins fernste Äthiopien, doch die rotglühende Himmelszone hielt sie auf; sie fanden den Nil erhitzt. Sesostris zog nach Westen, ans Ende der Welt, und ließ unterjochte Könige seinen ägyptischen Wagen ziehen, doch hätte er eher aus euren Flüssen, der Rhône und dem Po, getrunken, bevor er aus den Nilquellen trinken konnte. Kambyses, dieser Narr, drang nach Osten bis zum Volk der Langlebigen vor, doch der Proviant ging ihm aus, er mußte seine eigenen Leute schlachten und essen und kam zurück, ohne den Nil erforscht zu haben.

Nicht einmal der Mythos hat gewagt, von deiner Quelle zu sprechen, o Nil! Wo immer man dich sieht, bist du ein Rätsel, und kein Volk kann sich deines Besitzes rühmen und erfreuen.« *Der Bürgerkrieg*

SENECA (ca. 4 vor Christus bis 65 nach Christus)

Der Nil — ganz anders als andere Flüsse

Wunderbar ist also die Natur des Flusses: Während alle anderen Ströme das Erdreich abschwemmen und auswaschen, frißt der Nil, der doch um so viel größer ist als sie, nichts weg und nimmt seine Ufer nicht mit, sondern gibt im Gegenteil Kräfte, und es mag nur seine kleinste Wohltat sein, daß er den Boden temperiert; indem er nämlich Schlamm herbeiführt, sättigt und bindet er den Sand, und Ägypten dankt ihm nicht nur die Fruchtbarkeit seiner Böden, sondern diese selbst.

Folgenreiche Launen des Nils

Theophrastos berichtet, der Nil habe einmal Seewasser mit sich geführt. Zwei Jahre nacheinander, im zehnten und elften Regierungsjahr der Königin Kleopatra, sei er nicht angestiegen. Dies, so sagt man, bedeutete den Sturz zweier Menschen, die die Welt beherrschen wollten, denn wirklich fand die Herrschaft von Antonius und Kleopatra ihr Ende. Daß der Nil in früheren Zeiten neun Jahre lang nicht anstieg, weiß man durch Kallimachos.

Doch kein Schnee in Afrika?

Erstens beweisen die verbrannte Hautfarbe der Menschen und die unterirdischen Behausungen der Troglodyten, daß Äthiopien ein glühendheißes Land ist. Seine Felsen sind brennendheiß wie von Feuer, und zwar nicht nur mittags, sondern auch, wenn der Tag sich neigt; der Staub glüht so heiß, daß kein Mensch seinen Fuß darauf setzen kann, Silber schmilzt aus Blei heraus, an Erzbildern schmelzen die Nähte auf, kein schmückender Metallüberzug bleibt haften. Auch ist der Südwind, der aus dieser Gegend weht, der heißeste aller Winde. Keines von den Tieren, die sich sonst verstecken, verbirgt sich hier je um die kürzesten Tage, und die Schlange lebt auch im Winter auf der freien Oberfläche. Selbst in Alexandria, das weit von dieser maßlosen Hitze entfernt liegt, fällt niemals Schnee, und weiter oben gibt es keinen Regen.

Wie soll also in einer Gegend, die unter solcher Glut liegt, Schnee fallen, der den ganzen Sommer liegenbleibt?

Die schwitzende Erde

Ephoros von Kyme aber sagt im ersten Buch seines Geschichtswerkes, Ägypten sei von Natur aus durchlässig, werde aber, wenn der Nil Schlamm herbeiführe, jedes Jahr verstopft. Der Fluß aber würde zur Zeit der Hitze wie Schweiß in die durchlässigeren und trockeneren Stellen herabrinnen.

Die Erkundungen Neros

Und weißt du nicht, daß unter den Vermutungen zur Erklärung der sommerlichen Nilschwelle auch die ist, er breche aus der Erde hervor und schwelle durch Wasser an, das er nicht von oben, sondern aus dem Erdinnern erhielt? Ich hörte jedenfalls die beiden Zenturionen, die Kaiser Nero (der wie für anderes Vortreffliche so auch für die Wissenschaft begeistert ist) zur Erforschung der Nilquelle geschickt hatte, sagen, sie hätten einen weiten Weg zurückgelegt, da sie vom König Äthiopiens unterstützt worden, den angrenzenden Königen empfohlen und in weite Ferne vorgedrungen seien. »Wir kamen«, berichteten sie, »zu unermeßlichen Sümpfen, deren Ende weder die Anwohner wußten noch jemand aufzufinden hoffen kann, so sehr ist das Wasser mit Kräutern verwachsen und weder zu Fuß noch zu Schiff zu durchdringen, denn der verschlammte und überwachsenene Sumpf trägt nur eine Nußschale, in der ein Mann Platz hat. Dort«, so ging ihr Bericht weiter, »sahen wir zwei Felsen, aus denen ein Fluß mit gewaltiger Wassermasse hervorstürzte.«

Mag dies aber die Quelle des Nils sein oder nur ein Zufluß, mag er dort entspringen oder, weiter oben versickert, hier wieder hervorkommen, glaubst du nicht, daß diese Wassermasse (sei sie, was sie will) aus einem mächtigen unterirdischen See emporkommt? Die Erde muß ja Wasser an mehreren Orten zerstreut haben, das nur zu dem Zweck gesammelt ist, daß sie es mit solcher Wucht hervorstroßen kann.

Das ewige Rätsel

Sehr verschieden also sind die Ansichten über den Nil, doch bis heute haben die Menschen nirgendwo die Wahrheit gefunden nach dem Sprichwort: »Die Wahrheit aber liegt in der Tiefe.«

Naturwissenschaftliche Untersuchungen

PLINIUS DER ÄLTERE (ca. 23 bis 79)

Quelle und Lauf des Nils

Der Nil entspringt aus Quellen, die noch unerforscht sind, da er öde, glühendheiße Landschaften und einen Raum von ungemessener Länge durchströmt, denen nur friedliches Hörensagen, nicht Kriege, diese Entdecker aller übrigen Länder, nachgespürt haben. Seinen Ursprung, soweit ihn nämlich König Juba erforschen konnte, hat er auf einem Gebirge des untern Mauretanien, nicht weit vom Ozean, aus einem bald versumpfenden See, den man Nilides nennt. Hier finden sich die Fische Alabeta, Coracinus und Silurus; auch sieht man noch jetzt im Tempel der Isis zu Cäsarea ein Krokodil von dort, das er als einen Beweis dafür dort aufgestellt hat. Außerdem hat man beobachtet, daß in demselben Verhältnis, wie in Mauretanien Schnee und Regen reichlich fällt, auch der Nil anschwillt. Aus diesem See hervortretend und es verschmähend, durch sandige und schlammige Gegenden zu fließen, verbirgt er sich einige Tagereisen weit; dann bricht er in einem andern, größeren See in dem Casäriensischen Mauretanien bei den Massäsylern wieder hervor und beschaut sich gleichsam die menschlichen Umgebungen, wobei er als Belege dieselben Tierarten zeigt. Wiederum im Sande aufgenommen, verbirgt er sich abermals zwanzig Tagereisen weit in Einöden bis zu den nächsten Äthiopiern, und sobald er wieder Menschen merkt, bricht er hervor, wahrscheinlich aus der Quelle, welche die Schwarze heißt. Er scheidet hierauf Afrika von Äthiopien, wenn auch nicht sogleich von Menschen, doch von wilden Tieren umwohnt, bildet Wälder und fließt unter dem Namen Astapus, was in der dortigen Sprache ein aus der Verborgenheit hervorfließendes Wasser bezeichnet, mitten durch das Land der Äthiopier. Dabei bildet er zahlreiche Inseln, einige von so beträchtlicher Größe, daß er, obgleich im reißenden Laufe, doch erst in der Zeit von fünf Tagen vorüberströmt. Bei der bedeutendsten derselben, Meroë, heißt sein linker Arm Astobores, was soviel als ein Zweig eines aus dem Dunkel kommenden Wassers bedeutet; der rechte Arm dagegen heißt Astosapes, was den Begriff der Seite noch beifügt. Nilus heißt er nicht eher, als bis er mit all seinen Gewässern ein einziges Ganzes bildet. So heißt

er auch noch jetzt, wie früher, einige tausend Schritte weit Siris und überall bei Homer Ägyptos, bei andern

Triton. Bisweilen auf Inseln stoßend, fließt er, gerade dadurch gereizt, um so heftiger; endlich von Bergen umschlossen und nirgends reißender, strömt er in eilendem Laufe bis zu einer Stelle im Lande der Äthiopier, welche Kataduper genannt werden, von wo herab er bei dem letzten Wasserfalle zwischen entgegenstehenden Felsen mit ungeheurem Getöse klagend nicht fließt, sondern stürzt. Weiterhin ist er ruhig, die Kraft seines Wassers ist gebrochen, und mit gebändigtem Ungestüm, wohl auch vom langen Laufe ermüdet, ergießt er sich in vielen Mündungen in das Ägyptische Meer.

Expeditionen der Römer

Dies sind die Ortschaften, die bis Meroë genannt werden, von denen aber jetzt auf beiden Seiten fast keine mehr besteht; wenigstens haben die prätorianischen Soldaten, welche Kaiser Nero auf Kundschaft mit einem Tribunen dahin gesendet hatte, als er unter andern Kriegen auch an einen gegen Äthiopien dachte, ihm jüngst die Nachricht zugebracht, daß dort nur Einöden seien. Römische Krieger aber drangen zu den Zeiten des vergötterten Augustus auch bis dahin vor, und zwar unter Anführung des Publius Petronius, eines römischen Ritters, der damals Statthalter von Ägypten war. Dieser eroberte die Städte, die wir als die einzigen genannt finden, und in der Reihe, in welcher wir sie hier aufführen wollen: Pselkis, Primis, Abunkis, Phthuris, Kambusis, Atteua, Stadafis, wo das Geräusch des herabstürzenden Nils den Anwohnern das Gehör raubt; auch plünderte er Napata. Der von Syene entfernteste Punkt, bis zu welchem er vorrückte, war 970000 römische Schritt (194 Meter) davon; doch haben nicht die römischen Waffen die Einöden dort geschaffen, sondern Äthiopien ist durch die Kriege mit den Ägyptern heruntergekommen, indem es wechselnd bald herrschte, bald unterworfen war. Es war sogar berühmt und mächtig bis zum Trojanischen Kriege unter Memnons Regierung und herrschte zur Zeit des Königs Kepheus sogar über Syrien und an unserer Küste, wie sich aus der Mythe von Andromeda ergibt.

Verschiedene Bewohner Äthiopiens

Den gesamten Stamm aber nannte man ehemals Ätheria, dann Atlantia und endlich von Äthiops, dem Sohne des Vulcanus, Äthiopia. Daß sich an den Grenzen des Landes sonderbare Gestalten von Tieren und Menschen erzeugen, ist bei dem regen Bildungstriebe der Wärme in Ausbildung der Körper und Hervorbringung von Gestalten nicht zu verwundern. Wenigstens erzählt man, daß hinter dem innersten östlichen Teile es Völkerschaften ohne Nasen gebe, so daß das Antlitz eine ganz platte Ebene bilde; andern fehle die Oberlippe, andern die Zunge. Ein Teil atmet sogar, da ihm der Mund zugewachsen ist und die Nase fehlt, durch eine Öffnung, durch welche er zugleich auch das Getränk vermittelst eines Haferrohrs einsaugt und die Körner des dort wildwachsenden Hafers als Nahrung zu sich nimmt. Einige bedienen sich statt der Sprache der Mienen und der Bewegungen ihrer Glieder. Einigen war vor der Regierung des ägyptischen Königs Ptolemaios Lathyros der Gebrauch des Feuers unbekannt. Auch soll nach einigen Nachrichten ein Pygmäenvolk zwischen den Sümpfen wohnen, aus denen der Nil entspringe. An der Küste aber, wo es aufhört, läuft eine ununterbrochene Reihe von Bergen hin, die rot aussehen wie ein brennender Berg (. . .)

Auf der Seite des Nils, die sich über den größeren Syrten vor dem südlichen Ozean hin dehnt, sollen nach der Angabe Dalions die Kisorer, so genannt, weil sie sich nur des Regenwassers bedienen, und die Longomporer fünf Tagereisen von den Oikaliken wohnen, ferner die Usibalker, Isbeler, Perusier, Ballier, Kispier; das Übrige sei wüst, und darauf folge Sagenhaftes. Gegen Westen wohnen die Nigroer, deren Fürst nur ein Auge auf der

Stirn hat, die Agriophagen, vorzüglich vom Fleische der Löwen und Panther lebend, die Pamphagen, die alles essen, die Anthropophagen, von Menschenfleisch sich nährend, die Kynamolger mit Hundsköpfen, die Artabatiter, vierfüßig und wie die wilden Tiere umherschweifend. Dann kommen die Hesperier und Perorser, welche wir schon in der Gegend von Mauretanien genannt haben. Ein Teil der Äthiopier lebt nur von Heuschrecken, die man durch Rauch und Salz trocknet und dadurch zur Nahrung für das ganze Jahr zubereitet; sie leben nicht über vierzig Jahr. *Naturgeschichte*

PLUTARCH (ca. 46 bis ca. 125)

Mythische Gestalt des Nils

So wie die Griechen den Kronos allegorisch für den Chronos (die Zeit) nehmen und die Hera für die Luft (ἀέρα — ἠέρα) und die Entstehung des Hephaistos für die Umwandlung der Luft in Feuer, so sei bei den Ägyptern Osiris der Nil, der der Erde Isis beiwohne, Typhon dagegen sei das Meer, in das der Nil fallend unsichtbar und völlig zerteilt werde außer jenes Teils, den die Erde aufnimmt und empfängt und durch den sie befruchtet wird.

Über Isis und Osiris

CLAUDIUS PTOLEMÄUS (ca. 100 bis ca. 170)

Der Nil südlich der Insel Meroë

Dann folgt die Stelle, wo der Nil aus zwei Flüssen, die aus zwei höher gelegenen Seen fließen, zu einem wird auf 60° östlicher Länge und 2° nördlicher Breite. Der westliche See liegt auf 57° östlicher Länge und 6° südlicher Breite; der östliche See liegt auf 65° östlicher Länge und 7° südlicher Breite.

Die »lunae montes«

Um diesen Golf wohnen die menschenfressenden Äthiopier, von denen sich gegen Westen zu das Mondgebirge erstreckt, von dem die Seen des Nils das Schneewasser empfangen; das Mondgebirge erstreckt sich auf 12° 30′ südlicher Breite von 57° bis 67° östlicher Länge.

Geographia

PAUSANIAS (ca. 110 bis 180)

Herkunft des Nils aus dem Euphrat

Und vom Nil selbst gibt es die Sage, er sei der Euphrat, der in einem Sumpf verschwinde und oberhalb Äthiopiens hervorbreche und den Nil bilde.

Die Tränen der Isis

Etwas Ähnliches hörte ich von einem Phönizier, daß die Ägypter der Isis das Fest feiern, wenn sie sagen, daß sie um Osiris traure; dann beginnt auch der Nil bei ihnen zu steigen, und viele Einheimische behaupten, daß es die Tränen der Isis sind, die den Fluß anschwellen und die Fluren bewässern lassen. *Reisen in Griechenland*

ARRIAN (ca. 95 bis ca. 175)

Alexander der Große und die Nilquellen in Indien

Sobald an beiden Ufern des Hydaspes eine große Zahl von Dreißigruderern und kleinen Ruderbooten fertig war, dazu viele Schiffe für den Pferdetransport und was sonst alles sich noch eignet, eine Armee auf dem Fluß zu befördern, beschloß Alexander den Aufbruch stromabwärts zum Großen Meer. Schon vorher hatte er im Indus Krokodile gesehen, dem einzigen Fluß, in dem sie außer dem Nil vorkommen. Als er aber dann noch entdeckte, daß am

Ufer der Akesines Bohnen wachsen, wie sie Ägypten hervorbringt, und dazu hörte, der Akesines münde in den Indus, da glaubte er, er habe die Quellen des Nils gefunden. Dieser müsse demnach irgendwo in Indien entspringen, durch eine weite Strecke Wüste fließen, wobei er seinen Namen Indus verliere, und erst dort, wo er wieder bebautes Land zu durchströmen beginne, von den dort lebenden Äthiopiern den Namen Nil erhalten haben oder — wie Homer sagt — mit dem Namen Ägyptens benannt sein, um sich unter diesem ins Mittelmeer zu ergießen. Also schrieb, wie es heißt, Alexander unter vielem anderen, Indien betreffend, an Olympias, er sei der Ansicht, die Nilquellen entdeckt zu haben, wofür er sich allerdings auf einige unbedeutende, ja schlechte Argumente in dieser so wichtigen Frage stützte. Später freilich habe er alles, was mit dem Indus zusammenhängt, genauer kennengelernt und auch von den Einwohnern des Landes erfahren, daß der Hydaspes sich mit dem Akesines und dieser wiederum sich mit dem Indus vereinigt, wobei jene beiden ihre Namen verlieren, der Indus aber schließlich in zwei Armen ins Große Meer mündet und daher mit dem Lande Ägypten nichts zu tun haben kann. So habe er denn, was er über den Nil habe schreiben wollen, aus diesem Briefe an seine Mutter getilgt.

Der Alexanderzug. Indische Geschichte

AMMIANUS MARCELLINUS (ca. 330 bis ca. 395)

König Juba von Mauretanien sucht die Nilquellen im Atlas.

Gestützt auf das Zeugnis punischer Bücher, setzt wiederum König Juba auseinander, daß der Nil auf einem Berg entspringt, der in Mauretanien liegt und auf den Ozean herniederblickt. Nach seinen Worten wird dies durch das Argument bestätigt, daß ähnliche Fische, Kräuter und Tiere wie im Nil in den dortigen Seen entstehen. Der Nil durchfließt Teile von Äthiopien. Nachdem er dann die verschiedenen Namen abgelegt hat, die ihm auf seinem Weg durch das Land mehrere Völker gegeben haben, kommt er mit reichlicher Anschwellung zu den Katarakten, schroffen Felsklippen, über die hinstürzend er eher dahinstürmt als fließt. Von hier sahen sich einst die Atischen Anwohner gezwungen, in ruhigere Gegenden umzusiedeln, da das andauernde Dröhnen ihren Gehörsinn beeinträchtigte.

Krokodil, Nilpferd und ihre Gesellschaft

In den trockenen Gebieten grasen Gazellen und Büffel, und es gibt häßliche Vögel, die durch ihre ganze Abscheulichkeit lächerlich wirken, und ferner andere Ungeheuer, die aufzuzählen nicht lohnt.

Unter den Wassertieren herrscht das Krokodil in jenen Gegenden überall vor, ein verderbliches vierfüßiges Untier, das in beiden Elementen leben kann, keine Zunge besitzt und nur seinen Oberkiefer bewegt. Seine Zähne sind wie ein Kamm angeordnet, und alles, was es erreichen kann, greift das Tier hartnäckig mit tödlichen Bissen an. Seine Nachkommenschaft bringt das Krokodil als Eier zur Welt, die Gänseeiern ähnlich sind. Wenn es, zumal es mit Klauen ausgerüstet ist, noch Daumen hätte, wäre es mit seinen großen Kräften fähig, sogar Schiffe zum Kentern zu bringen; denn bisweilen wird es bis zu achtzehn Ellen lang. Nachts ruht es in den Fluten, am Tage sonnt es sich am Ufer, im Vertrauen auf seine Haut, die so fest ist, daß sein Panzerrücken kaum durch Treffer von Sturmgeschützen durchbohrt werden kann. Dieselben stets sehr gefährlichen Tiere bleiben gleichsam wie bei einem Waffenstillstand die sieben religiösen Feiertage lang friedlich, an denen die Priester in Memphis den Geburtstag des Nils feiern, und legen währenddessen alle Wildheit ab. (...)

Auch Flußpferde bevölkern jene Landstriche. Sie besitzen außerordentlich scharfe Sinne wie kein anderes

Lebewesen, das keinen Verstand hat. Zwar sehen sie wie Pferde aus, haben aber gespaltene Hufe und kurze Schwänze. Für ihre Schlauheit mögen zwei Proben genügen: Im hohen und bei größter Dichte sumpfigen Röhricht sucht dieses Untier sein Lager und sieht sich mit immer wacher Aufmerksamkeit nach einem Ruheplatz um. Erst wenn sich eine Möglichkeit bietet, kommt es hervor, um die Saaten abzuweiden. Wenn es sich vollgefressen auf den Rückweg begibt, macht es, rückwärts tretend, viele Pfade, damit Jäger, die ihm nachstellen, nicht den Linien einer einzigen deutlichen Spur folgen, es aufstöbern und ohne Mühe erlegen können. Zweitens: Wenn sein Leib durch zu große Freßlust angeschwollen und es selbst träge ist, wälzt es seine Schenkel und Beine über frisch abgemähtes Schilfrohr, so daß das Blut aus den verwundeten Füßen fließt und das von der Mast dick gewordene Tier erleichtert. Die wunden Stellen bestreicht es dann mit Morast, bis die Wunden vernarben. (. . .)

Unter den Vögeln Ägyptens, deren verschiedene Arten niemand aufzählen kann, ist der Ibis heilig und liebenswert und wird aus dem Grunde nicht verfolgt, weil er seinen Jungen Schlangeneier zur Nahrung bringt und so dazu beiträgt, daß diese tödliche Pest vernichtet und selten wird. Diese selben Vögel ziehen den Scharen von geflügelten Schlangen entgegen, die aus den Sumpfgebieten Arabiens auftauchen und gefährliche Gifte erzeugen. Bevor sie aus ihren Gebieten hervorkommen, besiegen die Vögel sie in Luftkämpfen und verschlingen sie. Auch habe ich gehört, daß diese Vögel ihre Eier durch den Schnabel zu Welt bringen. Schlangen ernährt Ägypten ohne Zahl, die schlimmer als alles Verderben wüten: Basilisken, Amphisbaenen, Skytalen, Akontien, Dipsaden, Vipern und viele andere mehr. Sie alle übertrifft an Größe und Schönheit ohne weiteres die Aspis, die niemals freiwillig die Strömung des Nils verläßt.

Römische Geschichte

QUELLENNACHWEIS

Homer, *Ilias. Odyssee.* In der Übertragung von Johann Heinrich Voss. München 1967.

Hesiod, *Theogonie.* Herausgegeben von Karl Albert. 3. Auflage. Sankt Augustin 1985.

Die Vorsokratiker. Die Fragmente und Quellenberichte. Übersetzt und eingeleitet von Wilhelm Capelle. Stuttgart 1953.

Herodot, *Geschichten und Geschichte.* Übersetzt von Walter Marg. Zürich/München 1973–83.

Aristoteles, *Die Lehrschriften.* Herausgegeben, übertragen und in ihrer Entstehung erläutert von Paul Gohlke. Band I: Fragmente. Paderborn 1960; Band IV: Meteorologie. Paderborn 1955.

Diodor von Sizilien, *Geschichtsbibliothek.* Übersetzt von Adolf Wahrmund. 2. Auflage Berlin 1916.

Strabos Erdbeschreibung. Übersetzt und durch Anmerkungen erläutert von A. Forbiger. Band 7 (Buch 16 und 17). 3. Auflage Berlin 1854.

Publius Ovidius Naso, *Metamorphosen.* In deutsche Hexameter übertragen und mit dem Text herausgegeben von Erich Rösch. München 1968.

Lucanus, Marcus Annaeus, *Der Bürgerkrieg.* Lateinisch und deutsch von Georg Luck. Berlin 1985.

Seneca, Lucius Annaeus, *Naturwissenschaftliche Untersuchungen in acht Büchern.* Eingeleitet, übersetzt und erläutert von Otto und Eva Schönberger. Würzburg 1990.

Plinius Secundus, Caius, *Naturgeschichte.* Überarbeitet

und herausgegeben von Max Ernst und O. L. Strack. Darmstadt 1968 (Reprint der Ausgabe Bremen 1853).

Plutarch, *Über Isis und Osiris.* Zweiter Teil: *Die Deutungen der Sage.* Übersetzung und Kommentar von Theodor Hopfner. Darmstadt 1967.

Claudius Ptolemäus, *Geographia.* Eddidit C.F.A. Nobbe cum introductione a Aubrey Diller. Hildesheim 1966 (Reprint).

Pausanias, *Reisen in Griechenland.* Gesamtausgabe in 3 Bänden auf Grund der kommentierten Übersetzung von Ernst Meyer herausgegeben von Felix Eckstein. 3. Auflage Zürich/München 1986–89. Band I.

Flavius, Arrianus, *Der Alexanderzug. Indische Geschichte.* Griechisch und deutsch. Herausgegeben und übersetzt von Gerhard Wirth und Oskar von Hinüber. München/Zürich 1985.

Ammianus Marcellinus, *Römische Geschichte.* Lateinisch und deutsch und mit einem Kommentar versehen von Wolfgang Seyfarth. Dritter Teil, Buch 22–25. Berlin 1970.

NILFIEBER. DER WETTLAUF ZU DEN QUELLEN ist im November 1993 als einhundertsiebenter Band der ANDEREN BIBLIOTHEK im Eichborn Verlag, Frankfurt am Main, erschienen. Er wurde ediert und eingeleitet von Georg Brunold. Das Dossier »Der Nil in der abendländischen Antike« erstellte Simone Zurbuchen.

Die gekürzten Auszüge aus Alan Mooreheads *The White Nile* und *The Blue Nile* wurden von Kurt Jürgen Huch nach den jeweiligen Erstausgaben neu übersetzt und werden mit freundlicher Genehmigung von Rainbird Books Ltd. abgedruckt.

Der Eichborn Verlag dankt dem Erdmann Verlag für die freundliche Genehmigung zum teilweisen Abdruck der Übersetzung von James Bruce (© by Edition Erdmann in K. Thienemanns Verlag, Stuttgart – Wien).

Auf alten Pfaden

Karin Muller

ENTLANG DER INKA-STRASSE

Eine Frau bereist ein
ehemaliges Weltreich

Das Wegenetz der Inka, mit dessen Hilfe sie ihr Riesenreich kontrollierten, ist legendär – und wenig bekannt. Zu Fuß erkundet Karin Muller die alten Routen von Ecuador bis Chile.

Eberhard Neubronner

DAS SCHWARZE TAL

Unterwegs in den Bergen des Piemont
Mit einem Vorwort von Reinhold Messner

Unsentimental und doch poetisch schildert Eberhard Neubronner die wildromantische Landschaft der piemontesischen Alpen und die Menschen, die in ihr leben.

Jean Lescuyer

PILGERN INS GELOBTE LAND

Zu Fuß und ohne Geld
von Frankreich nach Jerusalem

Zu Fuß von Lourdes nach Jerusalem, ohne Geld und mit viel Gottvertrauen. Acht Monate Zweifel und Gefahren, aber auch beglückende Erfahrungen und berührende Begegnungen.

MALIK NATIONAL GEOGRAPHIC

10/1007/01/3s

10/1012/01/3s

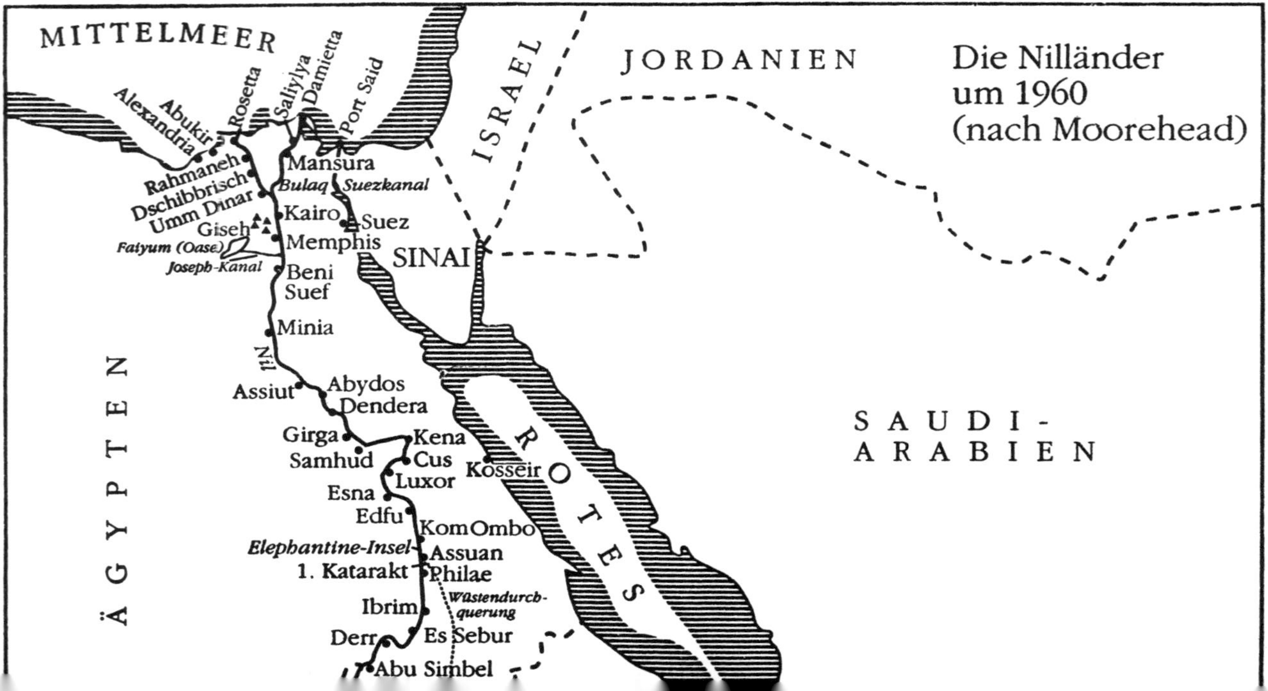
Die Nilländer
um 1960
(nach Moorehead)
MITTELMEER
JORDANIEN
ISRAEL
SINAI
SAUDI-
ARABIEN
ROTES
ÄGYPTEN
Alexandria
Abukir
Rosetta
Saliyiya
Damietta
Port Said
Mansura
Bulaq
Suezkanal
Rahmaneh
Dschibbrisch
Umm Dinar
Kairo
Suez
Giseh
Memphis
Faiyum (Oase)
Joseph-Kanal
Beni
Suef
Minia
Nil
Assiut
Abydos
Dendera
Girga
Samhud
Kena
Cus
Kosseir
Luxor
Esna
Edfu
Kom Ombo
Elephantine-Insel
Assuan
1. Katarakt
Philae
Wüstendurch-
querung
Ibrim
Derr
Es Sebur
Abu Simbel